国家「十一五」重点图书出版规划项目

中国古代地方政治研究

马新　主编

汉代地方财政研究

郭浩　著

山东大学出版社

本书获得 2010 年度

教育部人文社会科学研究青年基金项目

“出土简牍与汉代地方财政研究”(10YJC790072)资助

总 序

地方政治相对于中央政治而言，是历代王朝政治的重要组成部分，无论是研究中国政治史，还是研究历代王朝的治乱兴衰史，或者是研究经济史、军事史、社会史等等，都离不开对地方政治的研究。地方政治的变迁既受制于中央王朝政治，同时也对中央王朝政治的方方面面施加着自己的影响；尤其是它处于国家与社会之间，上承王朝之政令，下理社会之秩序，所以说地方政治之优劣，直接关系到社会的安定与进步，更关系到王朝的兴衰。

一

地方政治相对于中央政治而言，其存在的前提自然是中央王朝的存在，因而，自夏商王朝起，中国的地方政治即告产生。自此至清王朝，中国历史上的地方政治可以分为前、后两大时期：前期即夏商西周春秋时代，是以分封制为核心的地方政治；后期即战国至明清时代，是以郡县制为核心的地方政治。

以分封制为核心的地方政治实际上又是一种共主政治。在这一政治体制下，地方当政者拥有较为完整的政治、军事与经济权力，他们与中央政权的关系实质是联盟与共主的关系。各个方国、诸侯国可以视为中央政权的地方政权，而中央政权也可以视为各方国的共主，具有一定的政治联盟关系。夏商周时代的地方政权也就是各方国或诸侯国，可以分为前、后两期。前期方国如一盘散沙，平行分布，从亲缘与地缘的合作关系，到松散的联合体，再到共主的逐渐形成，其自身的独立性都是比较强的，可以说是相对独立的政治单元。后期方国则分为两类：一类是臣服的方国，一类是分封的方国。后者又可称之为"封国"。分封制下的层层分封，造就了两种政治单元：各封国与天子是册封与共主关系，具有较强的独立性；封国内部虽也是层层分封，却实现了相对的一统，诸侯对卿大夫所拥有的权力往往要大于天子之于诸侯所拥有的权力。

在共主制下，虽然号称"溥天之下，莫非王土；率土之滨，莫非王臣"，但实际上，共主地位的奠定首先是依托力量的制衡。在自己的王畿内，共主是绝对的权威，在自己的血缘属邦内，也有相应的权力延伸；但在其他称臣的邦国那里，则只能靠震慑力维持其共主地位，所谓的侯服、甸服、绥服、荒服、要服等五服，反映的就是这种现实。到西周时代，王畿与血缘属邦这类核心层邦国占据了主导地位，周天子作为共主的地位也至于顶点。

在西周时代，各方国地位的确立通过自上而下的分封进行。分封中，既有天子贵戚，也有异姓勋旧，还有大量的称臣纳贡的异姓方国。前者为鲁，后者有齐，第三类为楚，均可作为各自的代表。一旦完成分封，各自就国，他们便享有充分的政治自主。对于天子，他们只有从征与纳贡的义务；而对于封国内的卿士民众，他们则有完全的处置权。西欧中世纪所谓"我的附庸的附庸，不是我的附庸"，放到这里，也是十分恰当的。

以郡县制为核心的地方政治实际上是集权政治。在这一政治体制下，各级地方政权都只是王朝中央集权中的一个环节，并不具备独立的地方权力，他们对于中央王朝都是服从与被统辖的关系。当然，东汉末的州牧、刺史与唐代的藩镇另当别论，它们都是正常体制外的产物。

郡县制自战国定型，一直延续到近代社会，这是一种上下一体、纵向贯通的地方政体。每一层次的政权所拥有的权力尽管不尽一致，但对于其上层权力的责任反馈是一致的。这一制度与官僚制密切相关，每位地方长官都是代行皇帝或中央政府所赋予的权力，没有自身的权力或利益分割，也不向此外的任何人负责，自然，他们也都是自上而下委任产生的。

自战国到明清时代，郡县制可以划分为三大阶段，即郡政阶段、州政阶段、省政阶段。三大阶段中，县与县政一直相对稳定，中央与县级政权之间的变动是三个阶段地方政治演变的主要内容。

秦分天下为三十六郡，实行郡、县两级制，汉沿袭之，是为郡政阶段。自秦至西汉时期，郡一级的权力较为集中：郡守集行政、经济、民政、司法诸权于一身，一郡所有事务都经由郡守上传或下达。与之相应，郡守的地位颇高，尚书令、尚书仆射有外任郡守者，郡守也往往可以入为三公九卿。另外，作为其副贰的郡尉掌军事，监郡御史掌监察。自武帝始，在全国范围内设十三部州，十三部州刺史以六条问事监察地方官，主要以郡守为监察对象。十三部州实际上是十三个监察大区。到东汉时代，州刺史渐成一级长官，尾大不掉，在东汉末年的分崩离析中，他们是主要的割据者。

自魏晋至宋为州政阶段。一方面，举国之内，实行州、县二级制；另一方面，在州与中央王朝之间，又断断续续但又越来越明确地存在着一级组织，从汉之部州、唐之道，到北宋之路，重复地实现着由监察大区向行政大区的转变，因此，又可以说，这一时期是二级制向三级制的过渡时期。在这一过渡时期中，唐代是一个重要的转折点。唐代仍实行地方二级体制，即州县制，也试图在州之上设立监察大区，所设各道观察使、黜陟使、采访使、按察使以及节度使等等，最初都是只负有监察或某一专项事务。但在运转的过程中又是渐以坐大，拥有了一道中的军政全权，成为一方割据者。如洪迈所言：

> 唐世于诸道置按察使，后改为采访处置使，治于所部之大郡。既又改为观察，其有戎旅之地，即置节度使。分天下为四十余道，大者十余州，小者二三州，但令访察善恶，举其大纲。然兵甲、财赋、民俗之事，无所不领，谓之都府，权势不胜其重。[1]

唐代后期，面对地方割据势力的日益发展，唐王朝在可能的范围内运用了巡院这一新设机构对地方加强控制与管理。唐中央之所以对江南有比较稳定的控制，与当地巡院机构之完备不无关系。不过，在唐后期特定的历史条件下，强藩跋扈已成事实，巡院对此也无能为力。至北宋立国，取法巡院之意，置诸路转运使，使我国地方政体正式由监察大区向行政大区过渡，维

① 洪迈：《容斋三笔》卷七。

护了中央集权的统治。

北宋一般是每路均设一转运使，"各分路列职"，置有使司，故北宋之诸路转运使又称"逐路转运使"。宋初分全国为十五路，后增至二十余路，转运使也增至二十余员，这一点与设于诸道的唐代巡院是一致的。

北宋转运使的理事特点是"事无大小，悉条陈上阙"，多督察权而较少处理权。如大中祥符五年(1012)，"以侍御史赵稹为兵部员外郎，益州路转运使……稹至部，事无大小，悉心究访，至有一日章数上者"[①]。

自元至明清为省政阶段。这一阶段，实行了比较规范的省、州(府)、县地方三级政制。与郡政时代之郡以及州政时代之部州、诸道相比，省政运转有三个显著特点：其一是省级权力的分割恰如其分，既避免了过分集权之悍，又无诸权分散之弱。如明前期，一省之中，布政、按察、都指挥三司并存，均直接向中央王朝负责；中期以后，虽然大政统于督抚，但中央王朝各有司对省内诸司的制约仍十分有力。其二是地方大吏督抚分设，互相制约，也颇见成效。其三是省级军事、监察、漕赋诸权弱化，以中央王朝的垂直管理为主，这在很大程度上强化了中央集权。明、清两朝很少出现督抚坐大而割据者，这是非常重要的内在原因。[②]

以郡县制为核心的地方政治以中央集权式的中央王朝的存在为前提，自战国至明清，延续了两千年，是中国历史上持续时间最长、影响力最为深远的地方政治形态。因此，我们对中国古代地方政治的研究主要是以此为对象。

二

中国古代的地方政治是在中央集权政体下的地方治理，因而，其范围既与中央政治的运转相对应，又与地方社会的要素相配合，包括政治、军事、民政、司法、赋役等诸多方面的内容。从政治运转的角度分析，地方政治又可

① 《续资治通鉴长编》卷七七。

② 以上参见齐涛主编《中国政治通史·总论》第1卷，泰山出版社2004年版，第20、22～25页。

以分为两大运行系统，即上行系统、下行系统。

所谓上行系统，是指地方政权对中央王朝的政治反馈系统。就中央政权而言，地方政权是其基础所在，虽然韩非子早已设计了“事在四方，要在中央”的集权体制，但对于一个庞大的王朝而言，中央王朝不可能事无巨细，一切通揽，而必须向地方政府分权、授权，使其能够履行中央王朝所赋予的职责。对于地方政权而言，忠实地执行中央王朝的政令，行使其法定的职掌之责，是应有之义。但是，地方事务毕竟千头万绪，千差万别，中央政令难以全部涵盖，而且，地方政权从维护当地利益、保障地方势力权益出发，也与中央王朝存在着种种的矛盾，也时时在扩大着其政治权力与政治影响，对此，中央王朝又要加以制约与调整。

在上述条件下，地方政权对中央王朝的政治反馈系统便包括了正反馈与负反馈两个部分。正反馈是地方政权忠实有效地执行中央政令的反馈；负反馈则是与中央政令相左的政治行为的反馈。两种反馈构成了地方政治较为完整的上行系统，对地方政治与王朝政治同样起着重要作用。

以清代地方财政为例，虽然清初仍继承明代旧制，将地方赋入分为上解银与地方存留银两项，但因军务所需，中央不断裁扣地方存留银的比例，使地方财政难以为继。如直隶灵寿县，每年地方存留银原为6323两，经多次裁扣，至康熙二十年(1681)，每年仅为1700两，是原额的1/3。[①] 对于这一财政政策，地方官员有两种作为：一是尽力满足政策所需，压缩地方开支。有一些地方官员甚至因经费难以筹措而自杀。顺治十四年(1657)，清世祖为此下诏称：“近见州县官有自尽者，动称为此苦累，或实缘钱粮不足，供应不能及额……有司疲于奔命，勒索过当，除自尽之外，几无良策。”[②]二是变相变更财税政策，向百姓加征“火耗”、“羡余”等等。顺治年间，“天下火耗之重，每银一两有加耗至五钱者”[③]。其原因固然是“存留名目节次裁减，州县之事束手无策，势不得不私派之民”[④]。但这一作法对整个王朝赋税体系的

① 《康熙灵寿县志》卷四《田赋志》。

② 《清顺治实录》卷一一〇。

③ 《清顺治实录》卷八五。

④ 《康熙灵寿县志》卷四《田赋志》。

冲击、对百姓的侵害都不可低估。[①]

地方官员的前一种作为属于正反馈，后一种作为则属于负反馈。在两种反馈的交互影响下，清王朝不得不调整财税政策。雍正初年，在全国范围内实行耗羡归公和养廉银制度，使地方政治走上了较为良性的运转道路。

所谓下行系统，是指地方政权对基层社会的管理系统。前已述及，各王朝中央对基层社会的管理都是通过地方政权实现的，在实现社会管理的职能中，三个子系统构成了地方政权下行系统的基本架构，即官方组织系统、半官方组织系统、民间组织系统。

官方组织系统较为明确，是指以州县为主体的行政机构与各级官员，这是下行系统中的骨干子系统。

半官方组织系统处于不稳定状态中，它主要指乡里组织及充任人员。乡与乡官虽然都在正式的政府组织体系之中，但乡并非一级政区，而乡官也往往不是正式的品秩官员。唐宋以来，乡与乡官更是既无衙署，又无品秩，已成为职役。如唐代之里正实际上在行使乡之职掌。所谓里正，如王梵志诗所言："当乡何物贵，不过五里官。"[②]但里正的选任却是"县司选勋官六品以下白丁清平强干者充"，无适当人选时，"里正等并通取十八以上中男、残疾等充"。[③] 乡之下的村官自始至终都是无品无秩。唐以前的里正以及唐代的村正都是这样的村官。

无论是乡官还是村官，也无论其职掌与权力如何，大都具有两个共同的特点：其一，他们都处在官方组织体系中，其人选的使用完全由地方政府决定，他们也必须听命于各级政府；其二，他们一直都不是王朝的正式官员，无品无秩，绝大多数人都不可能由此进入官僚队伍与官方组织体系。正因为此，我们将这一系统称作"半官方系统"。

乡里系统虽是半官方系统，但其职能却直接承自县级政权，完成着县级政权对基层社会管理的重要内容。如唐代之里正，即"掌按比户口，课殖农

① 参见郑学檬主编《中国赋役制度史》，上海人民出版社 2000 年版，第 603～604 页。

② 《全唐诗补编》，中华书局 1992 年版，第 707 页。

③ 《通典》卷三《食货三》。

桑，检查非违，催驱赋役”[①]。仅就“催驱赋役”而言，他们如不能按期催纳上缴，或者笞杖判刑，或者代人输纳，苦不堪言。这一系统对地方政权的正反馈与负反馈状况，直接关系到地方政治的效能，是地方政治的要害所在。

民间组织系统是指非官方的在地方社会具有较强影响力的组织与人员。就中国古代社会的情况而言，主要有宗族组织、民间结社、地方乡绅势力三种力量。尽管它们都是官方体系之外的社会力量，但由于在地方社会中的实际影响力，任何时代的地方政府都必须正视并依托之。在多数情况下，它们对地方政府是顺从与配合。东汉宗族势力与地方官员的配合，唐代民间结社与官方的合作，明代乡绅对乡约的推广，等等，实际上都起到了地方政府难以发挥的作用。与此同时，在一些时期，上述力量都可能尾大不掉，形成与地方政府抗衡的力量。比如，汉代地方长吏上任伊始，往往要“先问大姓主名”，一些宗强大姓根本不把地方政权放在眼里。正如《汉书·酷吏·严延年传》所记：

> 大姓西高氏、东高氏，自郡吏以下皆畏避之，莫敢与牾，咸曰：“宁负二千石，无负豪大家。”宾客放为盗贼，发，辄入高氏，吏不敢追。浸浸日多，道路张弓拔刃，然后敢行，其乱如此。

又如，明代乡绅势力颇大，地方社会“无一事无绅衿孝廉把持，无一时无绅衿嘱托”[②]。曾任太仓州知州的陈璜就深有感触地说：凡地方兴举之大事，“必集儒绅耆彦议”[③]，否则，会一事无成。更为重要的是，在一些特定的情况下，宗族组织、民间结社以及地方乡绅势力都有可能成为官方体系的叛逆者，它们对于地方政治的威胁往往要远远大于对王朝政治的威胁。

在政治史研究中，制度与法律的研究固然重要，但政治制度与政治运行在实际政治过程中往往并不一致，在地方政治中尤其如此，所以，我们认为，中国古代地方政治运转中的上行系统与下行系统应当是地方政治研究的一个关键领域。

---

① 《通典》卷三《食货三》。

② 明人刘宗周语，转见冯贤亮《明清江南地区的环境变动与社会控制》，上海人民出版社 2002 年版，第 492 页。

③ 张国维：《吴中水利全书》卷二五。

三

郡县制以来的中国古代地方政治经历了两千年的演进，繁复多变，难以条缕，但从其总体脉络看，还是有着一以贯之的一些共同特点。比如，地方政治的集权与被集权，地方政治运转中中间组织的缺失，以及地方组织体系波动与稳定的统一，等等，都值得深入研究。

就地方政治的集权与被集权而言，主要是指处于整个王朝的中央集权政体下，地方之权必然要被集中于中央，同时也必然要被集中于长吏之手。这一点对中国古代的地方政治影响至大。

先看地方之被中央集权问题。军权方面自不待言。此外，财政、民政、用人诸权也多由中央直接掌控。这种被集权的结果直接带来了吏治的效率低下、敷衍塞责、唯上是从以及政以贿成等问题。

包拯为监察御史时，曾上奏《请支义仓米赈给百姓》。其中写道：

> 臣访闻江浙、荆湖等路自去秋亢旱，田苗一例灾伤，即日米价甚高，民食不足。若不速令救济，必致流亡。强壮者起为盗贼，老弱者转死沟壑。因此生事，为患不细。缘诸州除军粮、常平仓外，别无大段斛斗准备。窃知王琪见起请义仓，所在见管米数稍多，州县未必敢专辄支用。若一一取候朝廷指挥，往复数月，当此艰食之际，恐无所及……[①]

包公此奏既写明了地方州县对于赈灾专用的"义仓"之粮也无支用权，又说明了"一一取候朝廷指挥"，则要"往复数月"的效率之低下。这在历代王朝中是普遍现象。

既然中央事事集权，地方长吏便事事请示。如明人即言当时的地方官"若米盐琐细一一上闻，则所遗者反大矣"[②]。请示过后，则是以上方意思为准，敷衍塞责："上官曰是，彼亦是；上官曰非，彼亦非；迨其后事势乖违，民怒沸腾，彼则曰此是上官之意。"[③]由是，公文往来成弊，行政效率每况愈下。

---

① 《包拯集校注》卷一，黄山书社 1999 年版。

② 于慎行：《谷山笔麈》卷一〇。

③ 徐栋：《牧令书》卷五。

再看地方权力集中于长吏问题。这一问题的关键在于州、县二级政府均为一长制，除长吏之外，再无制约抗衡之人。而地方政府政烦事冗，属于全权政府，虽然在财政、民政以及用人上要听命中央、受制于上司，但在其治下，其可自由裁量的余地甚大，尤其是那些中央政府干预较少的治安、诉讼、民事、征调等方面，更是可以因缘为奸。

如是看来，长吏对地方政务几乎是包揽无余。难怪时人言州县之长吏"六部之事系于一人"。这些事务中能够因缘取利的不在少数。柏桦曾对此分析道：

> 钱粮征收上为州县官提供诸多方便。首先，征收钱粮有耗羡，一般是百分之二三十，有些地方加耗更多，"乃至加耗银数倍（按，五倍）正数、十百正数，九重宁复知有此耶！"[①]朝廷不知，全在州县官加减。其次，这些加耗是州县官能够使用的主要经费来源，一个县官自己要吃用，要交际上司，要取"无碍官银，过往上司使客要下程小饭"。州县各种公费开支无不从此支出。再次，这些加耗是州县官主要的经济收入，若是清白的州县官，本着"我若把你们县里的银子拿到家里买田起屋，这样柳盗跖的事，我决不做他。你若要我卖了自己地，变了自己的产，我却不做这样陈仲子的勾当"[②]。而更多的州县官是能够把这些银子拿到家，在原籍置下许多田地房产。此外，这笔钱还用于行贿，所以"至朝觐年，则守令以上必人辇一二千金入京投送各衙门及打点使费"[③]。大多是依靠这笔钱粮的耗羡。由此可见，钱粮是既易见功，又易见利的事，州县官们把此事作为施政重点，当然也在情理之中。[④]

就地方政治运转中的中间组织的缺失而言，这一状况同样植根于中国古代的中央集权政体。打开中国政治史，我们可以清楚地看到，中国历史上的各级政府是全能的一元化政府，从中央到地方，有着机构齐全、涵盖几乎

---

① 《海瑞集》上编《兴革条例》，中华书局1962年版，第61页。

② 西周生：《醒世姻缘传》第十二回《李观察巡行收状，褚推官执法翻招》，上海古籍出版社1981年版，第172页。

③ 刘宗周：《刘子全书》卷一七《遵例请旨严饬禁谕以肃觐典疏》。

④ 柏桦：《明代州县政治体制研究》，中国社会科学出版社2003年版，第210～211页。

所有事务的机构与管理者。无论是关乎国计民生的大小事务，还是司法、治安、民政以及宗教、教化等等，都在各级政府的一元化管理之中。如经济事务的管理，从农业到工商业，无一遗漏。中央王朝既有大农令、大农丞、劝农使，又有均输官、平准官，还有工部、户部、少府，等等。县一级则有工曹、户曹、市曹等等，县城中的市场也有市令与均平令进行市场秩序维护与物价管理。社会精神生活与不同信仰也在一元化的管理下，倡导什么礼俗，尊崇什么宗教，以至于表彰孝子烈妇，调和邻里之争，也都在地方政府的统辖之下。

从朱元璋为地方官制定的《到任须知》，我们可以较为直观地了解地方政府的全能化功能。该《须知》共三十一款，内容如下：

> 1. 祀神有几。2. 养济院孤老若干。3. 见在狱囚若干，已完未完。4. 入版籍官军田地若干，官粮民粮若干。5. 节次奉旨制书及奏朝旨榜文谕官者若干。6. 本衙门吏典若干。7. 各房吏典不许挪移管事，违者处斩。8. 承行事务已完若干，已施行未完若干，未施行若干。9. 在城印信衙门若干。10. 仓库若干。11. 所属境内仓场库务若干，支用若干。12. 系官头匹若干。13. 会计粮储，每岁所收官民税粮若干，支用若干。14. 各色课程若干。15. 鱼湖几处，岁课若干，备开各湖多少。16. 金银场分若干，坐落何山川，所在若干。17. 窑冶各开是何使器及砖瓦名色。18. 近海郡邑煮海场分若干。19. 公廨间数及公用器皿裀褥之类若干。20. 邑内及乡村官房舍，有正有厢若干。21. 书生员数若干。22. 耆宿几何，贤否若干。23. 孝子顺孙，义夫节妇，境内若干，各开。24. 境内士君子在朝为官者几户。25. 境内有学无学，儒者若干。26. 境内把持公私，起词讼者有几，明注姓氏。27. 好闲不务生理，异先贤之教者有几。28. 本衙门及所属该设将禁弓兵人等若干，各报数目。29. 境内士人在朝为官，作非犯法，黜罢在闲者几人，至死罪者几人。30. 境内民人犯法被诛者几户。31. 境内警迹人若干。

与之相应，中国古代历史上没有独立于政府管理之外的宗教体系与宗教组织，也没有自成体系、相对独立的工商业行会或居民自治组织。中国历史上存在过宗法血缘组织，也有过村社组织，但它们都在政府的管理之中，实际上都是政府体系的末梢或变体，一旦成为异己的力量，政府会毫不犹豫地加以革除。而在欧洲中世纪，则是另一番景象。从经济体系看，欧洲是典型的二元体系：一方面是领主领地内自给自足的庄园经济体系，另一方面则是游离于其外自发形成的城市工商业经济体系。无论是君主还是领主，对城市工商业与市民都没有形成有效的管理，工商业行会的自主管理与市民自治是主要的管理模式。宗教体系也是如此。欧洲中世纪的教权和君权虽然经历过激烈的斗争，但从总体上看，是君权屈服于教权；宗教体系自立于国家体系之外，制约着人们包括君主与领主的精神世界与社会生活，实际上也制约着君主权力的行使。

就中国古代地方组织体系的波动与稳定的统一而言，主要有以下两大表现：

其一，中国古代的政治体制与政治格局处于不断的波动变化中，或者是统一的王朝政治，或者是分裂割据势力；或者是划一的郡县式地方政体，或者是间杂有分封制、准分封制的郡县制地方政体。但是，无论是统一王朝时代，还是分裂割据时代，各王朝包括各割据王朝对地方政治的管理主要都是采用集权的郡县式体制。西汉初年的分封异姓王、同姓王，仅是局限于部分地区，且历时不久；西晋的分封诸王也只是准分封制，历时更短；明朝虽然也实行分封藩王的制度，且其在明前中期对中央造成的危害也很大，但主体上实行的仍是郡县式集权管理政体。因此，中国古代地方政体一直是较为稳定的郡县式政体。

其二，在郡县式政体这一大格局中，中国古代的地方政体也表现出了波动与稳定的统一。值得注意的是，波动的部分多集中于地方政体的两端，即中央王朝与县之间二级制、三级制的波动，县至村聚间乡里之制的波动。处于中端的县与县政则保持了两千年的稳定。

前已述及，中央王朝与县之间的变动是中国古代地方政治不同阶段的标志性内容。县至村聚间乡里之制的变动可以分为两个时期：前期为秦汉至隋唐间。在此期间，乡里之制演化为乡村之制。后期为宋元明清时期。在此期间，规整简明的乡村之制演化为复杂多元的乡里管理体系。尤其在明清时代，这种复杂多元已无以复加。如冯贤亮所言：

> 不同府之间、同一府内的不同州县之间，基层控制系统往往无法统

一。这种情况的出现，可能与各地的行政惯例和乡村传统有着密切关系。仅以文献记载的基层体系的分层来看，明代江南地区的基层管理系统根本无法统一，而且各府州县地区基层系统的分层至清代又有所不同。

为说明这一问题，他制作了《明清两代江南各府主要基层体系对比》①一表，兹转引如下：

	明　代	清　代
苏州府	县——乡—都(保)—区—扇—里(图) 沙—乡—团	县—乡—都—区—扇—图—圩 县—乡—都——————图—圩 —保—圩
松江府	县——乡—保(都)—区——图(里)	县—乡—保—区—图——圩 —团—镇 —路
常州府	县——乡—都————————保(图)	县—乡—都——图—圩 —保—圩
嘉兴府	县——乡—都——区—扇—里	县—乡—都—区—扇——圩 —扇——圩 —区—里(图)—圩
湖州府	县——区—乡—都—里—(图)	县——路—区—乡—庄——圩 —乡—都—里(图)

由此表我们可以清楚地看到县以下基层体系的复杂与多元，这对同期的地方政治产生着重要影响。

以上所述，当属浅陋，惟意在表明中国古代地方政治研究之意义。实际

① 冯贤亮：《明清江南地区的环境变动与社会控制》，上海人民出版社2002年版，第114～115页。

上，自20世纪以来，学界对中国古代地方政治之研究已灿然可观。早在20世纪前半叶，就有黄绶先生之《中国地方行政史》，黄豪先生之《中国地方行政》，程幸超先生之《中国地方行政史略》，朱子爽先生之《中国县制史纲》，瞿兑之、苏晋仁先生之《两汉县政考》，闻钧天先生之《中国保甲制度》等论著面世。20世纪后半叶，又有严耕望先生之《中国地方行政制度史》、商文立先生之《中国历代地方政治制度》、张厚安先生主编之《中国农村基层建制的历史演变》、赵秀玲之《中国乡里制度》等论著。与此同时，断代专题著作也不断推出，政治制度通史著作中也都有专门篇幅论述地方政治制度。如白钢先生主编之十卷本《中国政治制度通史》，各卷均为地方行政体制单列章目，进行较为充分的论述；齐涛主编之《中国政治通史》十二卷本、《资政通鉴》十卷本也从不同角度、不同层面对中国古代地方制度、地方政治的运作机制作了全方位的考察。

在前人研究的基础上，我们可以拥有更高的起点与更宽的视野；随着时代的发展与学术的进步，我们更可以找到前人尚未充分开拓的或是新的值得探讨的领域。比如，就地方政治研究而言，中国古代地方政治的分期、内涵及其特性都值得继续深入探讨；又如，以往的地方政治研究的重点往往在于对制度的研究，对于地方政治运转的研究稍嫌不足；再如，对于地方政治与地方社会的关系的研究，虽然前人也做了不少的工作，但仍有相当多的领域需要继续开拓，等等。

基于此，我们不揣浅陋，从不同角度、不同时段，对中国古代地方政治进行初步探讨，成此“中国古代地方政治研究”系列。可喜的是，该系列已列入国家“十一五”重点图书出版规划中，各卷撰著者在各自的领域也都颇有专攻。我们将殚精竭虑，精耕细作，陆续推出该研究系列，以就正于学界。

马 新

2010年4月于山大新校高阁书斋

目录

引　言

一、概念界定与选题缘起

财政是人类社会发展的各个阶段以社会性权利中心为主体的理财活动。财政不仅是一个经济范畴，也是一个历史范畴。人类进入阶级社会后，国家便成为财政分配最直观的主体，由起初的原始财政演变为国家财政。[①]秦汉时期是我国传统专制中央集权的奠定时期，其财政机制的总体态势向高度集中发展。对于幅员辽阔、人口众多的汉王朝来说，财政是联系国家与基层的一个非常有效的调控工具。要维护中央政府的资源独占地位，国家必须对地方财政进行有效监管和控制。

本书以“汉代地方财政研究”为题，有必要先对“地方财政”概念作一下界定。从现代财政学的角度看，中央与地方财政是按照行政区划来划分的，即中央财政的主体是中央政府，地方财政的主体则为地方政府。地方财政

① 目前，学术界对财政的起源问题仍有争议。主要有两种观点：国家分配论和社会共同需要论。前者认为财政是随着国家的产生而产生的，国家的出现导致了财政的产生；后者则认为财政的产生并不取决于国家，剩余产品的出现与社会共同需要是财政产生的基本条件。在此方面，黄天华先生论述得最为精辟。其说道：“国家作为公共权利发展的高级形态是财政分配得以从一般经济分配中独立（或分离）出来的根本原因，那么这一独立（或分离）的过程，无疑就是财政起源的过程，我们把它称为原始财政就更为确切。”（黄天华：《中国财政史纲》，上海财经大学出版社 1999 年版，第 3 页）笔者赞同黄氏观点。

的产生是"伴随着行政区域的划分和各级地方政府的建立,在中央政府建立中央财政的同时,地方各级政府的地方财政也应运而生。它是地方各级政府履行其经济职能与行政管理职能的根本保证"①。

当然,古代财政与现代财政有着显著的区别。周伯棣先生说道:"古代财政,直接以实物概念来考量;现代财政,则用货币概念来考量。"②林甘泉先生主编的《中国经济通史·秦汉经济卷》一书也说道:"古代财政的内涵与外延与我们今天所说的财政并不完全一致。如果忽视这一点,就会使研究过程和研究结论走入误区。"③

如何定位我国古代专制集权社会的"地方财政"?周伯棣先生认为:

> 在封建时代,基本上讲不到有中央财政与地方财政的划分。一切财政,理论上都属于中央,但实际上有中央财政,也有地方财政。这种事实,有的出于策划,有的出于自流。④

包伟民先生在研究宋代地方财政时,也说道:

> 在宋代高度集权的财政体制之下,就原则讲,天下赋税并无中央税种与地方税种之别,一切财赋的所有权与支配权均属于中央政府。但是在国家财政管理的实际中,中央计司无法包揽内外所有财政事务。为了确保专制国家对全国各地的统治,维持地方政权机构的正常运转,中央政府又必须把财政收入在中央与地方之间进行分配,规定截留或调拨一定数量的财赋供地方政府开支,由地方政府对这些财赋实行第二次分配。⑤

两位学者的观点可"浓缩"为一句话:理论上,无地方财政;实际上,它确实存在。

笔者认为:第一,在我国古代专制集权的统治下,地方财政是否完全独

---

① 杨全社、郑健翔:《地方财政学》,南开大学出版社2005年版,第11页。

② 周伯棣:《中国财政史》,第2页。

③ 林甘泉主编:《中国经济通史·秦汉经济卷》下册,中国社会科学出版社2007年版,第495页。

④ 周伯棣:《中国财政史》,第563页。

⑤ 包伟民:《宋代地方财政史研究》,上海古籍出版社2001年版,第76页。

立，并不是决定地方财政存在的唯一“标尺”，也不能判定地方政府财政职能的存无。二者并不属于同一问题。在我国古代，随着政府管理区域的扩大和公共事务的增多，就需要构建多层政府，实行分级管理。当地方政府在承担一定责任，发挥自身政治、经济、社会功能时，就自然而然地被中央政府赋予一定的财政职能。

第二，秦汉时期是我国传统专制中央集权的肇始阶段，由此奠定了后世王朝的发展趋向，意义重大。在此以前的三代时期，分封建国，方国林立，各诸侯国定期向中央王朝纳贡。这种各自独立的地方财政，是与当时落后的生产力相适应的。当时中央政府还远没有能力对地方实行强力控制，只能掌控“千里王畿”的有限区域。与此不同，“大一统”的秦汉王朝，统治着广袤的疆土，在中央集权的机制下，势必实行分级管理，赋予地方财政职能。在看似“统收统支，高度集中”的表面现象的遮掩下，地方政府的财政职能实际上并没有被削弱，而且还得到了一定程度的强化。

第三，秦汉时期，中央与地方财政系统有较为严格、科学的权限划分，也有着各自的运作体系和模式。如云梦秦简《秦律十八种》记有：

> 县上食者籍及它费大(太)仓，与计偕。都官以计时雠食者籍。[①]
>
> 县、都官以七月粪公器不可缮者，有久识者靡蚩之。其金及铁器入以为铜。都官输大内，内受买(卖)之，尽七月而觷(毕)。都官远大内者输县，县受买(卖)之。[②]

由上来看，秦国的中央与地方财政系统分为都官[③]、县两大系统。它一般是

① 睡虎地秦墓竹简整理小组编：《睡虎地秦墓竹简》，文物出版社 1978 年版，第 42 页。按：高敏先生认为云梦秦简《秦律》的撰写年代，应为秦始皇统一六国前。（参见高敏《商鞅〈秦律〉与云梦出土〈秦律〉的区别和联系》，载《云梦秦简初探》，河南人民出版社 1979 年版，第 49 页）

② 睡虎地秦墓竹简整理小组编：《睡虎地秦墓竹简》，第 64 页。

③ 关于“都官”之“都”的含义，高敏先生认为“凡冠以‘都’字的机构或官吏名称，都在京师。这些情况的出现，恐怕同《左传》二十八年所云‘凡邑，有宗庙先君之主曰都’及颜师古所说‘都，谓县之所居在宫侧者耳’的传统观念不无关系”，“汉代不仅把‘都’字的使用范围扩大到了中央的机构名及官名，还扩大到了郡、县及封国治所之称”（高敏：《秦汉都亭考略》，载《秦汉史探讨》，中州古籍出版社 1998 年版，第 238 页）。王辉先生认为“都官”本义为百官、诸官，引申为京师诸署。（参见王辉《“都官”颜注申论》，载《人文杂志》1993 年第 6 期）

按照行政系统来划分的。如中央在地方上的派出机构，即“都官远大内者”，也要归属于中央财政系统。

汉承秦制，地方财政系统为郡国财政。张家山汉简《二年律令·置吏律》云：

> 县道官之计，各关属所二千石官。其受恒秩气（饩）稟（廪），及求财用委输，郡关其守，中关内史。[①]

其财政系统之划分是井然有序。尹湾汉简《集簿》就记载了西汉东海郡当年度财政（钱谷）收支情况：

> 一岁诸钱入二万万六千六百六十四万二千五百六钱
>
> 一岁诸钱出一万万四千五百八十三万四千三百九十一
>
> 一岁诸谷入五十万六千六百卅七石二斗二升少□升出卌一万二千五百八十一石四斗□□升[②]

同时，《集簿》中专门将中央派驻东海郡的两个“都官”[③]机构，亦单列出来，以示其不属于地方财政系统。显而易见，汉代地方财政的权限划分是比较严密、成熟的，也是确确实实存在的。

鉴于此，本书的研究对象“汉代地方财政”可以界定为：在汉代中央集权的财政体制下，地方政府的财政职能得到一定程度的强化，进而形成一套完善的地方财政体系，包括地方财政机制、财政收支、财政管理、财政监督等。

本书旨在通过对汉代地方财政机制、收支、管理以及监督等方面的微观剖析，勾勒出汉代地方财政的整体运转轨迹，有助于深化对汉代中央与地方财政的关系、财政调度、财政存留、地区间财政差异等问题的认识。同时，本书力争将汉代地方财政置于当时社会的大背景下作系统研究，注重对其动态考察，以揭橥其变革的内部动因，亦有裨于汉代政治、经济等相关问题的

---

① 彭浩、陈伟、［日］工藤元男主编：《二年律令与奏谳书：张家山二四七号汉墓出土法律文献释读》，上海古籍出版社2007年版，第174页。需要说明的是，关于张家山竹简的释读，亦可参见张家山汉墓竹简整理小组编《张家山汉墓竹简》，文物出版社2001年版；张家山二四七号汉墓竹简整理小组编《张家山汉墓竹简〔二四七号墓〕：释文修订本》，文物出版社2006年版。

② 连云港市博物馆等编：《尹湾汉墓简牍》，中华书局1997年版，第78页。

③ 连云港市博物馆等编：《尹湾汉墓简牍》，第77页。

认识和理解。此外,汉代地方财政研究也可以为我国转型时期中央与地方财政关系的研究起到一定借鉴作用。

二、学术史回顾

真正意义上的我国财政史研究发轫于20世纪20年代。当时,我国传统史学正向近代史学转变,一些学者在传统史学注重文献考据的基础上,有意识地引入近代西方经济学及财政学理论,对我国古代财政进行不同以往的重新阐释,出现了一批具有开拓性的财政史专著。如胡均《中国财政史讲义》(商务印书馆1920年版)、徐式庄《中国财政史略》(商务印书馆1926年版)、常乃德《中国财政制度史》(上海世界书局1920年版)、杨志濂《中国财政史辑要》(无锡大公图书馆1936年版)、刘不同《中国财政史》(大东书局1948年版)等等。由于当时处于草创阶段,从事财政史研究的人员较少,总体来说,上述财政通史在汉代财政的研究上,还略显单薄,不够深入。当时对汉代财政问题有较深刻认识的,当属周筠溪《西汉财政制度之一斑》(载《食货》第3卷第8期,1936年)一文。此文从财政支出与收入、收支适合、财务行政机关等方面来探讨汉代财政问题,尤其对地方太守、县令的财政职能有详细分析。此文最大的亮点便是对西汉中央与地方财权分配的论述。其文说道:"田租、算赋、口赋,都由郡县征收。除本郡官俸支用外谷是存于郡仓的,中央可以命令随时动支。平常用作中央官俸,战时用作军粮。再有余,太守也可动支。每年用上计簿将钱税出入报告中央。"美中不足,此文在汉代地方财政诸曹上有所疏漏。同时,日本学者在中国财政史的研究上并不逊色于国内诸家。如加藤繁《汉代国家财政和帝室财政的区别以及帝室财政的一斑》(载《东洋学报》第8期第1分册,第9期第1、2分册,1918～1919年)可称典范。此文认为汉代财政有国家与帝室之分,并且对帝室财政的机构设置、收入、支出进行深入剖析。从目前的研究水平来看,其观点虽存有一定的局限性,但其对后来治汉史者,影响颇为深远,堪称佳作。

新中国成立初期,由于受到政治环境、意识形态的制约,我国财政史的研究发展较为缓慢。当时只有李剑农《先秦两汉经济史稿》(三联书店1957

年版)一书,对于汉代财政相关的赋役制度等问题,考证颇为精审。到“文革”时,财政史的研究更是裹足不前。

直到20世纪80年代,我国财政史的研究才迎来了春天,论文、专著如雨后春笋般涌现出来。其中以周伯棣《中国财政史》(上海人民出版社1981年版)与马大英《汉代财政史》(中国财政经济出版社1982年版)最为显著,两书中都涉及汉代地方财政问题。周伯棣先生专门在书中第十二章就中央与地方财政的关系有精辟论述。马大英先生一书内容翔实,资料宏富。书中在“财政行政与上计吏”一章中也谈到地方官吏财政职权等问题。我国台湾学者陈秀夔也相继著有《中国财政制度史》(正中书局1975年版)、《中国财政史》(正中书局1977年版)、《中国历代财政》(世纪书局1979年版),在财政史料梳理方面均有自己的特色。此外,日本学者研究成果也不容忽视。渡边信一郎在汉代中央与地方财政运作方面有着独到见解。他认为“汉代财政的特征在于,农民的剩余产品基本上储存在地方郡国,自地方再经赋输、委输、调均等物流制度,调节中央和地方的财政需求,以促使其整体的均衡。因此,尽管中央通过大司农确立了财政上的指挥权,但却未能确立起中央集权”①。山田勝芳的《秦漢財政収入の研究》(汲古书院1993年版)亦涉及汉代地方财政的征收问题。

进入21世纪后,包伟民《宋代地方财政史研究》(上海古籍出版社2001年版)一书正式问世。该书是我国第一部断代地方财政史,在结构框架、研究视角方面都其有重要的参考价值。陈明光《汉唐财政史论》(岳麓书社2003年版)一书,在汉代傅籍、赋税等制度方面也多有创见。林甘泉主编《中国经济通史·秦汉经济卷》(中国社会科学出版社2007年版)书中也专设一章,对汉代财政制度作集中阐述。虽然篇幅不大,但其理论素养很高,把握问题极为到位。朱德贵《汉简与财政管理新证》(中国财政经济出版社2006年版)一书利用出土汉简来考证汉代财政管理,书中第六章也对汉代

---

① [日]渡边信一郎:《汉代的财政运作和国家物流》,载刘俊文主编《日本中青年学者论中国史·上古秦汉卷》,上海古籍出版社1995年版,第396页。此文原载《京都府立大学学术报告·人文》第四一号(1989年9月)。

地方财政支出进行了深入探讨。其框架以论题方式展开，对以往传统观点多有补正，颇具功力。但由于受到"财政管理"概念以及论述框架的制约，整书似缺乏一定的系统性、连贯性。此外，叶振鹏主编《20世纪中国财政史研究概要》(湖南人民出版社2005年版)与项怀诚主编《中国财政通史》(中国财政经济出版社2006年版)也说明我国财政史研究已渐入佳境。

以上仅仅是汉代财政史相关研究的一个发展缩影。实际上，近年来简牍资料的大量出土为汉代财政的深入研究开启了一扇便捷之门。一些汉代专题的研究，如地方官制、赋役制度、俸禄制度等，虽然没有直接贴上"财政"标签，但与汉代地方财政有着极为密切的关系。兹分述如下：

(一)汉代地方财政机制的专题研究

严耕望《中国地方行政制度史甲部——秦汉地方行政制度》(《中央研究院历史语言研究所专刊》之四十五A，1961年)与安作璋、熊铁基《秦汉官制史稿》下册(齐鲁书社1985年版)是研究汉代地方官制最具分量的两部大作。两书对于地方财政官制、上计制度等都有不同侧重的阐述，可资参阅。陈梦家《汉简所见太守、都尉二府属吏》(《汉简缀述》，中华书局1980年版)与日本学者藤枝晃《汉简职官表》(《简牍研究译丛》第1辑，中国社会科学出版社1983年版)都是结合居延汉简来厘清地方官制的代表作。其中涉及地方财政诸曹(如仓曹、金曹)的具体设置。罗庆康《西汉财政官制史稿》(河南大学出版社1989年版)一书对汉代地方财政官制也有详细考证，尤其书中引用了当时的一些考古资料，可为一大特色。

随着尹湾汉简的出土，地方财政机制研究又进入了一个新天地。谢桂华《尹湾汉墓简牍和西汉地方行政制度》(载《文物》1997年第1期)、《尹湾汉墓新出土〈集簿〉考述》(载《中国史研究》1997年第2期)分别对西汉东海郡的地方行政制度以及财政收支项目进行详细阐述，并将其与西北汉简相比对。此种方法颇值得借鉴。高恒《汉代上计制度论考——兼评尹湾汉墓木牍〈集簿〉》(载《东南文化》1999年第1期)一文，借助尹湾汉简《集簿》，对汉代地方上计内容、时间进行探讨，认为上计是个长时间的过程，包括计断时间、起程赴计时间、献计时间。张荣强《从计断九月到岁终为断——汉唐间财政年度的演变》(载《北京师范大学学报》2005 年第 1 期)对汉代财政“计断九月”有新的解读。他认为上计时间主要取决于黄河流域作为主谷粟的成熟时间。廖伯源《简牍与制度——尹湾汉墓简牍官文书考证》(广西师范大学出版社 2005 年版)是一本论文合集。其中对于汉代地方财政机制也有深入探讨。邹水杰《简牍所见秦汉县属吏设置及演变》(载《中国史研究》2007 年第 3 期),通过对秦简、张家山汉简、尹湾汉简的比对,力图勾勒出地方县级属吏的演变轨迹。其文对于我们研究汉代县级财政机制也有所帮助。臧知非《简牍所见汉代乡部的建制与职能》(载《史学月刊》2006 年第 5 期)一文认为乡部具有籍簿管理、土地管理、保管中央财产等财政职能。此外,裘锡圭《啬夫初探》(《云梦秦简研究》,中华书局 1981 年版),谈到仓啬夫、库啬夫等具体演变,对于理解地方财政官制有重要参考价值。

在诸侯国财政上,韩连琪《论两汉封国食邑下的土地所有制和剥削形式》(《秦汉史论丛》第 2 辑,陕西人民出版社 1983 年版)对于两汉封国的土地制度及租税有详细论述。柳春藩《秦汉封国食邑赐爵制》(辽宁人民出版社 1984 年版)一书考证精审,颇具功力。其书认为汉代封国食邑制不具备“授民授疆土”的特点,汉初诸侯王只有部分治民权和以山川园池之税作为“私奉养”。需要注意的是,1999 年湖南沅陵虎溪山一号汉墓出土的集簿中,记载了西汉初年沅陵侯国的行政设置、吏员人数、户口人民、田亩赋税、大型牲畜、经济林木、兵甲船只以及各项增减的原因[①],对于汉初侯国财政的研究具有极高的价值。

(二)汉代地方财政征收的专题研究

谈到汉代地方财政征收,必然要牵扯到户籍制度、赋役制度等方面。这也是治汉史者最为用力之处。研究成果众多,只能拣选有代表性及最新的研究成果,作一下介绍。

---

① 参见湖南省文物考古研究所、怀化市文物处、沅陵县博物馆《沅陵虎溪山一号汉墓发掘简报》,载《文物》2003 年第 1 期;郭伟民《虎溪山一号汉墓葬制及出土竹简的初步研究》,载艾兰、邢文编《新出简帛研究》,文物出版社 2004 年版。

汉代户籍制度直接关系到赋役的征发，其重要性自不待言。高敏《秦汉的户籍制度》（载《求索》1987 年第 1 期）对秦汉的户籍制度都有详尽论述。孙筱《秦汉户籍制度考述》（载《中国史研究》1992 年第 4 期）将汉代户籍分为编户齐民籍、宗室籍、七科谪籍。日本学者池田温《中国古代籍帐研究》（中华书局 1984 年版）书中也运用简牍资料分析了汉代户籍制度，认为其与唐代不同，田宅项目并不登录在户籍之中。长沙走马楼吴简的发现，也间接促进了汉代户籍的进一步研究。如张荣强《孙吴简中的户籍文书》（载《历史研究》2006 年第 4 期）一文，虽然以吴简为研究对象，但通篇将汉、孙吴以及唐代户籍一并加以论述，大有贯通之气，值得一阅。杨际平《秦汉户籍管理制度研究》（载《中华文史论丛》第 85 辑）一文，主张汉代户口籍和资产籍为区分设置。

在赋役制度方面，成果更是难以尽数。朱绍侯《秦汉土地制度与阶级关系》（中州古籍出版社 1985 年版）、钱剑夫《秦汉赋役制度考略》（湖北人民出版社 1984 年版）和黄今言《秦汉赋役制度研究》（江西教育出版社 1988 年版）对秦汉土地赋役制度都有较为深入的研究。日本学者米田贤次郎《汉代田租查定法管见》（载《滋贺大学教育学部纪要》17，1967 年）以及国内学者高敏《从江陵凤凰山十号汉墓出土简牍看汉代的口钱、算赋制度》（载《文史》第 20 辑）和《秦汉时期的徭役制度》（载《中国经济史研究》1987 年第 1 期）、刘华祝《关于两汉的地租和地税》（载《北京大学学报》1981 年第 4 期）、于琨奇《秦汉“户赋”“军赋”考》（载《中国史研究》1989 年 4 期）、岳庆平《汉代“赋额”试探》（载《中国史研究》1985 年第 4 期）、马怡《汉代的诸赋与军费》（载《中国史研究》2001 年第 3 期）、张荣强《〈二年律令〉与汉代课役身分》（载《中国史研究》2005 年第 2 期）、李恒全《汉初限田制和田税征收方式——对张家山汉简再研究》（载《中国经济史研究》2007 年第 1 期）、朱德贵《从〈二年律令〉看汉代的“户赋”和“以赀征赋”》（载《晋阳学刊》2007 年第 5 期）等都是该方面非常有价值的论文。

（三）汉代地方财政支出的专题研究

相对财政收入来说，汉代地方财政支出的研究是一个薄弱的环节。在一些财政通史著作中，虽然常胪列出一些条目，如公共工程、军费、赈灾抚恤等支出加以简单估算，但都难以深入论述。当然，这也与史料的缺乏及分散有一定的关系。目前来说，只有在官俸专题研究上略具规模。

褚道庵《两汉官俸蠡测》（载《食货》1935 年第 1 卷第 12 期）、方信《两汉官俸论》（载《说文月刊》1944 年第 4 期），都运用文献资料，对汉代俸禄标准以及发放办法进行初步探讨。在居延汉简陆续发现及公布后，汉代地方官俸研究进入了一个新的阶段。陈梦家《汉简所见奉例》（载《汉简缀述》，中华书局 1980 年版）一文，利用居延汉简的俸禄资料，在汉代官俸标准的演变以及发放方式上皆有创见，应是一篇颇具影响力的大作。陈直《居延汉简研究》（天津古籍出版社 1986 年版）对于居延候官的俸禄发放期限也有特别论述。杨天宇《汉代官俸考略》（载《河南大学学报》1994 年第 1 期）对于汉代官俸的文献史料，进行了辨伪与考据。张兆凯《两汉俸禄制度研究》（载《中国社会经济史研究》1996 年第 2 期）认为汉代俸禄制度体现了“以禄养廉”的原则。施伟青《汉代居延官俸发放的若干问题》（载《中国经济史研究》1997 年第 1 期）、杨有礼《秦汉俸禄制度探论》（载《华中师范大学学报》1997 年第 2 期）也有一定的参考价值。李天虹《居延汉简簿籍分类研究》（科学出版社 2003 年版）一书在陈梦家先生的汉代俸制研究基础上，又结合敦煌汉简进行了补正工作。此外，日本学者佐原康夫《居延汉简月俸考》（《日本中青年学者论中国史·上古秦汉卷》，上海古籍出版社 1995 年版）对居延俸钱的调拨来源进行分析，认为“河内与都内钱、布帛是作为有别于恒例的临时补给物资而运至边境的”。若江贤三《试论东汉官吏半钱半谷的俸禄制》（载《中国史研究》1989 年第 2 期）专门对东汉俸制进行研究，认为当时千石以上的官吏俸禄更为优厚。

（四）汉代地方财政管理及监督的专题研究

在财政管理方面，学者多结合出土汉简，对汉代会计实务进行尝试性研究。目前来说，这方面的研究空间仍然很大。郭道扬《中国会计史稿》上册（中国财经出版社 1982 年版）运用会计理论与史料相结合的方法，对汉代官方会计方法、民间会计方法、会计理论等进行探讨，实为一部开山之作。李均明《汉简“会计”考》(上)(载《出土文献研究》第3辑,中华书局1998年版)、《汉简“会计”考》(下)(载《出土文献研究》第4辑,中华书局1998年版),认为汉代“会计”一词包括今天意义上的“会计”与“统计”两个方面的内容,并对赋钱籍簿、廪食籍簿等都有精细考证。日本学者籾山明《刻齿简牍考略》(载《简帛研究译丛》第1辑,湖南出版社1996年版)和《刻齿简牍初探——汉简形态论》(载《简帛研究译丛》第2辑,湖南人民出版社1998年版)两篇文章,基本解决了契券的券齿形状与其代表金额的对应关系,功不可没。

在财政监督方面,杨宽《战国秦汉的监察和视察地方制度考》(载《社会科学战线》1982年第2期)对汉代地方的财政监督体制有所涉及。余行迈《汉代以“部”为称诸官概说——多部位的地方监察、警察制度》(载《秦汉史论丛》第5辑,法律出版社1992年版)从汉“部”的概念来谈地方的监察制度。方宝璋《中国古代审计史话》(中华书局1995年版)认为秦汉审计官吏包括三个方面:财政财务审计、财经法纪审计、经济政绩审计。审计方法也有三种:查账法、查询法、比较分析法。王子今《汉初查处官员非法收入的制度——张家山汉简〈二年律令〉研读札记》(载《政法论坛》2002年第5期),利用张家山汉简律文来分析汉代财政监督问题。在财政审计上,李均明《简牍符号考述》(载《华学》第2辑,中山大学出版社1996年版)对西北汉简的账簿校对符号进行详细归类和分析,研究之精细,令人折服。黄今言《居延汉简所见西北边塞的财务“拘校”》(载《史学月刊》2006年第10期)认为汉代边郡财务“拘校”主要有三种方式:实物与账簿、会计凭证与账簿、实地调查。

以上所述便是汉代地方财政相关研究之大略。其中最大缺憾莫过于:迄今为止,专门、系统论述汉代地方财政的专著仍是“犹抱琵琶半遮面”,难见“真容”。如何在汉代中央集权体制下揭示地方财政的重要角色?汉代地方财政的地区性差异如何?汉代地方财政的运作又怎样?亟待探究。

三、求新之处

本书以汉代地方财政为研究对象，拟在充分占有文献与简牍资料的基础之上，融合财政学、经济学相关研究成果，构建一个可操作的论述框架。旨在以下方面略陈新意：

第一，地方财政是我国财政史研究体系中一个不可或缺的部分，具有重要的学术价值和现实意义。本书对汉代地方财政进行系统、专门的研究，本身就是一种尝试。本书不仅要借助大量简牍来微观研究汉代地方财政机制、收支、管理、监督等问题，也要探赜中央与地方财政之间的关系、财政的地区性差异、财政调度等一系列相关问题。

第二，如何借鉴现代财政学理论来研究我国古代财政史，是学界同仁一直关注的热点问题。是不是只要引入一个"时髦摩登"的财政概念，抑或一个"貌似高深"的理论，就是在跨学科研究呢？目前财政学界在现代地方财政研究上，大致涉及中央与地方的财权划分、转移性支出、购买性支出、财政调控、财政平衡与风险防范等理论。如何使现代地方财政学理论与我国古代地方财政研究真正达到水乳交融的状态，防止生搬硬套，强行嫁接，也是本书的一个重要尝试。笔者初步设想：利用自己曾经从事多年财政学习、工作而具有的一点"敏感性"，来对汉简中一些典型个案的财政流程、运作进行剖析，力求以小见大，而不是仅仅移植、套用一些难以适用于我国古代财政史研究的现代财政学理论。

第三，如何利用简牍来研究汉代财政史，也是时下所要探讨的一个重要课题。近年来大量出土的简牍资料，绝大多数为传世史籍所阙如，确实给汉代地方财政的研究带来了新的契机。毋庸讳言，在简牍研究的热潮中，也出现了一些盲目跟风现象，明显带有重新简、忘旧简的功利色彩。

笔者认为，简牍研究的方法，除与文献相比对外，贵在"简牍互证"。其主要涵盖两个方面：一是新、旧简并举。即每有新简发现后，就要将相关的旧简重新进行审视、挖掘。此举既有利于新简的考证，也便于延续旧简的生命力。二是大、小简并重。既要重视出土数量众多的简牍，也不能忽视零散简牍的价值。譬如，甘肃武威旱滩坡东汉简虽然仅有十多枚，但简简俱为精品。它是考证汉代赋役制度的珍贵史料，常为学者所遗漏。[①] 同样，湖南张家界古人堤汉简亦数量不多，却是东汉律文的抄本。[②] 如果有心将其与张家山汉简《二年律令》相对照，定会有所斩获。要之，本书在考证地方财政时，力求对相关简牍资料做到"竭泽而渔"，并通过"简牍互证"的方法，以冀能发现新问题，收获新体会。

① 参见武威地区博物馆《甘肃武威旱滩坡东汉墓》，载《文物》1993年第10期。

② 参见湖南省文物考古研究所、中国文物研究所《湖南张家界古人堤简牍释文与简注》，载《中国历史文物》2003年第2期。

第一章　汉代中央与地方的财政关系

在汉代中央集权的体制下，中央与地方之间的财政关系是一个相互依存的关系。地方政府的财政程式要受到中央律令的规范和制约，其财政活动也要受到中央政府的监督与控制。同时，中央财政又需要地方财政的强大支撑，并易受到地方财政的好坏影响而随之波动。因此，要想准确把握与定位汉代地方财政，必须首先把中央与地方的财政关系作为一个研究基点。

一、汉代中央财政体制的嬗变

汉代中央与财政的关系，并不是静态的，而是一个动态的演变过程。在这个过程中，中央财政机制的演变起到了主导性作用。传统观点认为，汉代中央财政分为“公”、“私”财政，即国家财政与帝室财政。其演变过程是由西汉的“公”、“私”财政分立到东汉的“公”、“私”合流。此观点的代表作为日本学者加藤繁先生的《汉代的国家财政和帝室财政区别及帝室财政一斑》[①]一文。然而，财政理念并不等同于财政现实，在中央集权的财政体制下以及财政的实际运作中，汉代的“公”、“私”财政是很难做到泾渭分明的。如果我们对其进一步深入分析，便会发现：汉代中央财政体制实际上经过了三次嬗

① 参见[日]加藤繁《汉代的国家财政和帝室财政区别及帝室财政一斑》，载刘俊文主编《日本学者研究中国史论著选译》第3卷，中华书局1993年版，第294～388页。

变，不是两次。“公”、“私”财政的变化只是问题的表象而已，其实质是汉代中央财政的不断职能化、集权化。

（一）第一阶段：以内史为主的财政体制——汉初到景帝时期

首先来探讨一下内史的渊源。《汉书》卷一九上《百官公卿表上》载：“内史，周官，秦因之。”此话不假。“内史”一职，在西周金文中常有发现，其职责为宣达王命。春秋时，内史渐居次要地位。[①] 战国时期，内史“宣达王命”的职能被御史继承后[②]，逐渐演变为中央财政机关。[③] 以秦国为例，四川青川秦简记有：“（秦武王）二年十一月己酉朔朔日王命丞相戊内史匽民臂更修为田律。”[④]云梦战国秦简也有“内史”的相关记载：

> 入禾稼、刍稿，辄为廥籍，上内史。
>
> 至计而上廥籍内史。
>
> 都官岁上出器求补者数，上会九月内史。
>
> 内史课县，大（太）仓课都官及受服者。
>
> 盗出朱（珠）玉邦关及买（卖）于客者，上朱（珠）玉内史，内史材鼠（予）购。[⑤]

以上材料说明：第一，内史为中央财政机关，负责接受地方禾稼、刍稿籍簿的定期上计，并对中央（都官）、地方（县）的公物使用、调拨进行管理与监督。第二，战国时，秦国占领地区并不广阔，“郡”一级行政中心还未完全形成，故秦国财政体制仅为内史（中央）、县（地方）二级。[⑥] 第三，当时内史下属机构

① 参见于豪亮《云梦秦简所见职官述略》，载《于豪亮学术文存》，中华书局1985年版，第88～89页。

② 参见彭邦炯《从出土秦简再探秦内史与大内、少内和少府的关系与职掌》，载《考古与文物》1987年第5期。

③ 赵国就设有“内史”。《史记》卷四三《赵世家》云，徐越“以节财俭用，察度功德”被任命为“内史”。

④ 四川省博物馆、青川县文化馆：《青川县出土秦更修田律木牍——四川青川县战国墓发掘简报》，载《文物》1982年第1期。

⑤ 睡虎地秦墓竹简整理小组编：《睡虎地秦墓竹简》，第38、100、105、33、211页。

⑥ 睡虎地秦简反映的是商鞅变法后到秦统一前的法律文书。（参见高敏《商鞅〈秦律〉与云梦出土〈秦律〉的区别和联系》，载《云梦秦简初探》，河南人民出版社1979年版，第49页）

有“大(太)内”、“大(太)仓”。大内主管钱物出纳,大仓主管粮食出入。如云梦秦简也记有:

其金及铁器入以为铜。都官输大内,内受买(卖)之,尽七月而觱(毕)。

县上食者籍及它费大(太)仓,与计偕。①

此外,当时内史掌管“邦关”之内“朱(珠)玉”的回收,说明秦国内史管理京畿地区的职能还未出现。

秦统一后,随着占领地区的拓广和“郡”级行政中心的形成,秦内史渐渐附带管理京畿地区(秦国旧地)的功能。对此,于春雷之论述,颇为精到:

(秦)设郡之后,内史就具有了地方官员的性质,辖非郡之地,即所谓京师。京师不为郡,本为秦国旧地,划为若干县,内史就辖此若干县,成为和郡守同一级的地方长官,其职掌也就有了地方长官的特色。②

里耶秦简[16]6号就记有“洞庭兵输内史及巴、南郡、苍梧”③,其中“内史”与诸郡并称,可相印证。新出岳麓秦简发现“内史郡二千石官共令”、“内史仓曹令”、“内史户曹令”④,“内史”与“郡二千石”相对称,充分说明秦统一后,内史管理京畿的地域意义萌生;同时,内史下专设仓曹、户曹,其统管全国财政的职能仍然存在。此外,出土秦封泥中亦发现“内史之印”、“大仓丞印”、“大内丞印”⑤、“泰仓丞印”、“泰内丞印”⑥,说明内史之下还有大仓、大内二丞。

汉承秦制。汉初内史职责仍为主管中央财政兼治京师。《百官公卿表》所云“掌治京师”并不完全准确。《二年律令》可证:

---

① 睡虎地秦墓竹简整理小组编:《睡虎地秦墓竹简》,第64、42页。

② 于春雷:《秦汉内史研究》,西北大学2008届硕士论文,第14页。按:彭邦炯先生《从出土秦简再探秦内史与大内、少内和少府的关系与职掌》(载《考古与文物》1987年第5期)一文,认为在秦统一后,畿内不设守令,外则设郡县,自然由内史掌管京师。

③ 湖南省文物考古研究所、湘西土家族苗族自治州文物处:《湘西里耶秦代简牍选释》,载《中国历史文物》2003年第1期。

④ 陈松长:《岳麓书院所藏秦简综述》,载《文物》2009年第3期。

⑤ 中国社会科学院考古研究所汉长安城工作队:《西安相家巷遗址秦封泥的发掘》,载《考古学报》2001年第4期。

⑥ 周晓陆、路东之:《秦封泥集》,三秦出版社2000年版,第127页。

县道官之计，各关属所二千石官。其受恒秩气（饩）稟（廪），及求财用委输，郡关其守，中关内史。

官各以二尺牒疏书一岁马、牛它物用稿数，余见刍稿数，上内史，恒会八月望。

十二、相国议，关外郡买计献马者，守各以匹数告买所内史、郡守，内史、郡守谨籍马职（识）物、齿、高，移其守，及为致告津关，津关案阅，出，它如律令。①

由上可见，内史不但负责全国财政的"恒秩气（饩）稟（廪）"、"财用委输"，还负责将自己管辖区域内买卖马匹的标识通报给津关。其掌管中央财政兼治京师的双重职能，明显无疑。又，《二年律令·秩律》云：

·御史大夫，廷尉，内史，典客，中尉，车骑尉，大（太）仆，长信詹事，少府令，备塞都尉，郡守、尉，衛〈卫〉将军，衛〈卫〉尉，汉中大夫令，汉郎中，奉常，秩各二千石。②

由于《二年律令》成书于吕后二年（前186），此条律文说明汉初内史已是秩二千石的卿级官员，仅排在御史大夫、廷尉之后，地位极为显赫。③

但是，张家山汉简《二年律令》所云与文献记载有出入。史籍文献明确记载秦、汉初中央财政机关为治粟内史。其文曰：

治粟内史，秦官，掌谷货，有两丞。景帝后元年更名大农令，武帝太初元年更名大司农。属官有太仓、均输、平准、都内、籍田五令丞，斡官、铁市两长丞。又郡国诸仓农监、都水六十五官长丞皆属焉。④

《史记》卷五六《陈丞相世家》亦载陈平曰："陛下即问决狱，责廷尉；问钱谷，

---

① 彭浩、陈伟、[日]工藤元男主编：《二年律令与奏谳书：张家山二四七号汉墓出土法律文献释读》，第174、193、318页。

② 彭浩、陈伟、[日]工藤元男主编：《二年律令与奏谳书：张家山二四七号汉墓出土法律文献释读》，第258页。

③ 秦时内史地位就很高。《战国策·秦策三》载："邑中自斗食以上，至尉、内史及王左右，有非相国之人者乎？"又，《史记》卷六《秦始皇本纪》云："卫尉竭、内史肆、佐弋竭、中大夫令齐等二十人皆枭首。"

④ 《汉书》卷一九上《百官公卿表上》。按：检《百官公卿表》，高帝元年（前206）治粟内史执盾襄，景帝后元二年（前142）大农令惠，武帝元鼎二年（前115）大农令孔仅，与记载相契合。

责治粟内史。”治粟内史的职责实为掌管国家“钱谷”，即中央财政。

由此便呈现一个大大的问号：史籍所载“治粟内史”与秦汉简中“内史”之间有何关系？对此，学者众说纷纭，莫衷一是。高敏先生认为，在商鞅变法到秦昭王时期，由“内史”行使“治粟内史”之职。把“内史”改为“治粟内史”，应发生于始皇统一六国时期。① 日本学者工藤元男认为，秦国“内史在其下配置了太仓和大内，通过太仓和大内管理县与都官的粮草和财货”。秦统一全国后，“太仓和大内自内史中分出，以此基础构成治粟内史，掌秦帝国的国家财政。为应付统一后急遽增加的京师人口，被分离出太仓和大内重新被改组为掌治京师之官”。② 尹弘兵先生认为，吕后二年至吕后八年间，始设“治粟内史”以专掌财经事务，“内史”则专治京师。③

笔者认为，汉初内史仍然兼管财政与京师，与秦相较并无变化。内史与治粟内史的最终分离发生在景帝时期。

其一，治粟内史应为内史的重要属官，担负管理钱谷的职能。因隶属于内史，故俗称“治粟内史”，非正式官职名。《二年律令·秩律》记有“大(太)仓治粟、大(太)仓……秩各八百石”④。张家山整理小组认为“大(太)仓治粟”为“治粟内史属官”。⑤其实，《二年律令·秩律》并未发现“治粟内史”一职，怎能断定“大(太)仓治粟”为其属官，显似牵强。《二年律令》中“大(太)仓治粟”的“治粟”有可能即指“治粟内史”。⑥

---

① 参见高敏《从云梦秦简看秦的几项制度》，载《云梦秦简初探》，第218～219页。

② 参见[日]工藤元男《秦内史》，载刘俊文主编《日本中青年学者论中国史·上古秦汉卷》，第320页。

③ 尹弘兵：《汉初内史考——张家山汉简中所见汉初内史之演变》，载《江汉考古》2008年第3期。

④ 彭浩、陈伟、[日]工藤元男主编：《二年律令与奏谳书：张家山二四七号汉墓出土法律文献释读》，第264页。

⑤ 参见张家山二四七号汉墓竹简整理小组编《张家山汉墓竹简〔二四七号墓〕：释文修订本》，第73页。

⑥ 笔者认为还有一种可能：汉初《二年律令》中的“内史”就是史籍文献所载“治粟内史”，治粟内史只不过是内史的“俗称”而已。

其二，景帝二年（前 155），“分置左、右内史”[①]，内史地域职能率先分出。中元六年（前 144），“治粟内史为大农。以大内为二千石，置左右内官，属大内”[②]。“治粟内史”改名为“大农”，最终从内史中分出。原内史属官“大内丞”也提升为二千石，分左右内官。[③] 内史管理财政与京师的职能才彻底分离。

其三，治粟内史演变的内部原因是汉代中央财政的进一步职能化、集权化。治粟内史从内史分离成“大农令”，是发生在吴楚“七国之乱”后。由于中央对地方财政的掌控能力不断强化，过去内史兼管财政、京师的体制已经不适应财政职能化、集权化的要求，治粟内史到大农令的嬗变便应运而生了。

（二）第二阶段：以大司农、少府、水衡都尉为主的财政体制——武帝到西汉末年[④]

从目前来看，关于汉代全国财政开支的数据史料仅存两条：第一条为《汉书》卷八六《王嘉传》载：

> 孝元皇帝奉承大业，温恭少欲，都内钱四十万万，水衡钱二十五万万，少府钱十八万万。

第二条为《太平御览》卷六二七引桓谭《新论》曰：

> 汉定以来，百姓赋敛，一岁为四十余万万。吏俸用其半，余二十万

---

① 《汉书》卷一九上《百官公卿表上》。按：周振鹤先生认为“内史分左右当在文帝后元年间”。（参见周振鹤《西汉政区地理》，人民出版社 1987 年版，第 131 页）

② 《史记》卷一一《景帝本纪》。按：《汉书》卷一九上《百官公卿表上》云“景帝后元年更名大农令”，与《史记》所载不同。但是，《汉书》卷五《景帝纪》云中元六年“改诸官名”。此从《史记》“中元六年”说。

③ 《汉书》卷六四上《严助传》师古注引应劭曰：“大内，都内也，国家宝藏也。”王先谦《汉书补注》引姚鼐《惜抱轩笔记》，认为“大内”非“都内”。罗庆康认为云梦秦简中的“大内”为机构名，“内史”为其官名。（参见罗庆康《西汉财政官制史稿》，河南大学出版社 1989 年版，第 15 页）笔者认为：西安相家巷同时出土封泥“大内丞”、“内史之印”（参见中国社会科学院考古研究所汉长安城工作队《西安相家巷遗址秦封泥的发掘》，载《考古学报》2001 年第 4 期），“大内”应非“内史”之机构名。

④ 王莽当政时，多变更官名。据《汉书》卷一九上《百官公卿表上》，“王莽改大司农曰羲和，后更为纳言”，“少府曰共工”，“水衡都尉曰予虞”。但是，当时财政体制并未作重大变动，故也可归入此阶段。

万，藏于都内为禁钱。少府所领园地作务之八十三万万，以给宫室供养诸赏赐。

上述史料应是反映西汉后期大司农[①]、少府、水衡都尉“三位一体”的财政状况。第一条史料为西汉元帝时期；第二条史料的作者桓谭，虽生活于两汉之际，但据其所载少府的巨额收入，显系应为西汉后期。

对于这种“多位一体”的中央财政体制，学者多主张大司农主管国家财政，少府与水衡都尉主管皇室财政，二者界限分明。而且秦时就已实行“公私财政”体制，云梦秦简的“少内”即少府。如杨宽先生认为战国时“中央政权这样分设‘公’、‘私’两个税收、财政机构，而且封君以及郡守、县令也同样设置。这种制度，战国时代秦国已经创设，与秦孝公任商鞅变法有关”[②]。高敏先生认为早在商鞅变法后不久，就产生了把国有经济与王室(或皇室)经济分开管理与核算的萌芽，到秦汉时期开始明朗化。云梦秦简少内“是主管天子私财的机构，即‘少府’之类机构的前身”。[③]

笔者认为：第一，云梦秦简“少内”并不是“少府”，也不是少府机构的前身。因为少内与大内相对而称，少内是县一级的财政管理机构。更重要的是，当时秦国既有少内也有少府，刻有“少府”铭文的秦国兵器屡有发现。[④]当时内史统揽国家财政，国君的“私”的财政与国家的“公”的财政之间的界限并不明显，少府只是负责王室生活及兵器制造等事务的一个机构而已。新出里耶 8～455 号秦简中有个“小小”的细节，万不可忽视。如：

王室曰县官

① 《汉书》卷一九上《百官公卿表上》云“武帝太初元年更名大司农”，疑此时官秩才定为中二千石。“都内”为其属官，掌管国库。

② 杨宽：《从“少府”职掌看秦汉封建统治者的经济特权》，载中国秦汉史研究会编《秦汉史论丛》第 1 辑，陕西人民出版社 1981 年版，第 208 页。

③ 参见高敏《秦汉的经济立法原则及其意义》，载《秦汉史探讨》，中州古籍出版社 1998 年版，第 38 页。

④ 参见彭邦炯《从出土秦简再探秦内史与大内、少内和少府的关系与职掌》，载《考古与文物》1987 年第 5 期。

公室曰县官[①]

里耶8～455号简是关于秦统一后对原有官制、名物等称谓的调整记载。其中“王室”、“公室”皆可称为“县官”,应映射出秦人“公”、“私”观念并未分明。

第二,“公”、“私”财政的分离,只是问题的表象,其本质是中央与地方财权的争夺与控制。其实,“公”、“私”分离的提法确实肇始于战国时期。当时中央集权体制正处在萌生阶段,国家便以“公”、“私”分离的名义来控制地方的“山川园池”。如《银雀山汉墓竹简·田法》云:“邑之名山林可以为田器及可以为国大器者,县不得之制也。桓山林□□者,县得制之。”[②]这表明战国时中央就已经开始对县“名山林”占有权加以限制。

第三,“公”、“私”分离并不等同于“公”、“私”财政的分立。《史记》卷三〇《平准书》云孝惠、高后时,“山川园池市井租税之入,自天子以至于封君汤沐邑,皆各为私奉养焉,不领于天下之经费”。当时诸侯国(封君)一般都拥有“山川园池市井租税之入”,享有一定的治民权。汉初皇帝对地方财政的控制能力较为有限,其“私奉养”的财政规模较小,“公”、“私”财政并未真正分立。直到平定“七国之乱”后,“齐、赵、梁、楚支郡名山陂海咸纳于汉”[③],皇帝才真正控制诸侯国内的“名山陂海”。况且,汉初《二年律令·金布律》云:

> 租、质、户赋、园池入钱,县道官勿敢擅用,三月壹上见金、钱数二千石官,二千石官上丞相、御史。[④]

这就说明租(包括市租)、园池等现金收入,都要统一受到国家财政的监管,并不是单独上缴少府。要之,“公”、“私”财政的分立在汉初实际上并不存在。

第四,真正意义上的“公”、“私”财政分立是从武帝开始,延续到西汉末期。其表现为:在财政收入的统计数字上,以少府与水衡都尉为代表的皇室

---

① 张春龙、龙京沙:《湘西里耶秦简8－455号》,载武汉大学简帛研究中心编《简帛》第4辑,上海古籍出版社2009年版。

② 银雀山汉墓竹简整理小组编:《银雀山汉墓竹简〔壹〕》,文物出版社1985年版,第146页。

③ 《史记》卷一七《汉兴以来诸侯王年表》。

④ 彭浩、陈伟、[日]工藤元男主编:《二年律令与奏谳书:张家山二四七号汉墓出土法律文献释读》,第254页。

财政已超过了大司农掌管的国家财政。个中原因便是国家对地方财政的日益集权化。当时武帝通过“酎金夺侯”、“推恩令”、“左官律”等一系列措施，彻底打击地方诸侯势力，将其财权收归中央。又加之，为满足巨额的军事开支，“雄才大略”的武帝实行算缗、告缗等强势财经政策，积累了大量的财富。而这些财富大多是以皇帝“私奉养”的名义纳入到少府之中。水衡都尉成为三大财政机构之一，便是典型一例。如《史记》卷三〇《平准书》载：“初，大农筦盐铁官布多，置水衡，欲以主盐铁；及杨可告缗钱，上林财物众，乃令水衡主上林。”

当然，此阶段虽然实行“公”、“私”财政分立，但在实际操作上也是难以严格区分的。譬如，西汉齐三服官是专门供应皇室衣用的机构，理应属于皇帝的私人财政支出。但是，尹湾汉简《东海郡下辖长吏不在署未到官者名籍》云“海西丞周便亲七月七日输钱齐服官”[①]，说明三服官的开支也可由地方财政收入直接拨付。不过，“公”、“私”分立的理念在西汉还是深入人心的。[②] 如少府钱常称为“禁钱”。皇帝“出禁钱以振元元”，被视为对百姓的莫大恩惠。反之，此种理念有时也能在一定程度上制衡皇权。如西汉时，大臣毋将隆曾劝阻哀帝说：

> 武库兵器，天下公用，国家武备，缮治造作，皆度大司农钱。大司农钱自乘舆不以给共养，共养劳赐，壹出少府。盖不以本臧给末用，不以民力共浮费，别公私，示正路也。[③]

(三)第三阶段:大司农专职管理财政——东汉时期

东汉时，随着少府财政职能退化，大司农统揽全国财政，中央财政机制进一步职能化、集权化。个中原因为：一是地方诸侯势力与西汉初期大不相同，诸侯“惟食租税”已成“共识”，中央财政的进一步集权化亦理所当然。二是武帝以后，土地兼并日益加剧，少府逐渐将掌握的一部分土地以“假民公

① 连云港市博物馆等编：《尹湾汉墓简牍》，第96页。

② 到东汉时，“公”、“私”分离的财政思想已日渐式微。如《后汉书》卷七八《宦者传·吕强》云：“天下之财，莫不生之阴阳，归之陛下。归之陛下，岂有公私？”

③ 《汉书》卷七七《毋将隆传》。

田”的形式贷给贫民,并向私有土地转化。因此少府的财政收入在逐渐萎缩。三是东汉时,以刘秀为首的豪族集团当政,政府掌握的土地大幅减少。即便在王朝初期推行的“度田”,也因大家、豪族的顽固抵制,草草了事。少府主管财政已无多大空间,水衡都尉一职更不常置。大司农专职管理中央财政,则更具效率。当然,从消极方面来讲,东汉的财政状况较西汉还是捉襟见肘的,毕竟政府控制的财源有限。这也与当时的政治、经济状况有关。

对于东汉中央财政体制,有学者也提出了比较独到的见解:

> 东汉将部分帝室财政归于国家财政,降低了帝室财政的地位和功能,突出了国家财政的主导地位,皇帝也不能随心所欲地凭借其至高无上的地位而任意侵吞国库。①

此观点颇有道理。尤其到东汉后期,皇帝甚至低三下四地“贷王、侯国租”。据《甘谷汉简》,顺帝时“还从民家贷钱,臧官”②。其中原因应与东汉皇室财政和国家财政的合流有关,也体现出大司农职能化具有一定的进步性。但是,我们也应看到,东汉后期财政危机的频发以及外戚、宦官对皇帝权威的不断冲击,也是皇帝本人财政窘迫的重要原因。

简言之,汉代中央财政体制的三次嬗变,“公”、“私”财政变化只是表象而已,其内部动因是汉代中央财政体制的集权化、职能化。

二、中央与地方财权分配的角力

集权与分权是任何朝代都要面临的一个重要课题。如王家范先生所说:

> 集权与分权乃是一切国家权力统治必难避开的两极,相反而相成,犹如广阔光系的两极。向心力与离心力构成一种弹性张力,仅执其一端,必偏执僵硬而丧失生机活力。③

① 林甘泉主编:《中国经济通史·秦汉经济卷》下册,第503页。

② 张学正:《甘谷汉简考释》,载甘肃省文物工作队、甘肃省博物馆编《汉简研究文集》,甘肃人民出版社1984年版,第89页。

③ 王家范:《中国历史通论》,华东师范大学出版社2000年版,第282页。

财权分配方面更是如此。在我国古代社会，中央政府在确保资源独占地位的前提下，又不得不给予地方一定的财政自主权，以保证整个国家财政机制的有序运转。同时，随着中央与地方两大主体彼此角逐的胜负，同一朝代在不同阶段，财权的分配也呈现出不同态势。汉代财权分配的总体趋向是集权化，但这一过程并不是一蹴而就的，也经历了集权与分权势力的激烈斗争。况且，当政府统治力削弱时，尤其到王朝末期，地方势力又会重新抬头，对中央构成威胁。汉代中央与地方财权分配的角逐集中体现在治民权、盐铁权、铸币权三个方面。

（一）治民权

汉初，关于治民权的争夺，主要体现在中央政府与地方诸侯王之间。在反秦浪潮中，起义军皆以恢复“六国”为旗号，充分凸显“分封建国”的观念尚未离人远去。在随后四年的楚汉战争中，为最广泛联合同盟，刘邦也违心地广封诸侯。这一行为的“惯性”一直延续到王朝伊始。强秦王朝的轰然崩塌，给身处其中的每一个人心理上极大震撼。在刘邦看来，相比祚运长久的周代，秦王朝极速崩溃的重要原因是没能广封同姓诸侯。因此，他一登帝位，就迫不及待地分封同姓亲属为诸侯王。既欲制衡异姓诸侯王，又想确保“刘”家天下坚若磐石。然而，这一切却为以后中央与地方异姓、同姓诸侯王彼此争夺治民权埋下了伏笔。

汉初，地方诸侯王“金玺盭绶，掌治其国。有太傅辅王，内史治国民，中尉掌武职，丞相统众官，群卿大夫都官如汉朝”[①]，“得自除内史以下，汉独为置丞相”[②]。官职与中央基本一致。“治国民”的内史由王国任命，说明诸侯王享有一定的治民权。在当时以小农经济为主的社会，所谓“治民权”，其核心内容是赋役的征发权。诸侯在其封国内拥有赋役征发权，如《史记》卷五九《五宗世家》云：“高祖时诸侯皆赋。”吴王刘濞就“居国以铜盐故，百姓无

① 《汉书》卷一九上《百官公卿表上》。

② 《史记》卷五九《五宗世家》。

赋。卒践更，辄与平贾”[①]。当时中央与地方的财赋分配是通过“献费”的方式来实现的。如高祖十一年（前196）二月诏曰：“欲省赋甚。今献未有程，吏或多赋以为献，而诸侯王尤多，民疾之。令诸侯王、通侯常以十月朝献，及郡各以其口数率，人岁六十三钱，以给献费。”[②]因此，诸侯王可以支配献费以外的赋税，如市租、山川园池收入，作为他们的“私奉养”。当时齐国“临菑十万户，市租千金，人众殷富，巨于长安”[③]。吴王刘濞通过“专山泽之饶”来铸币、煮盐，国力大增，大有赶超中央之势。如《汉书》卷五一《枚乘传》云：

> 夫吴有诸侯之位，而实富于天子；有隐匿之名，而居过于中国。夫汉并二十四郡，十七诸侯，方输错出，运行数千里不绝于道，其珍怪不如东山之府。转粟西乡，陆行不绝，水行满河，不如海陵之仓。修治上林，杂以离宫，积聚玩好，圈守禽兽，不如长洲之苑。游曲台，临上路，不如朝夕之池。深壁高垒，副以关城，不如江淮之险。

汉代中央与地方诸侯王财权分配之争，并不是肇始于景帝一改文帝“纵容”政策，决心“削藩”之时。实际上，自从王朝建立伊始，双方治民权之争就未曾中断过。

第一，防范和限制时期。《史记》卷一二九《货殖列传》云：“汉兴，海内为一，开关梁，弛山泽之禁。”此句话未必完全准确。由于当时中央的实际控制范围较为有限，“汉独有三河、东郡、颍川、南阳，自江陵以西至蜀，北自云中至陇西，与内史凡十五郡，而公主列侯颇食邑其中”[④]，仅占全国的四分之一。中央不得不严禁“关梁”，时时提防、限制地方诸侯。如《二年律令·津关令》：

> 制诏御史，其令扜关、郧关、武关、函谷【关】、临晋关，及诸其塞之河

---

① 《史记》卷一〇六《吴王濞列传》。

② 《汉书》卷一下《高帝纪下》。

③ 《史记》卷五二《齐悼惠王世家》。

④ 《史记》卷一七《汉兴以来诸侯王年表》。按：钱大昕考证十五郡为河东、河南、河内、东郡、颍川、南阳、南郡、汉中、巴郡、蜀郡、陇西、北地、上郡、云中并内史。（参见钱大昕《廿二史考异》卷二“汉兴以来诸侯王年表”条，上海古籍出版社2004年版）

> 津，禁毋出黄金、诸奠黄金器及铜，有犯令。[1]

此条律令旨在防止黄金等贵重金属流入诸侯国。又，《二年律令·捕律》：

> 捕从诸侯来为间者一人，𢷎(拜)爵一级，有(又)购二万钱。[2]

据上简，汉初中央对诸侯国的防范、限制，可见一斑。

此时，双方治民权之争集中在对“民户”的争夺上。民户数量直接关系到赋役的征发，是立国之本。当时中央政府大量迁徙原六国贵族到关中，如高祖九年(前198)，“徙贵族楚昭、屈、景、怀、齐田氏关中”[3]，并制定严格的“亡诸侯”律。张家山汉简《奏谳书》就记载了一重要案例：齐国狱史在护送田氏大族到关中后，将其中一田氏女子以“夫妻”名义，准备偷带回齐国。在出关时被发现，结果以“亡之诸侯”律被论罪。在审讯中，主审官认为“律所以禁从诸侯来诱者，令它国毋得取(娶)它国人也。阑虽不故来，而实诱汉民之齐国，即从诸侯来诱也”，并援引另一案例“人婢清助赵邯郸城，已即亡从兄赵地，以亡之诸侯论”来进行比附。[4] 此案例充分说明：汉初政府实行严格的“亡诸侯”律。即便是奴婢，也不能随意逃亡到诸侯国境内。《汉书》卷四四《淮南厉王传》亦载“亡之诸侯，游宦事人，及舍匿者，论皆有法”，与《奏谳书》案例相印证。实际上，中央迁徙六国豪族到关中，并不仅仅对其监督和控制，其最终目的还是用来充实关中的经济实力。同时，地方诸侯(如吴王刘濞)也采取“轻徭薄赋”的优惠政策来赢得本国百姓的支持与“无名数”之民的归附。贾谊就曾说道：

> 今淮南地远者或数千里，越两诸侯，而县属于汉。其吏民徭役往来长安者，自悉而补，中道衣敝，钱用诸费称此，其苦属汉而欲得王至甚，逋逃而归诸侯者已不少矣。其势不可久。[5]

---

① 彭浩、陈伟、[日]工藤元男主编：《二年律令与奏谳书：张家山二四七号汉墓出土法律文献释读》，第307页。

② 彭浩、陈伟、[日]工藤元男主编：《二年律令与奏谳书：张家山二四七号汉墓出土法律文献释读》，第151页。

③ 《史记》卷八《高祖本纪》。

④ 参见彭浩、陈伟、[日]工藤元男主编《二年律令与奏谳书：张家山二四七号汉墓出土法律文献释读》，第338～339页。

⑤ 《汉书》卷四八《贾谊传》。

当然,汉初对诸侯的防范、限制政策也是具有成效的。诸侯王在享有一定治民权以及食“山川园池”税的同时,对其封国内的土地并不拥有所有权,其名义上仍属中央。如柳春藩先生所说:

> 在诸侯王、列侯食封的这样广大的地区中,毫无疑问是存在着不少拥有私田的地主和自耕农。这些土地不可能都归王侯所有。正因为王侯不是封区土地的所有者,所以他们往往自置私田,有些王侯甚至在其封区内侵夺别人的私田。[①]

其实,汉初在全国范围内按爵位赐予田宅,就已说明全国土地所有权仍归属中央。中央也有权征发诸侯国人员来服徭役。如惠帝三年(前192)“六月,发诸侯王、列侯徒隶二万人城长安”[②]。此外,诸侯国也要服从中央政策、法令的规定,“汉独为置丞相”即是这个目的。如《二年律令·津关令》云:

> 十六、相国上长沙丞相书言,长沙地卑湿,不宜马,置缺不备一驷,未有传马,请得买马十,给置传,以为恒。·相国、御史以闻,请许给置马。·制曰:可。[③]

可见,当时长沙国在一些重大事情上还须上报中央予以批准。

第二,直接削夺治民权。景帝时,中央政府平定“七国之乱”后,首先对王国官制进行调整、减省。“令诸侯王不得复治国,天子为置吏,改丞相曰相,省御史大夫、廷尉、少府、宗正、博士官,大夫、谒者、郎诸官长丞皆损其员”[④],王国置吏权的剥夺象征着其治民权的丧失。更关键的是“少府”一职的减省,说明王国所食“山川园池”权已收归中央。《史记》卷一七《汉兴以来诸侯王年表》载吴楚之乱后,“齐、赵、梁、楚支郡名山陂海咸纳于汉”,系为明证。其次,经过景帝“削郡”以及武帝“推恩令”等一系列举措,诸侯国原有土地多半被纳入汉郡,由最初“国中郡”演变为“郡下国”。“诸侯稍微,大国不

---

① 柳春藩:《秦汉封国食邑赐爵制》,辽宁人民出版社1984年版,第101页。

② 《汉书》卷二《惠帝纪》。

③ 彭浩、陈伟、[日]工藤元男主编:《二年律令与奏谳书:张家山二四七号汉墓出土法律文献释读》,第321页。

④ 《汉书》卷一九上《百官公卿表上》。

过十余城,小侯不过数十里”,“而汉郡八九十,形错诸侯间,犬牙相临”[①],地方诸侯已无任何能力与中央争夺“治民权”了。

第三,诸侯国向“惟衣食租税”的真正蜕变。诸侯国治民权的削夺是一个渐进的过程。[②] 即便在武帝时,个别诸侯王也还有一定的特权。如武帝的两个兄弟:胶西王刘端“心愠,遂为无訾省。府库坏漏尽,腐财物以巨万计,终不得收徙。令吏毋得收租赋”;赵王刘彭祖“擅权,使使即县为贾人榷会,入多于国经租税”。[③] 但是,中央政府一直没有放松对诸侯国的严格限制。如元帝初元三年(前46)“令诸侯相位在郡守下”[④],成帝绥和元年(前8)“省内史,更令相治民,如郡太守,中尉如郡都尉”[⑤]。东汉时,“明帝封诸子,租岁不过二千万,马后为言而不得也”[⑥]。诸侯国也逐步完成了向“惟衣食租税”的真正蜕变。这主要体现在两个方面:一是由以前的“治民权”演变为只参与地方赋税分配的经济特权。“治民权”转交地方政府,“诸侯独得食租税,夺之权。其后诸侯贫者或乘牛车也”[⑦]。二是诸侯封国由以地域为界演变为以“户数为限”。汉初分封以地域来划分,诸侯国的人口一直是在增长的。然而,随着“纳租于侯,以户数为限”[⑧]的嬗变,诸侯只按所封“户数”来“衣食租税”,户外人口的赋税则属地方政府所有。从这种意义上讲,诸侯已经不能尽食一国了。

(二)盐铁权

盐铁权如何分配,一直是两汉中央与地方财权分配的争论焦点。汉时,盐、铁常常相提并论,与其所共有的特点相关。二者都是民生之经用,“盐,

① 《史记》卷一七《汉兴以来诸侯王年表》。

② 董平均《西汉诸侯“惟得衣食租税”考疑》(载《首都师范大学学报(社会科学版)》2004年第4期)一文,认为汉“诸侯皆赋”,是随着武帝盐铁专卖而逐步取消的。

③ 参见《史记》卷五九《五宗世家》。

④ 《汉书》卷九《元帝纪》。

⑤ 《汉书》卷一九上《百官公卿表上》。

⑥ 《后汉书》卷五〇《孝明八王传》。

⑦ 《史记》卷五九《五宗世家》。

⑧ 《后汉书》附司马彪《续汉书·百官志五》(以下所引《续汉书》各志,均出自《后汉书》)。

食肴之将”,“铁,田农之本”,“虽贵数倍,不得不买”[①],是人们生产、生活中不可或缺的物品。更为重要的是,二者的生产都要受到原料产地的制约,生产场所比较集中,且需要一定的技术与劳动力。对百姓来说,“非编户齐民所能家作,必卬于市”[②]。而对政府来说,控制盐铁的生产与流通却尤为容易。这也是盐铁专卖相对于酒类等专卖,在汉代持续时间长久的真正原因。

秦时就已设立铁官。《史记》卷一三〇《太史公自序》载:“(司马)昌为秦主铁官,当始皇之时。”云梦秦简《秦律杂抄》中记有“右采铁”、“左采铁”[③]官职,荆州周家台30号秦墓出土《秦始皇三十四年历谱》“二月”条记有“宿铁官”、“治铁官”。[④] 又,《华阳国志》卷三《蜀志》载秦惠王二十七年,于成都“营广府舍,置盐、铁、市官并长丞”[⑤]。秦封泥中也发现“琅邪左盐”、“江左盐丞”、“江东盐丞”等。[⑥] 秦设盐、铁官,确凿无疑。

汉初,如何管理盐铁事务?中央与地方之间盐铁权如何分配?马大英先生认为:

> 盐和铁产品,如前章所述,都是属于山川园池的产物,在未施行专卖以前,以及专卖停止期间,都实行征税,作为皇室收入以及作为有关土地所隶属的王、侯封地以及公主汤沐邑辖区的领主的私奉养。[⑦]

张传玺先生进一步指出,秦与西汉前期实行盐铁包商政策。[⑧]

笔者认为上述观点都很有道理,但似乎有些绝对。其一,汉初地方诸侯掌管当地盐铁事务,与他们以“山川园池”为“私奉养”有关。出土的汉初封泥有“齐铁官印”、“齐采铁印”[⑨],说明汉初诸侯国设置铁官,享有采铁权。当

---

① 《汉书》卷二四下《食货志下》。

② 《汉书》卷二四下《食货志下》。

③ 睡虎地秦墓竹简整理小组编:《睡虎地秦墓竹简》,第138页。

④ 湖北省荆州市周梁玉桥遗址博物馆编:《关沮秦汉墓简牍》,中华书局2001年版,第94页。

⑤ 常璩撰、刘琳校注:《华阳国志校注》,巴蜀书社1984年版,第196页。

⑥ 参见周晓陆、路东之《秦封泥集》,三秦出版社2000年版,第266、270页。

⑦ 马大英:《汉代财政史》,中国财政经济出版社1983年版,第114页。

⑧ 参见张传玺《论秦汉时期三种盐铁政策的演变》,载《秦汉问题研究》(增订本),北京大学出版社1995年版,第240页。

⑨ 孙慰祖主编:《古封泥集成》,上海书店出版社1994年版,第77、79页。

时,“盐铁未笼,布衣有朐邴,人君有吴王”[①],盐铁收入成为地方诸侯的重要财源。其二,汉初盐铁管理的一般方式为“民得占租鼓铸、煮盐”[②]。《二年律令·金布律》载:

> 诸私为菌(卤)盐煮济汉,及有私盐井煮者,税之,县官取一,主取五。
>
> 采铁者五税一;其鼓销以为成器,有(又)五税一。[③]

但是,官营盐铁生产却也同时存在。《张家山汉墓竹简·奏谳书》记载两个案例:

> 埶(傲)悍,完为城旦舂,铁𩕢其足,输巴县盐。
>
> ●·蜀守潚(谳):采铁长山私使城旦田、舂女为䔩,令内作,解书廷,佐恬等诈簿为徒养,疑罪。·廷报:恬为伪书也。[④]

上述案例反映了汉初政府用刑徒来直接生产盐、铁的事实。尤其要注意“采铁长”一职,应该是从秦时“左、右采铁”沿袭而来的。其三,汉时盐铁生产存有较大的地区差异性,如盐就分为池盐、海盐、井盐、岩盐等几种。[⑤] 对于比较便利开发的盐铁场所,政府便组织刑徒来经营,以攫取更大的经济利润。吴王刘濞“煮海水为盐,以故无赋,国用富饶”[⑥],也不是仅仅收税而已,可能也利用刑徒来生产经营。

景帝时,将诸侯“山川园池”收归中央。武帝时,在军事开支的巨大压力下,正式“笼天下盐铁”,禁止私采,实行专卖。盐铁专卖确实存有较大弊端,给人民生活带来不便。昭帝时盐铁会议上,贤良文学的言论将其弊端暴露无遗。对此,学者论述甚碻,不再赘述。笔者只想探讨一下,盐铁专卖制度

---

① 桓宽撰、王利器校注:《盐铁论校注》卷一《禁耕》,天津古籍出版社1983年版。

② 桓宽撰、王利器校注:《盐铁论校注》卷六《水旱》。

③ 彭浩、陈伟、[日]工藤元男主编:《二年律令与奏谳书:张家山二四七号汉墓出土法律文献释读》,第256页。

④ 彭浩、陈伟、[日]工藤元男主编:《二年律令与奏谳书:张家山二四七号汉墓出土法律文献释读》,第374、348页。

⑤ 参见臧知非《张家山汉简所见西汉矿业税收制度试析——兼谈西汉前期“弛山泽之禁”及商人兼并农民问题》,载《史学月刊》2003年第3期。

⑥ 《史记》卷一〇六《吴王濞列传》。

在盐铁会议后，仍能延续到新莽时期[1]，想必也有其合理性。其一，武帝创立专卖制度，完全剥夺了地方诸侯的盐铁权，改变了中央与地方财赋的分配格局，切断了地方离心势力的财源。如当时"赵国以冶铸为业，王数讼铁官事"[2]，对专卖制度不满。元鼎中，博士徐偃因"矫制，使胶东、鲁国鼓铸盐铁"被治罪。其获罪理由为：诸侯国铸盐铁，使"郡有余臧，正二国废，国家不足以为利害"[3]。其二，盐铁专卖使政府垄断了盐铁的生产、流通流域，可以人为地控制价格，获利极大。如宣帝地节四年（前66），"其减天下盐贾"[4]。这也是政府欲罢不能的根本原因。其三，政府也确有盐铁需求，迫使其必须掌握一定的盐铁生产。《居延汉简释文合校》[5]（以下简称为《合校》）就记有士兵廪盐、铁具的统计籍簿。如：

建始二年八月丙辰朔☐北部候长光敢言之☐廪盐名籍一编敢言之 （141·2）

第五丞别田令史信元凤五年四月铁器出入集簿 （310·19）

甚至连小小的驿置也有铁器需求。如《敦煌悬泉汉简释粹》（以下简称为《悬简释粹》）：

元康三年九月辛卯朔癸巳，县（悬）泉置啬夫弘敢言之：谨移铁器薄（簿）一编，敢言（A）佐禹√长富（B） （87-89C:6）[6]

其四，地方盐铁官由中央大司农统一管理，有利于打破地方之间的藩篱，调有余给不足。如《合校》简455·11："☐月甲寅大司农守属闳别案校钱谷盐铁☐。"又，《汉书》卷六四下《终军传》云："胶东南近琅邪，北接北海，鲁国西枕泰山，东有东海，受其盐铁。"当时胶东、鲁国的盐铁就由其旁郡来提供。

---

① 据《汉书》卷九《元帝纪》，初元五年（前44）曾罢盐铁官，仅三年，又恢复。新莽时期，实行"五均六斡"，其中包括盐铁专卖。

② 《汉书》卷五九《张汤传》。

③ 《汉书》卷六四下《终军传》。

④ 《汉书》卷八《宣帝纪》。

⑤ 谢桂华、李均明、朱国炤：《居延汉简释文合校》，文物出版社1987年版（下引该书简文，只标出简号，不再一一注明版本）。

⑥ 胡平生、张德芳：《敦煌悬泉汉简释粹》，上海古籍出版社2001年版（下引该书简文，只标出简号，不再一一注明版本）。

考古出土资料也可证实这一点。如河南郡铁官器在陕西陇县发现，山阳、巨野铁官铸范却在山东枣庄薛城出土。[①]

东汉初，中央并无来自地方诸侯的挑战。“郡国盐官、铁官本属司农，中兴皆属郡县”[②]，盐铁管理权下放到地方郡国手中。在盐铁权下移的同时，私铸盐铁也渐渐解禁。对此，高敏先生认为“光武帝、明帝和章帝时期，虽未实行盐铁官营制度，却未曾明令正式废除”[③]，所言极是。《后汉书》卷七六《循吏传·卫飒》载：

(建武时)耒阳县出铁石，佗郡民庶常依因聚会，私为冶铸，遂招来亡命，多致奸盗。飒乃上起铁官，罢斥私铸，岁所增入五百余万。

这便是东汉初期官营盐铁的例子。

嗣后，章帝“议复盐铁官，(郑)众谏以为不可。诏数切责，至被奏劾，众执之不移”[④]。“与民争利”的盐铁官卖遭到了笃信儒家理念的大臣反对。最后，章帝临终时，“遗戒郡国罢盐铁之禁，纵民煮铸，入税县官如故事”[⑤]。和帝即位后，便正式废除。自此以后，盐铁又以征税为主，盐铁收入成为地方财政的一部分。如东汉末年，中常侍侯览遣人向河东太守史弼“求假盐税”[⑥]。当然，为满足政府的盐铁需求，东汉也曾恢复个别铁官。如永元十五年(103)，“复置涿郡故安铁官”[⑦]。地方政府有时也对当地盐价进行干预。如《隶释》卷二《东海庙碑》载桓帝时，东海相桓君“绝请求姑息之源，濒海盐……月有贵贱，收责侵侔，民多……限贫富俱均，下不容奸……仁忧□□□惠康，民赖其利”[⑧]。

① 参见李京华《汉代铁农器铭文试释》，载《考古》1974年第1期。
② 《续汉书·百官志三》本注曰。
③ 高敏：《东汉盐、铁官辨疑》，载《中州学刊》1986年第4期。
④ 《后汉书》卷三六《郑兴传附子众传》。
⑤ 《后汉书》卷四《和帝纪》。
⑥ 《后汉书》卷六四《史弼传》。
⑦ 《后汉书》卷四《和帝纪》。
⑧ 洪适：《隶释·隶续》，中华书局1986年版。

(三)铸币权

铸币权完全收归中央是汉代一项重要的财经举措,也是我国货币史上一个重要的里程碑。实际上,秦时货币流通就已出现问题。据云梦秦简,秦统一前,当时商品经济还不发达,货币以铜钱、布帛为主。秦简《金布律》记有:

> 布袤八尺,福(幅)广二尺五寸。布恶,其广袤不如式者,不行。
>
> 钱十一当一布。其出入钱以当金、布,以律。①

秦律中罚金的数量皆是11的倍数,可见当时布在流通中比重不小。秦统一后,“黄金以溢名,为上币;铜钱识曰半两,重如其文,为下币”②。陕西临潼武家屯出土秦金饼,刻有“益两半”③,与之互证。秦半两重十二铢,比汉吕后八铢半两还要重。当时盗铸钱币的现象较为普遍。秦简《封诊式·□捕》云:

> 【爰】书:某里士五(伍)甲、乙缚诣男子丙、丁及新钱百一十钱、容(镕)二合,告曰:“丙盗铸此钱,丁佐铸。甲、乙捕索(索)其室而得此钱、容(镕),来诣之。”④

考古中也发现了许多减重的薄小秦半两⑤,说明当时货币流通并不是很通畅。

汉兴,“以为秦钱重难用,更令民铸荚钱。黄金一斤”⑥。当时财政匮乏,物价飞涨,诸侯林立,难以由中央统一铸币,无奈之下准许地方诸侯、私人铸造小钱。黄金也改以“斤”为单位,考古出土汉金饼多在一斤(250 克)左

---

① 睡虎地秦墓竹简整理小组编:《睡虎地秦墓竹简》,第 56 页。

② 《史记》卷三〇《平准书》。

③ 朱捷元、黑光:《陕西兴平县念流寨和临潼县武家屯出土的古代金饼》,载《文物》1964 年第 7 期。

④ 睡虎地秦墓竹简整理小组编:《睡虎地秦墓竹简》,第 252～253 页。

⑤ 参见皇陵秦俑坑考古发掘队《秦始皇陵西侧赵背户村秦刑徒墓》,载《文物》1982 年第 3 期。

⑥ 《汉书》卷二四下《食货志下》。

右。[①] 但是,作为一种具有较高使用价值的货币,黄金在流通流域中并不占主要地位。[②]

惠帝时,私人铸钱便曾禁止。[③]《二年律令·钱律》也有严格规定:

盗铸钱及佐者,弃市。

智(知)人盗铸钱,为买铜、炭,及为行其新钱,若为通之,与同罪。

诸谋盗铸钱,颇有其器具未铸者,皆黥以为城旦舂。[④]

文帝前元五年(前175),"除盗铸钱令"[⑤]。景帝中元六年(前144)又"定铸钱伪黄金弃市律"[⑥]。汉政府这种摇摆不定的货币政策,给货币的正常流通造成了极大不便。同时,地方诸侯也拥有铸币权。如发现的临菑四铢、临朐四铢、阳丘四铢、姑幕四铢[⑦],皆是诸侯铸币。铸币获利全落入地方诸侯的私囊之中。如吴王刘濞招致天下亡命者铸钱,钱布天下,"国用富饶"。不仅如此,在"铸币利润"的直接驱使下,铜币越铸越小,大小不一。在优、劣钱币混杂使用的情况下,货币流通变得极为不畅。如"民用钱,郡县不同:或用轻钱,百加若干;或用重钱,平称不受"[⑧]。对此,政府不得不禁止人们择钱使用。如《二年律令·钱律》规定:

钱径十分寸八以上,虽缺铄,文章颇可智(知),而非殊折及铅钱也,皆为行钱。金不青赤者,为行金。敢择不取行钱、金者,罚金四两。[⑨]

---

① 参见林甘泉主编《中国经济通史·秦汉经济卷》下册,第413页。按:徐涛先生《从谭家金饼看汉代斤值的测定》(载《考古与文物》2009年3期)一文,对西安谭家乡出土金饼进行测定,得出结论:当谭家金饼是西汉(新莽)末年国库内黄金的一个随机抽样这一假设成立时,在99%的可能下,国库内全体金币重量平均值的置信区间为247.11±0.5克,或表示为246.6～247.6克之间。

② 参见李祖德《试论秦汉的黄金货币》,载《中国经济史研究》1997年第1期。

③ 《唐六典》卷一三《御史台》云"惠帝三年,相国奏遣御史监三辅不法事"九条中有"铸伪钱者"。(参见李林甫等撰、陈仲夫点校《唐六典》,中华书局1992年版,379页)

④ 彭浩、陈伟、[日]工藤元男主编:《二年律令与奏谳书:张家山二四七号汉墓出土法律文献释读》,第170、171、172页。

⑤ 《汉书》卷四《文帝纪》。

⑥ 《汉书》卷五《景帝纪》。

⑦ 参见陈直《汉书新证》,天津人民出版社1979年版,第175页。

⑧ 《汉书》卷二四下《食货志下》。

⑨ 彭浩、陈伟、[日]工藤元男主编:《二年律令与奏谳书:张家山二四七号汉墓出土法律文献释读》,第168页。

但是在“劣币驱良币”（格雷欣法则）的规律下，政府虽严令禁止，亦无济于事。

武帝当政后，为加强中央财权，整治货币流通秩序，决心将货币权收归中央。但是，这并不是“一纸政令”的问题，而是在此以前都未能解决的一个技术问题。其一，要有充足原料供应的专门铸钱机构。武帝“悉禁郡国毋铸钱，专令上林三官铸”，“诸郡国前所铸钱皆废销之，输入其铜三官”①。国家也向民间收购铜原料，如在西安汉长安城遗址出土刻铭“汝南富波宛里田戎卖”②的铜块。其二，法定钱币要重量适中，大小合适，方便流通使用。经过历代八铢、四铢、三铢反复的试用，最终定格为“五铢钱”，并一直延续到隋代。其三，法定钱币必须具有防盗铸功能。在此方面，武帝可谓煞费苦心。从周边带郭的“三铢钱”到“赤仄钱”的防盗失败，再到精良“三官五铢”的最终研制成功，“民之铸钱益少，计其费不能相当，唯真工大奸乃盗为之”③。

武帝以后，除昙花一现的新莽混乱币制外，中央铸币对于整个经济秩序的稳定，还是起到了积极作用。从居延汉简来看，即便在边郡，无论俸禄发放还是生活生产，货币流通都较为顺畅。东汉时，也由中央集中铸币，只是机构有所调整，可能由太仆属官考工令负责。如《汉金文录》卷四“建武泉范”铭文云：“建武二年三月丙申，大仆临、掾苍、考工令通、丞或、令史凤、工周仪造。”④

三、中央对地方财政的控制与调度

在中央集权的财政体制下，中央享有独占资源的权利，地方只处于附属地位。然而，在当时落后的生产条件下，在广袤的汉王朝疆域之内，要想有效地对各地区进行财政控制和调度，也并非一件轻而易举的事。

---

① 《汉书》卷二四下《食货志下》。
② 贺梓城：《西安汉城遗址附近发现汉代铜锭十块》，载《文物参考资料》1956年第3期。
③ 《汉书》卷二四下《食货志下》。
④ 容庚：《秦汉金文录》，1931年石印本。

(一)上计与财政控制

上计制度是汉代中央对地方财政控制的重要手段。高敏先生认为,上计制度实为伴随着郡县制的逐步实行而产生的一种旨在加强中央集权制度的政治、经济制度。此制的产生,又加强了中央集权制度,成了中央政府控制各郡国和县邑道侯的有利手段。[①] 上计制度是地方定期向中央上报本地区经济、政治等方面状况并接受监督的制度。战国时初成体系,秦汉日趋完善。前贤时哲已有深入研究,成果颇多。[②] 鉴于此,笔者只能就个别薄弱环节,略陈己见。

1. 尹湾汉简《集簿》并不等同于上计簿

关于上计制度的内容,《续汉书·百官志五》注引胡广曰:"秋冬岁尽,各计县户口垦田,钱谷入出,盗贼多少,上其集簿。"东汉人胡广曾任职大司农,总理国家财政。此话可信度极高。尹湾汉简中就发现类似胡广所说的《集簿》[③],其中详细记载了西汉成帝时东海郡某年度吏员人数、户口垦田、宿麦种树、钱谷出入等统计数据。因此,学者多将尹湾汉简《集簿》与上计簿等同起来。

笔者认为:其一,汉时,《集簿》通常是用来向上级汇报的一种汇总文书,并不局限在郡级上计文书中。如:

> 第五丞别田令史信元凤五年四月铁器出入集簿　(《合校》310·19)
>
> 延熹二年四月庚午朔十二日辛巳,凉州刺史陟,使下郡国太守都尉。承书从事下当用者如诏书,各实核谁,为州集簿。[④]

尹湾汉简中也发现《武库永始四年兵车器集簿》[⑤]。此处《集簿》的"集"字应

① 参见高敏《秦汉上计制度述略》,载《秦汉史探讨》。

② 参见高恒《汉代上计制度论考——兼评尹湾汉墓木牍〈集簿〉》,载《东南文化》1999年第1期;张荣强《从计断九月到岁终为断——汉唐间财政年度的演变》,载《北京师范大学学报(社会科学版)》2005年第1期。

③ 参见连云港市博物馆等编《尹湾汉墓简牍》,第77～78页。

④ 张学正:《甘谷汉简考释》,载甘肃省文物工作队、甘肃省博物馆编《汉简研究文集》,第93页。

⑤ 参见连云港市博物馆等编《尹湾汉墓简牍》,第103～118页。

是集合、汇总之意。胡广将上计簿视为一类《集簿》,不错。但是,如果反推过来,将尹简《集簿》等同于上计簿就不成立了。

其二,上计簿应是一套文书,并不仅仅就是尹湾汉简《集簿》的“一纸文书”。结合文献与简牍,汉代上计内容大概分为经济(钱谷)、政治(盗贼)、临时性工作等。其中,“钱谷入出”与“盗贼多少”是上计工作的重中之重。《续汉书·百官志一》注引《汉旧仪》曰:

> 御史大夫敕上计丞长史曰:“诏书殿下布告郡国:……问今岁善恶孰与往年,对上。问今年盗贼孰与往年,得无有群辈大贼,对上。”

又,《汉书》卷七四《魏相传》云:“案今年计,子弟杀父兄、妻杀夫者,凡二百二十二人。”这充分说明“盗贼多少”确为上计簿的重要内容。山阳太守张敞上书汉宣帝,就曾提到“山阳郡户九万三千,口五十万以上,讫计盗贼未得者七十七人”[①]。然而,当时拥有人口130多万的东海郡,怎能无一盗贼?盖上计簿实为一套相关《集簿》组成,尹简《集簿》只是其中一份文件而已。与“盗贼”相关的《集簿》肯定涵盖在上计之中,应类似于连云港花果山汉简文书:

> 荣成里徐谭十月十四日甲辰□□以刀刺西长里孙宣▱利□桑未宣梁里徐竖十月十七日丁未卖刀□刃伤衞何十八▱……尽十一月盗贼文▱[②]

此外,最近发现西汉初年沅陵侯国的《集簿》,也记有行政设置、吏员人数、户口人民、田亩赋税、大型牲畜、经济林木、兵甲船只以及各项增减的原因,还有道路交通、亭聚、往来长安的路线及里程。[③] 由于当时侯国直属中央,也应

① 《汉书》卷七六《张敞传》。

② 李均明、何双全:《散见简牍合辑》,第96～97页。

③ 参见湖南省文物考古研究所、怀化市文物处、沅陵县博物馆《沅陵虎溪山一号汉墓发掘简报》,载《文物》2003年第1期;郭伟民《虎溪山一号汉墓葬制及出土竹简的初步研究》,载艾兰、邢文编《新出简帛研究》,文物出版社2004年版。按:《沅陵虎溪山一号汉墓发掘简报》将此类简牍定性为黄籍,恐不确。其依据是所出竹简呈黄色。实际上,竹简在干燥后,颜色变黄,篾皮尤为如此,应为正常现象。关于“黄籍”的称呼,《太平御览》卷六〇六引《晋令》:“郡国诸户口黄籍,皆用一尺二寸札,已在官役者载名。”目前并未发现汉代有“黄籍”这一称呼。故笔者认为此类竹简应是沅陵侯国的集计文书,称之为“集簿”更为贴切。不过,走马楼孙吴简中有“黄簿”的记载(参见长沙市文物考古研究所等编《长沙走马楼三国吴简·嘉禾吏民田家莂》,文物出版社1999年版,第34页)。

与上计内容有关。

2. 财政年度与地方上计程序

汉代上计时间是"计断九月"。《周礼·秋官·小行人》"秋献功"条郑玄注曰："秋献之，若今计文书断于九月，其旧法。"[①]又，《续汉书·百官志五》注引卢植《礼注》曰："计断九月，因秦以十月为正故。"《秦律十八种·仓律》与之互证：

有米委赐，禀禾稼公，尽九月，其人弗取之，勿鼠(予)。[②]

同时，"计断九月"也意味着各项工作的统计、上报要集中在当年八九月份进行。如里耶秦简(8～733)：

☐八月□□☐

☐春乡户计☐[③] (正面)

秦汉地方政府之所以皆实行"计断九月"，主要是预留出上计中央所需的路途时间。如《周礼·天官·小宰》郑玄注曰："使赍岁尽文书来至，若今上计。"

上计时间不是一个小问题，直接关系到财政年度的确定。而财政年度又影响到户口、赋税、官吏任职、俸禄等籍账的年限界定。如2003年长沙走马楼出土西汉简牍记有：

复以五年计余口四千二百廿七。案定实四千二百七十四，其四十九口计后[年]凡二见，上报长沙内史、中尉守卒史[④]

上述简文便是错记财政年度的案例。"计"书中四十九人当计入后年度，而错计入当年度，故导致计书"二见"，即重复计算。

① 孔家坡汉简日书亦记有："九月为计于卯，蚤(早)风以于草木，温以清，五官受令其风，忘有大事，计不成。"(湖北省文物考古研究所、随州市考古队编：《随州孔家坡汉墓简牍》，文物出版社2006年版，第185页)

② 睡虎地秦墓竹简整理小组编：《睡虎地秦墓竹简》，第44页。

③ 张春龙：《里耶秦简所见的户籍和人口管理》，载中国社会科学院考古研究所等编《里耶古城·秦简与秦文化研究——中国里耶古城·秦简与秦文化国际学术研讨会论文集》，科学出版社2009年版。

④ 长沙简牍博物馆、长沙市文物考古研究所联合发掘组：《2003年长沙走马楼西汉简牍重大考古发现》，载中国文物研究所编《出土文献研究》第7辑，上海古籍出版社2005年版。

如果财政年度发生变更，则会导致整个国家的籍账几乎重新返工。这也是从秦到汉甚至武帝改变历法后，一直到东汉，都坚持“计断九月”的一个技术原因。汉初《二年律令·户律》规定：

恒以八月令乡部啬夫、吏、令史相杂案户籍，副臧(藏)其廷。[①]

当时“八月算民”也意味着“计断九月”。尹湾汉简中东海郡派九人输赋钱都内(国库)，也是以九月为断。[②]

上计工作有时也被纳入国家礼仪之中。如武帝封禅时，常常提前受计。如天汉三年(前98)三月，“行幸泰山，修封，祀明堂，因受计”[③]。东汉时，正月“群臣受赐食毕，郡国上计吏以次前，当神轩占其郡国谷价”[④]。上述只是特例，并不能改变原有的财政年度。但是，《淮南子·时则训》却明言“三月官乡”。高诱注曰：“三月科(料)民户口，故官乡也。”这便与汉制“八月算民”相抵牾。[⑤] 其实，二者并不矛盾。从汉代地方上计程序分析，问题便可迎刃而解。

个中原因应与汉代地方四时上计相关。《周礼·地官·小司徒》载：“颁比法于六乡之大夫，使各登其乡之众寡、六畜、车辇，辨其物，以岁时入其数。”郑玄注曰：“岁时入其数，若今四时言事。”此处“四时言事”就是指汉代的“四时簿”，即在一个财政年度内按季度分四次从县到郡逐级汇报的账簿。汉代乡县“上计于所属郡国”[⑥]，一般是以“四时簿”的形式。居延汉简就发现许多“四时簿”的例证。此举既可以减轻郡级在年底上计工作的难度，又便于对户口、金钱一类易于变动的账目进行动态管理。如《二年律令·金布

---

① 彭浩、陈伟、[日]工藤元男主编：《二年律令与奏谳书：张家山二四七号汉墓出土法律文献释读》，第222页。

② 参见连云港市博物馆等编《尹湾汉墓简牍》，第96页。

③ 《汉书》卷六《武帝纪》。

④ 《续汉书·礼仪志上》。

⑤ 孙筱先生《秦汉户籍制度考述》(载《中国史研究》1992年第4期)一文认为西汉在三月进行“案比”人口。张荣强先生《〈前秦建元籍〉与汉唐间籍帐制度的变化》(载《历史研究》2009年第3期)一文，认为“三月料民户口”是指官府进行赈济时，对鳏寡孤独穷困老年等特定人群的统计，并非大规模的案户造籍。可备一说。

⑥ 《续汉书·百官志五》本注曰。

律》记有：

在租、质、户赋、园池入钱，县道官勿敢擅用，三月壹上见金、钱数二千石官，二千石官上丞相、御史。①

同时，对于特定时间发生的财政项目，如田地的开垦亩数、畜害的统计数字，更不会拘泥于岁末的一并统计，只能顺时而计。如《二年律令·田律》规定：

县道已豤（垦）田，上其数二千石官，以户数婴之，毋出五月望。②

又，甘肃武威旱滩坡东汉简14载：

乡吏常以五月度田，七月举畜害，匿田三亩以上坐。③

综上可知，《淮南子》中的"三月官乡"只不过是一年内四次动态清查人口中的一次而已，并不与《二年律令·户律》中的"八月书户"④相违。对于二者的区别，东汉郑众在《周礼》注中称为"小案比"、"案比"。譬如：

《周礼·地官·党正》载"以岁时莅校比"，郑玄注引郑司农云："校比，《族师职》所谓'以时属民，而校登其族之夫家、众寡，辨其贵贱、老幼、废疾可任者，及其六畜、车辇'。如今小案比。"

《周礼·地官·小司徒》载"及三年，则大比，大比则受邦国之比要"，郑玄注引郑司农云："五家为比，故以比为名，今时八月案比是也。要谓其簿。"

3. 上计考课与财政控制

中央通过上计制度对地方财政进行摸底，有助于中央财经政策的最终制定。更为重要的是，中央通过上计簿的"考课殿最"，实现对地方财政的控制、监督。上计簿是地方郡守政绩优劣的一面"镜子"。汉世，许多上计考核优异的郡守多位及三公。如丞相黄霸在任颍川太守时，"以外宽内明得吏民

① 彭浩、陈伟、[日]工藤元男主编：《二年律令与奏谳书：张家山二四七号汉墓出土法律文献释读》，第254页。

② 彭浩、陈伟、[日]工藤元男主编：《二年律令与奏谳书：张家山二四七号汉墓出土法律文献释读》，第188页。

③ 武威地区博物馆：《甘肃武威旱滩坡东汉墓》，载《文物》1993年第10期。

④ 彭浩、陈伟、[日]工藤元男主编：《二年律令与奏谳书：张家山二四七号汉墓出土法律文献释读》，第224页。

心,户口岁增,治为天下第一"[①]。当然,汉代上计簿中确实含有作伪的成分。如宣帝时,胶东相王成谎报"流民自占八万余口","伪自增加,以蒙显赏"。[②]不过,汉代通过上计考课,还是涌现出一批勤政爱民的地方"循吏"。如西汉南阳太守召信臣在任时,"郡中莫不耕稼力田,百姓归之,户口增倍,盗贼狱讼衰止",后"迁河南太守,治行常为第一"。[③] 东汉丹阳太守李忠任职时,"垦田增多,三岁间流民占著者五万余口。(建武)十四年,三公奏课为天下第一"[④]。

(二)大司农与财政调度

大司农一职是汉代中央政府财政调度的首脑机关,其财政调度的对象以"钱谷"为主。大司农,卿一人,中二千石,"掌诸钱谷金帛诸货币"[⑤]。它由汉初治粟内史演变而来,西汉时"属官有太仓、均输、平准、都内、籍田五令丞,斡官、铁市两长丞"[⑥]。其中太仓为国家粮仓,都内为国库。从机构设置上,就可窥见大司农的财政核心地位。

为确保财政调度的顺利实施,大司农要准确掌握郡国的"钱谷"收支状况。其一,大司农要求地方郡国以"四时簿"的形式定期汇报,以便对全国财政进行动态管理。《续汉书·百官志三》"大司农"条本注曰:"郡国四时上月旦见钱谷簿,其逋未毕,各具别之。"尹湾汉简《集簿》中就记有当年度东海郡"钱谷"收支盈余状况。当然,一些"财政赤字"的边郡也要将本郡所需中央拨款数,上报给大司农。如《居延新简——甲渠候官与第四燧》[⑦](以下简称为《新简》)载:

居摄二年二月甲寅朔辛酉甲渠障候放敢言之谨移正月尽三月吏奉

① 《汉书》卷八九《循吏传·黄霸》。

② 《汉书》卷八九《循吏传》。

③ 《汉书》卷八九《循吏传·召信臣》。

④ 《后汉书》卷二一《李忠传》。

⑤ 《续汉书·百官志三》本注曰。

⑥ 《汉书》卷一九上《百官公卿表上》。

⑦ 甘肃省文物考古研究所等编:《居延新简——甲渠候官与第四燧》,文物出版社1990年版(下引该书简文,只标出简号,不再一一注明版本)。

赋名籍一编敢言之 (E. P. T8:1A)

此简就是甲渠候官(相当于县级)在二月份逐级上报的"正月尽三月"四时赋钱预算簿。

其二,大司农在全国下设"部丞",驻点各地,实地财政调度。武帝时,"桑弘羊为治粟都尉,领大农","请置大农部丞数十人,分部主郡国"①,"调阴阳,均有无,补不足","灸刺稽滞,开利百脉"②,将大司农的财政调度职能发挥到极致。平帝元始元年(1),置"大司农部丞十三人,人部一州,劝农桑"③。《合校》载有《大司农部丞簿》:

建昭元年十月尽二年九月

▧大司农部丞簿录簿算

及诸簿十月旦见 (82·18B)

关于地方"部丞"运作,史籍语焉不详。幸有简牍补证:

守大司农光禄大夫臣调昧死言守受簿丞庆前以请诏使护军屯食守部丞武▨以东至西河郡十一农都尉官二调物钱谷漕转糴为民困乏愿调有余给不▨ (《合校》214·33A)

由上可知,当时财政调度采用"地方部丞→受簿丞→大司农"逐级管理的模式。

其三,大司农在各地区之间的调度主要分为两种:边郡④调度和灾害调度。其中,边郡调度是汉代的常规性财政调度。《续汉书·百官志三》"大司农"条本注曰:"边郡诸官请调度者,皆为报给,损多益寡,取相给足。"又,《汉书》卷七八《萧望之传》载《金布令甲》曰:"边郡数被兵,离饥寒,夭绝天年,父子相失,令天下共给其费。"此条律令极为关键,学者多易疏忽。其明确规定了边郡财政支出由中央统一拨付、调度。如《悬简释粹》记有:

---

① 《史记》卷三〇《平准书》。关于治粟都尉、搜粟都尉与大司农之间的关系,参见王勇《治粟都尉和搜粟都尉与大司农关系考》,载《唐都学刊》2004年第4期。

② 桓宽撰、王利器校注:《盐铁论校注》卷三《轻重》。

③ 《汉书》卷一二《平帝纪》。

④ 边郡,简言之,指处于边境之郡。《汉书》卷九九中《王莽传中》云:"有障徼者曰边郡。"汉时,边郡可分为"三边",即北部边郡、西部边郡、南部边郡。相对于边郡而言,内地之郡便常称为"内郡"。相关研究成果可参见谢绍鹍《秦汉边郡概念小考》,载《中国历史地理论丛》2009年第3辑。

十一月丁巳，中郎安意使领护敦煌、酒泉、张掖、武威、金城郡农田官、常平糴（粜）调均钱谷，以大司农丞印封下敦煌、酒泉、武威、金城郡太守，承书从事下当用者，破羌将军军吏士毕已过，具移所给吏士赐诸莀（装）实……

（Ⅱ0114②:293）

在天灾频发的汉代，作为一种应急的财政举措，灾害调度也较为常见。如成帝时，黄河泛滥，"凡灌四郡三十二县"，"遣大司农非调调均钱谷河决所灌之郡"。[①] 又，《汉书》卷九九上《王莽传上》云："莽因上书，愿出钱百万，献田三十顷，付大司农助给贫民。"就是王莽想赈济贫民，也要通过大司农来专职调度。

四、地方财政存留与财政变通

在汉代中央集权的财政体制下，地方财政存留问题是否真的存在？对这一问题，我们应如何看待与定位？目前，只有寥寥学者进行过简要论述。如日本学者渡边信一郎说道：

汉代的财政模式，是在地方郡国率先征夺农民剩余产品的基础上，从中拿出赋（献费）及漕谷，作为再分配的部分上缴给中央，其余则存留地方。在这个存留部分中，除支出地方的日常费用外，其余皆在大农的管理之下，以委积的名义储备在地方，在观念上作为赈灾扶弱之用。[②]

渡边信一郎对于地方财政分配方式的分析可谓深刻。但是，其文中将高祖时地方郡国的"献费"（每人63钱）作为汉代地方财政上缴的统一标准，则似为牵强。"献费"之制，实为汉初在诸侯林立的特殊形势下的权宜之制，并非有汉一代通制。国内学者周伯棣先生认为：

在封建时代，基本上讲不到有中央财政与地方财政的划分。一切财政，理论上都属于中央，但实际上有中央财政，也有地方财政。这种

① 《汉书》卷二九《沟洫志》。

② ［日］渡边信一郎：《汉代的财政运作和国家物流》，载刘俊文主编《日本中青年学者论中国史·上古秦汉卷》，第392页。

事实，有的出于策划，有的出于自流。[①]

林甘泉先生主编的《中国经济通史·秦汉经济卷》中的论述最为精辟。其文说道：

> 郡守根据国家的规定，征取租赋徭役，一部分上交朝廷，一部分作为地方财政收入。郡、县长官享有国家俸禄，维持郡县机构的运作以及地方军队也需要数额不等的经费运用，这些经费的运用，属于地方的财政支出。需要强调的是，在专制主义中央集权行政体制下，地方财政也是归中央所有的。财政收入支出的项目和数量都不得超过封建国家的规定。[②]

笔者只想在站前贤时哲的"肩膀"上，利用他们的研究成果带来的思想"火花"，再作进一步的探析。毋庸讳言，汉代地方财政在名义上是统属中央的。在我国古代中央专制集权体制下，大抵如此，不独汉代。其原因便是"天下之财，莫不生之阴阳，归之陛下"[③]。《额济纳汉简释文校本》[④]（以下简称《额济纳简》）所载王莽诏书也可补证：

> ☑父母为天下至定号为新普天莫匪新土索土之宾【莫】匪新臣明☑
>
> （99ES16ST1：14A）

简文中"普天莫匪新土，索（率）土之宾【莫】匪新臣"，暗示王莽篡位后，"汉土"已尽为"新土"。不仅如此，在汉代地方财政运作上，此条原则也彰显无疑。以"开仓权"为例，当时地方用来储存谷物的粮仓，虽由地方政府代管，但其无开支使用权。即便是开仓赈灾，也要事先获得中央批准。如西汉渤海太守龚遂在获准"无拘臣以文法，得一切便宜从事"的特批后，"乃开仓廪假贫民"。[⑤]武帝时，汲黯也凭"持节发河南仓粟以振贫民"[⑥]。东汉更是如此，《后汉书》卷七六《循吏传·第五访》载：

---

① 周伯棣：《中国财政史》，第563页。

② 林甘泉主编：《中国经济通史·秦汉经济卷》下册，第501页。

③ 《后汉书》卷七八《宦者传·吕强》。

④ 孙家洲：《额济纳汉简释文校本》，文物出版社2007年版（下引该书简文，只标出简号，不再一一注明版本）。

⑤ 《汉书》卷八九《循吏传·龚遂》。

⑥ 《史记》卷一二〇《汲郑列传》。

迁张掖太守。岁饥，粟石数千，访乃开仓赈给以救其敝。吏惧谴，争欲上言。访曰："若上须报，是弃民也。太守乐以一身救百姓！"遂出谷赋人。

汉代中央对地方"开仓权"的严格控制，是不是就意味着汉代地方政府就没有财政收支权呢？其实二者并不是一回事，这就涉及汉代财政存留问题。先举一个鲜活的例子。尹湾汉简《集簿》载：

一岁诸钱入二万万六千六百六十四万二千五百六钱

一岁诸钱出一万[万]四千五百八十三万四千三百九十一

一岁诸谷入五十万六千六百卌七石二斗二升少□升出卌一万二千五百八十一石四斗□□升①

上述数据是西汉成帝时东海郡某年度的钱谷收支情况，收支相减便可得出当年年度盈余现金 120808115 钱，谷约 940558 石，分别占总收入的 45.31%、18.56%。实际上，这部分财政"盈余"正是东海郡当年年度财政开支后的财政存留。(见图 1-1)

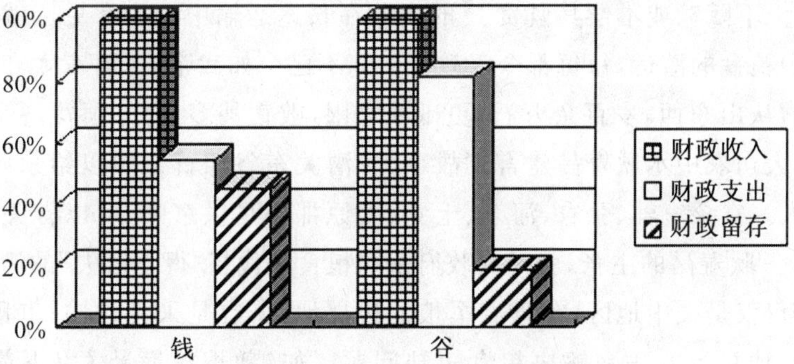

图 1-1　东海郡当年年度财政状况示意图

中央严格控制"开仓权"的地方存粮只是占总收入 18.56% 的财政存留而已，并不是东海郡对所有粮食收入都无支配权。《集簿》载：

以春令成户七千卅九口二万七千九百廿六用谷七千九百五十一石

① 连云港市博物馆等编：《尹湾汉墓简牍》，第 78 页。

八？斗□升半升卒口二斗八升有奇[①]

此条财政支出便是东海郡对"春令成户"的赈济支出。事实上，在东海郡钱谷支出中，除运送中央的一部分钱粮外，地方官吏俸禄、官府机构开支、邮传接待、赈贷等开支都可以由地方政府支配。

要言之，中央对郡国财政存留的严格管理和控制，并不意味着地方财政收支权的完全丧失。恰恰相反，财政存留正是在地方政府行使收支权后，经过地方初次财政分配后的财政剩余。

在中央专制集权的财政体制下，从理论上说，财政体制应该是统收统支。为什么地方要有财政存留？为何要赋予地方政府一定的收支权？其实，这是在当时的社会生产条件下以及地方财政的实际运作中，逐渐摸索出的一种最有效又切合实际的管理模式。这是一种财政理念与财政现实之间的差距。笔者只能暂且称之为"财政变通"。在遵守国家律令、法规的前提下，汉代地方政府具有一定的财政收支权。其内部动因为：

第一，高昂的运输成本严重制约着中央集权财政体制下的统收统支。汉代"天下赋输或不偿其僦费"[②]的现象在长途运输中极为常见。就是连供给关中粮食的漕运，每每都令汉政府头痛不已。如武帝时，河东太守番係说道："漕从山东西，岁百余万石，更砥柱之限，败亡甚多，而亦烦费。"[③]宣帝五凤中，大司农中丞耿寿昌建言："故事，岁漕关东谷四百万斛以给京师，用卒六万人。宜籴三辅、弘农、河东、上党、太原郡谷足供京师，可以省关东漕卒过半。"[④]耿寿昌的主张，就是由政府采购粮食来代替"得不偿失"的漕运。其实，不仅仅是关中地区，在急需军粮的边郡地区，也是采用运输、屯田、政府采购三种并行方法来解决粮食短缺问题。如《敦煌汉简》[⑤]（以下简称《敦简》）：

---

① 连云港市博物馆等编：《尹湾汉墓简牍》，第78页。

② 《史记》卷三〇《平准书》。

③ 《史记》卷二九《河渠书》。

④ 《汉书》卷二四上《食货志上》。

⑤ 甘肃省文物考古研究所：《敦煌汉简》下册，中华书局1991年版（下引该书简文，只标出简号，不再一一注明版本）。

入二年粜　粟百五十六石□田二顷七十亩 十月戊寅仓佐□□龙勒万里索良　稊程卌一石 (2108)

此简就是敦煌郡向当地百姓采购粮食的账目记录。又,《汉书》卷六九《赵充国传》载:“金城、湟中谷斛八钱,吾谓耿中丞,籴二百万斛谷,羌人不敢动矣。”这表明:相比高额的运输费用,边郡政府花钱采购粮食要比从内地转输更为划算。

因此,汉代高昂的运输成本限制着“统收统支”体制的运行。地方政府不可能、也没必要将赋税统一上缴中央,再由中央统一拨付和调度。在保证中央所需钱粮后,剩余的财政存留暂储地方,以备大司农调度。当时内郡地区,一般在赋税收缴过程中,基层乡官俸禄、办公等费用,就已经自行支出。如江陵凤凰山汉简中,乡里的小吏在征收算赋时,就有权截留一部分用于俸禄及办公开支。① 这种“财政变通”既节约运输成本,又大大提高了运作效率。当然,任何一笔经济开支,都要有账可循,以便上级通过“拘校”账簿来监督和管理。

第二,从财政赈济的角度上讲,地方保留一部分财政存留也是十分必要的。在灾害频发、“靠天吃饭”的小农经济社会里,地方设有一定的财政存留,无疑是最佳方案。此举有利于应对突发的灾害事件,节约财政调度成本。事实证明也是如此。例如,西汉元帝初元元年(前48)九月,“关东郡国十一大水,饥,或人相食,转旁郡钱谷以相救”②。东汉安帝永初七年(113)九月,“调零陵、桂阳、丹阳、豫章、会稽租米,赈给南阳、广陵、下邳、彭城、山阳、庐江、九江饥民”③。

第三,在中央与地方财政分配范围之外,汉代地方政府也可以拥有一定的计划外收入。在地方郡国,土地大概可分为耕地、不可耕地、邑居道路、山川林泽四个部分。其中耕地(公田、民田)作为赋税来源,中央肯定是加以严格控制的。一些大的山川林泽也由中央设置特种官,如盐铁官、陂官、湖官

---

① 参见裘锡圭《湖北江陵凤凰山十号汉墓出土简牍考释》,载《文物》1974年第7期。
② 《汉书》卷九《元帝纪》。
③ 《后汉书》卷五《安帝纪》。

等,来进行专门管理。而对于其余土地,地方政府则拥有一定的支配权。以"园田"为例,《后汉书》卷八〇上《文苑传·黄香》载:"延平元年,迁魏郡太守。郡旧有内外园田,常与人分种,收谷岁数千斛。"此处"园田"即指地方政府部门官舍内外的田地,常假借百姓,收取田租,成为地方政府的私自收入。

其实,汉代地方官府用园田收入来弥补官吏的生活开支,已成通制,甚至还制定了条例。如《合校》记有:

城官中亭治园条　韭三畦　葵七畦　其故多过条者勿减
葱三畦　凡十二畦
(506·10A)

《新简》中也记有居延甲渠候官(县级)官舍园田的收获分配情况:

▨卒宗取韭十六束:其三束为中舍,二束掾舍,十一束卒史。车父复来▨二石唯掾分别,知有余不足者。园不得水出□多恐乏今有
(E. P. T51:325A)

上简中,三束韭由候官享用,二束给主官掾,十一束给众卒史。官吏"食园田"的例子在史书中也屡见不鲜。如《汉书》卷六四上《朱买臣传》载:"买臣驻车,呼令后车载其夫妻,到太守舍,置园中,给食之。"又,《汉书》卷八三《薛宣传》:"宣心知惠不能,留彭城数日,案行舍中,处置什器,观视园菜,终不问惠以吏事。"

近年公布的香港中文大学文物馆藏《河堤简》又涉及汉代地方所掌控的"堤田"问题。① 如:

宜成堤凡三百二十三里二十六步,积七十一万九千六百一十[八步]。·凡堤能治者九百二十一里二百四十步,积三百一十八万一千八百一十二步,为田一百三十二顷五十七亩百九十二步。·醴阳江堤三十九里二百二十二步·凡堤不能治者三百二十一里二百二十七步。·大凡千二百八十三里八十九步(222正面),实三百一十八[万]方一千八百一十二步·三百人分之,人得四十四亩四十六步有(又)三百分步七

① 彭浩先生《〈河堤简〉校读》(载《考古》2005年第11期)一文,认为西汉南郡汇集各县把河堤开为耕地的统计文书。曹旅宁先生《〈《河堤简》校读〉的一处说明》(载《考古》2008年第5期)一文则认为《河堤简》所记"堤"是围湖造田或垦殖江河两岸以及围垦江河沙洲所形成的村落田地。

十二。[醴阳]堤三十九里二百二十二步。(222 背面)[1]

关于“堤田”的性质,《汉书》卷二九《沟洫志》载:

> 近黎阳南故大金堤,从河西西北行,至西山南头,乃折东,与东山相属。民居金堤东,为庐舍,往十余岁更起堤,从东山南头直南与故大堤会。又内黄界中有泽,方数十里,环之有堤,往十余岁太守以赋民,民今起庐舍其中,此臣亲所见者也。东郡白马故大堤亦复数重,民皆居其间。

由上来看,“堤田”多因江河变迁、修筑大堤等原因临时而形成。从“太守以赋民”一句来看,地方政府还拥有一定的“堤田”支配权。

此外,《史晨后碑》云:“恐县吏敛民,侵扰百姓,自以城池道壖麦给令还所敛民钱材。”[2]这也是由地方政府私自控制的城池道田。

第四,从实际财政运作的角度讲,中央明确准许地方拥有某种收入支配权,且可建置账簿。以《稍入簿》为例,《新简》记有:

□▨稍入簿　(E. P. T5:124A)

□▨□□稍入钱出入簿　(E. P. T5:124B)

学者多不得其解。李天虹先生认为:“‘稍入钱’可能指吏奉钱。《周礼·天官·宫正》:几其出入,均其稍食,郑玄注:稍食,禄廪。”[3]此种观点以“稍食”来解释“稍入”,似显牵强。

笔者认为,“稍入钱”是指汉时在一些具有收入业务的部门中,为便于资金周转,小额收入可以不用上缴,且有权支配。《史记》卷二九《河渠书》云:“久之,河东渠田废,予越人,令少府以为稍入。”此处“稍入”即是此意,由于渠田租税微薄,可以作为少府的计划外收入,不用上缴,自行支配,以弥补开支。

在边郡,“稍入钱”的来源常为卖茭收入。如《新简》记有:

▨有官 稍入茭二千七百束尉骏买二千　(E. P. T52:177)

---

① 彭浩:《〈河堤简〉校读》,载《考古》2005 年第 11 期。又见陈松长编《香港中文大学文物馆藏简牍》,香港中文大学文物馆藏品专刊之七,香港中文大学文物馆 2001 年版,第 86～94 页。

② 高文:《汉碑集释》(修订本),河南大学出版社 1997 年版,第 339 页。

③ 李天虹:《居延汉简簿籍分类研究》,科学出版社 2003 年版,第 44 页。

茭作为喂食牲畜的一种草料，在古代居延泽周围地区分布众多。伐茭也是戍卒的一项经常性工作。在茭上调、消耗后，边郡地区经常有剩余。然而，茭长时间存放容易腐烂。《新简》记有：

□□吞远置园中茭腐败未以食□ (E.P.T52:173)

因此，政府一般允许将剩余的茭用来出卖，其收入可以用来弥补边郡资金紧张的缺口。此种现象在驿置中最为常见。《合校》记有：

肩水候　　甲戌置左博敢言之谨移稍入∽ (269·10A)

入钱六　　三月丁巳佐博卖茭一束河东卒史武贺所 (269·2)

入钱六百　燧长□□□月乙酉佐博卖茭二束魏郡侯国令史马谷所直 (269·6)

□二月乙酉佐博卖茭二束魏郡□士食 (300·2)

□佐博受□卖酒二石 (237·9)

以上数简皆出土于A35大湾地区（肩水都尉府），应是肩水候官某置（驿站）的"稍入"明细账。"稍入"作为不用上缴中央、有权支配的计划外收入，也可用于一些非官方的支出。如《新简》E.P.T54:22："□□出稍入钱市社具□。"此外，"稍入钱"的规模也不可小觑。《合校》记有：

十月月己卯，掾强所收五年余茭钱二千五十五，元年茭钱万四千五百廿八·凡万六千五百八十三 (209·2A)

假如无"稍入钱"的支持，资金紧张的当地政府也顿感压力。如《新简》：

□□毋状官毋稍入迫计四时到毋麻枲□ (E.P.F22:487)

□府官毋稍入自给费直□ (E.P.F22:522)

要言之，"稍入钱"是一种财政变通的产物，对于资金的流转、财政运作有着不可估量的作用。

综上所述，从财政存留与财政变通来分析，汉代地方政府确实具有一定的财政收支权。在此需要交代的是，笔者专述此节的目的就是以地方财政收支权作为一个楔子，来引出汉代地方财政问题的进一步探析。既然汉代地方政府拥有一定的收支权，那么到底是如何运作的？这便是下一章所要讨论的内容了。

第二章　汉代地方政治与财政机制的运作

汉代地方财政的运作模式与地方政治紧密相关。当时地方财政的主体是地方各级政府，它们之间的财政运作直接受制于地方政治体制的架构。一言以蔽之，要探析地方财政运作，必须首先要厘清汉代地方政治体制。

汉代地方体制的研究是一个老课题，老一辈学者颇有建树，首推严耕望先生《中国地方行政制度史》甲部《秦汉地方行政制度》与安作璋、熊铁基先生《秦汉官制史稿》。二书对于地方政治制度皆有全面、系统的精辟论述，但是，囿于当时汉代简牍资料未大量出土，且官制又虚实多变，欲细绎发端，谈何容易？譬如，汉代地方体制中，卒史与诸曹史的关系一直是令人棘手的问题。严耕望先生认为："西汉中叶以后至东汉，《碑》、《传》所见多曰掾曰史，或多冠曹为称，而称卒史者则较少，有之而地位也较低。"[①]安作璋、熊铁基先生进一步指出："西汉中叶以后，卒史之名逐渐减少了，或者地位降低了，曹掾日益形成，这有一个发展的过程。"[②]然而，从年代为西汉后期的居延汉简来看，卒史大量出现在官方公文署名中，而诸曹史在官方署名中毫无踪影，又作何解释？

尹湾汉简《东海郡吏员簿》的出土，确证西汉后期郡国诸曹史不是官方

---

① 严耕望：《中国地方行政制度史——秦汉地方行政制度》，上海古籍出版社2007年版，第112页。

② 安作璋、熊铁基：《秦汉官制史稿》，齐鲁书社1985年版，第98页。

正式吏员，而卒史却属郡级正式吏员。对此，廖伯源先生解释为“员额簿之官名与实际职务之官名不符”，“卒史成为郡府高级属吏之等级名称，郡府诸曹之掾及督邮等高级属吏占卒史之员额”[①]，颇有道理。蔡万进先生则认为卒史为秩别，而曹史是官职。[②] 邹水杰先生认为，西汉县曹史“与员吏是并存于县廷之中的”，“其可能仍为私吏，或者至少有着很浓的私吏意味”。[③] 此观点颇有新意。下面笔者拟从“秩”、“员”、“署”三个方面来探讨这一问题。

一、汉代地方政治体制的重新厘清

汉代地方政治体制之繁缛复杂，其实是由中央与地方间官吏任免权的演变而造成的。要澄清这一问题，必须要以“秩”、“员”、“署”作为切入点，才能讲释得通。

(一)“秩”

“秩”，简言之，即官阶。有汉一代，虽然地方官吏的秩级经常变化，但大体来说，西汉中叶，地方官吏秩级已基本定型。以县级官吏为例，《汉书》卷一九上《百官公卿表上》云：

> 县令、长，皆秦官，掌治其县。万户以上为令，秩千石至六百石。减万户为长，秩五百石至三百石。皆有丞、尉，秩四百石至二百石，是为长吏。百石以下有斗食、佐史之秩，是为少吏。

此条史料表明，当时县令、长与丞、尉的长吏秩级都在千石到二百石之间，而其余少吏，诸如仓啬夫、亭长、乡官等，都在百石及以下。与尹湾汉简《吏员簿》(成帝时期)相比照，完全相符。然而汉初并不是如此，《二年律令·秩律》云：

---

① 廖伯源：《简牍与制度——尹湾汉墓简牍官文书考证》(增订版)，广西师范大学出版社 2005 年版，第 60 页。

② 参见蔡万进《尹湾汉简所反映的汉代卒史署曹制度》，载李学勤、谢桂华主编《简帛研究(二〇〇二、二〇〇三)》，广西师范大学出版社 2005 年版。

③ 邹水杰：《简牍所见秦汉县属吏设置及演变》，载《中国史研究》2007 年第 3 期。

县、道司马、候、厩有乘车者，秩各百六十石；毋乘车者，及仓、库、少内、校长、髳长、发弩……都市、亭、厨有秩者及毋乘车之乡部，秩各百廿石。[①]

由此看出，汉初地方少吏的秩级比后世明显要高[②]，就连地位最为卑微的校长(即亭长)、都市、亭、厨及无乘车待遇的乡部官吏都为一百二十石。

汉初秩级与《百官公卿表》迥然不同的原因是地方官吏任免权的嬗变。《续汉书·百官志一》"太尉"条本注云："或曰，汉初掾史辟，皆上言之，故有秩比命士，其所不言，则为百石属。其后皆自辟除，故通为百石云。"[③]其大意是：汉初掾史任免权属于中央，有秩[④]的官吏皆为朝廷"命士"，秩级在百石以上。而后掾史改为地方自行辟除，其秩级便降为百石属。尹湾汉简《东海郡吏员簿》[⑤]就反映了秩级下降后的情况。其中由中央任命的长吏都在二百石以上(如县令、长、丞、尉)，地方有权任命的少吏分为百石(有秩)、斗食、佐史亭长三个秩级，都在百石及以下。其原因可能为：汉初中央只控制十五郡，任免所有官吏还较为便利，但随着中央控制的范围愈来愈大，不可能连乡官的任免都要地方上报予以批准，于是就将部分基层官吏(即少吏)的任免权让渡给地方政府。故《汉官旧仪》云："令六百石以上，尚书调；拜迁四百石至二百石，丞相调；除中都官百石，大鸿胪调；郡国百石，二千石调。"[⑥]"二百石"便成为汉代地方官吏秩级的一个重要临界点，也是中央与地方官吏任免权的分配界限。据《东海郡下辖长吏名籍》，二百石以上的长吏都为外郡人，少

---

① 彭浩、陈伟、[日]工藤元男主编：《二年律令与奏谳书：张家山二四七号汉墓出土法律文献释读》，第293页。

② 参见阎步克《西汉郡国官秩级相对下降考述》，载《文史》第65辑。

③ 亦可参见孙星衍等辑、周天游点校《汉官六种》，中华书局1990年版，第87页。

④ 汉初"有秩"并不专指百石秩级，而是指由中央任命并能享受国家俸禄的基层小吏。到西汉中叶，地方政府自辟掾史后，"有秩"才固化为百石秩级。如《续汉书·百官志五》本注云："有秩，郡所署，秩百石。"邹水杰先生《简牍所见秦汉县属吏设置及演变》(载《中国史研究》2007年第3期)一文，认为《二年律令》中"有秩"为二百五十石到一百二十石。廖伯源先生《简牍与制度——尹湾汉墓简牍官文书考证》(增订版)(广西师范大学出版社2005年版)一书，认为"有秩"指一百二十石。笔者倾向于前者观点，但似难定论。

⑤ 连云港市博物馆等编：《尹湾汉墓简牍》，第79～85页。

⑥ 孙星衍等辑、周天游点校：《汉官六种》，第50页。

吏则为本郡人。[①] 这也从一个侧面反映出中央与地方官吏任免权的分配实情。在官印形制上，汉代“二百石以上皆为通官印”，“孝武皇帝元狩四年，令通官印方寸大，小官印五分”。[②] 由中央任免的长吏“秩禄上通”，故称“通官印”，而地方任免的少吏只能佩小官印，仅为通官印的一半（一边一寸，一边五分），习称“半通印”。但是，汉初掾史由中央任命，官印并无“通”与“半通”的严格之分。兹比较两条汉《贼律》抄本：一为汉初《二年律令·贼律》：

> 伪写皇帝信玺、皇帝行玺，要（腰）斩，以匀（徇）。伪写彻侯印，弃市；小官印，完为城旦舂☐[③]

二为《湖南张家界古人堤简》中的东汉《贼律》：

> 伪写皇帝信玺、皇帝行玺、要（腰）斩以☐。伪写汉使节、皇大子、诸侯、三列侯及通官印，弃市；小官印，完为城旦舂。[④]

两者对照，便可发现：汉初官印中并未有“通官印”的说法，后来才出现“通官”与“小官印”的界限划分。要言之，至西汉中叶，百石、斗食、佐史等少吏的任免权才掌握在地方政府的手中。

（二）“员”

西汉中叶，少吏的任免权交给地方后，并不意味着中央完全丧失了对他们的控制。中央手中的法宝便是对吏员的控制。吏员是指某个官职的法定设置人数。汉代官职多数都有定员，甚至连邮置中的传马也有定员[⑤]。其余

---

① 参见连云港市博物馆等编《尹湾汉墓简牍》。当然，此条任免原则也不是绝对的。如少吏中的“文学卒史”有国家统一选派的特性，就有在外郡任职的情况。侯国中的官吏不涉民政，籍贯限制亦不甚严格。

② 孙星衍等辑、周天游点校：《汉官六种》，第93、188页。

③ 彭浩、陈伟、［日］工藤元男主编：《二年律令与奏谳书：张家山二四七号汉墓出土法律文献释读》，第93～94页。

④ 湖南省文物考古研究所、中国文物研究所：《湖南张家界古人堤简牍释文与简注》，载《中国历史文物》2003年第2期。

⑤ 悬泉汉简记有敦煌“郡当西域空道，案厩置九所，传马员三百六十匹（ⅡT0115③：80）”，“三百六十八匹，过员八匹（ⅡT0115③：81）”。（参见张俊民《悬泉汉简传马病死爰书及其他》，载武汉大学简帛研究中心编《简帛》第3辑，上海古籍出版社2008年版）

官职诸如大夫、郎中等“无员”[①]，还有闲职、散官、冗吏[②]以及不到傅龄的诸“小史”等编外人员。为防止私设吏员，中央要求地方定期向上报《吏员簿》。如：

●甲渠候官竟宁元年吏员簿　　（《新简》E. P. T51:23A）

·三月吏员薄（簿）。长以下卅二人，卅一人长，秩四百石，守阳关候一人，丞二百石，见……　　（《悬简释粹》Ⅱ0215③:29）

《史记》卷一二〇《汲黯列传》集解引如淳曰：“律，太守、都尉、诸侯内史史各一人，卒史、书佐各十人。”这便是规定郡级吏员名额的法律条文。又，尹湾汉简载东海郡级吏员：

大守一人丞一人卒史九人属五人书佐十人啬夫一人凡廿七人

都尉一人丞一人卒史二人属三人书佐五人凡十二人

县吏员（以海西县为例）：

海西吏员百七人令一人秩千石丞一人秩四百石尉二人秩四百石官有秩一人乡有秩四人令史四人狱史三人官啬夫三人乡啬夫十人游徼四人牢监一人尉史三人官佐七人乡佐九人亭长五十四人凡百七人[③]

西汉后期，地方少吏的吏员设置情况，可见下表2-1：

表2-1　　西汉后期地方少吏吏员表

秩级 / 吏员	百石	斗食	佐史
郡	卒史	属 小府啬夫	书佐
县	官有秩	令史 官啬夫 狱史	尉史 官佐 游徼 牢监
乡	乡有秩	乡啬夫	乡佐 亭长[④]

① 《续汉书·百官志五》本注曰。

② 参见杨振红《秦汉简中的“冗”、“更”与供役方式——从〈二年律令·史律〉谈起》，载卜宪群、杨振红主编《简帛研究（二〇〇六）》，广西师范大学出版社2008年版。

③ 连云港市博物馆等编：《尹湾汉墓简牍》，第77、79页。

④ 需要说明的是，亭长在地方官制中地位比较特殊，其并不属于乡，而是直属县管理。其秩级一般不称“佐史”，而单称“亭长”。如尹湾汉简《集簿》载“有秩卅人斗食五百一人佐史亭长千一百八十二人”（连云港市博物馆等编：《尹湾汉墓简牍》，第77页），“佐史”与“亭长”并称。

自西汉中叶后，这些由地方任命的少吏员名，除乡官外，其余如卒史、属、令史等，在正史文献记载中渐趋消失[①]，取而代之的是诸曹史。究竟是什么原因呢？

实际上，卒史等吏员在史籍中的式微，并不是其"地位降低了，曹掾日益形成"[②]。事实上他们几乎是一直存在的。与文献记载恰恰相反，在出土的汉代官方公文及官造铜器铭文中，卒史、属、令史等吏员，频频出现，却极少见到"诸曹史"（如功曹、户曹等），只有在非官方公文的文书中才能见到。

以卒史为例，其在秦时就为郡级的重要吏员。里耶秦简就有"卒史"记载[③]，萧何、周昌等也曾担任秦泗水卒史。[④] 汉承秦制，卒史仍是郡级文书官吏。张家山汉简《奏谳书》就有"（高祖）八年十月己未……南郡守强、守丞吉、卒史建舍治"[⑤]的记载。卒史的选拔标准较为严格。如《二年律令·史律》记有：

> 试史学童以十五篇，能风（讽）书五千字以上，乃得为史。有（又）以八體（体）试之，郡移其八體（体）课大（太）史，大（太）史诵课，取㝡（最）一人以为其县令史，殿者勿以为史。三岁壹并课，取㝡（最）一人以为尚书卒史。[⑥]

由上可知，卒史要比令史高一级。秩级上亦是如此。西汉中叶，卒史一般为百石，而令史仅为斗食。汉简记有：

> 卒史秩各百石员二人▱ （《敦简》1961）
>
> 斗食令史□延始 （《新简》E. P. T53:257）

到武帝时，儒学成为官方显学，又出现了郡文学卒史。《史记》卷一二一

---

① 据统计，汉时担任过卒史的人，《史记》记载2例，《汉书》7例，《后汉书》无。

② 安作璋、熊铁基：《秦汉官制史稿》，第98页。

③ 参见湖南省文物考古研究所、湘西土家族苗族自治州文物处《湘西里耶秦代简牍选释》，载《中国历史文物》2003年第1期。

④ 分别见《史记》卷五三《萧相国世家》、卷九六《张丞相列传》。

⑤ 彭浩、陈伟、[日]工藤元男主编：《二年律令与奏谳书：张家山二四七号汉墓出土法律文献释读》，第353页。

⑥ 彭浩、陈伟、[日]工藤元男主编：《二年律令与奏谳书：张家山二四七号汉墓出土法律文献释读》，第297页。

《儒林列传》载公孙弘上书：

> 治礼次治掌故，以文学礼义为官，迁留滞。请选择其秩比二百石以上，及吏百石通一艺以上，补左右内史、大行卒史；比百石已下，补郡太守卒史：皆各二人，边郡一人。先用诵多者，若不足，乃择掌故补中二千石属，文学掌故补郡属，备员。请着功令。佗如律令。制曰：可。

此条《功令》[①]可证卒史、属为郡级员吏，且有一定选拔标准，故东海郡卒史未满十员，也不足为奇。由于卒史是有员额的，故《汉书》所载卒史任命时，皆云“补”，即补缺之意，便好理解了。

卒史、属、令史等吏员皆见于西汉官方公文的署名之中。汉简记有：

> 都尉司马丞登行丞事谓肩水候官写移檄到如大守府檄书律令/卒史安世属乐世书佐延年　　（《合校》12·1C）

> 永始二年七月癸丑朔庚辰甲渠障候护(A)掾林令史竟尉史严(B)　　（《新简》E. P. T50：13）

到东汉，卒史作为吏员仍然存在。如《乙瑛碑》载桓帝元嘉三年(153)，鲁相乙瑛上书“为孔子庙置百石卒史一人”[②]，其他东汉碑刻中也有“许卒史安国”[③]、“故山阳卒史防东守尉”[④]的记载。东汉铜器铭文也可佐证：

> 建武廿三年，蜀郡西工造乘舆大爵酒樽，内者室，铜工堂、金银涂章，文工循、造工叶，护工卒史□、长汜、守丞汎、掾习、令史愔主。[⑤]

此外，东汉《樊毅复华下民租田口算碑》中原文抄录灵帝光和二年(180)弘农太守的上书，其公文署名为“掾臣条属臣淮书佐臣谋”[⑥]，与西汉公文相较并无大变。如：

---

① 《功令》是汉代关于官吏选拔、任期、晋升等的重要法令条文。惜不传，江陵张家山一三六号汉墓出土简牍中有《功令》个别条文。（参见荆州地区博物馆《江陵张家山两座汉墓出土大批竹简》，载《文物》1992年第9期）如能公布、释读此组简文，对于汉代地方官制研究，将大有裨益。

② 高文：《汉碑集释》(修订本)，第167页。

③ 济宁地区文物组、嘉祥县文管所：《山东嘉祥宋山1980年出土的汉画像石》，载《文物》1982年第5期。

④ 洪适：《隶续》卷一《防东尉司马季德碑》。

⑤ 郝良真：《邯郸出土的“蜀西工”造酒樽》，载《文物》1995年第10期。

⑥ 洪适：《隶释》卷二。

十一月壬子玉门都尉阳丞罗敢言之谨写移敢言之/掾安守属贺书佐通成（《敦简》2055）

九月戊辰居延都尉汤丞 谓甲渠如律令/掾弘兼属骏书佐晏（《新简》E. P. T50:16A）

要之，直至东汉末年，官方公文的正式署名仍以吏员名为主，史籍常见的“诸曹史”却多不见于署名之中。

关于汉代地方吏员，需要补充的是：其一，《东海郡吏员簿》中，官有秩、官啬夫是乡有秩、乡啬夫的对称[①]，并不是具体的官职，是吏员总称。高敏先生就曾说道：“散见史籍及《居延汉简》中的‘啬夫’也仅有虎圈啬夫、市啬夫、传食啬夫、关啬夫、库啬夫等，却不见有‘官啬夫’的名称。”[②]其实，“虎圈啬夫”、“市啬夫”等实为具体官职，而“官啬夫”则是众啬夫的吏员总称。其二，地方各吏员之间的升迁也是有严格限制条件的。如悬泉汉简记有佐史“自占书功劳”式样：

敦煌县斗食令史万乘里大夫王甲自占书功劳
为敦煌少内啬夫十月
为敦煌斗食令史一岁
凡为吏一岁十月　　　应令
大凡劳一岁十月
今为敦煌县斗食令史一岁十月（以上为第一栏）
能书会计治官民颇知律令文
年若干岁
长若干　　　用二尺牍
敦煌万乘里（以上为第二栏）
不告归　某年

---

① 裘锡圭先生认为：“乡啬夫是直接管理人民的，官啬夫是直接管理各种事务的，职务比较琐碎。”（参见裘锡圭《啬夫初探》，载《云梦秦简研究》，第236～237页）

② 高敏：《试论尹湾汉墓出土〈东海郡属县乡吏员定簿〉的史料价值——读尹湾汉简札记之一》，载《郑州大学学报（哲学社会科学版）》1997年第2期。

某年某日以修行书次除为某官佐若干岁月日

某月某日功次迁为少内啬夫十月某年某月

某日令甲以能换为令史　　　·产某郡某县

列上各案

占本始四年功劳迄十月晦某日[①]

(以上为第三栏)(49A)

由上来看,"某官佐"(书佐)是按照"修行"(品德)、"书次"(史书排名)来选拔的。少内啬夫则要依据书佐的"功次"(任职年限排名)来拣选。而令史的条件更为严格,要依据"令甲"(功令)标准,选拔能力优异的官吏来担任。其三,尹湾汉简《东海郡吏员簿》中的吏员只是法定限额。到西汉中叶后,随着政务增多、考课繁杂,地方政府又以"故事置"、"请治所"的方式合法增加了一些吏员。如《东海郡属吏设置簿》中的"督邮史"、"督盗贼"、"都水"、"劝田史"等郡级派出机构,都是以"请治所"的名义加入到吏员中。[②] 然而,这也不是"诸曹史"虽不在法定吏员之中,却频频出现在史籍中的根本原因,而应与下一个讨论的问题相关。

(三)"署"

《说文·网部》云:"署,部署,有所网属。"其作名词时,有职位、岗位之意[③];作动词时,有部署、任命之意。汉代地方政府对百石属吏的任免权,集中表现在:署曹权、署掾权、署守权。

署曹权指地方政府拥有将官吏分配到某曹任职的权力。此处"曹"指官府分科治事的场所。《三国志》卷四二《蜀书·杜琼传》载:"古者名官职不言曹,始自汉已来,名官尽言曹。"盖三国人亦不详"曹"之由来,实际上秦时就

① 张俊民:《敦煌悬泉置探方T0309出土简牍概述》,载长沙市文物考古研究所编《长沙三国吴简暨百年来简帛发现与研究国际学术研讨会论文集》,中华书局2005年版。

② 吏员也一直在增加。到东汉时,干、小史、循行等也逐渐加入到吏员中。如《续汉书·百官志五》"县道"条注引《汉官》载,雒阳令吏员中有"干、小史二百五十人,书佐九十人,循行二百六十人"。

③ 云梦秦简《法律答问》解释"窦署"为"去署"(参见睡虎地秦墓竹简整理小组编《睡虎地秦墓竹简》,第236页)。

已存在。如云梦秦简载秦王政二十年(前227)南郡太守腾《语书》:

发书,移书曹,曹莫受,以告府,府令曹画之。其画最多者,当居曹奏令、丞,令、丞以为不直,志千里使有籍书之,以为恶吏。①

周家台秦简有"左曹"②的记载。里耶秦简也记有:

⑨982 笥牌:卅四年十月以尽四月吏曹以事笥

⑧774 笥牌:卅年四月尽九月仓曹当计禾稼出入券以计及县相付受(授)廷　第甲

⑨2318 笥牌:迁陵廷尉曹卅一年期会以事笥。③

由上"笥牌"来看,当时的文书是分"吏曹"、"仓曹"、"尉曹"等归入相应的竹笥来存档,说明当时分曹职事已具雏形。又,里耶秦简发现"户曹令史"④,可知令史署曹行事已行于秦世。

至少在西汉中叶,地方自辟掾史后,原来的卒史、属、令史等,只有经过地方长官"署"曹后,才拥有实权。如《汉书》卷八九《循吏传·黄霸》云:"(黄霸)补左冯翊二百石卒史。冯翊以霸入财为官,不署右职,使领郡钱谷计。"又,《汉书》卷五八《兒宽传》:"时张汤为廷尉,廷尉府尽用文史法律之吏,而宽以儒生在其间,见谓不习事,不署曹,除为从史,之北地视畜数年。"此种情况在地方上屡见不鲜。如《合校》:

尉史富盖邑　调为尉从史六月更　令史□□　(206·20)

尹湾汉简出土名谒:

进卒史　师卿(正面)东海太守级谨遣功曹史奉谒为侍谒者徐中孙中郎王中宾丞相史后中子再拜　请　君兄马足下(反面)⑤

此名谒说明墓主人师饶吏员为卒史。据尹湾汉简《元延二年日记》,可知他又曾先后署法曹、功曹。⑥ 因此,由于本人吏员与署职的不同,在正式的官方

① 睡虎地秦墓竹简整理小组编:《睡虎地秦墓竹简》,第20页。

② 湖北省荆州市周梁玉桥遗址博物馆编:《关沮秦汉墓简牍》,中华书局2001年版,第96页。

③ 湖南省文物考古研究所:《里耶发掘报告》,岳麓书社2006年版,第211页。

④ 张春龙:《里耶秦简所见的户籍和人口管理》,载中国社会科学院考古研究所等编《里耶古城·秦简与秦文化研究——中国里耶古城·秦简与秦文化国际学术研讨会论文集》。

⑤ 连云港市博物馆等编:《尹湾汉墓简牍》,第133页。

⑥ 参见连云港市博物馆等编《尹湾汉墓简牍》,第139、143页。

文书中,不得不署本人吏员"卒史"名称,而在平时工作与生活中,则多以署职"功曹"来相称呼。这就是史籍多见"诸曹史",而出土官方公文署名多见吏员的根本原因。

此外,地方政府的署曹权也体现在"曹"的设置上。如琅琊太守朱博到任后,径直"罢去议曹"①。故《宋书·百官志》云:"诸郡各有旧俗,诸曹名号往往不同。"这就是史籍、汉碑中所见"诸曹史"名样繁多的一个原因。

署掾权就是在同种吏员或同曹的官吏中,如卒史、属、令史等,选举一人为"主官"总负责。西汉中叶,地方政务繁杂,吏员增多,"掾"作为主官专称才出现。在此以前,云梦秦简中的"令史掾计"②、周家台秦简"不坐椽(掾)曹从公"③、张家山汉简"淮阳守行县掾新郪狱"④,"掾"皆为动词,为负责、主管之意。秦、汉初公文中似没有"掾"之称谓。如秦简载"其廥禾若干石,仓啬夫某、佐某、史某、稟人某"⑤,沂南出土西汉初期铜斧铭文:"廿四年,莒傷(阳)丞寺,库齐,佐平,聝"⑥。到西汉中叶后,"掾"才在官方文书中大量出现。如《新简》:

建武五年五月乙亥朔丁丑主官令史谭敢言之　(E. P. T68:1)

谨移劾状一编敢言之　(E. P. T68:2)

五月丁丑甲渠守候博移居延写移如律令/掾谭　(E. P. T68:3)

三条同地出土的简牍彼此相证,主官令史谭就是掾潭。⑦ 同时,随着地方自辟属吏,广设诸曹,也在一曹内署主吏为掾(即某曹负责人),其余则为曹史,

---

① 《汉书》卷八三《朱博传》。

② 睡虎地秦墓竹简整理小组编:《睡虎地秦墓竹简》,第124页。

③ 湖北省荆州市周梁玉桥遗址博物馆编:《关沮秦汉墓简牍》,中华书局2001年版,第95页。

④ 彭浩、陈伟、[日]工藤元男主编:《二年律令与奏谳书:张家山二四七号汉墓出土法律文献释读》,第354页。

⑤ 睡虎地秦墓竹简整理小组编:《睡虎地秦墓竹简》,第98页。

⑥ 参见赵文俊《山东沂南阳都故城出土秦代铜斧》,载《文物》1998年第12期;裘锡圭《沂南阳都故城铜斧应为西汉遗物》,载《文物》1999年第5期。

⑦ 日本学者森鹿三先生认为:"居延简中所谓主官令史,也许是指候官中的主任令史,因为在同一候官中有几个令史。或说'主'系敬称。"([日]森鹿三:《关于令史弘的文书》,载中国社会科学院历史研究所战国秦汉研究室编《简牍研究译丛》第1辑,中国社会科学出版社1983年版)按:其观点未指明"主任令史"即为"掾"。

以便厘清责任。这也就是"掾"为何在史籍文献和出土官方公文中同时出现的真正原因。

署守权指地方长官对一些没有吏员资格或不够某种级别的官吏，以"守"(代理)的方式署予官职的权力。汉代官制"守"有两种方式：适用期[①]与代理。在目前出土的简牍文书中，大多数应为"代理"之意。里耶秦简中多次记有县"守丞"一职，以至于有学者误认为秦县长官称为"守丞"[②]。其实秦汉时期，地方长吏政务繁忙，经常要因公出徭，其职务暂且由别人替代也司空见惯。如《悬简释粹》：

永始四年九月辛丑朔戊辰，平阴阴虞侯守丞湮，行丞事，移过所，丞庆辅为郡输钱敦煌，当舍传舍，从者如律令。（Ⅰ T0114①:1）

上简中，由于侯国丞去敦煌为郡输钱，不在岗，故暂由"守丞"行事。事实上，对于如何置"守"、"假"等，秦汉法律有详细规定。如：

苑啬夫不存，县为置守，如厩律。[③]

郡尉不存，以守行尉事，泰守不存，令尉为假守，泰守、尉皆不存，令吏六百石以上及守吏风莫(模)官……[④]

县道官守丞毋得断狱及漱(谳)。相国、御史及二千石官所置守、叚(假)吏，若丞缺，令一尉为守丞，皆得断狱、漱(谳)。[⑤]

由上可知，地方二千石太守拥有署"守、叚(假)吏"的特权。如《仪礼·士冠礼》郑玄注曰："有司，群吏有事者，谓主人之吏，所自辟除，府史以下，今时卒吏及假吏是也。"对此问题，黎虎先生有精辟论述，其认为秦汉时期的"非真

---

① 《汉书》卷一二《平帝纪》注引如淳曰："诸官吏初除，皆试守一岁，乃为真，食全奉。"

② 杨宗兵《里耶秦简县"守"、"丞"、"守丞"同义说》(载《北方论丛》2004 年第 6 期)一文，主张里耶秦简中的"守"、"丞"和"守丞"含义相同，都是官长的意思。而陈治国《里耶秦简"守"和"守丞"释义及其他》(载《中国历史文物》2006 年第 3 期)一文提出异议，认为里耶秦简中县的"守"、"丞"和"守丞"含义不同，它们分别为代理县令、县丞和代理县丞。

③ 睡虎地秦墓竹简整理小组编：《睡虎地秦墓竹简》，第 106 页。

④ 陈松长：《岳麓书院藏秦简中的郡名考略》，载《湖南大学学报(社会科学版)》2009 年第 2 期。

⑤ 彭浩、陈伟、[日]工藤元男主编：《二年律令与奏谳书：张家山二四七号汉墓出土法律文献释读》，第 133 页。

官”、“非真吏”分“试守”、“假职”、“兼”、“散吏”等名目。①

地方政府正是利用这种特权，来为自己的亲信安插岗位。以“守属”为例，《汉书》卷七六《王尊传》云：“太守奇之，除补书佐，署守属监狱”，“复召署守属治狱，为郡决曹史”。此处“补”、“署”二字意味寻常，王尊本来吏员为书佐（秩级佐史），太守将其提高一级，以代理“属”（秩级斗食）的吏员署为“决曹史”来主管监狱事务。由此，王尊在官方公文中要署吏员“守属”，而在生活、工作中则被称为“决曹史”。此条史料便是解决困扰学界多年的汉代地方官制问题的“金钥匙”。汉代地方政府的一个不成文的潜规则，就是以守“属”等吏员的名义来扩大编外人员。“守”的代理性质，模糊了正式吏员与非正式吏员的界限。如《东海郡属吏设置簿》载：

胡君门下祭酒主簿□□□十人

胡君门下十人曹史一人守属九人②

通过对比两条简文，便可看出地方官制的玄机。太守门下祭酒主簿等十人，有九人是以“守属”的名义占据吏员，其实质就是编外人员。《悬简释粹》中也多有发现。如：

神爵四年四月丙戌，太守守属领县（悬）泉置移遮要置。

（Ⅰ0309③:37）

至东汉，此署“守”风愈演愈烈。太守署“守”县令长的事例，俯拾皆是。如《后汉书》卷一三《公孙述传》云：

后太守以其能，使兼摄五县，政事修理，奸盗不发，郡中谓有鬼神。

又，《后汉书》卷三九《刘平传》亦载：

王莽时为郡吏，守菑丘长，政教大行。其后每属县有剧贼，辄令平守之，所至皆理，由是一郡称其能。

最典型的例子，莫过于《后汉书》卷二五《卓茂传》。其文曰：“初，茂到县，有所废置，吏人笑之，邻城闻者皆蚩其不能。河南郡为置守令，茂不能嫌，理事自若。”东汉碑刻中也多见在本郡内担任“守令长”的例证。

---

① 参见黎虎《说“真吏”——从长沙走马楼吴简谈起》，载《史学月刊》2009年第5期。

② 连云港市博物馆等编：《尹湾汉墓简牍》，第101～102页。

总之，随着地方政府署守权的日益膨胀，汉初吏员名称早已被人们抛置脑后，流存于史籍的只剩下形形色色的诸掾曹史了。

二、汉代地方的二级财政机制

在我国古代社会，虽然财政与其他政务难以截然分开，但是地方政府平时大量以钱、谷为主的财政活动，客观上也要求地方财政机制进一步机构化、职能化。

关于汉代地方财政机制的划分，一般都认为有郡、县二级，州不为一级财政。如马大英先生说道："地方财政基本上是郡县两级，有时州成一级，但不经常。"[①]陈长琦先生认为州为监察区划。刺史部由监察区域变为行政区域是在东汉晚期，不构成一级财政。[②] 项怀诚主编的《中国财政通史》也持相同观点。[③] 此外，财政机制与地方行政重心的变迁也有一定的关系。陈长琦先生、邹水杰先生认为汉代行政重心在郡。[④] 而廖伯源先生通过对尹湾汉简的考察，认为行政重心在县不在郡。[⑤]

对此，笔者略作补充：首先，从财政学角度讲，要真正成为一级财政，必须是具有一定财政收支权、财政规模的独立核算单位。在汉代，刺史作为州的长官，其主要职能为监察郡国。不过，刺史与郡国的关系也经常发生变动。[⑥] 如西汉成帝绥和元年（前8）"十二月，罢部刺史，更置州牧"[⑦]。不到三

① 马大英：《汉代财政史》，第7页。

② 参见陈长琦《汉代刺史制度的演变及其特点》，载《史学月刊》1987年第4期。

③ 参见项怀诚主编《中国财政通史·春秋战国秦汉卷》，中国财政经济出版社2006年版，第250页。

④ 参见陈长琦《中国古代国家与政治》，文物出版社2002年版，第121页；邹水杰、岳庆平《西汉县令长初探》，载《北京大学学报（哲学社会科学版）》2003年第7期。

⑤ 参见廖伯源《汉代郡县属吏制度补考》，载《简牍与制度——尹湾汉墓简牍官文书考证》（增订版），广西师范大学出版社2005年版。

⑥ 参见周长山《汉代地方政治史论：对郡县制度若干问题的考察》，中国社会科学出版社2006年版，第76～92页。

⑦ 《汉书》卷一〇《成帝纪》。

年，朱博建言哀帝，便遭废止。[①] “州”由监察区划向行政区划的转变宣告破产。直到东汉末期，群雄逐鹿，州牧割据一方，才成为行政实体。但是，此时汉王朝气数殆尽，亦无关大局。从财政角度来看，虽然刺史曾一度侵夺地方郡国的部分治民权、财权，但有汉一代，“州”并不是一个独立财政核算单位，更不是地方财政上缴中央的必要环节。当时地方财政直接受控于中央，并没有向“州”报告、请求审批的义务，故“州”在汉代还不能成为一级财政。其次，“乡”是汉代地方财政运作中的一个重要链节，是地方财政收入中各项数据的原始来源。虽然“乡”负责基层赋役的征发，甚至有时也能截留一部分收入作为乡官俸禄及办公费用[②]，但是这种支出权极为有限。诸如水利等公共工程支出，乡官则无权插足。当时“乡”不是一级行政区划，仅仅是地方赋役征发的一个职能部门，根本无法构成一级财政。要之，汉代基本上实行郡、县二级的地方财政机制。

针对汉代地方官制的复杂性以及财政的非专业化，下面选取地方官吏的财政职能类型作为“切片”，来剖析地方财政机制。可分为财政总理型、保管型、征调型三种类型。（见图 2-2）

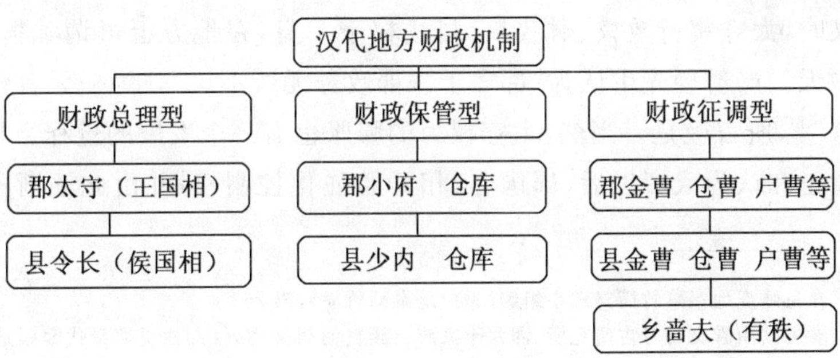

图 2-2　汉代地方财政机制示意图

① 参见《汉书》卷八三《朱博传》。

② 参见裘锡圭《湖北江陵凤凰山十号汉墓出土简牍考释》，载《文物》1974 年第 7 期。

(一)郡级财政机制

西汉中叶后,地方行政重心渐趋向郡级转移,相应的,郡级财政机构在整个地方财政机制中的地位日益凸显,在地方财政运作中起到财政核心的作用。

1. 财政总理型:郡太守、郡丞(王国相、长史)

《汉书》卷一九上《百官公卿表上》云:"郡守,秦官,掌治其郡,秩二千石。有丞,边郡又有长史,掌兵马,秩皆六百石。景帝中二年更名太守。"其实不然。在秦统一前,"太守"称谓就已存在。如云梦秦简《封诊式·迁子》记有"太守"[①],系为明证。秦统一后,又一度将"太守"改为"泰守"。里耶秦简"泰守"凡三见[②],有明确纪年的为秦始皇二十七年(前220)。岳麓秦简0370简中也称为"泰守"[③]。"太守"改写"泰守"的原因可能为:秦统一改制后,在全国范围内,对各种名物的称谓进行重新规定、调整。如新出里耶秦简中,"太父"为"泰父","太上皇"为"泰上皇"[④],"太牢"为"泰牢","太半升"为"泰半升"[⑤]。要之,秦"泰守"称谓,可补史籍之阙。

汉时,太守集行政权、财政权、司法权于一身,在地方上可谓独揽大权,如日中天。严耕望先生认为"郡守于一郡政务无所不统","为一元首性之地方长官"[⑥],所言极是。当然,太守权力的膨胀也有一个发展的过程。日本学者纸屋正和认为武帝以后,郡国守、相开始强化控制权,并由此逐渐占据了

---

① 参见睡虎地秦墓竹简整理小组编《睡虎地秦墓竹简》,第262页。

② 参见湖南省文物考古研究所、湘西土家族苗族自治州文物处《湘西里耶秦代简牍选释》,载《中国历史文物》2003年第1期。

③ 陈松长:《岳麓书院藏秦简中的郡名考略》,载《湖南大学学报(社会科学版)》2009年第2期。

④ 张春龙、龙京沙:《湘西里耶秦简8-455号》,载武汉大学简帛研究中心编《简帛》第4辑,上海古籍出版社2009年版。

⑤ 张春龙:《里耶秦简祠先农、祠窨和祠隄校券》,载武汉大学简帛研究中心编《简帛》第2辑,上海古籍出版社2007年版。按:西安相家巷遗址出土秦封泥中,以"泰官"封泥为绝大多数,"大(太)官"封泥甚少。(参见刘庆柱、李毓芳《西安相家巷遗址秦封泥考略》,载《考古学报》2001年第4期)

⑥ 严耕望:《中国地方行政制度史——秦汉地方行政制度》,第74页。

地方行政的中心位置。[①] 周长山先生认为“从景帝时代开始，西汉地方政治出现了一个非常显著的变化，那就是郡国长官开始积极干预地方民政，甚至侵夺县道令长之职权”[②]。其实，汉初律令中就明确规定了太守在地方财政机制中的“首脑”地位。如《二年律令·置吏律》云：

县道官之计，各关属所二千石官。其受恒秩气(饩)禀(廪)，及求财用委输，郡关其守，中关内史。[③]

又，《续汉书·百官志五》“郡国条”本注曰：

凡郡国皆掌治民，进贤劝功，决讼检奸。常以春行所主县，劝民农桑，振救乏绝。秋冬遣无害吏案讯诸囚，平其罪法，论课殿最。岁尽遣吏上计。

此条史料基本勾勒出太守的管理职能。汉代实行中央集权下的分散管理体制，就意味着郡国“首脑”太守的权力空间很大，连汉人都认为“今之郡守重于古诸侯”[④]。其财权表现在以下几方面：

一是在不违犯国家法令的前提下，太守可以自行制定适合于本郡的财经政策。史籍中比比皆是，如《汉书》卷八九《循吏传·黄霸》云：

太守霸为选择良吏，分部宣布诏令，令民咸知上意。使邮亭乡官皆畜鸡豚，以赡鳏寡贫穷者。然后为条教，置父老师帅伍长，班行之于民间，劝以为善防奸之意，及务耕桑，节用殖财，种树畜养，去食谷马。米盐靡密，初若烦碎，然霸精力能推行之。

此处“条教”便是由太守黄霸制定的一套适用于本郡的财经规范。后来他任丞相时，也极力鼓励天下郡国竞相制定“条教”。这种财政“土”政策有时规定得十分具体。如渤海太守龚遂“劝民务农桑，令口种一树榆、百本䪥、五十

① 参见[日]纸屋正和著、徐世虹译《前汉时期县长吏任用形态的变迁》，载刘俊文主编《日本中青年学者论中国史·上古秦汉卷》，第505页。

② 周长山：《汉代地方政治史论：对郡县制度若干问题的考察》，中国社会科学出版社2006年版，第60页。

③ 彭浩、陈伟、[日]工藤元男主编：《二年律令与奏谳书：张家山二四七号汉墓出土法律文献释读》，第174页。

④ 《汉书》卷八六《王嘉传》。

本葱、一畦韭,家二母彘、五鸡"[1]。东汉时,庐江太守王景也"铭石刻誓,令民知常禁。又训令蚕织,为作法制,皆著于乡亭"[2]。此种"条教"类似于汉简中的"品"。如《敦煌蓬火品约》就是"依据本(敦煌)郡的实际情况,由郡府统一发布的条例"[3]。《敦简》中也记有与粟米运费相关的财政条例"就品"。如:

安定太守甾书言转粟输嘉平仓以就品博募贱无欲为☑ (619)

二是太守拥有财政机构设置权及相关掾史的任免权。虽然地方长吏由国家来选派,但是太守可以通过设置财政机构(如仓曹、金曹等)、任免财政掾史(少吏),来控制整个郡的财政运转。尤其在一些咄咄逼人的强势太守面前,县令长的财权旁落,权力还不如太守手下的掾史。西汉左内史减宣侵夺县级财权,便是典型一例:

其治米盐,事大小皆关其手,自部署县名曹实物,官吏令丞不得擅摇,痛以重法绳之。居官数年,一切郡中为小治辨,然独宣以小致大,能因力行之,难以为经。[4]

又,《耿勋碑》载武都太守耿勋曾"减省贪吏二百八十人"[5],可见太守将掾史任免权重握在手。

三是拥有对郡内事务、属吏的财政监督权。太守"常以春行所主县"[6],定期实地检查。平时,太守则主要通过审查账簿的方式进行财政监督。《新简》:

建始元年九月辛酉朔乙丑张掖大守良长史威丞宏敢告居延都尉卒人言殄北守候塞尉护甲渠候谊典吏社受致廛饭黍肉护直百卅六直百卌二五月五日谊以钱千五百偿所敛吏社钱有书护受社廛不谨谊所以钱千五百偿吏者审未发觉谊以私钱偿□罪名书到如 (E. P. T49:14A)

这便是张掖太守对于其所属殄北守候、甲渠候(县级)在收敛社钱上的不当

① 《汉书》卷八九《循吏传·龚遂》。

② 《后汉书》卷七六《循吏传·王景》。

③ 李均明、刘军:《简牍文书学》,广西教育出版社1999年版,第394页。

④ 《史记》卷一二二《酷吏列传·减宣》。

⑤ 高文:《汉碑集释》(修订本),第403页。

⑥ 《续汉书·百官志五》"郡国条"本注曰。

行为给予定罪的一个案例。《汉书》卷八三《薛宣传》亦载一案例：

宣独移书显责之曰："告栎阳令：吏民言令治行烦苛，適罚作使千人以上；贼取钱财数十万，给为非法；卖买听任富吏，贾数不可知。证验以明白，欲遣吏考案，恐负举者，耻辱儒士，故使掾平镌令……方调守。"

太守的副贰为郡丞[①]，主署文书。虽地位要远逊于太守，却也不容小视。西汉时，"郡国丞长吏与计吏俱送计"[②]，"丞相御史问郡国上计长吏守丞以政令得失"[③]，都是要由郡丞或"守丞"(代理郡丞)进京上计。

此外，与郡太守、丞同级的还有王国相、长史[④]。西汉中叶后，诸侯王势力式微，王国相全权负责民事。其财政职能与太守无甚差别，唯多一项：对诸侯王的财政监督。如《汉书》卷三七《田叔传》云：

相初至官，民以王取其财物自言者百余人。叔取其渠率二十人笞，怒之曰："王非汝主邪？何敢自言主！"鲁王闻之，大惭，发中府钱，使相偿之。相曰："王自使人偿之，不尔，是王为恶而相为善也。"

2. 财政保管型：郡级小府、仓、库官吏

在任何财政的运作过程中，都脱离不了财物保管这一环节。更加之汉时货币兑换、物质流通毕竟落后，不能与后世同日而语，故掌管钱、谷等的出纳机构则更为重要。

郡小府　汉时，小府为太守府的附属机构，掌管郡级财物。关于小府的研究，因资料匮乏，尚留在层面。学者多将其与中央少府相提并论。如陈直先生考证居延汉简小府时，说道："此盖戍所自设的小府，属都尉管辖，与汉廷少府相仿，兼代理私人财富的。"[⑤]此观点有一定道理。汉简中，中央少府就写为"小府"。《合校》记有：

---

① 《续汉书·百官志五》注引《古今注》曰："建武六年三月，令郡太守、诸侯相病，丞、长史行事。十四年，罢边郡太守丞，长史领丞职。"可知东汉时边郡丞改为长史。

② 《汉书》卷六四上《朱买臣传》师古注引张晏曰。

③ 《汉书》卷八九《循吏传》。

④ 《汉书》卷一九上《百官公卿表上》云："成帝绥和元年省内史，更令相治民，如郡太守，中尉如郡都尉。"又，《续汉书·百官志五》云："郡当边戍者，丞为长史。王国之相亦如之。"

⑤ 陈直：《两汉经济史料论丛》，中华书局2008年版，第39页。

八月辛丑大司徒宫下小府安汉公大傅大司马大师大保车骑☐

(53·1A)

古时,“少”、“小”相通。汉人应劭云“少者,小也,故称少府”①,亦即此意。史籍文献中,郡小府也写为“少府”。如《汉书》卷八九《循吏传·文翁》云:“减省少府用度,买刀布蜀物,赍计吏以遗博士。”颜师古注曰:“少府,郡掌财物之府,以供太守者也。”学者多认同颜氏说。如严耕望先生说道:“郡国少府盖守相之内府,总典守相私家生活之一切事宜,而以财政为主。”②朱德贵先生也认为“郡内少府是私人财政的管理机构”③。

对此,笔者略作补充:其一,郡小府的来历,肯定源于皇帝少府。古代官制的上行下效,历来不为罕见。郡小府的最早设置应与汉太守拥有一定的财政自主权有关。汉时,有些太守利用手中的特权,公开征调属县钱财。如南阳太守陈咸“所居调发属县所出食物以自奉养,奢侈玉食”④。其二,《东海郡吏员簿》中,太守府吏员明记“小府啬夫一人”⑤,说明其吏员为一人,秩级为斗食,应是太守府的附属机构。其三,小府作为太守府的附属机构,肯定也要负责太守府内的财物管理及制造。如 1962 年山西出土带有“上郡小府”铭文的西汉铜盘。⑥ 其四,小府的职能并不等同于太守的“私奉养”,它还具有财物出纳、拨付职能。如《合校》记有:

言小府当偿责小府☐可得以君仲辞召 (145·36,145·24,317·4)

☐候长龙辅千二百褒九百卌小府☐ (68·73)

☐具移所付小府候长积☐☐府钱数☐☐☐ (8·8)

作为一个郡级财政机构,其地位还相当重要。现举汉简三例:

神爵四年六月癸巳朔甲寅敦煌大守快库丞何兼行丞事谓县广至东

① 《汉书》卷一九上《百官公卿表上》师古注引应劭曰。

② 严耕望:《中国地方行政制度史——秦汉地方行政制度》,第 127 页。

③ 朱德贵:《汉简与财政管理新证》,中国财政经济出版社 2006 年版,第 58 页。

④ 《汉书》卷六六《陈万年传附子咸》。

⑤ 连云港市博物馆等编:《尹湾汉墓简牍》,第 79 页。

⑥ 参见郭勇《山西省右玉县出土的西汉铜器》,载《文物》1963 年第 11 期。近年来,在河南出土的东汉汝南郡封泥群中,也有“小府”的封泥。(参见孙慰祖《汉汝南郡新见封泥群新征》,载 2006 年 9 月 22 日《中国文物报》第 7 版)

鱼泽亭长安世案县置见器少前谴小府佐广成将徒复作□□[①]

（ⅠT0309③：86A）

（元康五年）三月丙午张掖长史延行大守事肩水仓长汤兼行丞事下属国农部都尉小府县官承书从事下当用者如诏书/守属宗助府佐定

（《合校》10·32）

七月乙丑，敦煌太守千秋、长史奉憙、守部候修仁行丞事下当用者，小府、伊循城都尉、守部都尉、尉官候移县（悬）泉、广至、敦煌郡库，承书从事下当用者，如诏书。/掾平、卒史敞、府佐寿宗。

（《悬简释粹》Ⅴ1312③：44）

前一简中有"小府佐"，知小府啬夫之下有"佐"；后二简为郡太守传达诏书的下行文书，小府与都尉、属县并列传达，其地位绝不一般。它应参与郡级财物的出纳、拨付工作。

郡仓　它是地方存储与出纳谷物的财政机构。由于汉代中央对内郡财政余粮控制严格，因此内郡与边郡在郡仓建制上有重大差异。《汉书》卷一九上《百官公卿表上》"大司农条"云："郡国诸仓农监、都水六十五官长丞皆属焉。"这说明当时郡国粮仓属于大司农管辖之内。尹湾汉简《东海郡吏员簿》郡级长吏中，并无仓吏设置，也可佐证。目前史料中发现的内地郡国仓吏，仅有"齐太仓长"淳于意[②]、"蜀郡仓啬夫"（《新简》E. P. F25：25A）等。前者应为西汉前期王国拥有置吏权之时；后者确为郡仓，却仅为啬夫。总的来看，西汉中期后，内郡官制中一般不设仓长。

与内郡不同，边郡多为军粮供应，主要吃"粮食调拨"，无需国家控制粮食存留。故边郡一般可直接管理郡仓，且官吏设置级别较高。现举居延汉简四例：

八月戊辰张掖居延城司马武以近秩次行都尉文书事以居延仓长印封丞邯下官县承书从事下当用者上赦者人数罪别之如诏书书到言毋出月廿八 掾阳守属恭书佐况　（《新简》E. P. F22：68）

① 张俊民：《敦煌悬泉汉简所见人名综述（三）——以敦煌郡太守人名为中心的考察》，载卜宪群、杨振红主编《简帛研究（二〇〇五）》，广西师范大学出版社 2008 年版。

② 《史记》卷一〇五《扁鹊仓公列传》。

甲渠守尉良受城仓佐阳☐　　（《新简》E. P. T59:565）

居延仓丞　　　　　尉史崇发行事☐☐

十月戊午卒同以来　　（《新简》E. P. T4:48B）

九十九石 卅三卷 建平二年十月癸未甲渠令史宗受城仓令史谭

（《合校》84·27）

可见，张掖郡居延都尉府设有仓长、丞、令史、佐[①]，建制非常完备，与内郡呈鲜明对比。此类郡仓在考古勘测中也有所发现。如敦煌“大方盘城遗址”便是一例。其“地势低洼，靠近大道，南北墙上都有两排对称的三角形通风孔，仓外有两重围墙，四角有角楼”[②]。它在设计上可谓处心积虑，既具有一定的军事防御功能，又能做到隐蔽，运输便利。

郡库　《说文》云：“库，兵车藏也。”库在战国、秦时，就具有管理和制造兵车器的双重功能。[③] 如出土秦戈铭文云“廿二年，临汾守丞曋，库係歍造”[④]。在库的管理上，《银雀山汉墓竹简·库法》云：“库器处臧（藏）必高，躁湿适，牖户必分节，出入器必以时。”[⑤]

汉时，郡库是地方郡国管理车马、兵器兼制造的财政机构。如：

入传马三匹，皆牡，受郡库。　　（《悬简释粹》Ⅱ0115④:13）

鸿嘉三年七月辛未朔己丑，敦煌长史充国行太守事，库守令、守部千人喜兼行丞事，谓郡库，效谷令调牛车，假效谷为遮要、悬泉置运甲卒所伐茭如牒，书到，遣吏持悬泉置。前年所借牛车八辆输郡库。[⑥]

（Ⅰ90DXT0110①:22）

神爵二年三月丙午朔甲戌，敦煌太守快、长史布施、丞德，谓县、郡

① 据日本学者冨谷至考证，居延都尉仓与居延城仓为异名同实。（参见[日]冨谷至《从额济纳河流域的粮食配给论汉代谷仓制度》，载中国社会科学院简帛研究中心编《简帛研究译丛》第2辑，湖南人民出版社1998年版，第199页）因此，城仓令史、佐为居延仓长之属官。

② 林梅村、李均明：《疏勒河流域出土汉简》，文物出版社1984年版，第18页。

③ 参见黄盛璋《试论三晋兵器的国别和年代及其相关问题》，载《考古学报》1974年第1期。

④ 江西省博物馆、遂川县文化馆：《记江西遂川出土的几件秦代铜兵器》，载《考古》1978年第1期。

⑤ 银雀山汉墓竹简整理小组编：《银雀山汉墓竹简〔壹〕》，第134页。

⑥ 何双全：《简牍》，敦煌文艺出版社2004年版，第228页。

库：太守行县道，传车被具多弊，坐为论，易□□□□到，遣吏迎受输敝被具，郡库相与校计，如律令。（A）　　（《悬简释粹》Ⅰ0309③：236）

由上可知，当时的敦煌郡库中存有传马、牛车、传车等重要财物。

与郡仓一样，在郡库的建制上，内郡与边郡也有较大差异。检尹湾汉简《东海郡吏员簿》，郡级长吏并无库吏员。但是，该简中又发现《武库永始四年兵车器集簿》，东海郡似有武库存在。对此，李均明先生说道："此库与武威姑臧库有类似之处，即其供应范围必超出东海郡范围，亦受朝廷直接管辖，因此它有可能是汉朝设于东南地区的大武库。"①

检索史籍文献与出土资料，汉代郡库相关资料（见表 2-3）：

表 2-3　　汉代郡库

名称	所在郡	资料来源
齐武库丞	齐国	《山东淄博市临淄区齐国故城出土汉代封泥》，载《考古》2006 年第 9 期
雒阳武库令	河南郡	《汉书》卷七四《魏相传》
武库	东海郡	《尹湾汉墓简牍》
安定郡库	安定郡	载《考古与文物》1992 年第 1 期
渔阳库令	渔阳郡	《封泥汇编》②
上郡库令	上郡	《汉书》卷一〇《成帝纪》；《封泥汇编》

① 李均明：《尹湾汉墓出土"武库永始四年兵车器集簿"初探》，载《尹湾汉墓简牍综论》，科学出版社 1999 年版，第 95 页。按：据《合校》简 7・7A 与《新简》简 E. P. T53：63、E. P. T58：55，可知"武威姑臧库"在西汉中后期也负责邻郡（张掖郡、酒泉郡）士卒的武器供应。当然，学者亦有不同观点。如韩国学者李成珪的《前汉长安武库收藏目录之发现——关于尹湾简牍〈武库永始四年兵车器集簿〉之探讨》（载长沙文物考古研究所编《长沙三国吴简暨百年来简帛发现与研究国际学术研讨会论文集》）一文，认为此武库只能是长安之武库；袁延胜的《尹湾汉简〈武库永始四年兵车器集簿〉所见西域史事探微》（载《西域研究》2008 年第 1 期）一文，认为其原为楚国武库，后所拥有武器可能移交直属中央的武库管辖。此武库管辖新楚王国、东海郡、沛郡等郡国的兵车与武器等器物，可能就设在东海郡。谢绍鹢的《江苏尹湾汉简所见的武库与使节辨析》（载《西域研究》2009 年第 2 期）一文，认为尹湾汉简《武库永始四年兵车器集簿》中所见武库应为中央控制下设在彭城、服务于东南地区的刘嚣楚国武库，东海郡参与生产、输送与保存管理。

② 吴幼潜编：《封泥汇编》，上海古籍书店 1984 年版。

续表

酒泉库令	酒泉郡	《合校》(303·12A)
敦煌库令	敦煌郡	《悬简释粹》(Ⅴ1311③:315)
张掖库宰	张掖郡	《新简》(E.P.T59:160)
武威库令	武威郡	《新简》(E.P.T53:63)
武威郡姑臧别库	武威郡	《新简》(E.P.T58:55)

由上表可知,郡库令多设在边郡地区,其原因为“北边郡库,官之兵器所藏,故置令”[①]。其级别相当高[②],要高于仓长,可“以近次兼行”太守事。《合校》载:

▨戊子酒泉库令安国以近次兼行大守事丞步迁谓过所县简 (102·6)

当然,在内郡一些战略要地,也设有武库。如“雒阳有武库敖仓,天下冲厄,汉国之大都也”[③]。据《洛阳武库钟》铭文,洛阳武库设有令、丞、啬夫、令史等。[④] 又,《汉书》卷七四《魏相传》云:

后迁河南太守,禁止奸邪,豪强畏服。会丞相车千秋死,先是千秋子为雒阳武库令,自见失父,而相治郡严,恐久获罪,乃自免去。

可见,雒阳武库令也要接受河南太守的监督、节制。由此,东海郡武库虽直属中央,不具郡员,但也要受东海郡的监督甚至代管。这可能就是尹湾汉简《武库永始四年兵车器集簿》出土于东海郡功曹师饶墓中的原因。

3. 财政征调型:郡金曹、仓曹、户曹、劝农掾、市掾等

秦时,分曹职事,略具雏形。如里耶秦简就记有仓曹:

⑧774 笥牌:卅年四月尽九月仓曹当计禾稼出入券以计及县相付受(授)廷 第甲[⑤]

当时,秦地方政府仓曹直接负责“禾稼”的验收与支出。

① 《汉书》卷一〇《成帝纪》师古注引如淳曰。

② 参见李永平《河西汉简中的库及源流》,载《敦煌研究》1998年第1期。

③ 《史记》卷六〇《三王世家》。

④ 参见容庚《汉金文录》卷二。

⑤ 湖南省文物考古研究所:《里耶发掘报告》,岳麓书社2006年版,第211页。

至汉，随着法令的严密，政务的累增，分曹职事亦越来越细。这不仅有助于厘清职责，提高行政效率，也进一步推动了地方财政的职能化。汉代财政诸曹主要有金曹、仓曹、户曹等。其名称的来历，应源于中央公府的曹名，应是“上行下效”的产物。因此，诸郡曹的具体职责也可参考公府诸曹的职权范围。如《续汉书·百官志一》“太尉条”本注曰“金曹主货币、盐、铁事。仓曹主仓谷事”，“户曹主民户、祠祀、农桑”。对此，严耕望先生考证最为精审，后人难以超越。其文云：

> 《洪范五行传》：“金曹共钱币。”是其职略同公府。又翼奉曰：“金曹以啬夫为府。”又曰：“金曹主市租。”
>
> 《洪范五行传》：“仓曹共农赋。”翼奉亦曰：“仓曹收民租。”①

地方财政诸曹的职能，从其实际财政运作中也可窥见端倪。如：

> 金曹调库赋钱万四千三☐　　（《合校》139·28）
>
> 永始三年七月戊申朔丙辰，县（悬）泉置啬夫敞敢言之，府记曰：唯正月以给戊己校使者马薪，辈☐☐☐☐。使者安之移仓曹卿，君别取☐☐偿如牒，敢言之。　　（《悬简释粹》Ⅰ0402④:8）
>
> 续幼孤，仕郡户曹史。时岁荒民饥，太守尹兴使续于都亭赋民饘粥。②

到东汉时，地方财政机制更加职能化、责权化。主要表现在：诸曹的进一步分化，左、右曹的出现。当然，这也与中央设有左、右曹有关。如东汉大司农权铭文云“光和二年闰月廿三日，大司农曹稜、丞淳于宫、右库曹掾朱音、史韩鸿造，青州乐安郡寿光金曹掾胡吉作”③，可知大司农属吏已有左、右库曹掾之分。东汉碑刻中，地方政府左、右曹分立的现象也较为常见。如《隶释》卷五《巴郡太守张纳碑》中有右金曹史、左金曹史、左仓曹史、右仓曹史，甚至

---

① 严耕望：《中国地方行政制度史——秦汉地方行政制度》，第133页。

② 《后汉书》卷八一《独行传·陆续》。

③ 孙慰祖、徐谷甫：《秦汉金文汇编》上编，上海书店出版社1997年版，第304页。

《中部碑》中还有“中仓曹史”[①]的记载。《长沙东牌楼东汉简牍》[②](以下简称《东牌楼简》)简 77 也记有“右金曹”、“右仓曹”。

此外,郡级还设有劝农掾、督邮等一类派驻机构,以加强对属县财权的控制和监督。如《隶续》卷二一《残碑》有中部督邮、北部督邮、监江督邮、中部劝农掾、南部劝农掾、北部劝农掾等官职。郡也设有市掾,职责为管理市场,征收市租。如《隶释》卷五《巴郡太守张纳碑》的“监市掾”。

(二)县级财政机制

早在战国时,县级就已成为一级财政。当时郡的地位远不如县,不是一级财政。[③] 汉时,虽然地方行政重心渐趋向郡级转移,但是县作为地方财政的基本核算单位,其地位亦十分关键。实际上,由于受到运输条件的限制,汉时中央与地方的财政往来多半是以县为单位直接差遣的。[④]

1. 财政总理型:县令长、丞(侯国相、丞)

《汉书》卷一九上《百官公卿表上》云“县令、长,皆秦官,掌治其县。万户以上为令”,“减万户为长”。其下设县丞一人,职责为“署文书,典知仓狱”[⑤]。侯国与县同级,设相、丞各一人。如《新简》记有:

●乐掲侯国吏☑

☐相一人秩三百　　(E.P.T65:392)

侯国初属中央,后属郡国。西汉时,大部分侯国本来只是乡聚之地,置为侯国后才升格为县。[⑥]

县令长(侯国相)的财政职能主要体现在:一是拥有一定的财政规范制定权。如东汉童恢任不其令时,“耕织种收,皆有条章”,“比县流人归化,徙

① 洪适:《隶释》卷一六。

② 长沙市文物考古研究所等:《长沙东牌楼东汉简牍》,文物出版社 2006 年版(下引该书简文,只标出简号,不再一一注明版本)。释文修订可参考长沙东牌楼东汉简牍研读班编《〈长沙东牌楼东汉简牍〉释文校订稿》,载卜宪群、杨振红主编《简帛研究(二〇〇五)》。

③ 参见陈长琦《战国时代郡的嬗变》,载《广东社会科学》1994 年第 1 期。

④ 参见连云港市博物馆等编《尹湾汉墓简牍》,第 96～97 页。

⑤ 《续汉书·百官志五》本注曰。

⑥ 参见秦素银《两汉侯国的动态考察》,载《南都学刊》2007 年第 5 期。

居二万余户”。[①] 又,《校官碑》云:

> (溧阳长)矜孤颐老、表孝贞节。重义轻利,制户六百。省无正徭,不责自毕。百姓心欢,官不失实。于是远人,聆声景附,乐受一廛。既来安之,复役三年,惟泮宫之教,反失俗之礼,构修学宫。[②]

可见,县令长有权在本辖区内制定一套赋役规范。但是,这种权力毕竟有限,往往要受制于本郡的大政方针。汉时,县令长是由国家统一选派的,并不是郡守的亲信,经常会受到郡守的挟制,甚至财权被侵夺。故朝廷曾下诏“州郡不得迫胁驱逐长吏”[③]。二是设置县级财政诸曹和任免掾史的权力。如郃阳县令曹全“廓广听事官舍,廷曹廊阁”,竹邑侯相张寿“崇尚俭节,躬自菲薄。储偫非法,悉无所留。并官相领,省仓□小府御吏”。[④] 三是对所属机构的财政监督权。如《悬简释粹》:

> 效谷移建昭二年十月传马薄(簿),出县(悬)泉马五匹,病死,卖骨肉,直钱二千七百卌,校钱薄(簿)不入,解……　(0116②:69)

此条简文便是效谷县对所属悬泉置(驿站)的财务审查。当然,侯国相也拥有对侯的财政监督权。例如,武帝建元六年,乐平侯卫侈“坐买田宅不法,有请赇吏,死”[⑤]。元帝初元五年,祚阳侯刘仁“坐擅兴徭赋,削爵一级,为关内侯”[⑥]。

此外,与县同级的还有邑。《续汉书·百官志五》云“公主所食汤沐曰邑”,此话不够准确。其实汉代封邑的对象并不限于公主,太子、皇帝外祖母、废王等也都曾受封过。[⑦] 据《尹湾汉简》,邑的官制与县完全相同,并无家

---

① 《后汉书》卷七六《循吏传·童恢》。

② 高文:《汉碑集释》(修订本),第 446 页。

③ 《后汉书》卷七《桓帝纪》。

④ 高文:《汉碑集释》(修订本),第 474、301 页。

⑤ 《汉书》卷一六《高惠高后文功臣表》。

⑥ 《汉书》卷一五下《王子侯表下》。

⑦ 太子封邑见于卫宏《汉旧仪》,其文云:“皇后、太子各食四十县,曰汤沐邑。”(孙星衍等辑、周天游点校:《汉官六种》,第 80 页)废王封邑见于《汉书》卷四七《文三王传》,其文云:“有司奏(刘)年淫乱,年坐废为庶人,徙房陵,与汤沐邑百户。”皇帝外祖母封邑见于《汉书》卷九七上《外戚传上》,其文云:“制诏御史赐外祖母号为博平君,以博平、蠡吾两县户万一千为汤沐邑。”

吏，只是每年由邑丞或守丞（代理邑丞）去中央“上邑计”而已。尹湾汉简记有：

朐邑丞杨明十月五日上邑计

况其邑左尉宗良九月廿三日守丞上邑计①

汉时，邑完全属于郡管理，与县无异，只是地方政府将邑的财政收入定期拨付给邑主而已。邑主与地方财政是一种比较“单纯”的财赋分配关系。

2.财政保管型：县级少内、仓、库吏

《晏子春秋·外篇》载：“今臣后之东阿也，属托行，货赂至，并重赋敛，仓库少内，便事左右，陂池之鱼，入于权宗”，这说明战国时“仓库少内”已是地方重要的财政机构。《周礼·天官冢宰》“职内”条贾公彦疏曰：“案王氏《汉官解》云：‘小官啬夫，各擅其职，谓仓、库、少内啬夫之属，各自擅其条理所职主。’”②此句便一语道破了汉代县级财政官吏的设置状况。

少内啬夫 少内作为县级财政机构，战国时就已存在。秦简《法律答问》云：

府中公金钱私贳用之，与盗同法。●可（何）谓“府中”？●唯县少内为“府中”，其他不为。③

秦统一后，沿袭不改。里耶秦简[8]156：

四月丙午朔癸丑，迁陵守丞色下少内谨案致之，书到言，署金布发。它如律令。/欣手。/四月癸丑水十一刻[刻]下五，守府快行少内。④

汉承秦制，《二年律令·秩律》云：

县、道司马、候、厩有乘车者，秩各百六十石；毋乘车者，及仓、库、少

① 连云港市博物馆等编：《尹湾汉墓简牍》，第96～97页。

② 裘锡圭先生考证精审，说道：“‘小官啬夫，各擅其职’是王隆《汉官篇》语。‘谓仓、库、少内啬夫’以下，当时胡广《汉官解诂》语。王隆是东汉初人，胡广是东汉中后期人。”（裘锡圭：《啬夫初探》，载《云梦秦简研究》，第238页）

③ 睡虎地秦墓竹简整理小组编：《睡虎地秦墓竹简》，第165页。

④ 湖南省文物考古研究所、湘西土家族苗族自治州文物处：《湘西里耶秦代简牍选释》，载《中国历史文物》2003年第1期。按：罗福颐先生《秦汉南北朝官印征存》（文物出版社1987年版）一书中，也录有“菑阳少内”（4号）的秦印。

内……秩各百廿石。[①]

由上可知，汉初少内啬夫、仓、库啬夫秩级都为一百二十石。后来，随着地方少吏秩级的整体下降，统一降为斗食啬夫，刻有“少内”的半通小官印可为佐证。[②]

少内啬夫主管现金。《周礼·天官·冢宰》“职内”条郑玄注：“职内也，主入也，若今之泉所入谓之少内。”汉简可证：

入闰月、四月御钱万。阳朔二年四月壬申，县(悬)泉置啬夫尊受少内啬夫寿。（《悬简释粹》0210①:96)

内中见钱四万六☐（《新简》E.P.T57:5)

东汉时，钟离意担任瑕丘令时，“吏有檀建者，盗窃县内”[③]。此处“县内”即指少内。[④]

县少内啬夫除出纳现金外，也参与器物的管理。如“成山宫铜渠钭”铭文中就有“嫠少内”[⑤]一职。悬泉汉简也记有：

建平二年十一月甲申朔壬子敦煌大守永长史临丞涉谓过所使龙勒少内啬夫泛政与守部千人古成迁市缮兵物长安

当舍传舍从者如律令　　二人[⑥]　（ⅠT0114①:50)

然而，在一些汉碑中，如《张寿碑》、《苍颉庙碑》，县级也发现有“小府”[⑦]、“少府史”[⑧]的称谓。故有学者将县“小府”与“少内啬夫”并列为两个不同官

① 彭浩、陈伟、[日]工藤元男主编：《二年律令与奏谳书：张家山二四七号汉墓出土法律文献释读》，第293页。

② 参见罗福颐主编《秦汉南北朝官印征存》，文物出版社1987年版，第66、459、460、461、462号官印。

③ 《后汉书》卷四一《钟离意传》。

④ 少内啬夫不仅东汉存在，即便孙吴时期也设有此职。如吴简(叁)简426记有：“弁付少内啬夫殷□受。”(长沙简牍博物馆等：《长沙走马楼三国吴简·竹简(叁)》，文物出版社2008年版)

⑤ 容庚：《汉金文录》卷四。

⑥ 张俊民：《敦煌悬泉汉简所见人名综述(三)——以敦煌郡太守人名为中心的考察》，载卜宪群、杨振红主编《简帛研究(二〇〇五)》。

⑦ 高文：《汉碑集释》(修订本)，第301页。

⑧ 高文：《汉碑集释》(修订本)，第234页。

职。① 笔者认为，秦简《法律答问》云："唯县少内为'府中'。"此处"内"与"府"寓意相同，汉中央"御府"也可称为"御内"。县"小府"与"少内啬夫"可能同指一官职。

县仓啬夫 秦简中就已有"仓啬夫"②一职。汉时，县仓啬夫的职能为管理粮仓及谷物出入，比郡仓级别要低。《悬简释粹》记有：

建昭二年九月庚申朔壬戌，敦煌长史渊以私印行太守事，丞敞敢告部都尉卒人，谓南塞三候、县、郡仓，令曰：敦煌、酒泉地埶（势）寒不雨，蚤（早）杀民田，贷种穬麦皮芒厚以廪当食者，小石…… （Ⅱ0215③:46）

2003年长沙走马楼出土西汉简牍中也记有：

九月丁卯，仓啬夫午行鹿丞事敢告临湘丞主：案赎罪以下，写书辟报爰书。移书到，令史可问……③

此文书中鹿县仓啬夫可代县丞签发公文，其地位亦可见一斑。与汉县仓相关的官印及铜器也多有发现，可见表2-4：

表2-4 汉代县仓④

名称	所在郡县	资料来源
平都仓	上郡平都县	《西汉平都犁斛》，载《文物》1977年第3期
阳周仓	上郡阳周县	《汉金文录》卷一
海曲仓	琅邪郡海曲县	《十钟山房印举》2·56下
诸仓	琅邪郡诸县	《集古官印谱》12·37
定陶都仓	济阴郡定陶县	《隶续》卷一四《定陶鼎》
河仓	河南郡雒阳县	《洛阳中州路（西工段）》T1104:016陶文

① 参见朱德贵《汉简与财政管理新证》，中国财政经济出版社2006年版，第62页。

② 睡虎地秦墓竹简整理小组编：《睡虎地秦墓竹简》，第124页。

③ 长沙简牍博物馆、长沙市文物考古研究所联合发掘组：《2003年长沙走马楼西汉简牍重大考古发现》，载中国文物研究所编《出土文献研究》第7辑，上海古籍出版社2005年版。

④ 需要说明的是，本表是参考裘锡圭先生《啬夫初探》一文与王子今先生《秦汉交通史稿》（中共中央党校出版社1994年版）书中的汉仓列表为底本综合而成的。其中有些资料出处属于转引，但个别也作了改动。

续表

垣仓	河东郡垣县	《集古官印谱》12·31
共仓	河内郡共县	《集古官印谱》12·33
略仓	天水郡略阳道 或汉阳郡略阳县	《十钟山房印举》2·56下
桐仓	定襄郡桐过县	《集古官印谱》12·38
万安仓	蜀郡新都县	《华阳国志·蜀志》

上述表中，县仓的官印都为半通印，应为仓啬夫。不过，也有例外。《合校》云：

建平三年闰月辛亥朔丙 寅禄福仓丞敞移肩水金关居延坞长王戎所乘用马各如牒书到出如　律令　(15·18)

上简中，酒泉郡（边郡）禄福县设有“仓丞”。但是，目前还未发现汉代县设有“仓长”的例子。对此，邵鸿先生已经注意到这一点，但未作进一步解释。[①]其实，从吏员的角度分析，此问题十分明了。西汉中叶，中央对地方长吏[②]的员数控制极为严格。检尹简《东海郡下辖长吏名籍》，除令、长、尉、丞外，县级长吏在东海郡（内郡）38个县级单位中，只给了一个员额：郯县狱丞（二百石）。况且，郯县还是郡治所在地。[③] 县仓、库官吏却只能为少吏，占官啬夫（斗食）的员额。要言之，由于国家吏员的限制，西汉中叶后，县设仓长根本是不可能的，就是边郡地区也不过设有仓丞。

县库啬夫　其职能与郡库基本相同，级别要低，主要负责车、马器等财物的存放与管理。如随州孔家坡8号汉墓《告地书》木牍记有：

① 参见邵鸿《西汉仓制考》，载《中国史研究》1998年第2期。

② 西汉中期后，“二百石”便成为汉代地方长吏与少吏的分界线。中央任命的地方长吏都在二百石以上（如县令、长、丞、尉），而地方有权任命的少吏分为百石（有秩）、斗食、佐史亭长三个秩级，都在百石及以下。

③ 近年来，在河南出土的东汉汝南郡封泥群中，就发现“平舆狱丞”封泥。平舆也是东汉汝南郡治所在地，可与之互证。（参见孙慰祖《汉汝南郡新见封泥群新征》，载2006年9月22日《中国文物报》）

二年正月壬子朔甲辰，都乡燕佐戎敢言之：库啬夫辟与奴宜马、取、宜之、益众，婢益夫、末众，车一乘，马三匹。[①]

此外，边郡还有一种“钱库”。它主要是用来存储钱币的。如：

……敦煌钱，神爵二年五月庚申，司空啬夫畸受库佐充。

（《悬简释粹》87-89C：59）

十月己亥输钱部库毕入☐ （《合校》507·10）

又，《东牌楼简》12号木牍也载：“临湘守令臣肃上言：……连年长逋，仓空无米，库无钱布。”这说明东汉临湘县库是用来贮存征缴的钱、布的。

3. 财政征调型：县户曹、金曹、仓曹、市啬夫、乡啬夫等

县级财政诸曹“略如郡员”。《曹全碑》中有“户曹掾”、“金曹史”。[②]《悬简释粹》也记有：

县(悬)泉地埶(势)多风，途立干操，毋☐其湿也。度得榱六枚，今遣效谷仓曹令史张博 （Ⅱ0211②：26）

此简中“张博”便是敦煌郡效谷县的“仓曹令史”。作为郡曹下级的对口单位，县财政诸曹与郡级职能基本相同，不再赘述。此外，县也设有市啬夫，负责征收市租。《汉书》卷八六《何武传》云：

武弟显家有市籍，租常不入，县数负其课。市啬夫求商捕辱显家，显怒，欲以吏事中商。

作为地方财政机制中的末梢单位，乡部是汉代官与民之间完成财政交割的“前沿阵地”，其重要性自不待言。《续汉书·百官志五》云：

乡置有秩、三老、游徼。本注曰：有秩，郡所署，秩百石，掌一乡人；其乡小者，县置啬夫一人。皆主知民善恶，为役先后，知民贫富，为赋多少，平其差品……又有乡佐，属乡，主民收赋税。

检索尹湾汉简《东海郡吏员簿》[③]，东海郡乡官吏员见表2-5、2-6：

① 湖北省文物考古研究所、随州市考古队编：《随州孔家坡汉墓简牍》，文物出版社2006年版，第197页。

② 参见高文《汉碑集释》（修订本），第474、476页。

③ 参见连云港市博物馆等编《尹湾汉墓简牍》，第79～84页。

表 2-5　　东海郡县邑的乡官吏员统计表

县名＼乡官	海西	下邳	郯	兰陵	朐	襄贲	戚	费	即丘	厚丘	利成	况其	开阳	缯	司吾	平曲	□□	□□	□□	□
乡有秩	4	1	5		1	2	2	2			1		1		1	1		1?		
乡啬夫	10	12	6	13	6	5	3	5	8	9	3	5	4	3	7		7		2	1
乡佐	9	9	7	4	6	4	5	4	4	1	5	2	2	2		2	2	1		

表 2-6　　东海郡侯国的乡官吏员统计表

国名＼乡官	昌虑	兰旗	容丘	良成	南城	阴平	新阳	东安	平曲	建陵	山乡	武阳	都平	部乡	建乡	□□	建阳	都阳
乡有秩	1		1	1														
乡啬夫	2	4	2	1	2	3	2	1	2	1	1	1	1	1	1	1	1	1
乡佐	1	2	2	3	2	3								1	1	1	2	

从上两表可知，乡有秩、啬夫总共 162 人。尹湾汉简《集簿》中载东海郡共 170 个乡。[①] 考虑到缺员、简文佚失等情况，基本上应是每乡一人。其中有秩 25 人，啬夫 137 人，比例约为 3∶17。乡佐只有 88 人，并不是每乡都设，且员数甚不齐整。有些侯国没有乡佐，有些却一乡两员，如建阳侯国。此外，《集簿》中载“乡百七十□百六里二千五百卅四”。笔者认为，“□百六”可能指“聚百六”。聚虽然是一种自然聚落，但也是官方上报文书中的一个统计项目。《新简》记有：

亭长廿一人受乐成侯国三人凡廿四人

凡亭以下五十人受乐成侯国四人定长吏以下五十四人

乡八聚卌四户七千九百八十四口万五千七百卅五　　(E. P. T50:3)

又，湖南沅陵虎溪山一号汉墓竹简也记有：

① 参见连云港市博物馆等编《尹湾汉墓简牍》，第 77 页。

沅陵侯国凡六乡[①]

泣聚户百卅四，口五百廿一人。[②] (M1T:43～101)

关于乡官职能，学者颇有论述。马新师在《两汉乡村社会史》一书中，专门就乡部建制及功能探幽发微，见解独到，可资参阅。[③] 臧知非先生据新出简牍，认为乡部职能有籍簿、土地管理、分居家庭纠纷、治安、保管中央财产等。[④]

笔者就其财政职能，略作补充：其一，乡部财政职能是一个动态变化的过程。自秦以来，地方体制一直处在县乡体制向郡县体制的演变进程中，故乡部建制一直在逐渐萎缩。如里耶秦简[16]6 背面云：

三月庚戌，迁陵守丞敦狐敢告尉，告乡司空、仓主，听书从事；尉别书都乡司空，[司空]传仓；都乡别启陵、贰春，皆勿留船。它如律令。/釦手。庚戌，水下□刻，走裙行尉。[⑤]

从文件的传发程序来看，秦时乡的地位并不低。至汉初，乡官分为乡部与田部。《二年律令·田律》云“乡部主邑中道，田主田道”[⑥]，分别由乡啬夫、田啬夫负责，秩级大多为二百石。[⑦] 到西汉中期，行政重心渐趋向郡偏移，劝农掾等官吏派驻地方。乡部职能受到挤压，只设乡啬夫（斗食）或有秩（百石），

① 郭伟民：《虎溪山一号汉墓葬制及出土竹简的初步研究》，载艾兰、邢文编《新出简帛研究》，文物出版社 2004 年版。

② 湖南省文物考古研究所、怀化市文物处、沅陵县博物馆：《沅陵虎溪山一号汉墓发掘简报》，载《文物》2003 年第 1 期。

③ 参见马新《两汉乡村社会史》，齐鲁书社 1997 年版，第 190～195 页。

④ 参见臧知非《简牍所见汉代乡部的建制与职能》，载《史学月刊》2006 年第 5 期。

⑤ 湖南省文物考古研究所、湘西土家族苗族自治州文物处：《湘西里耶秦代简牍选释》，载《中国历史文物》2003 年第 1 期。

⑥ 彭浩、陈伟、[日]工藤元男主编：《二年律令与奏谳书：张家山二四七号汉墓出土法律文献释读》，第 189 页。

⑦ 参见彭浩、陈伟、工藤元男主编《二年律令与奏谳书：张家山二四七号汉墓出土法律文献释读》，第 290～293 页。按：王彦辉先生《田啬夫、田典考释——对秦及汉初设置两套基层管理机构的一点思考》（载《东北师大学报（哲学社会科学版）》2010 年第 2 期）一文，认为汉武帝以后，田啬夫、田佐、田典等吏员已经省并，可负责全县农事活动的“都田啬夫”、“都田佐”等却一直沿置如常。可备一说。

并减省田部。汉代乡的处境较为“尴尬”，常以“东、南、西、北”方位来命名[①]，不避重名之嫌。因为汉人在官方文书中多以“×郡×县×里”来标识身份。

其二，乡部财政职能的变化也受到经济因素的影响。汉初，经过长期战争的洗礼，人口锐减，国家掌握着大量的公田。建国伊始，即授田宅。《二年律令·户律》所载的田籍簿只是这一时期的特殊反映，并不是有汉一代的籍簿通制。当时，民宅园户籍、年细籍可能由乡啬夫管理，而田比地籍、田合籍等则属于田啬夫。《二年律令·户律》规定：

> 代户、贸卖田宅，乡部、田啬夫、吏留弗为定籍，盈一日，罚金各二两。[②]

此简文表明“代户”、“贸卖田宅”分别由乡部、田啬夫“定籍”。然而，从文帝开始，土地私有化渐趋蔓延。长此以往，田部管理公田的职能不断弱化。乡部与田部合为一体，也就顺理成章了。

其三，乡部建制的缩减并不等同于其财政职能的弱化，这只不过是在新形势下的一次机构调整而已。这种调整使得乡官建制进一步财政职能化、精干化。有汉一代，乡在整个国家财政机制运作中发挥的作用不容小视，它是全国财政运转的“神经末梢”。实际上，汉代基层的各类原始数据都保存在乡一级。如《二年律令·户律》：

> 恒以八月令乡部啬夫、吏、令史相杂案户籍，副臧（藏）其廷。有移徙者，辄移户及年籍爵细徙所，并封。
>
> 民宅园户籍、年细籍、田比地籍、田合籍、田租籍，谨副上县廷，皆以箧若匣匮盛，缄闭，以令若丞、官啬夫印封，独别为府，封府户。[③]

由上二律文可知，乡部一级直接参与编制、保存原始的地方户籍、田籍等，而副本仅“副臧（藏）其廷”，抄送一份报到县里存档。这也是东汉郑玄在《周礼》注中径直称“乡户籍”而非“县户籍”的缘故。乡在汉代财政机制中的重

---

① 《合校》简495·11“东乡啬夫护”、简334·20A“西乡有秩”、简15·19“北乡啬夫忠”。

② 彭浩、陈伟、[日]工藤元男主编：《二年律令与奏谳书：张家山二四七号汉墓出土法律文献释读》，第220页。

③ 彭浩、陈伟、[日]工藤元男主编：《二年律令与奏谳书：张家山二四七号汉墓出土法律文献释读》，第222、223页。

要性，可见一斑。

直到东汉末年，乡官仍是地方基层的财政专职人员。如《东牌楼简》简105云："中仓券也（正面） 南山乡啬夫租券本也（背面）。"需要补充的是，从江陵凤凰山汉简、居延汉简来看，基层"不在编"的里正及里父老在收缴赋税中也分担了乡官的一部分工作。[①]

三、地方政府的财政运作

在汉代，郡级政府是地方财政运作的发起者和指挥者，尤其在地方行政重心向郡偏移后。郡是如何来调动整个地方财政运作的？主要有两种方式："计最"与"期会"。

（一）"计最"

关于"计最"的含义，鲜有学者专门论述。"计最"一词在前四史中唯见一次。《汉书》卷六四上《严助传》云："陛下不忍加诛，愿奉三年计最。"师古注引如淳曰："旧法，当使丞奉岁计，今躬自欲入奉也。"晋灼曰："最，凡要也。"又，《周礼·天官·小宰》云"听出入以要会"，注引郑司农曰："要会，谓计最之薄书，月计曰要，岁计曰会，故《宰夫职》曰'岁终，则令群吏正岁会；月终，则令正月要'。"汉简中也发现"计最"四例：

阳朔二年十一月丁卯，遣行丞事，守部候疆，奉上阳朔元（年）计最，行在所。以令为驾乘传，载卒史吏所奉上者。敦煌太守贤、长史谭，以次为驾，如律令。五月☑[②] （90DXⅡT0112②:108）

甘露三年十一月辛巳朔乙巳，敦煌大守千秋、长史奉憙、丞破胡谓过所县河津：遣助府佐杨永视事上甘露三年计最丞相御史府，乘用马一匹，当舍传舍，从者如律令。十一月丙辰东[③] （Ⅱ0213②:139）

---

① 参见裘锡圭《湖北江陵凤凰山十号汉墓出土简牍考释》，载《文物》1974年第7期；《合校》简526·1A、45·1A。

② 何双全：《简牍》，第240页。

③ 张俊民：《敦煌悬泉置出土汉简所见人名综述（一）》，载《陇右文博》2006年第2期。

咸得自薪同心并力除灭胡寇逆虏为故购赏科条将转下之勉府稽吏民其□□□□□□□务赏堇其当上二年计最及级专心焉上吏民大尉以下得蒙壹功无治其罪吏坐　（《额济纳简》2000ES9SF4:6）

●卅井言谨拘校二年十月以来计最未能会会日谒言解

（《合校》430・1、430・4）

由上可知，“计最”应是一种上计文书，可以是郡向中央汇报，也可以是基层向县汇报。如上引简文中“卅井”就为县级单位。此种文书的周期可以按月计，也可按岁计，有一年、二年、三年的。然而，“计最”的“最”又作何解？《汉书》注引晋灼曰“最，凡要也”，实不得其要旨。虽然“最”确有“凡”、“共计”之意。如《新简》E. P. T5:78 简：“・最仓三所。”但是，“计最”之“最”，应为“殿最”之“最”，是古代考课成绩的等级，上等称为“最”。“计最”其实就是上计兼考课的意思，与地方财政机制的运作息息相关。《续汉书・百官志五》“县令长”条刘昭注引胡广曰：

秋冬岁尽，各计县户口垦田，钱谷入出，盗贼多少，上其集簿。丞尉以下，岁诣郡，课校其功。功多尤为最者，于廷尉劳勉之，以劝其后。负多尤为殿者，于后曹别责，以纠怠慢也。

此条史料说明县级在岁尽时，要将本县财政状况定期向郡上计，再由郡对县进行考课，评出殿最，以备奖罚。这种财政周期为一年的“计最”，包含了两个方面的工作：郡内财政上计与考课。

1. 郡内财政上计

为了确保地方财政的正常运转以及岁尽上计中央，郡级必须要随时掌握属县的财政状况，以制定相应的财经政策，实施财政监督。这就需要地方各级单位定期逐一上计。欣喜的是，最近披露的湖南里耶古城一号井出土秦简，详细展现了秦代地方县级政府计书的基本条目，弥足珍贵。如里耶秦简(8～489)：

（第一栏）

户曹计录

乡户计

繇（徭）计

器计

租质计

（第二栏）

田提封计☐

鬃计☐

鞫计☐

●凡七计☐①

此计书可视作秦代迁陵县政府对所辖各乡人口、徭役、租税、土地等经济状况的分类统计，是预备上计洞庭郡的原始底本。当然，此类计书的最重要的用途恐怕还是迁陵县政府用来征纳租税、分摊徭役以及管理土地的重要依据。

汉承秦制，地方财政体系中亦是层层上计，逐级负责。如《二年律令》规定：

县道官之计，各关属所二千石官。

县道已豤（垦）田，上其数二千石官，以户数婴之，毋出五月望。②

此类地方财政文书在上报过程中，政府也给予其特殊的"优待"。如《二年律令·行书律》规定：

诸狱辟书五百里以上，及郡县官相付受财物当校计者书，皆以邮行。③

---

① 张春龙：《里耶秦简所见的户籍和人口管理》，载中国社会科学院考古研究所等编《里耶古城·秦简与秦文化研究——中国里耶古城·秦简与秦文化国际学术研讨会论文集》。

② 彭浩、陈伟、[日]工藤元男主编：《二年律令与奏谳书：张家山二四七号汉墓出土法律文献释读》，第174、188页。

③ 彭浩、陈伟、[日]工藤元男主编：《二年律令与奏谳书：张家山二四七号汉墓出土法律文献释读》，第205页。

地方"计最"文书一般可分为月簿、四时簿(按季度)、岁簿。如：

●甲渠候官绥和元年八月财物簿　(《新简》E.P.T50:28)

▨建昭二年四月尽六月四时簿　(《合校》217·2A)

▨元康三年十月尽四年九月吏已得奉一岁集赋　(《合校》126·42B)

此三类文书在地方财政运作中都是不可缺少的。它们在使用上也各有侧重。第一,月簿一般适用于基层专职部门,如仓、库等。因为在月初都要对所管财物实地盘存,就必须要每月都做账。第二,四时簿的用途较广。由于每月上报,则过于繁琐;年底上报,则周期又太长,因此,四时簿是郡对县财政状况动态掌握的一个便利工具。《续汉书·百官志三》本注曰:"郡国四时上月旦见钱谷簿,其逋未毕,各具别之。"又,《二年律令·金布律》规定:

在租、质、户赋、园池入钱,县道官勿敢擅用,三月壹上见金、钱数二千石官,二千石官上丞相、御史。①

由于钱谷一类的财政籍簿要四时上报中央,故四时簿在平时地方财务往来中最为常见。《新简》中就发现四时簿:

● 甲渠候官建武七年正月尽三月谷出入四时簿　(E.P.F22:398)

第三,岁簿一般是先由县级单位进行集计,然后由郡统一汇总,最终形成上计中央的《集簿》,其重要性不言而喻。如最近出土的安徽天长汉简记有:

户口簿

●户凡九千一百六十九少前
口四万九百七十少前
●东乡户千七百八十三口七千七百九十五
都乡户二千三百九十八口万八百一十九
杨池乡户千四百五十一口六千三百廿八

① 彭浩、陈伟、[日]工藤元男主编:《二年律令与奏谳书:张家山二四七号汉墓出土法律文献释读》,第254页。

鞠(?)乡户八百八十口四千五

垣雍北乡户千三百七十五口六千三百五十四

垣雍东乡户千二百八十二口五千六百六十九[①]

此《户口簿》就是西汉临淮郡东阳县所属六个乡的户口岁簿。此类县级岁簿上报郡后，再由郡将各县数据统一汇总，就形成尹湾汉简《集簿》一类的文书，以备上计中央所用。当然，地方岁簿并不全是用来上计中央的。如悬泉汉简《元康四年鸡出入簿》[②]，就是郡内财物管理、财务对账用的。

2. 郡内财政考课

“计最”之“最”就是行考课，评殿最，是汉代对官吏考核的一种最为常见的方式。这种严格的考核方法，在战国中央专制集权萌生之时就被“发明”了。当时秦国就是无处不考课，无时不考课。如《秦律十八种·厩苑律》云：

以四月、七月、十月、正月肤田牛。卒岁，以正月大课之，最，赐田啬夫壶酉(酒)束脯，为旱〈皂〉者除一更，赐牛长日三旬；殿者，谇田啬夫，罚冗皂者二月。[③]

关于秦代地方政府的考课方法，新披露的里耶秦简可略窥端倪。如简7-305：

┃卅四年迁陵乡户计廷校三

┃□人冣(最)一

┃□一[④]

此简即是“廷”(迁陵县)对各乡户口增减情况的考课，其中“冣(最)一”就是对乡部户口考课的计最“标识”。具体方法大致采用正负“算”的合计，来确

---

① 天长市文物管理所、天水市博物馆:《安徽天长西汉墓发掘简报》，载《文物》2006年第11期。

② 参见胡平生、张德芳《敦煌悬泉汉简释粹》，第77～78页。

③ 睡虎地秦墓竹简整理小组编:《睡虎地秦墓竹简》，第30页。按:新出岳麓秦简《为吏治官及黔首》云:“此治官黔首及身之要也，与它官课，有式令能最，欲毋殿、欲毋罪，皆不可得。”(陈松长:《岳麓书院藏秦简〈为吏治官及黔首〉略说》，载中国文化遗产研究院编《出土文献研究》第9辑，中华书局2010年版)可知“殿最”与秦官吏之利害关系。

④ 张春龙:《里耶秦简所见的户籍和人口管理》，载中国社会科学院考古研究所等编《里耶古城·秦简与秦文化研究——中国里耶古城·秦简与秦文化国际学术研讨会论文集》。

定每乡的最终名次。如里耶秦简16～521：

岁并县官见积户数以负筭以为程●课省甲十一[①]

此简文中的“负筭”，即为迁陵县依据各乡户数的增减变化来计算正负分数，以确定各乡政绩的排名。当然最终的排名要与奖惩直接挂钩。

到汉代，考课“技术”有了进一步提升，普遍采用计算正负分的量化方法。[②] 此举既科学又易于操作。如《春秋繁露》卷七《考功名》云：

考试之法，合其爵禄，并其秩，积其日，陈其实，计功量罪，以多除少，以名定实，先内弟之。其先三分以为上中下，以考进退，然后外集。通名曰进退，增减多少，有率为弟。九分三三列之，亦有上中下。以为一最，五为中，九为殿。有余归之于中，中而上者有得，中而下者有负。得少者以一益之，至于四，负多者以四减之，至于一，皆逆行。三四十二而成于计，得满计者绌陟之。次次每计，各逐其弟，以通来数。初次再计，次次四计，各不失故弟，而亦满计绌陟之。

初次再计，谓上弟二也，次次四计，谓上弟三也。九年为一弟，二得九，并去其六，为置三弟，六六得等，为置二，并中者得三尽去之，并三三计得六，并得一计得六，此为四计也。绌者亦然。

当然，考课的具体方法现在还难以完全破解。[③] 此类考课文书在简牍中常称为“算”，应是计算功绩的一个衡量单位。张家山汉简《算术书》就载有医程算：

医　程曰：医治病者得六十筭(算)□负廿筭(算)□□程□弗▨得六十而负几何？曰：负十七筭(算)二百六十九分筭(算)十一。其术

---

① 张春龙：《里耶秦简所见的户籍和人口管理》，载中国社会科学院考古研究所等编《里耶古城·秦简与秦文化研究——中国里耶古城·秦简与秦文化国际学术研讨会论文集》。

② 关于秦汉正负数的概念，可参见邹大海《从出土简牍文献看中国早期的正负数概念》，载《考古学报》2010年第4期。

③ 相关研究文章参见于振波《汉简“得算”、“负算”考》，载中国社会科学院简帛研究中心编《简帛研究》第2辑，法律出版社1996年版。按：董仲舒所持考功之法应为一己之见，与汉时所行之法可能不同。《汉书》卷七五《京房传》载西汉时，京房“奏考功课吏法”，“元帝于是以房为魏郡太守，秩八百石，居得以考功法治郡”。此种“考功课吏法”也是京房所创一己之法。

(術)曰:以今得筭(算)为法,令六十乘负筭(算)为实。[①]

汉时八月,“太守、都尉、令、长、丞会都试,课殿最”[②]。《新简》也发现此类都试殿最文书:

☐□□□军王门塞外海廉渠尽五月以

☐九月都试骑士驰射最率人得五算半算☐

☐四月 (E. P. T52:783)

此简说明边郡某部在都试中成绩为“最”,每人得分“五算半算”。

在财政考课方面,亦是如此。如《新简》E. P. T53:226 简云“☐惊糒多康负算十●凡卅七”。因为没有看管好粮仓,使得惊糒(干粮)多康,便被评定为“负算十”。郡对县上报的计簿,都要评定“算”数。如《合校》:

▨居摄三年计簿算 (70·13A)

▨建昭四年正月尽三月四时簿算 (214·22A)

考课部门要以最终算数成绩来决定殿最名次,这就是“计最”的真正含义。如:

万岁候长充 受官钱定课四千负四算 相除定得三算 第一

毋自言党煌者第一得七算 (《合校》206·4)

☐ 率隊负卌一算 第四 (《新简》E. P. T51:693)

上述两条简文中,在正负算消减后,分别排名第一、第四。

在理解“计最”的含义后,一些史籍文献记载便可“豁然开朗”了。《续汉书·百官志五》注引胡广曰“负多尤为殿者,于后曹别责”中,“负”应为“负算”的意思。“后曹别责”也可参见《汉书》卷七八《萧望之传附子育》:

后为茂陵令,会课,育第六。而漆令郭舜殿,见责问,育为之请,扶风怒曰:“君课第六,裁自脱,何暇欲为左右言?”及罢出,传召茂陵令诣后曹,当以职事对。

又,《后汉书》卷六一《左雄传》云:“乡部亲民之吏,皆用儒生清白任从政

① 张家山二四七号汉墓竹简整理小组编:《张家山汉墓竹简〔二四七号墓〕:释文修订本》,第141～142页。

② 《汉书》卷一下《高帝纪下》注引张晏曰。

者，宽其负筭，增其秩禄，吏职满岁，宰府州郡乃得辟举。”李贤注曰：“负，欠也。筭，口钱也。”此注解有失偏颇。实际上，“宽其负筭（算）”不是免除算赋，而是指对儒生乡吏在考课时要宽松些。

总之，郡通过“计最”的方式，使得地方财政机制高效运转。地方也涌现出一批颇有政绩的县级长吏。如东汉蔡湛任稾长时，“年谷丰储，岁有其成。远邻附就，户口增前。视事三年，迁高邑令”①。鄡阳长唐扶也因“上前逋千有余万，盗贼衰息，境界晏然，三载有成，州郡诤表，迁成阳令”②。以上“三年考核”事例也是遵循“三载考绩”的古法，这也是严助上书武帝“愿奉三年计最”③的真正原因。

(二)“期会”

“期会”是有汉一代财政机制中最为常见的运作方式。秦时就已存在。如：

⑨2318 笥牌：迁陵廷尉曹卅一年期会以事笥。④

史籍中“期会”常与“簿书”伴出。《汉书》卷四八《贾谊传》云：“而大臣特以簿书不报，期会之间，以为大故。”又，《汉书》卷七二《王吉传》云：“其务在于期会簿书。”其实，“期会”就是汉代上级部门针对某项政务，要求下级上报其“簿书”的最后期限。譬如，西汉东郡太守韩延寿，“治城郭，收赋租，先明布告其日，以期会为大事，吏民敬畏趋乡之”⑤。太守属吏“主记室史”，其职责就是“主录记书，催期会”⑥。“期会”是地方政务的大事，下级自然不敢怠慢。如《悬简释粹》：

康居王使者杨伯刀……七月庚申，敦煌太守弘、长史章、守部候修仁行丞事，谓县，写移书到，具移康居苏韰王使者杨伯刀等献橐佗食用

① 洪适：《隶释》卷五《汉成阳令唐扶颂》。

② 洪适：《隶释》卷一《帝尧碑》。

③ 《汉书》卷六四上《严助传》。

④ 湖南省文物考古研究所：《里耶发掘报告》，第211页。

⑤ 《汉书》卷七六《韩延寿传》。

⑥ 《续汉书·百官志五》本注曰。

谷数，会月廿五日，如律令。／掾登、属建、书佐政光。七月壬戌，效谷守长合宗，守丞、敦煌左尉忠，写移书到，具写传马止不食谷，诏书报会月廿三日，如律令。／掾宗、啬夫辅。（Ⅱ0216②：877～883）

此条简文非常直观地展现了财政"期会"文书的下发流程：郡→县→置（驿站）。每级"期会"都各有时限要求。郡规定为当年七月廿五日，县就不得不提前期限，以留出上报时间，定为七月廿三日。

地方"期会"常以"记"的文书形式下达。崔寔在《政论》中云"州郡记，如霹雳，得诏书，但挂壁"①，确实是一种实情。其原因就是人们常说的"县官不如现管"。如《新简》：

隧长代樊志卌二日当得奉衣数诣县自言迨不可得记到正处言会月十五日有（E. P. T49：47）

建武五年八月甲辰朔 甲渠障候 敢言之府下赦令 诏书曰其赦天下自殊死以下诸不当得赦者皆赦除之上赦者人数罪别之会月廿八日●谨案毋应书敢言之（E. P. F22：163～165）

上引两条简文，一为县"记"，一为诏书"赦令"。仔细玩味一下，基层官吏在接到文书后，肯定对县"记"的批评顿感惶恐，必小心应对。而对"赦令"诏书，在核实后，以"谨案毋应书"应对就可以了。更严重的是，如果延误了"期会"，定会受到上级的斥责和处罚。如《合校》简 430·1、430·4 云"●卅井言谨拘校二年十月以来计最未能会，会日谒言解"，就是对"计最"延期的斥责。在"期会"失期的处罚上，根据情节严重程度，在边郡一般可分为三种方式：適罚作②、笞罚、罚金。如：

万岁候长田宗 坐发省治大司农茭卒不以时遣吏将诣官失期適为驿马载三堠茭五石致止害（《合校》61·3、194·12）

第十候长傅育 坐发省卒部五人会月十三失期毋状今適载三泉茭二十石致城北隧给驿马会月二十五日毕（《新简》E. P. T59：59）

---

① 严可均辑：《全后汉文》，商务印书馆 1999 年版，第 471 页。

② "適"在汉代是一种行政处罚。如《汉书》卷九二《游侠传》载："（陈遵）日出醉归，曹事数废。西曹以故事適之，侍曹辄诣寺舍白遵曰：'陈卿今日以某事適。'遵曰：'满百乃相闻。'故事，有百適者斥，满百，西曹白请斥。"又，《汉书》卷八三《薛宣传》亦云："吏民言令治行烦苛，適罚作使千人以上。"

□期会 皆坐辨其官事不辨论罚金各四两直二千五百

（《新简》E. P. T57：1）

实际上，边郡最为常见的处罚方式为第一种適罚作，即罚当事人运输不定重量的茭、粮食、盐等物质到指定地点。“適”役按照运送物质的长短距离，分为“適事百里”、“適二百里”、“適五百里”、“適千里”[①]等几个处罚等级。此举既能体现行政处罚的力度，又可在一定程度上缓解边郡的运输紧张。

汉代地方财政机制的职能化——分曹职事，也促使地方“期会”采取更为有效的对口上报模式。如《东牌楼简》77号简云：

1□□□当对。

2□遣督邮案事，掾史主簿诣府白状，会十二月廿日，何顿当对。

3□会其月廿四，士曹当对。

4□诣府白状，会十二月廿二日，右金曹当对。

5□二月日遣主者诣府白状，右仓曹李饶当对。（正面）

1□□□遣主簿□得□□□□□，会十二月廿□日，□件当对 。

2□□□诣府白状，会十二月廿二日，右金、仓曹吏□何顿当对。

3□诣府白状，会十二月廿二日，右仓掾何顿、周□当对。（背面）

此简便是东汉后期长沙郡府按照分曹职事的原则，要求金、仓曹等财政掾史在当年十二月廿二日进行“期会”的“汇总簿”。同时，从此简也可窥探：东汉时财政诸曹的“左”、“右”之分，应是有一定职权划分的。右曹可能主管上报、应对，而左曹则负责实际调度。当然这只是一种臆测，还待史料进一步证明。

总之，上文选取了“计最”和“期会”两种视角，对汉代地方财政运作进行一种轮廓性、粗线条的“勾勒”，也可以说是对整个地方财政机制的宏观性把握。然而，要对其进一步“解剖”，必须要转换切入点，从财政收支的每一个明细项目着手，做成“切片”，放在“显微镜”下剖析，方能解析出汉代地方财政运作的“真面目”。

---

① 参见牛路军、张俊民《悬泉汉简所见鼓与鼓令》（载《敦煌研究》2009年第2期）一文中所载悬泉ⅡT0114④：314、ⅡT0114③：482、ⅤT1310③：76、ⅡT0216③：133号简。

第三章　汉代地方财政征收的系统性分析

在汉代中央集权的财政体制下，地方财政能否有效征收及上缴，是整个国家经济状况好坏的“晴雨表”，也是确保中央财政正常运转的基石。同时，中央政府对于地方财政收入状况也是高度重视的，“钱谷入出”是地方上计的重中之重，也是衡量地方太守政绩的“标尺”。

在以小农经济为主的汉代社会，地方财政征收具有一定的特殊性和复杂性。当时生产力比较落后，商品经济不够发达，人头税与田租是政府财政收入的主要来源。如何有效控制人口及土地一直是官方颇费脑筋的头等大事。与简单的财政调拨不同，在实际操作中，地方财政的征收相当繁琐，牵扯到户籍、土地丈量、谷物折算、运输以及徭役征发等方方面面的问题，不是一个简单的财政上缴问题，而是一项“系统工程”。

一、土地控制与地方实物征收

关于秦汉的土地制度，是以公有制为主，抑或以私有制为主？林甘泉先生主编的《中国经济通史·秦汉经济卷》一书认为“秦汉时代虽然存在着大量的国有土地，但是在当时的所有制结构中，起主导作用的并不是土地国有制而是土地私有制”，“秦朝的军功赏田制和授田制，实际上就是国有土地合法转化为私有土地的一种重要形式"。[①]张金光先生将这一动态过程把握得更为精妙。其说道：

> 秦由国家"制辕田，开阡陌"，到"使黔首自实田"，正是秦百年间土地关系运动的两块里程碑。"制辕田，开阡陌"标识着普遍的真正的土地国有制的高度发展，而"使黔首自实田"，则意味着国家默认并"赋予实际占有以法律的规定"，土地私人占有便转变为土地私有权……汉的土地关系运动的过程，就是承秦末之基础而来的土地私有制吞噬国有制的历史。[②]

二位先生所言极是。但是，如果细微观察汉代土地制度的动态变化的话，便可发现私有与国有之间的角力态势也是相当复杂的。

(一)汉代地方土地制度的重新审视

汉代的土地制度虽然以私有制为主，但公与私之间的比重也是动态变化的，不是一成不变的。其一，汉初的"名田宅制"将大量公有土地转化为私有土地。如《二年律令·户律》云：

> 关内侯九十五顷，大庶长九十顷，驷车庶长八十八顷，大上造八十六顷，少上造八十四顷，右更八十二顷，中更八十顷，左更七十八顷，右庶长七十六顷，左庶长七十四顷，五大夫廿五顷，公乘廿顷，公大夫九顷，官大夫七顷，大夫五顷，不更四顷，簪袅三顷，上造二顷，公士一顷半顷，公卒、士五(伍)、庶人各一顷，司寇、隐官各五十亩。[③]

除授田外，律文中也有详细的授宅规定。"名田宅制"应是高祖即位后，在"复故爵田宅"、"以有功劳行田宅"[④]的历史背景下颁布的法令。对于"名

① 林甘泉主编：《中国经济通史·秦汉经济卷》，第212页。

② 张金光：《秦制研究》，上海古籍出版社2004年版，第113页。

③ 彭浩、陈伟、[日]工藤元男主编：《二年律令与奏谳书：张家山二四七号汉墓出土法律文献释读》，第216页。

④ 《汉书》卷一下《高帝纪下》。

田宅制"实施的具体对象及效果，学者颇有争议。[①] 其实并不难理解，"复故爵田宅"与"以有功劳行田宅"二者本身存有悖论，也是迫使刘邦下诏"今小吏未尝从军者多满，而有功者顾不得，背公立私，守尉长吏教训甚不善"[②]的原因。但毋庸置疑的是，此时许多公有土地借机转化为私有土地。至文景时，由于受到自然灾害、政府的"轻租重赋"以及商品经济等因素的影响，一些官吏、大家趁机巧取豪夺破产贫民的土地，土地兼并的现象开始出现。学者多引用的江陵凤凰山汉墓《郑里禀簿》的民户土地，大多为二三十亩，最多也只有五十四亩。[③]

其二，武帝时期，不断开疆辟土，"上郡、朔方、西河、河西开田官，斥塞卒六十万人戍田之"[④]。再加之，政府实施算缗、告缗等强力的财经政策，"分缗钱诸官，而水衡、少府、大农、太仆各置农官，往往即郡县比没入田田之"[⑤]。政府掌握的公田数量大增。公田生产在有汉一代达到最高峰，并持续到昭帝时期。目前汉简中发现的大规模公田记录，多在武帝、昭帝时期，就不足为奇。如《居延新简释粹》载：

> 第四长安亲，正月乙卯初作尽八月戊戌，积二百二十四日，用积卒二万七千一百四十三人。率日百二十一人，奇三十九人。垦田四十一顷四十四亩百二十四步，率人田三十四亩，奇三十亩百二十四步，得谷二千九百一十三石一斗一升，率人得二十四石，奇九石。[⑥] (72.E.J.C:1)

此简出土于大湾地区。武帝时，在此置骍马田官，长官为农令，而简文中"第

---

① 参见于振波《张家山汉简中的名田制及其在汉代的实施情况》，载《中国史研究》2004年第1期；李恒全《汉初限田制和田税征收方式——对张家山汉简再研究》，载《中国经济史研究》2007年第1期；贾丽英《汉代"名田宅制"与"田宅逾制"论说》，载《史学月刊》2007年第1期。

② 《汉书》卷一下《高帝纪下》。

③ 参见裘锡圭《湖北江陵凤凰山十号汉墓出土简牍考释》，载《文物》1974年第7期。按：关于凤凰山汉简所载谷物种类、亩制等还有较大争议。日本学者池田温认为江陵凤凰山《郑里禀簿》所载亩数，若是水稻田，其亩数就不能与华北粟麦田相提并论（参见[日]池田温《中国古代籍账研究》，中华书局1984年版，第65页）。黄今言、温乐平《汉代不同农耕区之劳动生产率的考察》(载《中国社会经济史研究》2006年第3期)一文认为，凤凰山汉简所载亩数为大亩，而非小亩。

④ 《史记》卷三〇《平准书》。

⑤ 《史记》卷三〇《平准书》。

⑥ 甘肃省文物考古研究所：《居延新简释粹》，兰州大学出版社1988版，第87～88页。

四长”应为其下属某一屯田区的官吏。田卒都是来自关东的戍卒，规模还不小。居延简中就有“居延始元二年戍田卒千五百人为骍田官穿泾渠”（《合校》简 303·15、513·17）的记载。《合校》也记有“第四长”所属公田：

■右第二长官二处田六十五亩　租廿六石　（303·7）

率亩四斗　（19·43）

上二简出土于同一地区，皆为昭帝时期。① 近年来披露的《香港中文大学馆藏简牍》中，发现许多奴婢廪食简。如 131 号木牍正面：

君告根禀得家大奴一人，大婢一人，小婢一人，凡三人，用粟大石四石五斗，为小石七石五斗，九月食。

根廪昌邑家大奴一人，大婢一人，使婢一人，小奴一人，七月食，用粟大石五石五斗五升，为小石九石二斗一絫半絫（参）。……

根禀未央家大奴一人，大婢一人，使奴二人，八月食，用粟大石六石五斗，为小石十石八斗二絫（参）。②

上简的年代应为昭帝时期。③ 其具体性质颇让人费解。据同批简中有“以次苑”、“田官”④的记载，笔者认为这应是昭帝时在国家苑囿设置田官，使用奴婢进行公田生产的例证。此举应肇始于武帝时期，当时“募民能入奴婢得以终身复，为郎增秩”，后又推行告缗政策，将“没入奴婢，分诸苑养狗马禽兽，及与诸官”。⑤故这批奴婢廪食简应视为武帝强势财经政策的孑遗。

---

① 日本学者尾行勇认为田卒简都出土于大湾地区，年代定为“始元二年至元凤四年，即昭帝初期”（[日]尾行勇：《汉代屯田制的几个问题——以武帝、昭帝时期为中心》，载中国社会科学院历史研究所战国秦汉研究室编《简牍研究译丛》第 1 辑，中国社会科学出版社 1983 年版，第 290 页）。

② 陈松长：《香港中文大学文物馆藏简牍》，香港中文大学文物馆藏品专刊之七，香港中文大学文物馆 2001 年版。此外，刘乐贤先生《读〈香港中文大学文物馆藏简牍〉》（载《江汉考古》2001 年第 4 期）一文，认为释文中表示容量单位的“絫”，应改为“参”。按：此说可从。“参”为汉代的一种容量单位，应指小石一斗的三分之一。如文物征集中发现的量器“平都犁斛”，其铭文曰：“元年十月甲午，平都戍丞纠、仓亥、佐葵犁斛。容三升少半升，重二斤十五两。”这就是汉代容量单位为“参”的量器。（参见云希正《西汉平都犁斛》，载《文物》1977 年第 3 期）

③ 此批简中唯一的纪年简见于 148 号简。其文云：“寿人元凤二年田粟小石四百石官，已毕。”其年代为昭帝时期，应该不错。

④ 参见陈松长《香港中文大学文物馆藏简牍》，香港中文大学文物馆藏品专刊之七，131B、138A 简。

⑤ 《史记》卷三〇《平准书》。

其三，霍光去世后，宣帝亲政，改弦易辙，以“假民公田”的形式将大量公田逐渐私有化。地节三年(前 67)下诏“池籞未御幸者，假与贫民”，“流民还归者，假公田，贷种、食，且勿算事”[①]，甚至将部分公田赋于贫民。对此，霍山(霍光兄孙)曾抱怨道：“今丞相用事。县官信之，尽变易大将军时法令，以公田赋与贫民，发扬大将军过失。”[②]其实，早在昭帝盐铁会议上，郡国文学对武帝“多张公田”的政策就颇有非议。其说道：

> 今县官之多张苑囿、公田、池泽，公家有鄣假之名，而利归权家[③]。三辅迫近于山、河，地狭人众，四方并凑，粟米薪菜，不能相赡。公田转假，桑榆菜果不殖，地力不尽。愚以为非。先帝之开苑囿、池籞，可赋归之于民，县官租税而已。假税殊名，其实一也。[④]

西北大湾(骍马田官)、瓦因托尼(通泽第二亭)[⑤]出土屯田简的年代大多为武帝、昭帝时期，最晚也仅为宣帝初年。这就是一个有利的例证。到元帝初元五年(前 44)，又罢“北假田官”。故西北出土的西汉后期汉简中已见不到公田踪影，却出现百姓“买客田居延都亭部”(《合校》简 505・37A)的记载。此外，一些田地券契也可视为边郡公田逐渐私有化的表现。如：

> 委粟里孙强，田一顷五十亩……(A)府。(左侧刻齿内)(B)
>
> (《悬简释粹》Ⅰ0109S:101)
>
> 益光里吴君已，田卅亩……(A)府。(左侧刻齿内)(B)
>
> (《悬简释粹》Ⅰ0111①:2)
>
> 北地泥阳长宁里任镇 二年田一顷廿亩 租廿四石
>
> (《新简》E. P. T51：119)

其四，哀帝时，师丹辅政，提出“限制名田”的方案，最终却化作一纸空文。西汉后期，土地兼并之风更为恶劣。国家一些公田也落入大官僚的私囊之中。如成帝时，“帝舅红阳侯立使客因南郡太守李尚占垦草田数百顷，

---

① 《汉书》卷八《宣帝纪》。

② 《汉书》卷六八《霍光传》。

③ 此处“权家”，以西汉宁成为例。《史记》卷九〇《酷吏列传》云：“(宁成)乃贳贷买陂田千余顷，假贫民，役使数千家。”

④ 桓宽撰、王利器校注：《盐铁论校注》卷三《园池》。

⑤ 参见陈公柔、徐苹芳《瓦因托尼出土廪食简的整理与研究》，载《文史》第 13 辑。

颇有民所假少府陂泽"[①]，哀帝"诏书罢菀，而以赐（董）贤二千余顷，均田之制从此堕坏"[②]。此时以官僚、豪族为代表的大土地私有者渐成气候。嗣后，崇尚复古的王莽，推行不切合实际的"王田制"，亦中途夭折。

其五，东汉初年，光武帝借开国之威，于建武十五年(39)，"诏下州郡检核垦田顷亩及户口年纪"，在全国实行"度田"。如甘肃武威旱滩坡东汉简 14：

乡吏常以五月度田，七月举畜害，匿田三亩以上坐。[③]

无奈，此举阻力重重，无功而返。弄虚作假的现象时有发生，如"吏举度田，欲令多前，至于不种之处，亦通为租"[④]。西汉初"授田"，而东汉初"度田"，二者一比，便可窥见内情。事实上，西汉后期土地兼并、大土地私有者滋生的现象，到东汉并未有多大改观。其直接原因就是以光武帝为首的统治集团恰恰就是这一政策的既得利益者。如光武帝的外祖父樊重为世代豪族，"开广田土三百余顷。其所起庐舍，皆有重堂高阁，陂渠灌注。又池鱼牧畜，有求必给"[⑤]。这些世家豪族，与民与官，皆能争利。他们不但大量使用依附人口，收取高额田租，如"豪民侵陵，分田劫假，厥名三十，实十税五也"[⑥]，而且使得国家控制的土地大大减少，直接导致政府控制人口的流失与财政收入的缩减，使政府缺乏抵御灾害、战争的必要财力。这也是东汉财政一直比较窘迫的内部原因。

(二)土地管理与田租征收

地方实物征收的内容，是由当时国家和社会的需求所决定的。然而，在

---

① 《汉书》卷七七《孙宝传》。按：草田一般指未开垦的公田。如《汉书》卷六五《东方朔传》："又诏中尉、左右内史表属县草田，欲以偿鄠杜之民。"《汉书》卷六三《武五子传》："相胜之奏夺王（广陵王刘胥）射陂草田以赋贫民。"《后汉书》卷四九《仲长统传》亦云："其地有草者，尽曰官田，力堪农事，乃听受之。"

② 《汉书》卷八六《何武传》。

③ 武威地区博物馆：《甘肃武威旱滩坡东汉墓》，载《文物》1993 年第 10 期。

④ 《后汉书》卷三九《刘般传》。

⑤ 《后汉书》卷三二《樊宏传》。

⑥ 《汉书》卷二四上《食货志上》。

汉代需求与征收之间并未完全重合。汉代法定的征收实物为田租、刍稿，而有较大需求的布匹却不在征收之列。换言之，在曹魏实行租调制之前，汉代是用什么方法来满足布匹需求的呢？且待逐一分析。

国以民为本，民以食为天，传统社会尤其如此。田租为历代统治者所高度重视。关于汉代田租问题，是一个老课题。研究者多，争议也最多。笔者只能略谈一二：

土地管理　田租征收的前提为土地丈量。如张家山汉简《算术书》中有关土地面积的算题占较大比重，既有万顷以上的"提封"[①]算法，也有小至若干分之一平方步的细算。[②] 丈量土地是当时基层官吏的一项必备技能。"通田作之道，正阡陌之界"[③]也是基层土地管理的首要工作。秦汉皆是如此。四川青川县郝家坪50号秦墓出土秦武王二年(前309)木牍记有：

> 二年十一月己酉朔朔日王命丞相戊内史匽民臂更修为田律田广一步袤八则为畛亩二畛一百道百亩为顷一千道道广三步封高四尺大称其高捋高尺下厚二尺以秋八月修封捋正疆畔及癹千百之大草九月大除道及阪险十月为桥修波隄利津梁鲜草离非除道之时而有陷败不可行辄为之[④]
>
> （正面）

由上可知，战国时秦国就已推行二百四十步的大亩制，以取代百步小亩制。[⑤] 赵国亦是如此。如银雀山汉墓竹简《孙子兵法·吴问》云："赵是(氏)制田，

---

① "提封"一般适用于大面积土地的丈量。《汉书》卷六五《东方朔传》载："(武帝)使太中大夫吾丘寿王与待诏能用算者二人，举籍阿城以南，盩厔以东，宜春以西，提封顷亩，及其贾直，欲除以为上林苑，属之南山。"尹湾汉简《集簿》中，东海郡土地面积也冠以"提封"二字。(参见连云港市博物馆等编《尹湾汉墓简牍》，第77页)

② 参见彭浩《张家山汉简〈算术书〉注释》，科学出版社2001年版，第7页。

③ 《汉书》卷四九《晁错传》。

④ 四川省博物馆、青川县文化馆：《青川县出土秦更修田律木牍——四川青川县战国墓发掘简报》，载《文物》1982年第1期。按：胡平生先生《青川秦墓木牍"为田律"所反映的田亩制度》(载《文史》第19辑)一文，认为简文中"则"长三十步，八"则"应为二百四十步。

⑤ 对于秦大亩制的具体形制，孔祥军《秦简牍所载农田形制与管理研究》(载《南京农业大学学报(社会科学版)》2009年第1期)一文结合出土简牍进行研究，图文并茂，可资参阅。唯有"畛"的理解上，笔者略有异议。

以百廿步为婉(畹)，以二百卌步为畛。”[①]汉初《二年律令·田律》也规定：

> 田广一步，袤二百卌步，为畛，亩二畛，一佰(陌)道；百亩为顷，十顷一千(阡)道，道广二丈。恒以秋七月除千(阡)佰(陌)之大草；九月大除道及阪险；十月为桥，修波(陂)堤，利津梁。虽非除道之时而有陷败不可行，辄为之。[②]

由上来看，汉代实为大亩制。但在武帝前，是大亩制，抑或大小亩并行，学界存有争议。[③]

同时，每户土地的不规则性也给基层官吏带来丈量技术上的挑战。他们可能要先绘制各户土地的形状，以便准确计算其土地面积。如《周礼·天官·司会》载“凡在书契版图者之贰”，东汉郑玄注曰：“图，土地形象，田地广狭。”岳麓秦简《算术书》有“箕田”[④]，《九章算术》中有“箕田”、“圭田”、“邪田”、“圆田”、“宛田”、“弧田”、“环田”等多种形状田地的计算。

对于基层的土地管理，秦时设有田啬夫及田典专门负责。土地数量的变动情况是基层上报郡县的必要项目。如里耶秦简迁陵县“计书”中就明确记有“田提封计”[⑤]一项。在田籍编制上，也有严格规定。《龙岗秦简》151号简：

---

① 银雀山汉墓竹简整理小组编：《银雀山汉墓竹简〔壹〕》，第30页。

② 彭浩、陈伟、[日]工藤元男主编：《二年律令与奏谳书：张家山二四七号汉墓出土法律文献释读》，第189页。

③ 吴慧先生认为，西汉政府垦田按小亩计算，三国、晋、唐朝仍沿用。武帝时按大亩计征，垦田数却按小亩计算。(参见吴慧《历史上粮食商品率商品量测估》，载《中国经济史研究》1998年第4期)杨际平先生认为汉代一直实行大亩制。(参见杨际平《从东海郡〈集簿〉看汉代的亩制、亩产与汉魏田租额》，载《中国经济史研究》1998年第2期；《再谈汉代的亩制、亩产——与吴慧先生商榷》，载《中国社会经济史研究》2000年第2期)黄今言、温乐平先生认为西汉前期关东为小亩，而秦故地及原楚地为大亩，武帝后期全为大亩。(参见黄今言、温乐平《汉代不同农耕区之劳动生产率的考察》，载《中国社会经济史研究》2006年第3期)

④ 肖灿、朱汉民：《岳麓书院藏秦简〈数书〉中的土地面积计算》，载《湖南大学学报(社会科学版)》2009年第2期。

⑤ 参见张春龙《里耶秦简所见的户籍和人口管理》，载中国社会科学院考古研究所等编《里耶古城·秦简与秦文化研究——中国里耶古城·秦简与秦文化国际学术研讨会论文集》。

田及为詐(诈)伪写田籍皆坐臧(赃),与盗□☑[①]

即便是有关"禾稼出入券"(田租收支的原始凭证),县级政府也要留有副本以备存档。如里耶秦简记有:

⑧774 笥牌:卅年四月尽九月仓曹当计禾稼出入券以计及县相付受(授)廷 第甲[②]

汉初,乡分为乡部、田部。其中田部负责基层的土地管理。《二年律令·户律》云:

民宅园户籍、年细籍、田比地籍、田合籍、田租籍,谨副上县廷,皆以箧若匣匮盛,缄闭,以令若丞、官啬夫印封,独别为府,封府户。[③]

上简提到的民宅园户籍、年细籍、田比地籍、田合籍、田租籍中,田籍占有较大比重,应与汉初国家掌握大量公田及授田宅有关。对于田籍造假行为,《二年律令·户律》也有严格规定:

其或为詐(诈)伪,有增减也,而弗能得,赎耐。官恒先计雠□籍□不相(?)复者,輒劾论之。[④]

东汉时,基层官吏还要定期"度田"。甘肃武威旱滩坡东汉简14载:

乡吏常以五月度田,七月举畜害,匿田三亩以上坐。[⑤]

在田地丰歉及受灾状况方面,基层也要定期上报。《秦律十八种·田律》规定:

雨为澍〈澍〉,及诱(秀)粟,輒以书言澍〈澍〉稼、诱(秀)粟及豤(垦)田暘毋(无)稼者顷数。稼已生后而雨,亦輒言雨少多,所利顷数。早〈旱〉及暴风雨、水潦、螽(螽)蚰、群它物伤稼者,亦輒言其顷数。[⑥]

---

① 中国文物研究所、湖北省文物考古研究所:《龙岗秦简》,中华书局2001年版(下引该书简文,只标出简号,不再一一注明版本)。

② 湖南省文物考古研究所:《里耶发掘报告》,第211页。

③ 彭浩、陈伟、[日]工藤元男主编:《二年律令与奏谳书:张家山二四七号汉墓出土法律文献释读》,第223页。

④ 彭浩、陈伟、[日]工藤元男主编:《二年律令与奏谳书:张家山二四七号汉墓出土法律文献释读》,第223页。

⑤ 武威地区博物馆:《甘肃武威旱滩坡东汉墓》,载《文物》1993年第10期。

⑥ 睡虎地秦墓竹简整理小组编:《睡虎地秦墓竹简》,第24～25页。

《合校》也记有：

貇(垦)田簿署岁上中下，度得谷口率，其有菑害者署顷亩□率

(113·6、139·24)

此处“貇(垦)田簿”应是一种基层籍簿，要求基层官吏计算每口收获量及判定年份等级(“上中下”)。如遭受灾害，还要计算受灾率。汉政府往往根据受灾程度而采取相应的赈灾举措。《周礼·地官·司稼》东汉郑玄注曰：“敛法者，丰年从正，凶荒则损。若今十伤二三，实除减半。”除上报灾情外，基层也有责任控制灾情的蔓延。如甘肃武威旱滩坡东汉简12云：

吏部中有蝗虫、水火，比盗贼，不以求移，能为司寇▨[①]

田租的征缴　由于在汉亩制、亩产量等方面存有争议，田租的征收更是众说纷纭，莫衷一是。主要有三种观点：定额制[②]、浮动税制[③]、田亩与产量征收说[④]。近期，学界争论的焦点是以“顷亩出税”还是田亩数征收。[⑤]

近年来，随着新出简牍的迭现，此问题的认识似乎离真相又迈进了一

---

① 武威地区博物馆：《甘肃武威旱滩坡东汉墓》，载《文物》1993年第10期。

② 韩连琪先生《汉代田租口赋和徭役》(载《文史哲》1956年第7期)一文，认为汉代田租为每亩三升，即一石的1/30。而周国林先生《汉代亩租额稽核》(载《中国社会经济史研究》1989年第2期)一文，持反对意见，认为不是每亩三升，而是一斗以上，高者达四斗，一斗五升左右最为常见。此外，杜绍顺先生《汉代田税征收方法辨析》(载《中国史研究》1985年第3期)一文，认为田租额为小亩三升，大亩八升。

③ 参见林甘泉主编《中国封建土地制度史》第1卷，中国社会科学出版社1990年版，第358～360页。

④ 参见高敏《秦汉赋税制度考释》，载《秦汉史论文集》，第62页。

⑤ 马新、臧知非等人认为汉代田税的征收并不根据土地多少、年成好坏、产量高下，而是一律以顷亩为单位，征收定额地租。而李恒全先生坚持是按亩数征收。(参见马新《两汉乡村社会史》，齐鲁书社1997年版，第140～143页。臧知非《汉代田税征收方式与农民田税负担新探》，载《史学月刊》1997年第2期；《再谈汉代田税征收方式问题——兼答李恒全同志》，载《江西师范大学学报(哲学社会科学版)》2001年第2期；《汉代田税“以顷计征”新证——兼答李恒全同志》，载《江西师范大学学报(哲学社会科学版)》2003年第3期；《西汉田税“以顷计征”的史实及其他：再答李恒全同志》，载《徐州师范大学学报(哲学社会科学版)》2009年第6期。李恒全《也谈西汉田税的征收方式问题——与臧知非先生商榷》，载《江西师范大学学报(哲学社会科学版)》2000年第1期；《汉代田税百亩征收说确难成立——与臧知非先生再商榷》，载《江西师范大学学报(哲学社会科学版)》2001年第4期；《汉初限田制和田税征收方式——对张家山汉简再研究》，载《中国经济史研究》2007年第1期)

步。其中以杨振红先生《从新出简牍看秦汉时期的田租征收》一文的“程租制”观点，最为犀利，读后内心顿感顺畅。其文将龙岗秦简中“程田”的法律条文，与张家山汉简算术书“程田”的算术方法相比较，认为秦及西汉初年简牍材料所反映的田租征收制度是“程租制”，即按照“若干步一斗”的方式，以亩为单位计算田租率。① 肖灿先生《从〈数〉的“舆(舆)田”、“税田”算题看秦田地租税制度》一文所披露新出岳麓秦简《算术书》部分内容，亦与“程租制”观点遥相呼应。其文记有：

☐税田廿四步，六步一斗，租四斗，今误券五斗一升，欲奥☐② (0817)

肖灿先生文中据岳麓秦简1654号所载算题，推断“禾舆(舆)田”税率为什一之税，应为亮点。

在此，笔者只能略作归纳、补充：一方面，田租内在的复杂性、多样性、地区性不容回避。从表面上看，史料“语焉不详”是汉代田租争论的“罪魁祸首”。然而，随着出土资料的不断涌现，展现在我们眼前的，并不是长久期盼的简单划一的田租征税方式，而是更具多样性、复杂性的田租征税方式。譬如，岳麓秦简《算术书》书中，记有“大枲田”、“中枲田”、“细枲田”等田租征收的复杂计算方法。上引肖灿文就指出“枲田”的征收税率为十五税一。不仅如此，在实际田租征收过程中，各地谷物的品种差异以及复种指数等问题，也增添了田租征收的复杂性。如张家山汉简《算术书》“并租”题：

禾三步一斗，麦四步一斗，荅五步一斗，今并之租一石，问租几何。得曰：禾租四斗卌七分【斗】十二，麦租三斗【卌七】分【斗】九，荅租二斗【卌七】分【斗】廿六。术(術)曰：直(置)禾三步、吏〈麦〉四步、荅五步，令

① 参见杨振红《从新出简牍看秦汉时期的田租征收》，载武汉大学简帛研究中心《简帛》第3辑，上海古籍出版社2008年版。

② 肖灿：《从〈数〉的“舆(舆)田”、“税田”算题看秦田地租税制度》，载《湖南大学学报(社会科学版)》2010年第4期。关于岳麓秦简《算术书》公布的部分内容，亦见于肖灿、朱汉民《岳麓书院藏秦简〈数书〉中的土地面积计算》(载《湖南大学学报(社会科学版)》2009年第2期)、《岳麓书院藏秦简〈数〉的主要内容及历史价值》(载《中国史研究》2009年第3期)、《周秦时期谷物测算法及比重观念——岳麓书院藏秦简〈数〉的相关研究》(载《自然科学史研究》2009年第4期)、《勾股新证——岳麓书院藏秦简〈数〉的相关研究》(载《自然科学史研究》2010年第3期)，许道胜、李薇《从用语“术”字的多样表达看岳麓书院秦简〈数〉书的性质》(载《史学集刊》2010年第4期)。

禾乘麦为荅实，荅乘禾为麦实，【麦乘荅为禾实】，各□直（置）之以一石各乘之【禾、荅、麦】为实，卌七为法而一斗。[①]

此道算题就是解决不同产量的禾、麦、荅之间的田租分摊问题。又，江陵凤凰山简6的田租记录：

市阳租五十三石三斗六升半 其六石一升当䅘物 其一斗大半当麦 其七升半当□ 其一石一斗二升当秏 其四石五斗二升当黄白術（秫） 凡□十一石八斗三升 定卌[一]石五斗三升半 监（?）印（?）[②]

仅一个"市阳里"的田租征收，就涉及五种谷物之间的换算问题。此外，长沙东牌楼东汉5号简记有"母姃有田十三石，前置三岁，田税禾当为百二下石"[③]。田以石为单位计算，是东汉长沙地区特称，抑或以种子量来计算[④]，姑且存疑。即便是在去汉不久的长沙走马楼孙吴简中，也有"余力火种田"、"二年常限田"等多种名目。总之，由于田租征收的复杂性、多样性、地区性，要想简单固定一个统一品种的租率、产量，或许只能是一厢情愿。

另一方面，面对土地的复杂性，政府只能采取"×税一"的官方运作方式。从岳麓秦简来看，秦实行什一之税。汉初，调整为十五税一，到景帝前元元年（前156），正式确立为三十税一。如此低的租率，在当时就为一些学者所诟病，如东汉荀悦、仲长统等。[⑤] 而这种"×税一"的方式，需要以核算课税土地的农作物产量为前提，也就是秦简《田律》中的"程率"。如《龙岗秦简》简134号：

---

① 张家山二四七号汉墓竹简整理小组编：《张家山汉墓竹简〔二四七号墓〕：释文修订本》，第137～138页。

② 裘锡圭：《湖北江陵凤凰山十号汉墓出土简牍考释》，载《文物》1974年第7期。

③ 简文有所订正，可参见长沙东牌楼东汉简牍研读班《〈长沙东牌楼东汉简牍〉释文校订稿》，载卜宪群、杨振红主编《简帛研究（二〇〇五）》。

④ ［韩］尹在硕《秦汉妇女的继产承户》（载《史学月刊》2009年第12期）一文，认为"石"之所以被用作田地计量单位，很可能和耕种一定面积的田地所需种粮数量有关。

⑤ 荀悦认为："官收百一之税，民收太半之赋。官家之惠优于三代，豪强之暴酷于亡秦。是上惠不通，威福分于豪强也。"（参见张烈点校《两汉纪上·孝文皇帝纪下》，中华书局2002年版，第114页）又，《后汉书》卷四九《仲长统传》云："不循古法，规为轻税，及至一方有警，一面被灾，未逮三年，校计骞短，坐视战士之蔬食，立望饿殍之满道，如之何为君行此政也？二十税一，名之曰貊，况三十税一乎？"

〼希(稀)其程率;或稼〼

杨振红先生由此称之为“程租制”。其大致程序为：

第一,依据“×税一”标准,确定每户土地的课税亩数。岳麓秦简《算术书》记有：

税田三步半步,七步少半一斗,租四升廿四分升十七。 (0847)

禾舆(舆)田十一亩,□二百六十四步,五步半步一斗,租四石八斗,其述(术)曰:倍二百六十四步……[1] (1654)

由上可知,根据土地的实有面积(舆田),乘以1/10(什一之税),得出课税亩数(税田)。

第二,要定算每块土地的“程率”,即“若干步一斗”。如：

禾兑(税)田卌步,五步一斗,租八斗,今误券九斗,问几可(何)步一斗?得曰:四步九分步四而一斗。述(术)曰:兑(税)田为实,九斗[2] (0982)

上例中,税田亩步数(40)除以“程率”(5)(五步一斗),即可得出实缴田租数(8斗)。这便是秦时田租征收的计算方法。秦《田律》对“程率”有着严格的规定,以防止通过人为作伪(“虚租希程”)来逃匿田租。如《龙岗秦简》载：

人及虚租希(稀)程者,耐城旦舂;□□□ (129)

不遗程、败程租者,□;不以败程租上〼 (125)

盗田二町,当遗三程者,□□□□□□□□〼 (126)

詐(诈)一程若二程□□之□□〼 (128)

租不能实□,□轻重于程,町失三分,〼分以上,直(值)其所失臧(赃)及所受臧(赃),皆与盗同〼 (136～137)

汉时如何？至少张家山汉简《算术书》中,程率还依然存在。譬如,

税田廿四步,八步一斗,租三斗。今误券三斗一升,问几何步一斗。

---

① 肖灿:《从〈数〉的“舆(舆)田”、“税田”算题看秦田地租税制度》,载《湖南大学学报(社会科学版)》2010年第4期。

② 肖灿:《从〈数〉的“舆(舆)田”、“税田”算题看秦田地租税制度》,载《湖南大学学报(社会科学版)》2010年第4期。

得曰：七步卅七〈一〉分步廿三而一斗。术(術)曰：三斗一升者为法，十税田【为实】，令如法一步。[①]

对此，杨振红先生推测：

> 战国至西汉初期的田租征收实际上存在着东西方差异，以战国时秦国、楚国统治疆域为基础的西部地区一直实行程租制，而以齐国为代表的关东地区即使在秦汉统一后仍然沿袭着分品的定额租制。大约景、武时，在关东地区改行大亩制的同时，秦楚地区也废除了程租制，全国均统一为以240平方步为基础的分品的定额租制。[②]

此观点可备一说。笔者认为也可以从税制的变化来探讨这一问题。汉世，大部分时间实行三十税一的低田租制。这种低税制可能意味着政府征收田租没有必要延续过去每块土地都要核算"程率"的繁琐方法。其首要任务应为保障每个年头的田租能够足额征收。故《盐铁论·未通》载文学曰："田虽三十，而以顷亩出税，乐岁粒米狼戾而寡取之，凶年饥馑而必求足。"这便从原来的"若干步一斗"的程率演变成更大范围内、更为简便的"率亩×斗(升)"的顷亩估算租率。目前只有在居延汉简中，发现过公田租率的记载。《合校》记有：

> ■右第二长官二处田六十五亩　租廿六石　(303·7)
>
> 率亩四斗　(19·43)

此两简同出一地区，都属于昭帝时期。[③] 此处"率亩四斗"是指耕种公田的田卒及家属在接受国家廪食的同时所要缴纳的高田租。又，《新简》云：

> 北地泥阳长宁里任镇　二年田一顷廿亩　租廿四石
>
> (E.P.T51：119)

此处田租又变为每亩二斗。总的来看，全国"率亩×斗"的统一田租税率是

---

① 张家山二四七号汉墓竹简整理小组编：《张家山汉墓竹简〔二四七号墓〕：释文修订本》，第141页。

② 杨振红：《从新出简牍看秦汉时期的田租征收》，载武汉大学简帛研究中心主编《简帛》第3辑，第339～340页。

③ 参见陈公柔、徐苹芳《大湾出土的西汉田卒簿籍》，载《考古》1963年第3期；[日]尾行勇《汉代屯田制的几个问题——以武帝、昭帝时期为中心》，载中国社会科学院历史研究所战国秦汉研究室编《简牍研究译丛》第1辑，中国社会科学出版社1983年版，第290页。

不存在的，只是依照三十税一来估算各地区租率。因为政府要考虑到每块土地的好坏、谷物品种、产量等因素，根本无法统一田租的具体租率。当然，这种人为估算租率易受人的因素所左右，弊端凸显。直到后汉，这种分品的定额租制才呈现制度化、统一化趋势。如《后汉书》卷七六《循吏传·秦彭》载：

> 兴起稻田数千顷，每于农月，亲度顷亩，分别肥埆，差为三品，各立文簿，藏之乡县。于是奸吏跼蹐，无所容诈。彭乃上言，宜令天下齐同其制。诏书以其所立条式，班令三府，并下州郡。①

第三，特殊情况下，重新矫正田租数量。无论何种征收方式，田租征收中的复杂程度仍远大于我们的想象。如谷物干、湿损耗的矫正等。岳麓秦简记有：

> 取程八步一斗，今干之九升。述（術）曰：十田八步者以为实，以九升为法，如法一步，不盈步【以法】□□☐② (0537)
>
> 取禾程述（術）：以所已干为法，以生者乘田步为实：（实，实）如法一步。③ (0887)

此类算题，张家山汉简《算术书》径称为“耗租”。如：

> 秏（耗）租产多干少，曰：取程七步四分步【一】一斗，今干之七升少半升，欲求一斗步数。术（術）曰：直（置）十升以乘七斗〈步〉四分步一【为实，七升少半升为法】，如干成一数也。曰：九步卌四分步卅九而一斗。程它物如此。④

① 日本学者米田贤次郎认为：“土地按质划分等级制在西汉中期昭帝时期就已存在，其田租比率为10∶8∶6。”（参见[日]米田贤次郎著、姜镇庆译《汉代田租查定法管见》，载中国社会科学院历史研究所战国秦汉研究室编《简牍研究译丛》第2辑，中国社会科学出版社1987年版，第289页）按：此观点还需推敲，其依据的西北屯田简应为公田性质，还不具有代表性。

② 肖灿：《从〈数〉的“舆（與）田”、“税田”算题看秦田地租税制度》，载《湖南大学学报（社会科学版）》2010年第4期。

③ 许道胜、李薇：《从用语“术”字的多样表达看岳麓书院秦简〈数〉书的性质》，载《史学集刊》2010年第4期。

④ 张家山二四七号汉墓竹简整理小组编：《张家山汉墓竹简〔二四七号墓〕：释文修订本》，第143～144页。

由上可知，谷物征收后，因干燥导致失重损耗，还要调整原有的程率。

要而言之，在田租问题上，我们既不能将问题简单化，追求“放之四海而皆准”的标准，也不能忽视田租问题涉及的方方面面的细小问题。

(三)刍稿征收的嬗变

汉时，刍稿主要是用作官马、牛等牲畜的饲料。在汉代，亭、邮传一类的机构，官马、牛为数不少。《二年律令·金布律》就有“乘舆马刍二稿一”[①]的记载。悬泉汉简记有：

·县泉置元康三年九月官牛簿　　(Ⅱ90DXT0111④:1)

·县泉置初元年十月官牛车簿　　(Ⅴ92DXT1311③:134)[②]

学者一般认为刍为牧草，稿为禾秆。[③] 秦时，就开始征收刍稿。秦简《田律》记有：

入顷刍稿，以其受田之数，无豤(垦)不豤(垦)，顷入刍三石、稿二石。刍自黄𥝩及蘑草束以上皆受之。入刍稿，相输度，可殹(也)。[④]

新出岳麓秦简《算术书》对上条律文的理解有所裨益。其文云：

刍一石十六钱，稿一石六钱。今刍、稿各一升，为钱几可(何)。得曰：五十分钱十一。述(術)曰：刍一升百分钱十六，稿一升百分钱【六】[⑤]　　(0973)

由此来看，秦律所云“无豤(垦)”之户“入刍稿，相输度”，应包括缴纳现钱。

汉初，《二年律令·田律》规定：

入顷刍稿，顷入刍三石；上郡地恶，顷入二石；稿皆二石。令各入其岁所有，毋入陈，不从令者罚黄金四两。收入刍稿，县各度一岁用刍稿，足其县用，其余令顷入五十五钱以当刍稿。刍一石当十五钱，稿一石当

---

① 彭浩、陈伟、[日]工藤元男主编：《二年律令与奏谳书：张家山二四七号汉墓出土法律文献释读》，第 251 页。

② 张德芳：《悬泉汉简中的“悬泉置”》，载卜宪群、杨振红主编《简帛研究(二〇〇六)》。

③ 参见裘锡圭《湖北江陵凤凰山十号汉墓出土简牍考释》，载《文物》1974 年第 7 期。

④ 睡虎地秦墓竹简整理小组编：《睡虎地秦墓竹简》，第 27～28 页。

⑤ 许道胜、李薇：《从用语“术”字的多样表达看岳麓书院秦简〈数〉书的性质》，载《史学集刊》2010 年第 4 期。

五钱。刍稿节贵于律，以入刍稿时平贾（价）入钱。

卿以下，五月户出赋十六钱，十月户出刍一石，足其县用，余以入顷刍律入钱。[①]

而在景帝时期江陵凤凰山6号简牍中，其征收方式又略有变化。以平里为例：

平里户刍廿七石
田刍四石三斗七升
凡卅一石三斗七升
八斗为钱
六石当稿
定廿四石六斗九升当□
田稿二石二斗四升半
刍为稿十二石
凡十四石二斗八升半[②]

对于三者间的变化，高敏先生认为：西汉刍稿征收由重量单位改为容量单位，与提高饲料的质量有关。又增加了户刍，并允许用钱折纳。[③]

笔者略作补充：第一，汉代刍稿实行计量征收，应该不错。《论衡·谢短篇》就云："今量租刍，何意？"同时，江陵凤凰山汉简户刍的比重要远远大于田刍，也能反映出汉代租税"田轻户重"的一面。

第二，《二年律令·田律》云："县各度一岁用刍稿，其余令顷入五十五钱以当刍稿。"这说明刍稿一般不用上缴中央，只在当地"消化"而已。需要注意的是，此条律文也赋予了当地政府拥有以现金代替刍稿上缴的权利，这可能会滋生弊端，导致刍稿的现金化。如刘秀"为季父故舂陵侯诣大司马府，

① 彭浩、陈伟、[日]工藤元男主编：《二年律令与奏谳书：张家山二四七号汉墓出土法律文献释读》，第187、188、193页。

② 裘锡圭：《湖北江陵凤凰山十号汉墓出土简牍考释》，载《文物》1974年第7期。

③ 参见高敏《从江陵凤凰山10号汉墓出土简牍看西汉前期刍、稿税制度的变化及其意义》，载《文史哲》1988年第3期；《论西汉前期刍、稾税制度的变化发展——读〈张家山汉墓竹简〉札记之二》，载《郑州大学学报（哲学社会科学版）》2002年第4期。

讼地皇元年十二月壬寅前租二万六千斛，刍稿钱若干万”①。

第三，刍在边郡又称为“茭”。《汉书》卷六九《赵充国传》云：“臣所将吏士马牛食，月用粮谷十九万九千六百三十斛，盐千六百九十三斛，茭藁二十五万二百八十六石。”师古注曰：“茭，乾刍也。”西汉时，边郡地区茭的征调比较特殊。伐茭成为戍卒的一项经常性工作。在居延地区，他们不仅负责当地茭的供应，还要负担一种大司农茭。对此，李天虹先生认为：“边塞茭草的来源大约有二：一是烽燧戍卒劳作所得，一由大司农调拨而来。”②此观点似可推敲，大司农茭并不是由大司农调拨而来，应是由戍卒供应给大司农。居延汉简中就有许多戍卒伐大司农茭的例证。《合校》记有：

第二燧长景褒不在署　谨验问褒辞却適燧卒周贤伐大司农茭郭东病不任作官记遣褒迎取十月廿六日褒之居延郭东取卒周贤廿九日还到燧后都吏郑卿 (194·17)

此简明确记载戍卒周贤在居延郭东伐大司农茭。当然，居延戍卒供应大司农茭，应与古居延泽的地理环境有关。同时，敦煌郡也有调发当地戍卒为地方驿置伐茭的例子，应值得重点关注。《悬简释粹》记有：

阳朔元年七月丙午朔己酉，效谷守丞何敢言之：府调甲卒五百卌一人，为县两置伐茭给当食者，遣丞将护无接任小吏毕，已移薄(簿)。●谨案甲卒伐茭三处。守长定、守尉封逐杀人贼马并……

(Ⅱ0112②:112 A)

这应是汉代军队支援地方建设的一个范例。

(四)布的“征调”

租调制正式始于曹魏，已是共识。不过，在长沙走马楼三国吴简《嘉禾吏民田家莂》中有按亩缴布的记载。譬如：

☰下伍丘男子彭囊，田十町，凡十五亩，皆二年常限。旱败不收，亩收布六寸六分。凡为布一丈六尺五寸，四年十一月六日付库吏番有。

---

① 《后汉书》卷一上《光武帝纪上》注引《东观记》曰。

② 李天虹：《居延汉简簿籍分类研究》，第89页。

亩收钱卅七，凡为钱九百廿五钱，四年十一月十二日付库吏潘有。嘉禾五年三月十日，田户曹史赵野、张惕、陈通校。[①] (4·22)

同时，吴简中也有许多"调布"入库的记载。如吴简(壹)载：

入都乡邑下男子陈仗所调二年布三丈九尺☰嘉禾二年十一月廿五日库吏殷连受[②] (7533)

关于吴简"调布"的性质，引发了一场争论。王素先生认为应为"户调"。[③] 高敏先生表示反对，认为吴简"调"是调发、征调之意，非户调。[④] 杨际平先生也认为吴简中每户"调布"差别很大，且与户品无关，属于财政调度范畴，非赋税。[⑤] 沈刚先生认为走马楼吴简《田家莂》所载"布"为税布，而"调布"为横调。吴简中"冬赐布"、"织作布"、"品布"等仅专指布的品种而言。[⑥]

笔者在认同"财政调度说"的同时，萌生出一个问题：在不实行租调制的汉代，政府是如何满足布匹需求的？学者鲜有专门论述文章，笔者尝试探讨一下。

关于布匹征调，先秦时期就已存在。《孟子·尽心下》云："有布缕之征，粟米之征，力役之征。"当然，布匹本身也具有一定的特殊性。《周礼·地官·载师》载："凡宅不毛者，有里布；凡田不耕者，出屋粟；凡民无职事者，出夫家之征。"注引郑众曰："宅不毛者，谓不树桑麻也。里布者，布参印书，广二寸，长二尺。以为币，贸易物。"与之对照，《秦律十八种·金布律》规定：

布袤八尺，福(幅)广二尺五寸。布恶，其广袤不如式者，不行。钱十一当一布。其出入钱以当金、布，以律。[⑦]

此简说明秦国布匹具有流通职能，也是一种货币。这也可能是"金布律"名

① 长沙市文物考古研究所等编：《长沙走马楼三国吴简·嘉禾吏民田家莂》，文物出版社 1999 年版。

② 长沙市文物考古研究所等编：《长沙走马楼三国吴简·竹简(壹)》，文物出版社 2003 年版。

③ 参见王素《吴简所见"调"应是"户调"》，载《历史研究》2001 年第 4 期。

④ 参见高敏《读长沙走马楼简牍札记之一》，载《郑州大学学报(哲学社会科学版)》2000 年第 3 期。

⑤ 参见杨际平《析长沙走马楼三国吴简中的调》，载《历史研究》2006 年第 3 期。

⑥ 参见沈刚《长沙走马楼三国竹简纳布记录析论》，载《史学月刊》2010 年第 10 期。

⑦ 睡虎地秦墓竹简整理小组编：《睡虎地秦墓竹简》，第 56 页。

称的最初来历。秦简《金布律》中有关于政府禀冬、夏衣的详细规定：

受(授)衣者，夏衣以四月尽六月禀之，冬衣以九月尽十一月禀之，过时者勿禀。后计冬衣来年。囚有寒者为褐衣。为幏布一，用枲三斤。为褐以禀衣；大褐一，用枲十八斤，直(值)六十钱；中褐一，用枲十四斤，直(值)卌六钱；小褐一，用枲十一斤，直(值)卅六钱。已禀衣，有余褐十以上，输大内，与计偕。都官有用□□□□其官，隶臣妾、舂城旦毋用。在咸阳者致其衣大内，在它县者致衣从事之县。县、大内皆听其官致，以律禀衣。①

《说文解字》云："枲，麻也。"政府是如何获取授衣的原料——枲的，一直难以析清。最近岳麓秦简披露后，这一问题才渐趋清晰起来。如：

枲輿(舆)田九步少半步，细枲高丈一尺，三步少半步一束，租十四两八朱(铢)廿五分朱(铢)廿四。（0475）

枲輿(舆)田七步半步，中枲高七尺，八步一束，租二两十五朱(铢)。（0826）

枲輿(舆)田五十步，大枲高八尺，六步一束，租一斤六两五朱(铢)三分朱(铢)一。（0890）

輿(舆)田租枲述(术)曰：大枲五之，中枲六之，细〔枲〕七之，以高乘之为实，直(置)十五以一束步数乘之为法，实如法得（0900）②

上简中的算题是有关枲田租的计算方法，说明当时枲是通过田租的形式来上缴政府的。

汉承秦制。《二年律令·关市律》规定："贩卖缯布幅不盈二尺二寸者，没入之。能捕告者，以畀之。"③虽然布匹不再是货币，但尺寸仍有统一要求。

---

① 睡虎地秦墓竹简整理小组编：《睡虎地秦墓竹简》，第 66 页。

② 肖灿：《从〈数〉的"輿(舆)田"、"税田"算题看秦田地租税制度》，载《湖南大学学报(社会科学版)》2010 年第 4 期。按：此类简文也见于张家山汉简《算术书》"取枲程"算题。其文云："取枲程十步三韦(围)束一，今乾之廿八寸，问几何步一束。术(術)曰：乾自乘为法，生自乘有(又)以生一束步数乘之为实，实如法得十一步有(又)九十八分步卌七而一束。"(张家山二四七号汉墓竹简整理小组编：《张家山汉墓竹简〔二四七号墓〕：释文修订本》，第 145 页)

③ 彭浩、陈伟、[日]工藤元男主编：《二年律令与奏谳书：张家山二四七号汉墓出土法律文献释读》，第 194 页。

《敦简》简1970A可与之互证：

任城国亢父缣一匹幅广二尺二寸长四丈重廿五两直钱六百一十八

此简说明边郡地区的一些布匹是从内郡调拨而来的。布匹在尺寸上的统一标准可能与方便计价、赋税折纳有关。事实上，有汉一代，布匹一直是政府的一项必要开支，具有刚性需求。如《周礼·天官·宫伯》东汉郑玄注曰："衣裘，若今赋冬夏衣。"《二年律令·金布律》与之相映：

诸冗作县官及徒隶，大男，冬禀布袍表里七丈、络絮四斤，绔（袴）二丈、絮二斤；大女及使小男，冬袍五丈六尺、絮三斤，绔（袴）丈八尺、絮二斤；未使小男及使小女，冬袍二丈八尺、絮一斤半斤；未使小女，冬袍二丈、絮一斤。夏皆禀禅，各半其丈数而勿禀绔（袴）。夏以四月尽六月，冬以九月尽十一月禀之。布皆八稯、七稯。以裘、皮绔（袴）当袍、绔（袴），可。[①]

汉政府征调布帛主要有三种方式：第一，西汉时期的"均输"政策。如武帝时，桑弘羊"乃请置大农部丞数十人，分部主郡国，各往往县置均输盐铁官，令远方各以其物贵时商贾所转贩者为赋，而相灌输"[②]。有些郡国就要征收布帛来代替原有赋钱。对此种做法带来的弊端，郡国文学在盐铁会议上说道：

今释其所有，责其所无。百姓贱卖货物，以便上求。间者，郡国或令民作布絮，吏恣留难，与之为市。吏之所入，非独齐、阿之缣，蜀、汉之布也，亦民间之所为耳。行奸卖平，农民重苦，女工再税，未见输之均也。[③]

但是，均输政策对于缓解国家财政还是起到了重要作用。《史记》卷三〇《平准书》云"边余谷诸物均输帛五百万匹"，此言着实不差。武帝时边郡的"均输帛五百万匹"，到昭帝时甚至还有遗存。如《合校》记有：

出广汉八稯布十九匹八寸大半寸直四千三百廿给吏秩百一人元凤

---

① 彭浩、陈伟、[日]工藤元男主编：《二年律令与奏谳书：张家山二四七号汉墓出土法律文献释读》，第250～251页。

② 《史记》卷三〇《平准书》。

③ 桓宽撰、王利器校注：《盐铁论校注》卷一《本议》。

三年正月尽六月积六月☐　(90·56、303·30)

出河内廿两八匹一丈三尺四寸大半寸直二千九百七十八给佐史一人元凤三年正月尽九月积八月少半日奉　(303·5)

上简中的“广汉八稯布”、“河内廿两帛”可能就是武帝实行均输政策时，从地方郡国调拨而来的。武帝以后，均输政策有了较大调整。地方政府可能采取赋税折纳甚至采购的方式来满足布匹需求。如戍卒衣服就是由当地政府供给的。《合校》载：

赵国易阳神爵三年戍卒皁布复袍一领麻重十二斤三□杨□成少负造邯郸守丞贯掾□令史忠临　(帛，大湾出土)(乙附50)

到新莽时，“一切税天下吏民，訾三十取一，缣帛皆输长安”[①]。当时缣帛也是可以折纳赋税的。

第二，一些少数民族地区专门缴纳布匹。早在秦时，巴郡南郡蛮就“民户出幏布八丈二尺”，“汉兴，南郡太守靳强请一依秦时故事”。汉政府还“岁令(武陵蛮)大人输布一匹，小口二丈，是谓賨布”。东汉明帝时，永昌太守郑纯“与哀牢夷人约，邑豪岁输布贯头衣二领，盐一斛，以为常赋”。[②] 虽然汉政府准许少数民族以布代赋是一种怀柔政策，但在一定程度上缓解了布匹需求。如《隶释》卷七《车骑将军冯绲碑》云：“南征五溪蛮夷黄加少、高相、法氏、赵伯、潘鸿等，斩首万级，没溺以千数，降者十万人，收逋賨布卅万匹，不费官财。”

第三，东汉时，政府征调布帛渐趋增多。《后汉纪》卷二〇《质帝纪》云：“河内一郡，尝调缣素绮縠才八万余匹，今乃十五万匹。官无见钱，皆出于民。”这说明布帛的征调一般是由政府支付现钱，属于一种强制性的政府采购行为。但是，在“官无见钱”的情况下，就演变成了横征暴敛。如《后汉书》卷五一《庞参传》云：

比年羌寇特困陇右，供徭赋役为损日滋，官负人责数十亿万。今复募发百姓，调取谷帛，衒卖什物，以应吏求。

① 《汉书》卷九九下《王莽传下》。

② 均见《后汉书》卷八六《南蛮西南夷列传》。

到东汉末期，征调布帛便成为地方政府的一种经常性行为。《东牌楼简》12号木牍记有"连年长逋，仓空无米，库无钱布"，可以说明这一点。

(五)"不确定"的地方"贡献"

汉世，地方政府要定期上贡中央当地所产奇珍异宝，以供皇帝享用、把玩、祭祀等。当然，地方政府对此乐此不疲，不计成本，殚尽财力，以求媚上。地方"贡献"最大的特点是"不确定性"。只要属于地方奇珍物品，都可纳入"贡献"之中。譬如，《三辅黄图》卷四《苑囿》载孝武"初修上林苑，群臣远方，各献名果异卉三千余种植其中，亦有制为美名，以标奇异"①。又，《后汉书》卷八一《独行传·陆续》云："光武见而好之，自是常敕会稽郡献越布。"

不过，有些贡品是由国家法令明文规定的。文帝始制酎金律，规定诸侯、列侯以所食人口数，向中央献黄金，祭宗庙。《续汉书·礼仪志上》"八月饮酎"条注曰：

> 丁孚《汉仪》曰：酎金律，文帝所加，以正月旦作酒，八月成，名酎酒。因(合)【令】诸侯助祭贡金。汉律《金布令》曰：皇帝斋宿，亲帅群臣承祠宗庙，群臣宜分奉请。诸侯、列侯各以民口数，率千口奉金四两，奇不满千口至五百口亦四两，皆会酎，少府受。又大鸿胪食邑九真、交阯、日南者，用犀角长九寸以上若瑇瑁甲一，郁林用象牙长三尺以上若翡翠各二十，准以当金。

由上可知，汉律《金布令》规定不产金的地区，也准许以犀角、瑇瑁、象牙、翡翠等当地奇珍来代替。既入法律，便要严加执行。武帝时，借口酎金不存，"列侯坐献黄金酎祭宗庙不如法夺爵者百六人"②，达到削弱地方势力与缓解中央财政危机的双重目的。

最近湖北松柏出土汉文帝诏令简，亦与地方"贡献"有关。其文云：

> ●令丙第九 1
>
> 丞相言：请令西成、成固、南郑献枇杷各十，至，不足，令相备不足，尽

① 陈直校证：《三辅黄图校证》，陕西人民出版社1981年版，第83页。

② 《汉书》卷六《武帝纪》。

所 2

得。先告过所县用人数，以邮、亭次传。人少者，财助。献起所为

檄， 3

及界，邮吏皆各署起、过日时，日夜走，诣行在所司马门，司马门更取

(?) 4

大官，大官上檄御史。御史课县留稺(迟)者。御史奏，请许 。 5

制曰：可。孝文皇帝十年六月甲申下 。[1] 6

史称文帝“身衣弋绨，足履革舄，以韦带剑，莞蒲为席，兵木无刃，衣缊无文，集上书囊以为殿帷”[2]，最是节俭。《汉书》卷四《文帝纪》记载前元元年(前179)“六月，令郡国无来献”，后元六年(前158)“令诸侯无入贡”。故上简文帝前元十年(前170)法令，所上调中央枇杷三十枚，可能是“以远方口实所以荐宗庙”[3]之用。

当然，汉代中央也设置一些地方特种官，专门管理“贡献”。当时巴郡的朐忍县、鱼复县设有“橘官”，严道设“木官”[4]。南海郡有“圃羞官”，交趾郡也有“羞官”[5]。原则上，特种官的财政虽然多由中央直接管理，但一些法外贡品还是由地方财政来筹集。

更重要的是，这种不确定的地方“贡献”，伸缩性很强，耗费人力、物力，扰民尤甚。《后汉书》卷三二《樊宏传附子儵传》载：“(河内郡)野王岁献甘醪、膏饧，每辄扰人，吏以为利。”尤其“名果异卉”等贡品有一定的保质期，需急速运至京师。上引文帝“贡献”令中，规定西成、成固、南郑政府各自贡献十枚枇杷，“日夜”运至京师，由大(太)官亲自验收物品，御史负责考课运输状况。地方人数不足，要由地方“财助”，即直接出钱。如路上受损，数额不

① 彭浩：《读松柏出土的四枚西汉木牍》，载武汉大学简帛研究中心主编《简帛》第4辑，上海古籍出版社2009年版。朱江松：《罕见的松柏汉代木牍》，载荆州博物馆编《荆州重要考古发现》，文物出版社2009年版。

② 《汉书》卷六五《东方朔传》。

③ 《后汉书》卷一下《光武纪下》。

④ 《汉书》卷二八上《地理志上》。按：出土封泥中也多次发现“严道桔园”、“严道桔丞”。(孙慰祖主编：《古封泥集成》，第348～355页)

⑤ 《汉书》卷二八下《地理志下》。

足，还要重新运输补足。因此，三十枚枇杷虽然价值不大，但其高昂的运费实为地方重负。譬如，《后汉书》卷三三《郑弘传》载：

建初八年，（郑弘）代郑众为大司农。旧交阯七郡贡献转运，皆从东冶泛海而至，风波艰阻，沉溺相系。弘奏开零陵、桂阳峤道，于是夷通，至今遂为常路。在职二年，所息省三亿万计。时岁天下遭旱，边方有警，人食不足，而帑藏殷积。弘又奏宜省贡献，减徭费，以利饥人。帝顺其议。

又，《后汉书》卷四《和帝纪》亦云："旧南海献龙眼、荔支，十里一置，五里一候，奔腾阻险，死者继路。"

在地方灾害频生时，"贡献"之弊病愈加凸显，皇帝亦不得不减缓"受献"。如西汉景帝后元二年（前142），下诏"不受献，减太官，省徭赋，欲天下务农蚕，素有畜积，以备灾害"[①]。东汉建武十三年（37），光武帝诏曰：

往年已敕郡国，异味不得有所献御，今犹未止，非徒有豫养导择之劳，至乃烦扰道上，疲费过所。其令太官勿复受。明敕下以远方口实所以荐宗庙，自如旧制。[②]

安帝永初五年（111），"诏省减郡国贡献太官口食"[③]。《新简》也有相关资料：

除天下必贡所当出半岁之直以为牛酒之资民不赘聚吏不得容奸便臣秩郎从官及中人各一等其奉共养宿卫常乐宫者有加一等郎从官秩下大夫以上得食卿录员 （E. P. F22:63A）

此简文中"除天下必贡所当出半岁之直"可能为免除地方贡献一半之意。如《后汉书》卷一〇上《皇后纪上》就云："及郡国所贡，皆减其过半。悉斥卖上林鹰犬。其蜀、汉釦器九带佩刀，并不复调。"

要而言之，地方"贡献"虽具有较强的随意性，但其对地方财政的影响却不容小视。

① 《汉书》卷五《景帝纪》。
② 《后汉书》卷一下《光武纪下》。
③ 《后汉书》卷五《安帝纪》。

二、人身控制与地方现金征收

对于"轻田租重口赋"的汉代赋税制度来说，人身控制的意义要远大于对土地的控制。人身控制不仅要编制户籍，还要制定一整套相关制度，将人口按类型划分，并制定相应赋役标准，确保地方财政的有序、顺畅征发。

(一)地方基层的人身控制

作为汉王朝赋役征发的底本资料，以户籍为轴心的基层籍簿，必须要提供各民户类型、年龄、身体、资产等详细资料，才能保证整个国家财政的有效启动。

1. 人身控制的重要载体——户籍

关于汉代户籍的研究，一直是学界重点关注的课题。研究成果甚多，却难成共识。[①] 庆幸的是，近年来在湖南里耶故城出土了秦户籍实物资料，弥足珍贵。兹迻录两例：

南阳户人荆不更蛮强　　（第一栏）

妻曰嗛　　（第二栏）

子小上造□　　（第三栏）

子小女子驼　　（第四栏）

臣曰聚　　（第五栏）

伍长　　（K27）

---

① 参见韩连琪《汉代的户籍和上计制度》，载《文史哲》1978 年第 3 期；苏诚鉴《"头会箕敛"与"八月算人"》，载《中国史研究》1983 年第 1 期；高敏《秦汉的户籍制度》，载《求索》1987 年第 1 期；孙筱《秦汉户籍制度考述》，载《中国史研究》1992 年第 4 期；胡平生《从走马楼简"𠛱（创）"字的释读到户籍的认定》，载《中国历史文物》2002 年第 2 期；贺双非《从走马楼吴简看汉、吴户籍制度的异同》，载《湖南城市学院学报》2003 年第 5 期；汪小烜《走马楼吴简户籍初论》，载北京吴简研讨班编《吴简研究》第 1 辑，崇文书局 2004 年版；张荣强《孙吴简中的户籍文书》，载《历史研究》2006 年第 4 期；杨际平《秦汉户籍管理制度研究》，载《中华文史论丛》第 85 辑；[日]池田温《中国古代籍账研究》，第 60～77 页。

南阳户人荆不更宋午　　　　　　　　　　　　（第一栏）
弟不更熊
弟不更卫
熊妻曰□□　　　　　　　　　　　　　　　　（第二栏）
卫妻曰□
子小上造传　　　　　　　　　　　　　　　（第三栏）
子小上造遬
□子小上造□
熊子小上造□
卫子小女子□　　　　　　　　　　　　　　（第四栏）
臣曰𧝓[①]　　　　　　　　　　　　　　　　（第五栏）

（第二栏第一行应是宋午妻名，原有文字削去）（K2/23）

此类秦户籍简，材质为木质，长为46厘米，可能是文献中提及的"户版"[②]。户籍简绝大多数以墨线划分五栏，其内容分别为：户人及兄弟、配偶（母、妾一例）、儿子、女儿（母一例）、臣及是否伍长。户简中的"户人"应指户主，而"臣"应为家庭男奴。由此，秦奴婢录入户籍的观点可为不刊之论。[③]个别户简中还注有"伍长"，也完全印证了《史记》卷六《秦始皇本纪》"为户籍相伍"的记载。同时，编号K2/23的户简中，户主妻子的名字被削掉，表明她可能因过世而被销户。此举可看作《商君书·去强》中"举民众口数，生者

① 湖南省文物考古研究所：《里耶发掘报告》，第203、205页。

② 《周礼·春官·大胥》云："大胥掌学士之版，以待致诸子。"注引郑司农曰："版，籍也。今时乡户籍，世谓之户版。"又，《中论·民数》云："户口漏于图版，夫家脱于联伍，避役者有之，弃捐者有之，浮食者有之。"《后汉书》卷四九《仲长统传》也云："明版籍以相数阅，审什伍以相连持。"张荣强先生《湖南里耶所出"秦代迁陵县南阳里户版"研究》（载《北京师范大学学报（社会科学版）》2008年第4期）一文，亦认定里耶户籍简为户版，并指出这批户版中没有注明年龄或身高等情况，应是秦占领楚地后不久编制的。

③ 秦汉时，奴婢是否录入户籍曾存有争议。持否定观点的可参见傅举有《从奴婢不入户籍谈到汉代的人口数》，载《中国史研究》1983年第4期。持肯定观点可参见杨作龙《汉代奴婢户籍问题商榷》，载《中国史研究》1985年第2期。按：秦汉奴婢多录入户籍。东汉王褒《僮约》中提到"户下髯奴"就是例证。走马楼出土吴简7637："□户下奴右长六尺 户下奴进长五尺。"（长沙市文物考古研究所等编：《长沙走马楼三国吴简·竹简（壹）》）虽为孙吴时期，但也多承汉制，可以补证。

著，死者削”的最好注脚。需要补充的是，随着生老病死，人口随之变动，地方政府每年都要进行动态统计。新披露的里耶秦简记有迁陵县贰春乡的人口变动情况：

廿七年迁陵贰春乡积户

亡者二人└衛(率)之万五千三户而☐　(8～927)

一月尽九月十二月十月入守□六人尽九月各十二月●八月□☐

出百七十人八月为免老死尽九月各二月九百□□☐

□尽□☐　(8～1806)

●数少前岁九人　(8～1237)

十三户上造寡一户公士四户从百四户元年入不更一户上造□☐[①]　(9～2341)

里耶户籍简为我们认识秦代户籍开启一扇窗户的同时，疑问亦接踵而至。有学者就提出户籍简中为什么没有年龄、身高、资产的疑问[②]，这就要涉及下个问题：秦汉户籍的具体式样如何？

第一，秦汉时，“户籍”本身就是一个相对宽泛的概念。有时并不专指某一个特定的文书。《二年律令》中“户籍”一词凡两见，皆见于《户律》：

恒以八月令乡部啬夫、吏、令史相杂案户籍，副臧(藏)其廷。有移徙者，辄移户及年籍爵细徙所，并封。

民欲先令相分田宅、奴婢、财物，乡部啬夫身听其令，皆参辨券书之，辄上如户籍。[③]

由上来看，第一条简文中的“户籍”应包括“户及年籍爵细”。第二条简文中“户籍”应能反映“田宅、奴婢、财物”状况。此外，户籍也记有“官狱征事”。《合校》：

① 张春龙：《里耶秦简所见的户籍和人口管理》，载中国社会科学院考古研究所等编《里耶古城·秦简与秦文化研究——中国里耶古城·秦简与秦文化国际学术研讨会论文集》。

② 参见蔡万进《“中国里耶古城·秦简与秦文化国际学术研讨会”综述》，载《中国史研究动态》2008年第5期。

③ 彭浩、陈伟、[日]工藤元男主编：《二年律令与奏谳书：张家山二四七号汉墓出土法律文献释读》，第222、223页。

☒□充光谨案户籍在官者弟年五十九毋官狱征事愿以令取传乘所占用马八月癸酉居延丞奉光移过所河津金关毋苛留止如律令/掾承☒

(218·2)

第二,从籍簿技术的角度来讲,秦汉时仅靠单一的户籍文书来完成对编户齐民的全方位控制,也是不现实的。毕竟当时户籍录入的载体以木牍、竹简为主,其贮存信息的含量是有限的。户籍中的家庭成员、年龄、资产、田地、赋役等项目,其编制周期并不相同。有些需要年年编制,如年龄、赋役,而家庭成员等项目只是在发生变动的年份才需重新编制。各项目编制周期的不同,决定了户籍根本不可能使用单一的文书。如果那样的话,光因某个项目变动就需重做所有户籍,其工作量之繁重是难以想象的。

因此,里耶户简中没有年龄、资产的信息就可以理解了。它是一种最基本的原始户籍文书,即是《二年律令·户律》"户及年籍爵细"中的"户"。[①]为避免与汉代广义的"户籍"概念相混淆,本文暂且称之为"户口籍"。它只记录家庭成员的基本信息,不记年龄,就可以不用年年编制。当户籍成员变动时,只要削去或添加就可以。如西汉前期湖北荆州高台汉墓 M18:35－乙木牍:

七年十月丙子朔庚子,中乡起敢言之:新安大女燕,自言与大奴甲、乙,大婢妨徙安都。谒告安都,受名数,书到为报,敢言之。十月庚子,江陵龙氏丞敬移安都丞。亭手。

丙木牍:

新安户人大女燕,关内侯寡。
大奴甲
大奴乙
大婢妨。家优,不筭(算)不顾。[②]

① 张荣强先生《〈前秦建元籍〉与汉唐间籍帐制度的变化》(载《历史研究》2009 年第 3 期)一文亦认为:狭义的户籍就是指"宅园户籍";广义的户籍,还应包括"年细籍"在内。

② 湖北省荆州博物馆:《荆州高台秦汉墓——宜黄公路荆州段田野考古报告之一》,科学出版社 2000 年版,第 224 页。

丙木牍应是户主的"名数"[①]，即为户口籍。而年龄等项目则会编制另一类户籍。如里耶秦简[16]9正面：

> 廿六年五月辛巳朔庚子，启陵乡□敢言之：都乡守嘉言：渚里□□劾等十七户徙都乡，皆不移年籍。令白移言，今问之劾等徙□书告都乡，曰：启陵乡未有枼(牒)，毋以智(知)劾等初产至今年数□□□□谒令，都乡具问劾等年数。敢言之。[②]

从上简可知，"户"(户口籍)与"年籍"是分置的。汉初亦是如此。《二年律令・户律》云："有移徙者，辄移户及年籍爵细徙所，并封。"[③]

第三，虽然秦汉户籍概念相对宽泛，但还是有一定式样的。一般应具备两个条件：一是以"户人"为首的户籍格式；二是用来体现个人信息且具有一定时效的籍簿。"户人"作为户主，即法定"家长"，在户籍中地位非常重要。对于"户人"资格，法律上有严格限定。《二年律令・户律》云"为人妻者不得为户"[④]，说明女子一般是不能作为"户人"的。[⑤] 此外，当"户人"发生变更时，要让渡给其同户中的适龄子男。如甘肃武威旱滩坡东汉简10云：

> 代户，父不当为正，夺户，在尉令弟五十五。行事大原武乡啬

---

① "名数"见于《汉书》卷一下《高帝纪下》。其文曰：高祖五年诏书云："民前或相聚保山泽，不书名数，今天下已定，令各归其县，复故爵田宅。"此法令也见于《张家山汉墓竹简・奏谳书》，其文云："令曰：诸无名数者，皆令自占书名数。令到县道官盈卅日，不自占书名数，皆耐为隶臣妾，锢，勿令以爵、偿免，舍匿者与同罪。"(彭浩、陈伟、[日]工藤元男主编：《二年律令与奏谳书：张家山二四七号汉墓出土法律文献释读》，第351页)又，《汉书》卷一五上《王子侯表上》载："元鼎五年，侯圣嗣，坐知人脱亡名数，以为保，杀人，免。"

② 湖南省文物考古研究所、湘西土家族苗族自治州文物处：《湘西里耶秦代简牍选释》，载《中国历史文物》2003年第1期。

③ 彭浩、陈伟、[日]工藤元男主编：《二年律令与奏谳书：张家山二四七号汉墓出土法律文献释读》，第222页。

④ 彭浩、陈伟、[日]工藤元男主编：《二年律令与奏谳书：张家山二四七号汉墓出土法律文献释读》，第227页。

⑤ 当然，在特殊条件下，汉代女子也可立户。高凯先生《从居延汉简看汉代的"女户"问题》(载《史学月刊》2008年第9期)一文，据《二年律令》提出汉初有六种类型的"女户"。

夫☐[1]

因此,“户人”是判定户籍的一个重要标志。在秦汉甚至孙吴时,“户人”一直是法定户主称谓,汉以后则多直称“户主”。(参见表 3-1)

表 3-1　　“户人”相关资料列表

年代	典型示例	资料来源
秦	南阳户人荆不更繺喜(编号 K4)	《里耶发掘报告》,岳麓书社 2006 年版
西汉	新安户人大女燕,关内侯寡(M1835-丙)	《荆州高台秦汉墓》,科学出版社 2000 年版
	户人朱市人能田三人口四人田卅亩	《湖北江陵凤凰山十号汉墓出土简牍考释》,载《文物》1974 年第 7 期
	正为市阳户人婴家称钱衡	
	骊靬武都里户人大女高者君(V1210③:96)	《敦煌悬泉汉简释粹》,上海古籍出版社 2001 年版
东汉	建宁四年益成里户人公乘其(简 79)	《长沙东牌楼东汉简牍》,文物出版社 2006 年版
孙吴	高平里户人公乘鲁番年廿二算一(简 2948)	《长沙走马楼三国吴简·竹简(一)》,文物出版社 2003 年版
西凉	敦煌郡敦煌县西宕乡高昌里兵裴晟年六十五(斯 0123)	《敦煌社会经济文献真迹释录》第 1 辑,书目文献出版社 1986 年版

① 武威地区博物馆:《甘肃武威旱滩坡东汉墓》,载《文物》1993 年第 10 期。按:此简中“行事大原武 乡啬夫☐”的“行事”是一种法律用语,指运用已判决过的案例来解释此条法令。其实,秦时“行事”的说法就已存在。如秦简《法律答问》云:“盗封啬夫可(何)论?廷行事以伪写印。”(睡虎地秦墓竹简整理小组编:《睡虎地秦墓竹简》,第 175 页)

续表

西魏	户主刘文成已丑生年三十九(斯613)	《敦煌社会经济文献真迹释录》第1辑，书目文献出版社1986年版
唐	户主邯寿寿年五十六岁(伯3557)	

根据这一特征，一些户籍的真伪，便可浮出水面。以著名的居延礼忠、徐宗简为例：

候长觻得广昌里公乘礼忠年卅　小奴二人直三万 用马五匹直二万　宅一区万　大婢一人二万　牛车二两直四千　田五顷五万　轺车二乘直万 服牛二六千　●凡訾直十五万　(《合校》37·35)

三堠隧长居延西道里公乘徐宗年五十　徐宗年五十　妻妻　宅一区直三千　妻　妻一人　子男一人　田五十亩直五千　男子一人 子男二人　男同产二人　用牛二直五千　子女二人　女同产二人　男同产二人　女同产二人　(《合校》24·1B)

对此二简，陈直先生定性为算缗记录。[①] 高敏先生解释为"赀算"，即征收财产税的记录。[②] 张荣强先生认为此二简为户籍，并指出汉代户籍是家口籍与财产籍相结合。[③] 笔者认为，其户籍性质似难认定。真正的户籍应该以"户人"冠名，而二简却以行政职务冠称。对于此类简的性质，李天虹先生在日本学者永田英正研究的基础上，认定应属于"累重訾直簿"，即官吏申报资产以达到做官标准的文书。[④] 此说可从。再举居延汉简二例：

□□市阳里上造王福年六十长七尺二寸黑色　(《合校》14·13)

葆　鸾鸟大昌里不更李恽年十六　(《合校》50·5)

孙筱先生认为标注居民肤色的居延简具有户籍性质，是个人掌握的类

---

① 参见陈直《两汉经济史料论丛》，第24页。

② 参见高敏《秦汉赋税制度考释》，载《秦汉史论文集》，第98页。

③ 参见张荣强《孙吴简中的户籍文书》，载《历史研究》2006年第4期。

④ 参见李天虹《居延汉简簿籍分类研究》，第149页。

似身份证的名籍。[①] 高敏先生也将其归类为户籍,并依据"李恽年十六",认为16岁就已服兵役,以验证其男子15岁傅籍的观点。[②] 笔者认为,依据户籍标准,二简应不是户籍,可能是边郡居民通过居延金关、县索关的一种出入符、传及名籍,也就是通行证。[③] 其中标注过关人肤色,仅备核查身份所用。在当时的通缉文书中,也往往标明犯人肤色。[④] 要之,肤色应与户籍无涉。

当然,并不是所有带有"户人"的籍簿都是户籍。它必须用来反映个人信息,具有时效性,即具有一定的编制年度、保存期限。如江陵凤凰山《郑里禀簿》中记有"户人犆能田一人口三人 田十亩卩贷一石"[⑤]。它是用来统计贷种工作的集计账簿,不是户籍,应视为以户籍为底本制作的基层籍簿。

目前西汉时期的户籍实物还未发现[⑥],只在《东牌楼简》中发现几例东汉后期户籍实物。[⑦] 如:

建宁四年益成里户人公乘其【年】卅九算卒笃夅 子公 乘 石 ……

[曹][其]

……[卅][七][算][卒][笃][夅][⑧] (79)

凡口五事 ☑

① 参见孙筱《秦汉户籍制度考述》,载《中国史研究》1992年第4期。

② 参见高敏《关于秦时服役者年龄问题的探讨》,载《云梦秦简初探》,河南人民出版社1979年版,第21页。

③ 参见李均明《汉简所见出入符、传与出入名籍》,载《文史》第19辑。

④ 《合校》简40·1:"望□苑髡钳钛左右止大奴冯宣年廿七八岁中壮发长五六寸青黑色毋须衣皁袍白布绔履白革舄持剑亡。"

⑤ 裘锡圭:《湖北江陵凤凰山十号汉墓出土简牍考释》,载《文物》1974年第7期。

⑥ 如《合校》简55·25:"制虏燧卒张孝 妻大女弟年卅四用谷二石一斗六升大 子未使女解事年六用谷一石六斗六升大·凡用谷三石三斗三升少。"此类简为戍守家卒廪食名籍,非户籍。又,《悬泉释粹》简Ⅰ0109S:182:破胡里王平文,田一顷卅五亩……(A)苻。(左侧刻齿内)(B)。它是田主拥有土地的符券,一种原始凭证,也非户籍。

⑦ 对于东牌楼汉简性质,张荣强先生《长沙东牌楼东汉"户籍简"补说》(载《中国史研究》2008年第4期)一文,认为东牌楼所出这几枚简应该是临湘县案比民户之后做的专门簿籍,其与邮亭收发的公私文书混杂在一起,可能是准备下发给乡作为编制户籍的依据。可备一说。

⑧ 简文有所订正,可参见长沙东牌楼东汉简牍研读班《〈长沙东牌楼东汉简牍〉释文校订稿》,载卜宪群、杨振红主编《简帛研究二〇〇五》,广西师范大学出版社2008年版。

中　算三事　訾五十

甲卒一人　　　　☐　　　　(中为朱笔)[①]　　　　(82)

此类简应为东汉常见的一种户籍形式。与秦里耶户简相比,它涵盖的信息更多,有家庭成员的年龄、徭役状况、户品等级。与此类似,吴简也多有发现。如:

吉阳里户人公乘孙潘　年卅五　筭一　　　　(10381)

潘妻大女茑　年十九　筭一　　　　(10382)

潘子女☐　年五岁　　　　(10379)

凡口三事二　筭二事　訾　五十　　　　(10380)

☐小武陵乡☐嘉禾四年吏民人名妻子年纪簿　　　　(10153)[②]

吴简中,此类户籍名称为"某乡某年吏民人名妻子年纪簿",编制周期为一年。笔者认为,此种东汉后期的"年纪簿",应相当于西汉初期的年细籍。其中含有年龄、户等、身体状况、复事算人数,极便于整个乡的赋役统计和汇总,应是户籍中的主要形式。同时,此"年纪簿"也可说明,有汉一代田籍一直是单独设置的。宋家钰先生认为在北魏颁布均田令以后,土地具体情况才成为户籍的主要内容,也是有道理的。[③]

2. 汉代人身控制的二类模式与赋役标准

治汉史者,常常对人口年龄划分感到困惑。汉代明确记载"五十六而免(老)"[④]。而在居延汉简的戍卒家属名籍中,成年男女只有大男、大女之分,并无"老"之称谓[⑤],如"父大男辅年六十三"(《合校》简286·5)、"父大男贤年六十二"(《新简》简E. P. T65:145)。甚至多承汉制的吴简(壹)9009简有"☐厚母大女妾年一百一岁"[⑥]的记载。近年来,一些学者多用后世"丁中制"

① 此简中有朱笔"中"字。张荣强先生《走马楼户籍简的"中"字注记》(载《中国历史文物》2009年第5期)一文认为是县廷勾校账簿的符号,可从。

② 长沙市文物考古研究所等编:《长沙走马楼三国吴简·竹简(壹)》。

③ 参见宋家钰《唐朝户籍法与均田制研究》,中州古籍出版社1988年版,第104页。

④ 桓宽撰、王利器校注:《盐铁论校注》卷三《未通》。

⑤ 日本学者山田胜芳也认为秦汉户籍简中仅见户籍身份"小"和"大",年六十以上称作"大",不称"老"。(参见[日]山田勝芳《秦漢財政收入の研究》,汲古书院1993年版,第301～303页)

⑥ 长沙市文物考古研究所等编:《长沙走马楼三国吴简·竹简(壹)》。

来诠释汉代人口划分问题。① 窃以为略有些牵强，还是从其汉世自身功能来发端，似妥。这就要牵扯到汉代人口控制的两种模式。它们各有用途，彼此之间并不冲突。

(1)“傅”、“免老”、“罢癃”模式

最新公布的湖北荆州纪南松柏汉墓35号木牍中，连续记有西汉“南郡免老簿”、“南郡新傅簿”、“南郡罢痒(癃)簿”。② 三种簿书写在同一木牍上，似乎暗示着它们之间存有某种必然的联系。事实也是如此。“傅”、“免老”、“罢癃”是汉代人身控制的三个相互关联的制度。

傅 关于“傅”的含义，《汉书》卷一上《高帝纪上》师古注曰：“傅，著也。言著名籍，给公家徭役也。”又，《史记》卷一一《孝景本纪》索隐引荀悦云：“傅，正卒也。”

对于秦代傅籍年龄，存有较大争议。主要有四种：15周岁说③、16周岁说④、17岁说⑤、身高说⑥。现学者大多持17岁说，就是根据秦简《编年记》，

---

① 参见张荣强《〈二年律令〉与汉代课役身份》，载《中国史研究》2005年第2期；杨振红《徭、戍为秦汉正卒基本义务说——更卒之役不是“徭”》，载《中华文史论丛》2010年第1期；凌文超《秦汉魏晋“丁中制”之衍生》，载《历史研究》2010年第2期。其中《秦汉魏晋“丁中制”之衍生》一文，着力于秦汉魏晋“丁中制”的衍变，颇具功力。唯其文将“爵制”作为秦汉“丁中制”衍变的重要变量，似不妥。

② 参见荆州博物馆《湖北荆州纪南松柏汉墓发掘简报》，载《文物》2008年第4期。

③ 高敏先生一直坚持秦、汉初男子15周岁傅籍的观点。（参见高敏《关于秦时服役者年龄问题的探讨》，载《云梦秦简初探》；《西汉前期的“傅年”探讨——读〈张家山汉墓竹简〉札记之六》，载《新乡师范高等专科学校学报》2002年第3期）

④ 参见杨宽《从“少府”职掌看秦汉封建统治者的经济特权》，载中国秦汉史研究会编《秦汉史论丛》第1辑，陕西人民出版社1981年版，第218页。

⑤ 参见张金光《论秦自商鞅变法后租赋徭役制度》，载《文史哲》1983年第1期；陈明光《秦朝傅籍标准蠡测》，载《中国社会经济史研究》1987年第1期；臧知非《秦汉“傅籍”制度与社会结构的变迁——以张家山汉简〈二年律令〉为中心》，载《人文杂志》2005年第1期；张荣强《〈二年律令〉与汉代课役身分》，载《中国史研究》2005年第2期。按：《二年律令》中多次提到17岁。如《二年律令·具律》：“公士、公士妻及□□行年七十以上，若年不盈十七岁，有罪当刑者，皆完之。”《二年律令·收律》：“其子有妻、夫，若为户、有爵，及年十七以上，若为人妻而弃、寡者，皆勿收。”《二年律令·史律》：“史、卜子年十七岁学。”（彭浩、陈伟、[日]工藤元男主编：《二年律令与奏谳书：张家山二四七号汉墓出土法律文献释读》，第124、159、296页）众所皆知，汉《二年律令》与秦律存有延承关系。如岳麓秦律亦发现《具律》、《兴律》。故《二年律令》三处“十七岁”律文，颇耐人寻味。

⑥ 参见高恒《秦律中的徭、戍问题》，载《考古》1980年第6期；马怡《秦人傅籍标准试探》，载《中国史研究》1995年第4期；曹旅宁《岳麓书院新藏秦简丛考》，载《华东政法大学学报》2009年第6期。

算出墓主人"喜"傅籍时的虚岁年龄。[1]

笔者认为：其一，《编年记》属于个人日记性质[2]，其年龄未必与户籍申报年龄一致。其二，据《二年律令·傅律》，汉初男子傅龄按爵位分为多种标准。而秦人最重爵位，在不知道墓主人"喜"爵位的前提下，似也难作判定。其三，《编年记》中载秦始皇十六年"自占年"[3]，而"喜"初傅之年在秦始皇元年。当时年龄申报并不严格，"喜"极有可能以身高标准来傅籍。其四，如果傅籍按照身高标准，不参照年龄的话，那么秦简中多次提到的"免老"如何按照身高标准来判定？其五，秦代傅籍年龄变动过程应为：在秦始皇十六年"自占年"以前，男子是以身高来作为傅籍标准的。不过，在傅籍的同时也要申报年龄。故云梦秦简中，未傅籍的"小"皆用身高来衡量。到秦始皇十六年"自占年"后，无论男女，一出生就要申报年龄。如岳麓 0552 号秦简云："爽初书年十三，尽廿六年年廿三岁。"[4]"爽"仅 13 岁也要申报年龄。其六，"自占年"后，秦傅龄为多少？目前已公布的岳麓秦简发现四枚与年龄标准相关的律令，可资参照：

·行书律曰：毋敢令年未盈十四岁者行县官恒书，不从令者，赀一甲。　(1377)

·行书律曰：有令女子、小童行制书者，赀二甲。能捕犯令者，为除半岁徭，其不当徭者，得以除四　(1384)[5]

·有赀赎责□□□□其年过六十岁者勿遣年十九岁以上及有它罪而戍故　(临 1)

今而后益高及初弃畴(?)益高□□□下及年过六十□□勿令戍它

---

① 参见睡虎地秦墓竹简整理小组编《睡虎地秦墓竹简》，第 6 页。

② 曹旅宁先生《睡虎地秦简〈编年记性质探测〉》(载《史学月刊》2010 年第 2 期)一文，认为《编年记》应为墓主人平日阅读的一种历史读物。至于其中的私家记事及秦王政(始皇)十一年以后的时事新闻，当为墓主所标注，以备遗忘。可备一说。

③ 睡虎地秦墓竹简整理小组编：《睡虎地秦墓竹简》，第 7 页。按：《史记》卷六《秦始皇本纪》所载与此同。

④ 陈松长：《岳麓书院所藏秦简综述》，载《文物》2009 年第 3 期。

⑤ 陈松长：《岳麓书院藏秦简中的行书律令初论》，载《中国史研究》2009 年第 3 期。

处请可·四 (临 2)[①]

上简中第一简为《行书律》条文,“行县官恒书”年限为 14 岁。第二简亦为《行书律》。其律文禁止“小童行制书”,不知“小童”的年龄标准几何?[②] 第三简为罚戍相关诏令,年龄区间为:19<罚戍年龄≤60。第四简亦为罚戍诏令,简文中“初弃畴(?)益高□□□下”让人费解,似指罚戍者在某类身高以下,不需要“戍它处”。要之,秦傅龄问题仍是疑点重重,难有定论。笔者倾向于:秦傅龄可能根据爵位不同有相应标准,最低傅龄可能为 15 虚岁。但需要补充的是,并不是秦实行“自占年”后,就马上制定傅龄标准,也应有一个动态演变过程。

汉代男子傅龄也一直在变动。《二年律令·傅律》中按爵位分为 20、22、24 岁三种标准。[③] 以后随着民爵的轻滥[④],景帝前元二年(前 155)“令天下男子年二十始傅”[⑤]。武帝时,才定格为“二十三始傅”[⑥],成为汉代通制。[⑦]

汉代男子傅籍为正卒,有服兵役及大型徭役的义务。《汉仪注》:“民年二十三为正,一岁为卫士,一岁为材官骑士,习射御骑驰战阵。”[⑧]《三国志》卷一二《魏书·崔琰传》也有“年二十三,乡移为正”的说法。居延汉简中戍田卒的年龄绝大多数都在 23 岁以上,也可说明这一点。此外,在湖北荆州纪南汉简武帝早期《南郡新傅簿》中,记载当年度南郡“凡新傅二千八十五人”[⑨]。

---

① 胡平生:《论简帛辨伪与流失简牍抢救》,载中国文化遗产研究院编《出土文献研究》第 9 辑,中华书局 2010 年版。

② 云梦秦简《秦律杂抄·傅律》有“匿敖童”(睡虎地秦墓竹简整理小组编:《睡虎地秦墓竹简》,第 143 页)。《二年律令·史律》有“学童”(彭浩、陈伟、[日]工藤元男主编:《二年律令与奏谳书:张家山二四七号汉墓出土法律文献释读》,第 296 页)

③ 参见彭浩、陈伟、[日]工藤元男主编《二年律令与奏谳书:张家山二四七号汉墓出土法律文献释读》,第 234 页。

④ 参见杜正胜《“编户齐民论”的剖析》,载王健文主编《政治与权力》,中国大百科全书出版社 2005 年版。

⑤ 《汉书》卷五《景帝纪》。

⑥ 桓宽撰、王利器校注:《盐铁论校注》卷三《未通》。

⑦ 东汉也是如此。王充《论衡·谢短篇》中就有“年二十三儒(傅)”的记载。

⑧ 《汉书》卷一上《高帝纪上》师古注引如淳曰。

⑨ 荆州博物馆:《湖北荆州纪南松柏汉墓发掘简报》,载《文物》2008 年第 4 期。

免老　战国时就有“免老”的说法。《银雀山汉墓竹简·守法守令》云：“老不事者五千人。”[①]秦简《法律答问》也云：“免老告人以为不孝，谒杀，当三环之不？”[②]

据汉初《二年律令·傅律》，老年分为免老与睆老两种。（参见表 3-2）

表 3-2　　**汉免老、睆老年龄对照表**

爵位 / 类型	大夫以上	不更	簪袅	上造	公士	公卒以下
免老年龄（岁）	58	62	63	64	65	66
睆老年龄（岁）		58	59	60	61	62

免老可以免除戍、徭役，而“睆老”可以服半役。如《二年律令·徭律》：“睆老各半其爵繇(徭)员，入独给邑中事。”[③]湖南沅陵虎溪山汉简 M1T:43～99 也有“不更五十九人，其二人免老，一人睆老”[④]的记载。

武帝时，免老年龄为 56 岁。《汉仪注》：“年五十六衰老，乃得免为庶民，就田里。”[⑤]在湖北荆州纪南汉简的《南郡免老簿》中，记载当年度南郡“凡免老二千九百六十六人”[⑥]，而同批简中并未发现“睆老簿”。这可以说明：随着民爵的轻滥及免老年龄的下调，至少在武帝早期，“睆老”的划分就可能被取消了。

罢癃　《史记》卷七六《平原君列传》载躄者曰：“臣不幸有罢癃之病。”“躄，跛也”，说明“罢癃”为一类身体缺陷或疾病。秦律也谈及“罢癃”。《法

① 银雀山汉墓竹简整理小组编：《银雀山汉墓竹简〔一〕》，文物出版社 1985 年版，第 128 页。

② 睡虎地秦墓竹简整理小组编：《睡虎地秦墓竹简》，第 195 页。

③ 彭浩、陈伟、[日]工藤元男主编：《二年律令与奏谳书：张家山二四七号汉墓出土法律文献释读》，第 246 页。

④ 湖南省文物考古研究所、怀化市文物处、沅陵县博物馆：《沅陵虎溪山一号汉墓发掘简报》，载《文物》2003 年第 1 期。

⑤ 《汉书》卷一上《高帝纪上》师古注引如淳曰。

⑥ 荆州博物馆：《湖北荆州纪南松柏汉墓发掘简报》，载《文物》2008 年第 4 期。

律答问》:“罢𤸇(癃)守官府,亡而得,得比公𤸇(癃)不得?”①汉时,《二年律令·傅律》云:“当傅,高不盈六尺二寸以下,及天乌者,皆以为罢𤸇繇(癃)。”②这应是“罢𤸇”的法律定义。同时,《二年律令·徭律》也规定:

> 金痍、有□病,皆以为罢𤸇(癃),可事如睆老。其非从军战痍也,作县官四更,不可事,勿事。③

由上可知,汉时,有疮痍、疾病的人被视为“罢(癃)”,可享受睆老一样的待遇,服半役。如果身体条件不允许,也可以不用服役。如湖南沅陵虎溪山汉简所载“不更五十九人”中,就有“十三人罢𤸇(癃)”④。湖北荆州纪南汉简的《南郡罢癃簿》中也记有:

> 凡罢𤸇二千七百八人,其二千二百廿八人可事,四百八十人不可事。⑤

由上可知,即便属于罢癃,地方政府还要作进一步的勘验。真正不服役的还只是一小部分。王莽诏令中提到的汉氏“常有更赋,罢癃咸出”⑥,确有道理。

东汉时,亦是如此。《周礼·地官·大司徒》郑玄注曰:“宽疾,若今癃不可事,不筭卒,可事者半之也。”《东牌楼简》也记有:

> 建宁四年益成里户人公乘其【年】卅九算卒笃夅 子公乘石……曹其
>
> ……卅七算卒笃夅⑦ (79)

此简中“笃夅(癃)”即指罢癃,为东汉习语。

---

① 睡虎地秦墓竹简整理小组编:《睡虎地秦墓竹简》,第208页。

② 彭浩、陈伟、[日]工藤元男主编:《二年律令与奏谳书:张家山二四七号汉墓出土法律文献释读》,第234页。

③ 彭浩、陈伟、[日]工藤元男主编:《二年律令与奏谳书:张家山二四七号汉墓出土法律文献释读》,第247页。

④ 湖南省文物考古研究所、怀化市文物处、沅陵县博物馆:《沅陵虎溪山一号汉墓发掘简报》,载《文物》2003年第1期。

⑤ 荆州博物馆:《湖北荆州纪南松柏汉墓发掘简报》,载《文物》2008年第4期。

⑥ 《汉书》卷二四上《食货志上》。

⑦ 简文有所订正,可参见长沙东牌楼东汉简牍研读班《〈长沙东牌楼东汉简牍〉释文校订稿》,载卜宪群、杨振红主编《简帛研究(二〇〇五)》。

如果要再进一步分析的话,便可发现秦汉傅、免老、罢癃都同时列在《傅律》之中。如《秦律杂抄·傅律》云:

匿敖童,及占瘩(癃)不审,典、老赎耐,●百姓不当老,至老时不用请,敢为酢(诈)伪者,赀二甲;典、老弗告,赀各一甲;伍人,户一盾,皆卷(迁)之。●傅律。①

汉代也是如此。免老标准及罢癃定义都列在《二年律令·傅律》之中。更加之,从"当傅,高不盈六尺二寸以下,及天乌者,皆以为罢瘩(癃)"②这句话来看,汉人傅籍与罢癃统计同时进行。

要言之,汉代傅、免老、罢癃是地方政府对适龄男子同时进行的一套专门统计工作。其直接目的就是统计服兵役及徭役(大型)的确切人数。从严格意义上来说,免老应专指老年男性,非女性。因为女性一般是不用服兵役及大型徭役的。如《二年律令·徭律》云:"免老、小未傅者、女子及诸有除者,县道勿敢繇(徭)使。"③甘肃武威东汉简5:"民占数以男为女,辟更徭,论为司寇。"④这也说明女性一般不服徭役(大型)。

(2)"大男"、"大女"等模式

汉代傅、免老的人身划分模式适用于戍、徭役的征发,侧重于成年男子,具有一定的局限性。这就需要另一种模式能够将全部人口都纳入进去,这就是史籍与简牍中经常见到的"大男"、"大女"等模式。新出松柏汉简48号牍:

·二年西乡户口薄(簿) 上栏—1

户千一百九十六 2

息户七十 3

秏户三十五 4

相除定息四十五户 5

① 睡虎地秦墓竹简整理小组编:《睡虎地秦墓竹简》,第143页。

② 彭浩、陈伟、[日]工藤元男主编:《二年律令与奏谳书:张家山二四七号汉墓出土法律文献释读》,第234页。

③ 彭浩、陈伟、[日]工藤元男主编:《二年律令与奏谳书:张家山二四七号汉墓出土法律文献释读》,第248页。

④ 武威地区博物馆:《甘肃武威旱滩坡东汉墓》,载《文物》1993年第10期。

大男九百九十一人 6

小男千四十五人 7

大女千六百九十五人 8

小女六百四十二人 9

息口八十六人 下栏—1

秏口四十三人 2

相除定息口四十三 3

·凡口四千三百七十三人[①] 4

此《西乡户口簿》是依据原始户籍，按照大男、大女模式，统计当年人口变动、增减状况的籍簿。对此，最近杨振红先生考证此簿中的“大男”、“大女”，指15岁以上(包括免老和罢癃)的成年男女。[②] 与笔者大男、大女模式的观点亦相合。

此种模式应与政府廪食赐衣、缴纳赋税等有密切关系。以《二年律令·金布律》为例：

> 诸冗作县官及徒隶，大男，冬禀布袍表里七丈、络絮四斤，绔(袴)二丈、絮二斤；大女及使小男，冬袍五丈六尺、絮三斤，绔(袴)丈八尺、絮二斤；未使小男及使小女，冬袍二丈八尺、絮一斤半斤；未使小女，冬袍二丈、絮一斤。[③]

上简中人身划分模式为：大男、大女、使小男、使小女、未使小男、未使小女。居延汉简《戍卒家属廪食名籍》也是如此。如《合校》载：

> 母大女存年六十七用谷二石一斗六升大
> 俱起隧卒丁仁 弟大女恶女年十八用谷二石一斗六升大
> 弟使女肩年十三用谷一石六斗六升大 ●凡用谷六石 (254·11)

---

① 彭浩：《读松柏出土的四枚西汉木牍》，载武汉大学简帛研究中心主编《简帛》第4辑。朱江松：《罕见的松柏汉代木牍》，载荆州博物馆编《荆州重要考古发现》。

② 参见杨振红《松柏西汉墓簿籍牍考释》，载《南都学坛》2010年第5期。

③ 彭浩、陈伟、[日]工藤元男主编：《二年律令与奏谳书：张家山二四七号汉墓出土法律文献释读》，第250页。

据居延汉简，各年龄阶段标准可参见下表3-3：

表3-3　　　　汉代两类人口划分模式对照表

名称		年龄(岁)	傅龄(岁)	免老年龄(岁)
大	大男或大女	≥15	23(限大男)	56或60①(限大男)
小	使男或使女	7～14		
	未使男或未使女	≤6		

由上表可知，这是两种各成体系、各有用途的人身划分模式。其中，大男、大女模式以15岁作为起始点，是有一定原因的。如《盐铁论·未通》载："古者，十五入大学，与小役。"汉时也是如此。《二年律令·徭律》云："节(即)载粟，乃发公大夫以下子未傅年十五以上者。"②这就是汉代徭役制度的"潜规则"。法律上规定男子23岁傅籍后正式服徭役，其实只是指服兵役及大型徭役。而当地的一些所谓的"小役"，15岁以上的大男甚至大女、免老都要参与其中。如武威汉简《王杖诏令册》所记案例：

云阳白水亭长张熬，坐殴抴受王杖主，使治道，男子王汤告之，即弃市。③

案例中，小小亭长就敢让70岁以上的王杖主"治道"，何况是普通老人？因此，汉代实际起役年龄为15岁。再加之，从西汉后期开始，戍卒减少，义务

① 关于免老年龄，《盐铁论·未通》载御史曰"二十三始傅，五十六而免"，却又载文学曰"今五十已上至六十，与子孙服輓输，并给徭役，非养老之意也"，似乎二者相互抵牾。又，《汉官旧仪》载："秦制二十爵。男子赐爵一级以上，有罪以减，年五十六免；无爵为士伍，年六十乃免者，有罪，各尽其刑。"(参见孙星衍等辑、周天游点校《汉官六种》，第53页)需要说明的是，走马楼吴简中免除算赋的标准为60岁(参见汪小烜《走马楼吴简户籍初论》，载北京吴简研讨班编《吴简研究》第1辑，崇文书局2004年版)。

② 彭浩、陈伟、[日]工藤元男主编：《二年律令与奏谳书：张家山二四七号汉墓出土法律文献释读》，第248页。

③ 武威县博物馆：《武威新出王杖诏令册》，载甘肃省文物工作队、甘肃省博物馆编《汉简研究文集》，甘肃人民出版社1984年版，第36页。

兵役制逐渐变为谪戍[①]以及募兵制。[②] 故男子傅龄(23 岁)的意义逐渐变得不重要了。因此,东汉以后,男子傅龄就见不到了。如《晋书》卷二六《食货志》载:

男女年十六已上至六十为正丁,十五已下至十三、六十一已上至六十五为次丁,十二已下六十六已上为老小,不事。

要之,汉代人身划分模式的最终目的便是赋役的征发。这便是下面要讨论的问题。

(二)赋钱的征收与财政地区性差异

赋、税的定义,见《汉书》卷二四上《食货志上》。其文云:

税谓公田什一及工商衡虞之入也。赋共车马甲兵士徒之役,充实府库赐予之用。税给郊社宗庙百神之祀,天子奉养百官禄食庶事之费。

汉人对"赋"、"税"的理解,从细微处便可识大体。汉籍中"赋"很少与"租"、"税"混用,其原因便是"赋共车马、兵甲、士徒之役"。马怡先生也谈到这一问题,其《汉代的诸赋与军费》一文看似平淡无奇,实乃寓意深远。其文认为"赋多为人头税、代役金、资产税,混用不多见","'诸赋'是汉代国家军费的主要来源"[③],应是解读有汉一代横征暴敛的"钥匙"。由于军费有"天下共给"[④]的特性,政府便经常以"军兴"的名义来随意强征一些法外之赋,百姓却"不敢言擅赋法"[⑤]。这就是汉代军赋征发的随意性。

1. 复杂的算赋及口钱

算赋在史籍记载中比较明确。《汉书》卷一上《高帝纪上》载高祖四年(前 203),"初为算赋"。师古注引如淳曰:"《汉仪注》民年十五以上至五十六出赋钱,人百二十为一算,为治库兵车马。"然而,与出土资料相比对,其疑窦

---

① 《史记》卷一〇六《吴王濞列传》正义曰:"此汉初因秦法而行之,后改为谪,乃戍边一岁。"

② 参考贺昌群《东汉更役戍役制度的废止》,载《历史研究》1962 年第 5 期;臧知非《论刘秀罢兵的几个问题》,载《南都学坛》1989 年第 1 期;黄今言《秦汉军制史论》,江西人民出版社 1993 年版,第 83~106 页,等等。

③ 马怡:《汉代的诸赋与军费》,载《中国史研究》2001 年第 3 期。

④ 《汉书》卷七八《萧望之传》。

⑤ 《史记》卷三〇《平准书》。

从丛，争议多多。

学界大多认为算赋在秦时就有。杨宽先生主张“秦国征收算赋，确是从商鞅变法开始的”[①]。高敏先生也认为“‘口钱’、‘算赋’并征之制，实始于商鞅变法之时，为秦汉所共有制度”[②]。笔者略作补充，“算赋始秦”的两条重要依据：一条是《汉书》卷四九《晁错传》云：“今秦之发卒也，有万死之害，而亡铢两之报，死事之后不得一算之复，天下明知祸烈及己也。”另一条是《后汉书》卷八六《南蛮西南夷列传》云：“(秦)昭王嘉之，而以其夷人，不欲加封，乃刻石盟要，复夷人顷田不租，十妻不筭。”此两条史料皆为后人追述，要成定论还似显单薄。[③] 近年来，湖南新蔡葛陵出土战国楚简记有：“繇二畀，未智其攸里之算。”[④]此处“算”的具体所指亦难判断。

然而，秦简中却只有户赋的记载。如《法律答问》：“可(何)谓‘匿户’及‘敖童弗傅’？匿户弗繇(徭)、使，弗令出户赋之谓殹(也)。”[⑤]汉初《二年律令》也不见“算赋”，只有“户赋”。如：

> 卿以下，五月户出赋十六钱，十月户出刍一石，足其县用，余以入顷刍律入钱。
>
> 租、质、户赋、园池入钱，县道官勿敢擅用，三月壹上见金、钱数二千石官，二千石官上丞相、御史。[⑥]

由上可知，户赋应是官方正式征收的赋目。关于户赋的性质，有三种观点：一是“财产税”说。[⑦] 二是“临时加派的军赋”[⑧]。三是高敏先生认为“汉

---

① 杨宽：《从“少府”职掌看秦汉封建统治者的经济特权》，载中国秦汉史研究会编《秦汉史论丛》第1辑，陕西人民出版社1981年版，第216页。

② 高敏：《从江陵凤凰山10号汉墓出土简牍看汉代的口钱、算赋制度》，载《文史》第20辑。

③ 后人在追述秦制时，也常称为“口赋”。如《汉书》卷二四上《食货志上》载董仲舒上书云：“至秦则不然”，“田租口赋，盐铁之利，二十倍于古”。又，《七国考》卷二《秦食货》引《大事记》云：“秦赋户口，百姓贺死而吊生。故秦谣曰：‘渭水不洗口赋起。’”(董说：《七国考》，中华书局1956年版)

④ 陈伟等：《楚地出土战国简册[十四种]》，经济科学出版社2009年版，第450页。

⑤ 睡虎地秦墓竹简整理小组编：《睡虎地秦墓竹简》，第222页。

⑥ 彭浩、陈伟、[日]工藤元男主编：《二年律令与奏谳书：张家山二四七号汉墓出土法律文献释读》，第193、254页。

⑦ 参见朱德贵《从〈二年律令〉看汉代的“户赋”和“以赀征赋”》，载《晋阳学刊》2007年第5期。

⑧ 于琨奇：《秦汉“户赋”“军赋”考》，载《中国史研究》1989年第4期。

代的所谓'户赋'，并不是什么新税目，而是把口钱、算赋的按人头收的'赋税'改为按户出税和把按顷亩入刍的刍税改为按户征收而已"[①]。此外，在汉代的算赋额上，大致也有三种观点：一是日本学者加藤繁先生认为，除文帝为每算 40 钱外，宣帝甘露二年前一般为 190 钱，成帝建始二年前为 160 钱，后为 120 钱。[②] 二是高敏先生认为汉初每算 227 钱，后为 120 钱。[③] 三是岳庆平先生认为汉代赋额分两种：一种是取民之"赋额"，即取于民间之算赋额；一种是上交之"赋额"，即上交中央之算赋额。在上交赋额中，高帝时为 63 钱，文景时为 40 钱，武帝时为 120 钱。[④] 三种观点中，以岳氏的见解最有深度，也最为犀利。但是，将高帝时郡国献费每人 63 钱[⑤]与武帝算赋 120 钱划为一类，总还是难以让人信服。

笔者认为：汉初算赋本义是"定算征赋"，不是特指赋税名称，更无定额。其征收原则为"量吏禄，度官用，以赋于民"[⑥]。而户赋则指口钱、户刍等一类国家法定的定额赋税。到武帝时，算赋可能已有定额。大概到成帝时才定格为 120 钱，成为人头税的专称，而户赋也渐趋消失。

第一，目前关于算赋征收的记录，见于文景时期的江陵凤凰山汉简。其中算额数目惊人。当年度二月到六月期间，每算总和为 227 钱，故高敏先生认为当时算赋每人为 227 钱。[⑦] 裘锡圭先生则认为全年每人 400 多钱。[⑧]

---

① 高敏：《关于汉代有"户赋"、"质钱"及各种矿产税的新证》，载《史学月刊》2003 年第 4 期。

② 参见［日］加藤繁著、吴杰译《关于算赋的小研究》，载《中国经济史考证》，商务印书馆 1959 年版。

③ 参见高敏《从江陵凤凰山 10 号汉墓出土简牍看汉代的口钱、算赋制度》，载《文史》第 20 辑。

④ 参见岳庆平《汉代"赋额"试探》，载《中国史研究》1985 年第 4 期。

⑤ 关于献费问题，众家也各持己见。韩连琪先生《汉代田租口赋和徭役》（载《文史哲》1956 年第 7 期）一文，认为献费即是算赋；王毓铨先生《"民数"与汉代封建政权》（载《中国史研究》1979 年第 3 期）一文，认为献费为算赋以外的另一种项目；周振鹤先生《西汉献费考》（载《中华文史论丛》第 20 辑）一文，认为献费为封国百二十算的一部分；黄今言先生《论两汉的赋敛制度及其演变》（载中国秦汉史研究会编《秦汉史论丛》第 2 辑，陕西人民出版社 1983 年版）一文，认为献费为百二十算的一部分。

⑥ 《史记》卷三〇《平准书》。

⑦ 参见高敏《从江陵凤凰山 10 号汉墓出土简牍看汉代的口钱、算赋制度》，载《文史》第 20 辑。

⑧ 参见裘锡圭《湖北江陵凤凰山十号汉墓出土简牍考释》，载《文物》1974 年第 7 期。

这与史籍所载文帝之时的“民赋四十”[①]有极大反差。以江陵凤凰山汉简市阳里二月算赋为例：

市阳二月百一十二算算卅五钱三千九百廿正偃付西乡偃佐缠吏奉(俸)卩受正忠(?)二百卅八

市阳二月百一十二算算十钱千一百廿正偃付西乡佐赐　口钱卩

市阳二月百一十二算算八钱八百九十六正偃付西乡偃佐缠传送卩[②]

简文中，每算十钱的“口钱”尤其引人注意。据《汉仪注》，汉时“民年七岁至十四出口赋钱，人二十三。二十钱以食天子，其三钱者，武帝加口钱以补车骑马”[③]，而市阳里所征口钱的对象却是“事算”的112位成年大男(或大女)。这就说明汉初制度确实与后世有别。[④]

笔者认为，此处“口钱”应为国家规定的户赋之一，而算赋则是根据“量吏禄，度官用，以赋于民”的原则征发的。因此，算钱征收的用途为“吏俸”、“转送”、“转费”、“缮兵”等。[⑤]同时，有些学者认为凤凰山汉简高额的算赋可能与“七国之乱”有关[⑥]，似有一定道理。实际上，即使在武帝算赋定额后，法外加赋也是常有的事。如武帝时“有司奏，欲益民赋三十助边用”[⑦]。成帝时，“用度不足，奏请一切增赋”[⑧]。这便是军赋的随意性。

第二，算赋本义指“定算征赋”，与其征收程序“定算”有关。如江陵凤凰山汉简的“当利里正月定算百一十五”[⑨]。“定算”是汉代地方财政中最重要的基础工作。首先要统计大男、大女的人口算数，再减去依法“复算”数后，

---

① 《汉书》卷六四下《贾捐之传》。

② 裘锡圭：《湖北江陵凤凰山十号汉墓出土简牍考释》，载《文物》1974年第7期。

③ 《汉书》卷七《昭帝纪》师古注引如淳曰。

④ 对此，岳庆平先生《汉代“赋额”试探》(载《中国史研究》1985年第4期)一文有详细考证。其认为每算十钱“口钱”应分四次缴纳，就是文帝的“民赋四十”。

⑤ 参见裘锡圭《湖北江陵凤凰山十号汉墓出土简牍考释》，载《文物》1974年第7期。

⑥ 参见黄盛璋《江陵凤凰山汉墓简牍及其在历史地理研究上的价值》，载《文物》1974年第6期。

⑦ 《汉书》卷九六下《西域传下》。

⑧ 《汉书》卷八四《翟方进传》。

⑨ 裘锡圭：《湖北江陵凤凰山十号汉墓出土简牍考释》，载《文物》1974年第7期。

剩余便是定算数。这些被定算的人便称为“事算”。如安徽天长西汉简《算簿》：

集八月事算二万九复算二千卌五

都乡八月事算五千卌五

东乡八月事算三千六百八十九

垣雍北乡八月事算三千二百八十五

垣雍东乡八月事算二千九百卅一

鞠(?)乡八月事算千八百九十

杨池乡八月事算三千一百六十九

● 右八月

● 集九月事算万九千九百八十八复算二千六十五[①]

这就是西汉中期临淮郡东阳县的定算簿。新出湖北荆州纪南松柏汉简53号木牍也记有：

江陵使大男四千七百二十一人大女六千七百六十一人小男五千三百一十五人小女二千九百三十八人·凡口万九千七百三十五人延大男八百三十九人延大女二百八十九人延小 1

男四百四十三人延小女三百六十八人延口千九百三十九人其千五百四十七人外越 2

宜成使大男四千六百七十二人大女七千六百九十五人小男六千四百五十四人小女三千九百三十八人凡口二万二千七百五十九人其二十九人复二百四十四人滏中 3

临沮使大男二千三百六十人大女四千二十六人小男二千四百一十一人小女千九百七人延大男一人凡 4

安陆使大男四百七十五人大女八百一十八人小男五百五十八人小女三百六十九人·凡口二千二百二十人其二百二十九人复 5

---

① 天长市文物管理所、天水市博物馆：《安徽天长西汉墓发掘简报》，载《文物》2006年第11期。按：袁延胜先生《天长纪庄木牍〈算簿〉与汉代算赋问题》（载《中国史研究》2008年第2期）一文认为，“事”指徭役，“算”指算赋，“事算”就应指徭役算赋之意。可备一说。

沙羡使大男五百八十五人大女九百五十九人小男六百七十二人小女四百四十五人·凡口二千六百六十二其八人复 6

州陵使大男三百九十三人大女六百三十四人小男六百七十六人小女三百八十八人·凡口二千九十一人其四十九人复 7

显陵使大男三百四十二人大女六百一十一人小男三百九十五人小女二百六十人凡口千六百八人复 8

便侯国使大男千七百八十一人大女二千九百九十四人小男千九百四十二人小女千七百三十人凡口八千四百四十七人其十六人复 9

邔侯国使大男三千六百二十四人大女五千六百六十四人小男五千一百六十人小女三千四百八十九人凡口万七千九百三十七人其千三百五十二复 10

襄平侯中卢使大男千四百九人大女二千四百七十八人小男千七百五十一人小女千七十人凡口六千七百八人其百二十三人复[①] 11

对于上简，杨振红先生认为簿中“（使）小男”、“（使）小女”指7岁至14岁需缴纳口钱的使男、使女。此簿应为专门登记南郡各县道侯国有算和口钱义务的人口数以及复除数的簿籍，或可称作《南郡事复口算簿》。[②] 此观点可备一说。

“复算”原因一般为产子、宗室、高爵、官吏等。如《汉书》卷一下《高帝纪下》云：“民产子，复勿事二岁。”又，《后汉书》卷三《章帝纪》载元和二年（85）诏书曰：“《令》云：‘人有产子者复，勿筭三岁。’今诸怀妊者，赐胎养谷人三斛，复其夫，勿筭一岁，著以为令。”沅陵虎溪山汉简可相印证：

复算：百七十，多前四，以产子故。[③]　（M1T:43－98）

又，《周礼·地官·乡大夫》注引郑司农曰：“贵者，谓若今宗室及关内侯皆复也。服公事者，谓若今吏有复除也。”荆州高台汉墓《告地书》记有“新安

---

① 彭浩：《读松柏出土的四枚西汉木牍》，载武汉大学简帛研究中心主编《简帛》第4辑；朱江松：《罕见的松柏汉代木牍》，载荆州博物馆编《荆州重要考古发现》。

② 参见杨振红《松柏西汉墓簿籍牍考释》，载《南都学坛》2010年第5期。

③ 湖南省文物考古研究所、怀化市文物处、沅陵县博物馆：《沅陵虎溪山一号汉墓发掘简报》，载《文物》2003年第1期。

户人大女燕”为“关内侯寡”户，“不筭(算)不顾”。[①] 谢家桥1号汉墓《告地书》中户主“昌”为“郎中五大夫”，其“家复无有所与，有诏令”。[②] 河南唐河汉画像石墓主人为新莽“鬱平大尹秩上大[夫]”亦是“复无有所与”[③]。

需要强调的是：秦汉徭役征发也要定算。里耶秦简[8]133号记有“卒茾(算)簿”[④]。江陵凤凰山汉简记有：

> 邓得二，任甲二，宋则二，野人四，凡十筭，遣一男一女，男野人、女惠。[⑤]

对此，杨际平先生有精辟分析，指出其为地方据算派役文书，可从。[⑥] 又，《九章算术·衰分》亦载定算徭役：

> 今有北乡算八千七百五十八，西乡算七千二百三十六，南乡算八千三百五十六，凡三乡，发徭三百七十八人。欲以算数多少衰出之，问各几何？

汉时，如是老人家庭的侍子，可以复算，免除徭役。《汉书》卷六《武帝纪》载建元元年(前140)，“年八十复二算，九十复甲卒”[⑦]。东汉也是如此。《周礼·地官·乡大夫》注引郑司农云：“老者，谓若今八十、九十复羡卒也。”《东牌楼简》与之互证：

---

① 湖北省荆州博物馆：《荆州高台秦汉墓——宜黄公路荆州段田野考古报告之一》，科学出版社2000年版，第224页。

② 杨开勇：《谢家桥1号汉墓》，载《荆州重要考古发现》，文物出版社2009年版。按：此简文中“诏令”所指不确。唯《汉书》惠帝诏令可资比对。如《汉书》卷二《惠帝纪》：“今吏六百石以上父母妻子与同居，及故吏尝佩将军都尉印将兵及佩二千石官印者，家唯给军赋，他无有所与。”

③ 裘锡圭：《读考古发掘所得文字资料笔记(二则)》，载《古文字论集》，中华书局1992年版。南阳地区文物队、南阳博物馆：《唐河汉郁平大尹冯君孺人画象石墓》，载《考古学报》1980年第2期。

④ 湖南省文物考古研究所、湘西土家族苗族自治州文物处：《湘西里耶秦代简牍选释》，载《中国历史文物》2003年第1期。

⑤ 黄盛璋：《江陵凤凰山汉墓简牍及其在历史地理研究上的价值》，载《文物》1974年第6期。

⑥ 参见杨际平《凤凰山十号汉墓据“算”派役文书研究》，载《历史研究》2009年第6期。

⑦ 《汉书》卷五一《贾山传》也载文帝时，“礼高年，九十者一子不事，八十者二算不事”。孙吴亦承汉制，如走马楼吴简2971：“宗妻大女妾年卅二算一八十一复。”(长沙市文物考古研究所等编：《长沙走马楼三国吴简·竹简(一)》)

区益　子公乘朱年卅□算卒九十复[1]　☑　(80)

凡口五事　☑

中　算三事　訾五十

甲卒一人　☑　(82)

上述两简，一是因家有90岁老人而复算卒；另一为"事算"人数的户内统计，应有三人"事算"，并有一人为甲卒(士兵)。[2]

总的来说，汉代"算"的含义是极为复杂的。[3] 它本义是一个衡量单位，既可以算赋，也可以算徭。如《二年律令·徭律》云：

> 大数衛(率)取上手什(十)三人为复，丁女子各二人，它各一人，勿筭(算)繇(徭)赋。[4]

此处"算徭赋"并称，就容易理解了。对于"八月算民"，陈明光先生认为是依据户籍资料计算各个民户下一财政年度的赋钱，属于一种财政预算。[5] 张荣强先生也同意此说。[6] 笔者认为："八月算民"本义为定算缴纳赋税的人数和服徭役的人数。

最后简单说一下口钱。汉制，7岁至14出口赋23钱，"二十钱以食天

---

① 张荣强先生《长沙东牌楼东汉"户籍简"补说》(载《中国史研究》2008年第4期)一文认为，"算卒"实际是指"算"、"卒"两种赋役名目。

② 其实长沙东牌楼东汉户籍简可以用走马楼吴简来释读。在吴简中一般分"算×复"、"算×事"等几种，而"算×事"的含义是指在事算的人中，无一人复算。需要补充的是，吴简中此类有固定格式"凡口若干事若干 算若干事若干"，其中前、后二"事"的具体所指，众说纷纭，莫衷一是。如张荣强先生《论孙吴户籍简中的"事"》(载北京吴简研讨班编《吴简研究》第1辑，崇文书局2004年版)一文认为，"前一个'事●'与家口总数结合，后一'事●'则与缴纳算赋的人数结合。而课役人口是在该户家口总数内划定，徭役则是从纳算赋者中征发"。孟彦弘先生《吴简所见"事"义臆说——从"事"到"课"》(载长沙市简牍博物馆、北京吴简研讨班编《吴简研究》第2辑，崇文书局2006年版)一文认为："口若干事若干"即指该户有多少人口，其中有多少口服力役；所谓"算若干事若干"，是指应缴纳多少算而实际要缴纳多少算。

③ 汉时，"算"有算缗，算车，算马、牛。同时，官吏考课要计算"正负算"。有时担任官吏还要"訾算"。

④ 彭浩、陈伟、[日]工藤元男主编：《二年律令与奏谳书：张家山二四七号汉墓出土法律文献释读》，第246页。

⑤ 参见郑学檬主编《中国赋役制度史》，上海人民出版社2000年版，第53页。

⑥ 参见张荣强《论孙吴户籍简中的"事"》，载北京吴简研讨班编《吴简研究》第1辑。

子，其三钱者，武帝加口钱以补车骑马”①。悬泉汉简似与之相印证：

> 出口马钱廿三，以赋六年口钱。元凤七年正月己亥朔甲子，新定里解律付啬夫延、尉史遂。② （V92DXT1511⑤:1）

上简年代为昭帝“元凤七年”，因当年已改元，实为元平元年（前74）。简文中称“口钱”为“口马钱”，似“武帝加口钱以补车骑马”确有其事。又，《汉书》卷七《昭帝纪》载元凤四年（前77）“毋收四年、五年口赋”。此简明言收“六年”口钱，与之相合。

当然，此处口赋23钱与汉初凤凰山汉简所载成人口钱非同制，应为后起之制。《汉书》卷七二《贡禹传》载：

> 禹以为古民亡赋算口钱，起武帝征伐四夷，重赋于民，民产子三岁则出口钱，故民重困，至于生子辄杀，甚可悲痛。宜令儿七岁去齿乃出口钱，年二十乃算。

此建言被元帝采纳后，7岁出口钱成定制。东汉沿袭不改。《论衡·谢短》篇就有“七岁头钱二十三”的记载。此外，一些少数民族也要缴纳“賨钱”一类的口赋。如张家山汉简《奏谳书》载高祖十一年“变（蛮）夷大男子岁出五十六钱以当䌛（徭）赋”③。汉代部分板楯蛮也要“岁入賨钱，口四十”④。

2. 徭役衍生出的更赋

在我国传统社会，徭役是财政收入中的一个重要环节，也是我国古代财政的一大特色。关于秦汉徭役制度，一代大儒董仲舒云：

> 至秦则不然，用商鞅之法……又加月为更卒，已，复为正，一岁屯戍，一岁力役，三十倍于古；田租口赋，盐铁之利，二十倍于古。……汉兴，循而未改。⑤

简简数语，何等疏阔，留予后人几多歧义。秦汉徭役历来为学者所重，多有

---

① 《汉书》卷七《昭帝纪》师古注引如淳曰。

② 郝树生、张德芳：《悬泉汉简研究》。

③ 彭浩、陈伟、［日］工藤元男主编：《二年律令与奏谳书：张家山二四七号汉墓出土法律文献释读》，第332页。

④ 《后汉书》卷八六《南蛮西南夷列传》。

⑤ 《汉书》卷二四上《食货志上》。

讨论，不再赘述。[①] 近年来，随着秦汉简的相继出土，此类课题又有新解。杨振红先生《徭、戍为秦汉正卒基本义务说——更卒之役不是“徭”》一文，认为秦汉十五岁以上未傅者和睆老，只须服更的劳役和部分正役——徭，不须服屯戍兵役。正卒除每年一个月的更的劳役外，还有两项基本义务，即一岁屯戍兵役（无论戍边、戍卫京师或戍卫郡县），一岁徭的力役。秦及汉初均是以每年一个月、傅籍期间完成一年的方式服役，高后五年始实行戍卒岁更之制。材官骑士是从正卒中选拔出来的职业军人，每年集中训练一月，可以充抵徭。[②] 杨文观点虽难皆成定论，但可代表当前秦汉徭役问题认知的最高水准。

最近出土的松柏汉简 47 号木牍为“南郡卒更簿”，给秦汉“卒更”问题的破解似乎带来一线曙光，但旋即又添增疑问。每每新资料发现，大抵如此。这便为历史考究之大意味。其简文曰：

巫卒千一百一十五人七更更百四十九人余三十九人　一栏 1

秭归千五十二人九更更百一十六人其十七人助醴阳余八人　2

夷陵百二十五人参更更三十六人余十七人　3

夷道二百五十三人四更更五十四人余三十七人　4

醴阳八十七人参更更四十二人受秭归月十七人余十二人　5

孱陵百八人参更更百四十六十人不足五十一人受宜成五十八人临沮三十五人　6

州陵百二十二人参更更三十七人余十一人　7

---

① 研究成果主要有：钱剑夫《试论秦汉的“正卒”徭役》，载《中国史研究》1982 年第 3 期；张金光《论秦自商鞅变法后租赋徭役制度》，载《文史哲》1983 年第 1 期；高敏《秦汉时期的徭役制度》，载《中国经济史研究》1987 年第 1 期；孙言诚《秦汉的戍卒》，载《文史哲》1988 年第 5 期，等等。

② 参见杨振红《徭、戍为秦汉正卒基本义务说——更卒之役不是“徭”》，载《中华文史论丛》2010 年第 1 期。按：杨氏文中认为材官、骑士为职业军人，可以抵徭，颇有道理。笔者认为，汉代材官、骑士职业军人确与义务戍役人员待遇不同。他们之间的关系，如同邮人与亭卒一样，邮人具有职业性，享受“复，勿令为它事”优待（参见彭浩、陈伟、［日］工藤元男主编《二年律令与奏谳书：张家山二四七号汉墓出土法律文献释读》，第 199 页），而亭卒只是义务服役人员而已。由此来看，汉代职业军人似可以享受比抵徭更优渥的待遇。如《合校》507・6 简云：“斥胡年卌五骑除算 奇年七十五者▨斥胡子小女婢▨。”《额济纳简》2000ES7SF1：31 简：“▨□公大夫自当年卅骑除筭□▨”说明西汉边郡骑士可以“除算”。

沙羡二百一十四人参更更六十人余三十四人 8

安陆二百七人参更更七十一人不足六人 9

宜成千六百九十七人六更更二百六十一人其五十八人助房陵余八十九人 10

江陵千六十七人参更更三百二十四人余九十五人 11

临沮八百三十一人五更更百六十二人其三十五人助房陵二十九人便侯余三十一人 12

显陵百四十三人参更更四十四人余十一人 13

邔侯国二千一百六十九人七更更二百八十一人其四十一人助便侯二十九[人]轪 二栏 1

侯余二百二人 2

中卢五百二十三人六更更八十四人余十九人 3

便侯三百七十一人参更更百八十六人受邔侯四十一[人]临沮二十九[人]余二十三 4

人当减 5

轪侯四百四十六人参更更百七十人受邔侯二十九人余二十三[人]当减 6

·凡万四七十人 7

月用卒二千一百七十九人[①] 8

由上简看:其一,此簿中服“更”人员的身份为“卒”,亦为“月为更卒”[②]之“卒”。大概指傅籍后的成年男子。[③]《酸枣令刘熊碑》云“官无旷事,□□为正,以卒为更”[④],与之类似。其二,汉代卒更人员应为郡统一调配、管理,县与县之间可相互补充。如《二年律令·徭律》云:“都吏及令、丞时案不如律

---

① 彭浩:《读松柏出土的四枚西汉木牍》,载武汉大学简帛研究中心主编《简帛》第4辑,上海古籍出版社2009年版。又见朱江松《罕见的松柏汉代木牍》,载荆州博物馆编《荆州重要考古发现》,文物出版社2009年版。相关研究文章可参见陈伟《简牍资料所见西汉前期的“卒更”》,载《中国史研究》2010年第3期;杨振红《松柏西汉墓簿籍牍考释》,载《南都学坛》2010年第5期。

② 《汉书》卷二四上《食货志上》。

③ 参见杨振红《松柏西汉墓簿籍牍考释》,载《南都学坛》2010年第5期。

④ 高文:《汉碑集释》(修订本),第206页。

者论之，而岁上繇(徭)员及行繇(徭)数二千石官。”其三，卒更服役绝大多数在本县，少数支援他县。《鲁阳都乡正卫弹碑》云：“国服为息，本存子衍，上供正卫，下给更贱(践)。”[①]“正卫”与“更践”分为“上”、“下”，说明卒更的制度设计主要是满足地方徭役需求。又，《史记》卷一二四《游侠列传》集解引如淳曰：“律说卒更、践更者，居县中五月乃更也。后从《尉律》，卒践更一月休十一月也。”可证卒更确在本县内服徭役，不过更期前后有所变化。[②] 其四，各县每更人数都极为固定，让人生疑，看似可能为某项固定徭役工作。实际上，地方官府、门、亭、传、盐官、铁官、河堤等都急需一定数量的服役人员。[③]如悬泉汉简记有：

> 杨彭☐二月己卯，廷告乐世里杨彭当居三月驿骑，符到，持符诣廷，会月廿七日。通不会，若破封，罚金二两。
>
> 在渊泉它人第[④] (ⅡD.X.T0115②:127AB)

此简为敦煌郡渊泉县通知“杨彭”居县服三月卒更，即去邮置充当驿骑的“符”(通知书)，其史料价值弥足珍贵。《二年律令·史律》也载：“祝年盈六十者，十二更，践更大祝。”[⑤]说明“祝”践更“大祝”也是固定践更工作。“南郡卒更簿”中分“参更”、“五更”、“九更”等，可能与每县“卒”总数、每“更”所需岗位有关。

---

① 转引自俞伟超《中国古代公社组织的考察——论先秦两汉的“单—僤—弹”》，文物出版社1988年版，第135页。

② 《论衡·谢短》云：“一岁使民居更一月。”更期何时演变为年卒更一月，不得而知。但是，为何“卒践更一月休十一月”不从《徭律》，却从《尉律》，倒可以作为思考问题的切入点。如新出岳麓秦简中，关于“卒”的律令较多，如尉卒律、尉郡卒令、郡卒令、廷卒令、卒令。(参见陈松长《岳麓书院所藏秦简综述》，载《文物》2009年第3期)如淳所指“从《尉律》”，不知是否就指《尉卒律》?

③ 尹湾汉简《集簿》载东海郡“亭六百八十八卒二千九百七十二人”(连云港市博物馆等编：《尹湾汉墓简牍》，第77页)；《二年律令·行书律》云“畏害及近边不可置邮者，令门亭卒、捕盗行之”(彭浩、陈伟、[日]工藤元男主编：《二年律令与奏谳书：张家山二四七号汉墓出土法律文献释读》，第199页)；《盐铁论·禁耕》也记有“盐冶之处”有“郡中卒践更者”；《汉书》卷二九《沟洫志》载“濒河堤吏卒郡数千人”。

④ 张俊民：《〈二年律令·行书律〉浅析》，载中国秦汉史研究会编《秦汉史论丛》第9辑，三秦出版社2004年版。

⑤ 彭浩、陈伟、[日]工藤元男主编：《二年律令与奏谳书：张家山二四七号汉墓出土法律文献释读》，第304页。

在理清汉代徭役制度头绪后，下面再探讨一下徭役与秦汉地方财政收入"更赋"之关系。对此，林甘泉先生主编《中国经济通史·秦汉经济卷》一书有精辟论述：

> 对于封建国家来说，徭役创造了价值，成为封建国家一种无形的经济收入；对于百姓来说，除了无偿地投入自己的劳动力外，还要无偿地投入钱物，因而成为一种沉重的经济负担。所以，从一定意义上来说，劳役也可视为封建国家的一项重要财政收入。更赋是一种代役金，就是将百姓用劳力支付的义务转化成一种以货币支付的纳税义务。这种转化，突出了劳役作为国家财政收入的意义。①

对于汉代更赋的来源，众说纷纭，莫衷一是。其争议源自曹魏如淳的"更三品说"：

> 更有三品，有卒更，有践更，有过更。古者正卒无常人，皆当迭为之，一月一更，是谓卒更也。贫者欲得顾更钱者，次直者出钱顾之，月二千，是谓践更也。天下人皆直戍边三日，亦名为更，律所谓徭戍也。虽丞相子亦在戍边之调。不可人人自行三日戍，又行者当自戍三日，不可往便还，因便住一岁一更。诸不行者，出钱三百入官，官以给戍者，是谓过更也。②

对如淳这段概念混淆的注释，学者早有所订正。③ 其正确含义可简单归纳为：汉役有"卒更"，亲自去为"践更"，不亲自去即为"过更"。此外，近年来出土的秦汉简中也有一些"践更"记载④，确证如淳表述有误。

需要说明的是，有学者胪列大量资料证明如淳"戍边三日"说的荒谬，并认为"如淳对汉代的力役制度、复除制度并不了解，勉强为之作注，就难免漏

① 林甘泉主编：《中国经济通史·秦汉经济卷》下册，第504～505页。

② 《汉书》卷七《昭帝纪》师古注引如淳曰。

③ 参见高敏《秦汉赋税制度考释》，载《秦汉史论文集》，第77页；于豪亮《西汉适龄男子戍边三日说质疑》，载《考古》1982年第4期；[日]濱口重國《践更和过更》，载刘俊文主编《日本学者研究中国史论著选译》第3卷。

④ 张家山汉简有"践十一月更外乐"、"践更大祝"（彭浩、陈伟、[日]工藤元男主编：《二年律令与奏谳书：张家山二四七号汉墓出土法律文献释读》，第359、304页）。

洞百出，几无可取之处”[①]。对此，笔者认为此举略显矫枉过正，似乎有些批过了头。曹魏时，如淳仍能见到部分汉代律令及注疏，故其注释还是具有较高的史料价值。然而，这些汉律仅是东汉律令的孑遗，肯定会与西汉发生抵牾。如淳的“更三品说”应不是其个人附会自编，极有可能是东汉律文及注疏中的内容。譬如，“过更”本义是出钱请人服役。但到西汉后期，“过更”便虚化为“更赋”的代名词。如《汉书》卷八四《翟方进传》云“税城郭堧及园田，过更，算马牛羊”。东汉时，永初四年(110)“除三年逋租、过更、口算、刍稿”[②]，永建五年(130)“勿收责今年过更”[③]。这就是如淳所指法律意义上的“过更”。关于“戍边三日”说，极有可能是东汉律书注疏中的内容。其本来就是一种比附言辞，应与董仲舒所云古者“使民不过三日，其力易足”相类似。实际上，它是汉代政府为其征收更赋合法性的一种托辞而已，不必太在意。

关于更赋的具体内容，高敏先生认为汉代更赋缴纳国家，由国家给戍者。践更雇值每月两千，由雇者直接给被雇者。更赋只有一种税率，即每人每年出钱三百，不是每月一次。[④] 而朱绍侯先生主张更赋为三日三百，一年三万六千钱。[⑤] 胡大贵先生则认为“过更”即是更赋，不是代役钱，每个适龄男子都要缴纳。更赋的征收开始于文帝十三年，此前义务戍边，一年一更。[⑥]

笔者认为：其一，更赋的来历应与徭戍的艰辛有关。汉时成年男子每年都要在本郡服更役。如《盐铁论·禁耕》云：“故盐冶之处，大傲皆依山川，近铁炭，其势咸远而作剧。郡中卒践更者，多不勘，责取庸代。”同样，成年男子戍边是一个非常“凶险”的差事。边郡地区“地热多沙冬大寒”(《合校》502·15A)，且匈奴人长来侵扰。居延汉简中有许多戍卒病死、阵亡及被掳的例子。虽然高后五年时，“令戍卒岁更”[⑦]，但实际上，戍役一般“近者数千里，远

---

① 耿虎等：《如淳“更三品”说驳议》，载《厦门大学学报(哲学社会科学版)》2007年第3期。

② 《后汉书》卷五《安帝纪》。

③ 《后汉书》卷六《顺帝纪》。

④ 参见高敏《秦汉赋税制度考释》，载《秦汉史论文集》，第77页。

⑤ 参见朱绍侯《对居延敦煌汉简中庸的性质浅议》，载《中国史研究》1990年第2期。

⑥ 参见胡大贵《汉代更赋考辨》，载《四川师范大学学报(哲学社会科学版)》1995年第1期。

⑦ 《史记》卷二二《汉兴以来将相名臣年表》。

者过万里，历二期”[①]。《悬简释粹》可证：

神爵四年十一月癸未，丞相史李尊，送获（护）神爵六年戍卒河东、南阳、颍川、上党、东郡、济阴、魏郡、淮阳国诣敦煌郡、酒泉郡。因迎罢卒送致河东、南阳、颍川、东郡、魏郡、淮阳国并督死卒传棻（槥）。为驾一封轺传。御史大夫望之谓高陵，以次为驾，当舍传舍。如律令。

（Ⅰ0309③：237）

此简文中，丞相史在神爵四年时，就动身准备神爵六年戍卒的征发工作。

其二，“庸”与更赋。鉴于徭戍的“凶险”，“郡中卒践更者，多不勘，责取庸代”。一些人开始出钱“庸”别人来替自己服徭戍。但是，“庸役”事关个人身份的核实及销役，故一开始就由当地政府来插手此事。《合校》记有：

张掖居延库卒弘农郡陆浑河阳里大夫成更年廿四 庸同县阳里大夫赵勋年廿九贾二万九千

（170·2）

中为同县不审里庆来庸贯钱四千六百戍诣居延六月旦署乘甲渠第

（159·23）

二简雇“庸”价格相差较大，可能是不同时不同地的原因。也有学者对其作过推测，似难成定论。[②] 居延汉简的“庸”简中，基本上是同县之间、同爵之间雇佣，说明县在地方赋役中的独特地位。

不过，还有另一种情况。如《合校》简224·19：“☐庸任作者移名任作不欲为庸☐一编敢言之。”谢桂华先生认为此简是戍卒本人提出申请，欲取“庸”自代。[③] 此说可从。大体来说，“庸”刚开始是由所在县进行操作。随着戍卒的减少，边郡地区便直接鼓励戍卒直接受钱服役。如《新简》E.P.T59：573：“万岁部居摄元年九月戍卒受庸钱名籍。”但是，“庸”自产生开始，政府就已经介入，肯定要从中抽利，更赋便逐渐产生。关于“更赋”的最早记载，见于《汉书》卷七《昭帝纪》。其文云：“（元凤）三年以前逋更赋未入者，皆勿

① 桓宽撰、王利器校注：《盐铁论校注》卷九《徭役》。

② 何双全先生认为，四千六百钱为戍边四月，两万九千钱为戍边二年价格。（参见何双全《简牍》，第125页）按：何双全先生的算法可能是以“更赋三百钱为三日”为基准来计算的。

③ 参见谢桂华《汉简和汉代的取“庸”代戍制度》，载《秦汉简牍论文集》，甘肃人民出版社1989年版，第109页。

收。"《新简》与之互证：

入元年五月六月逋更钱千二百五凤三□☑ (E.P.T56:98)

悬泉汉简中也发现一些简与更赋相关：

出钱四百，以顾六月更。本始五年☑ (Ⅰ90DXT0209③:13)

入五年二月更钱八百。比二，直八十四。河平五年二月丙申，□令史博受柳里爰猛。[①] (Ⅱ90DXT0111②:14)

上第一简中，出四百钱用来"顾(雇)六月更"，应是如淳所云"贫者欲得顾更钱者，次直者出钱顾之"[②]。由此联想到，荆州高台汉墓《告地书》所载关内侯寡户"不筭(算)不顾"[③]中"不顾"的含义实为：除不服徭役外，也不用缴纳"顾"更钱。这是因为汉时一些不服徭役的人员，"常有更赋，罢癃咸出"[④]，所以《告地书》中才专门标注"不顾"二字。第二简为柳里居民"爰猛"不服二月卒更，直接交八百更钱给地方县级官吏令史，这应是史籍所载"更赋"。而地方政府正是用百姓所缴纳的更钱来雇佣人员"践更"。如悬泉汉简记有：

五凤五年三月赋御名籍 (Ⅱ90DXT0114④:238)

入钱六百以赋七月更。元康三年八月辛酉朔壬戌，厩御高心里张丁受县泉置啬夫弘。 (Ⅴ92DXT1812③:16)

□□□□十四人□厩□十二月更。元康五年正月癸未朔癸未，县泉置啬夫弘付厩御进喜里董□□。 (Ⅰ90DXT0210①:20)

入钱五百一十四，以赋二月更。元康五年二月癸丑朔庚辰，厩御延寿里李☑[⑤] (Ⅴ92DXT1612④:12)

上简应是"赋御名籍"一类的账簿，是政府用更赋来支付所雇"厩御"的开支记录。其中，悬泉置"厩御"的月工资由驿站负责人"啬夫"亲自支付，有月六百钱、月五百一十四钱等不同标准。

要之，至少在西汉中期，更赋逐渐演变成一种固定的赋目。当雇佣人与

---

① 郝树生、张德芳：《悬泉汉简研究》。

② 《汉书》卷七《昭帝纪》师古注引如淳曰。

③ 湖北省荆州博物馆：《荆州高台秦汉墓——宜黄公路荆州段田野考古报告之一》，第224页。

④ 《汉书》卷二四上《食货志上》。

⑤ 郝树生、张德芳：《悬泉汉简研究》。

被雇佣人之间的联结纽带越来越淡化，完全受控于政府时，更赋就彻底变成一项常规赋税。如《合校》云：

建平五年八月戊□□□□广明乡啬夫宏假佐玄敢言之善居里男子丘张自言与家买客田居延都亭部欲取检谨案张等更赋皆给当得取检谒移居延如律令敢言之 (505·37A)

在此类"出入检"中，居民的更赋是否缴齐，竟然成为其自由出入关口的一项硬性指标，可知更赋已为常规赋税。

东汉时，更赋亦称"过更"，更虚化为一种单纯的赋目，可能变为如淳所云过更三百钱。[①] 据甘谷汉简，当时地方政府对一些落魄宗室也要"责更、算、道、桥钱"[②]。更钱三百之制似延续至孙吴时期。如走马楼吴简(壹)：

其□人更人收钱三百□ ☑ (9786)

☑ 其八人更人收钱三百合二千四百[③] (4755)

3. 法外之"赋"——财产税

一般来说，汉代的"资产税"并不是一个固定税目。汉时对民户资产登记、评定的目的是通过"知民善恶，为役先后，知民贫富，为赋多少，平其差品"[④]来达到平徭赋的目的。平徭赋是地方政府的重要职能。其中官"弹"就是一种常见方式。如《酸枣令刘熊碑》载："以卒为更，悯念烝民，劳苦不均，为作正弹，造设门更。"[⑤]"平其差品"就是根据资产来判定户等。《东牌楼简》82号简：

凡口五事 ☑

中 算三事 訾五十

甲卒一人 ☑

上简中，基层官吏核定资产为"訾五十"，便为以后的赋役征发提供了参照。

① 参见《汉书》卷七《昭帝纪》师古注引如淳曰。

② 张学正：《甘谷汉简考释》，载甘肃省文物工作队、甘肃省博物馆编《汉简研究文集》，甘肃人民出版社1984年版，第88页。

③ 长沙市文物考古研究所等编：《长沙走马楼三国吴简·竹简(壹)》。

④ 《续汉书·百官志五》本注曰。

⑤ 高文：《汉碑集释》(修订本)，第206页。

如《后汉书》卷三九《刘平传》云:“政有恩惠,百姓怀感,人或增赀就赋,或减年从役。”即有此意。

在汉代,绝大多数财产税的征收都是在国家财政吃紧的“非常之时”。如武帝的算缗,就是“军阵数起,用度不足,以訾征赋”①。王莽时,“一切税天下吏民,訾三十取一”②也属此类。财产税征收原则是钱多多出,钱少少出,极适用于“非常之时”。因此,财产税大多属于一种法外之赋,难成定制。

4. 赋钱的上缴与财政的地区性差异

汉代财政最明显的地区性差异表现为:边郡与内郡的财政“倒置”,即内郡的赋钱直接送给边郡或经大司农调拨边郡。第一种方式:直接输送。如《悬简释粹》载:

永始四年九月辛丑朔戊辰,平阴阴虞侯守丞谭,行丞事,移过所,丞庆辅为郡输钱敦煌,当舍传舍,从者如律令。 (ⅠT0114①:1)

此简明确记载河南郡阴虞侯国丞当年九月份亲自输钱敦煌郡。九月份作为财政年度的末月,也是汉代赋钱上缴的密集期。故居延汉简中称之为“秋赋钱”。《合校》载:

入秋赋钱千二百 元凤三年九月乙卯□☑ (280·15)

元凤元年六月辛丑除 已得河内赋钱千八百 (498·8)

●凡入赋钱卅万八千八十 (85·22)

上第一简说明边郡在接受赋钱后,要入账;第二简说明昭帝元凤前后,河内郡也输钱张掖郡;第三简可证边郡接收赋钱数量之多。此外,在居延汉简中也发现了运送赋钱的封检实物。《合校》中记有:

□卩 □□里父老□□

回 回秋赋钱五千 正安释□□

乡 啬夫京佐吉□ (526·1A)

荧 东利里父老夏圣等教数

① 桓宽撰、王利器校注:《盐铁论校注》卷三《未通》。
② 《汉书》卷九九下《王莽传下》。

□秋赋钱五千　　　　西乡守有秩志臣佐顺临

阳　　　　　　　　□□亲具　　　　(45·1A)

广　秋　五千

□　□　　　　　　王德少三

乡　赋　□四　　　　　　　　　　(21·1A)

□□

七月秋赋钱五千　　　　　　　　　(49·2A)

上引四枚封检简中,"□"型符号代表封泥槽。此处封检是用来封装钱袋的,属于实物封检,非文书封检。封检上所写小字,应是最初封装时留下的原始记录。分析其简文,可以发现:其一,四枚封简中全部是以五千钱为单位,说明最初乡在上缴县赋钱时,是以五千钱进行分装的。此举有助于赋钱的计算及运输。其二,在此四简中,唯有一简记有县名"荧(荥)阳",当属河南郡。其余则署乡名,县名不可考。这些赋钱都是从内郡直接运输的,应当不错。其三,所有钱都称"秋赋钱"。唯有第四简中载"七月秋赋",其余是否也由乡在七月征收,还不能妄下定论。其四,在乡将秋赋上缴县前,一般应是里父老或里正数点赋钱后,在乡有秩或啬夫、乡佐的监督下,再一起将赋钱装袋。至东汉时,内郡输钱边郡,史籍也有详细记载。《后汉书》卷九〇《乌桓鲜卑列传》云:

永平元年,祭肜复赂偏何击歆志贲,破斩之,于是鲜卑大人皆来归附,并诣辽东受赏赐,青徐二州给钱岁二亿七千万为常。

第二种方式:地方将赋钱输入都内(国库),再由大司农统一调拨。尹湾汉简记有:

郯右尉郎?延年九月十三日输钱都内
海西丞周便亲七月七日输钱齐服官
兰陵右尉梁樊于九月十二日输钱都内
曲阳丞朱博七月廿五日输钱都内
承丞庄戍九月十二日输钱都内
良成丞宣圣九月廿一日输钱都内

南城丞张良九月廿一日输钱都内

干乡丞□□九月十二日输钱都内

南城尉陈顺九月廿一日输钱都内

●右九人输钱都内[1]

由上可知，东海郡都是由县丞或尉亲自输钱都内。大多为九月份，少数为七月份，应为居延汉简提到的“秋赋钱”。在上简中，“输钱齐服官”也被列入输钱都内的名单中。在汉代，齐服官是专门负责制作皇室衣物的。按汉人的公私财政观念，应由皇帝的私财机构少府支付费用，不应由地方赋钱支付。对此，李均明先生解释为先由地方垫付，然后中央进行转账。[2] 可备一说。同时，笔者认为，在思考这一问题时，也不能完全囿于汉人公私财政观念。它与至高无上的皇权相比，根本是不堪一击的。在西汉后期，“用度不足，奏请一切增赋，税城郭堧及园田，过更，算马牛羊，增益盐铁，变更无常”[3]。法外之赋皆可征收，何况没有法律明文规定的公私观念。

在尹湾汉简中，地方输钱都内皆以县为单位。因为地方不可能都送往郡，再由郡统一输送中央。如果那样，运费高昂且耗费时间。汉时，县作为地方基本核算单位，其财政地位非常重要。但是，笔者也发现了一个疑点，如“海西丞周便亲七月七日输钱齐服官”。检谭其骧先生主编《中国历史地图集》中《西汉时期全图》，海西县在东海郡的最东南角，与齐郡的直线距离，在诸县中应为最远。[4] 考虑运输成本的话，选择海西县输钱齐服官，恐为下策。笔者推测“海西丞周便亲”可能是受郡差遣，并非运送本县赋钱。

在地方运送赋钱都内后，大司农再将其中一部分调拨给边郡。如《合校》载：

都内赋钱五千一百卌

入　给甲渠候史利上里高何齐

---

① 连云港市博物馆等编：《尹湾汉墓简牍》，第 96 页。

② 参见李均明《读〈尹湾汉墓简牍〉杂记》，载李学勤、谢桂华主编《简帛研究（二〇〇一）》，广西师范大学出版社 2001 年版。

③ 《汉书》卷八四《翟方进传》。

④ 参见谭其骧主编《中国历史地图集》第 2 册，中国地图出版社 1982 年版。

地节二年正月尽九月积九月奉　(111·7)

此处的“都内赋钱”应是大司农调拨过来以用作“正月尽九月”俸禄。大司农有时也调拨布帛给边郡，以充当官吏的俸禄等开支。如《合校》载：

入都内第□□两帛□□□　(516·2)

出都内第一七稯布廿八☐　(520·19)

戍卒的衣服有时也由都内直接提供。如《新简》记有：

皁布复绔一两
犬皮絑二两受都内
䌰衣橐　革绲一两
枲履一两　(E.P.T59:19)

☐回　贳县官裘一领过受都内
皂布禅衣一领　(E.P.T53:210)

上简中“过受都内”可能是指关东戍卒在途经关中时，由都内统一发放的衣物。

(三)市租的征收及管理

市租不属于赋的范围，应属于营业税，也是汉代地方现金收入中的重要部分。如“齐临菑十万户，市租千金”[①]。战国时，设有市啬夫专职管理市场，对列肆的大小都有详细规定。如《银雀山汉墓竹简·市法》云“市者，百化(货)之威，用之量也。中国能【利】市者强，小国能利市者安”，“下化(货)贱者受(授)肆毋过十尺。此肆邪市列之数也”，“市啬夫使不能独利市”。[②]秦简中也有市场相关的法律条文。如《秦律十八种·金布律》规定：

贾市居列者及官府之吏，毋敢择行钱[③]、布；择行钱、布者，列伍长弗

---

① 《史记》卷五二《齐悼惠王世家》。

② 银雀山汉墓竹简整理小组编:《银雀山汉墓竹简〔壹〕》,第140～141页。

③ 关于行钱,《二年律令·钱律》规定:“钱径十分寸八以上,虽缺铄,文章颇可智(知),而非殊折及铅钱也,皆为行钱。”(彭浩、陈伟、[日]工藤元男主编:《二年律令与奏谳书:张家山二四七号汉墓出土法律文献释读》,第168页)吴荣曾先生认为“行钱”的“行”,为粗恶、滥恶之意,表示质量不算太差的恶钱。(参见吴荣曾《秦汉时的行钱》,载《中国钱币》2003年第3期)

告,吏循之不谨,皆有罪。有买及买(卖)殹(也),各婴其贾(价);小物不能各一钱者,勿婴。[①]

此律文中"毋敢择行钱、布"的目的是维护正常的货币流通秩序,而"各婴其贾"即是要求商品明码标价。在市吏收租的程序上,《秦律十八种·关市律》云:

为作务及官府市,受钱必辄入其钱缿中,令市者见其入,不从令者赀一甲。[②]

汉代亦是如此。《二年律令·金布律》规定:

官为作务、市及受租、质钱,皆为缿,封以令、丞印而入,与参辨券之,辄入钱缿中,上中辨其廷。[③]

在市租收缴程序上,有着严密的防范措施。首先,要备好"缿"一类的贮钱罐。《说文》云"缿,受钱器也","古以瓦,今以竹"。又,《汉书》卷七六《赵广汉》师古注曰:"缿,若今盛钱臧瓶,为小孔,可入而不可出。"其次,要在"缿"出钱处用封泥封好并加盖令或丞印。在收钱时,只从小孔塞入,钱就可以只进不出了。最后,在收取市租后,要开取"参辨券",相当于一式三联的"发票",分别由纳税人、经手人及政府保管。

需要注意的是,上两条秦汉律文中都提到官"为作务"。这应指秦、西汉前期的官营手工业,其生产出来的产品往往要在官市中销售。在秦、西汉早期墓葬的陶器、漆器中有大量印有"亭"、"市"陶文。[④] 裘锡圭先生在《啬夫初探》一文中,认为"亭"、"市"陶文的背后是县营手工业的兴衰,与中央对地方、郡对县的集权变化有关。[⑤] 此见解可谓入木三分。秦汉时"亭"、"市"经常连用。个中原因为:其一,秦时亭兼有市的职能。[⑥] 汉时,有些亭旁也设有

① 睡虎地秦墓竹简整理小组编:《睡虎地秦墓竹简》,第 57 页。

② 睡虎地秦墓竹简整理小组编:《睡虎地秦墓竹简》,第 68 页。

③ 彭浩、陈伟、[日]工藤元男主编:《二年律令与奏谳书:张家山二四七号汉墓出土法律文献释读》,第 254 页。

④ 参见俞伟超《汉代的"亭""市"陶文》,载《文物》1963 年第 2 期。

⑤ 参见裘锡圭《啬夫初探》,载《云梦秦简研究》。

⑥ 参见裘锡圭《啬夫初探》,载《云梦秦简研究》。

市。如《史晨后碑》有"于昌平亭下立会市"[①]的记载。亭一般都位于交通要道,市靠亭置,也好理解。其二,与官市的形制有关。当时官市中一般都有标志性的建筑——旗亭。《史记》卷一三《三代世表》集解引薛综曰:"旗亭,市楼也。立旗于上,故取名焉。"东汉画像砖也有完整的官市画面,可资参阅。[②]

汉时,坐贾行商都要被专门编入"市籍",并在入仕、名田等方面受到限制。在商贩缴纳市租上,也有严格规定。《二年律令·关市律》云:

> 市贩匿不自占租,坐所匿租臧(赃)为盗,没入其所贩卖及贾钱县官,夺之死〈列〉。〈列〉死长、伍人弗告,罚金各一斤。啬夫、吏主者弗得,罚金各二两。[③]

关于汉代市租的租率,资料缺乏,迄无定论。王莽时,"商贩贾人坐肆列里区谒舍,皆各自占所为于其在所之县官,除其本,计其利,十一分之,而以其一为贡"[④],可能与汉税率相去不远。此外,在边郡地区还有"关市"。当然,国家规定的一些禁品,如铁器、兵器等,是严禁买卖的。《新简》记有:

> ●甲渠言毋羌人入塞
>
> 买兵铁器者 (E.P.T5:149)

在和平时期,关市的贸易量还是相当大的。悬泉汉简所载《康居王使者册》[⑤]就是一种官方贸易方式。东汉初,"惟河西独安,而姑臧称为富邑,通货羌胡,市日四合"[⑥],其繁盛情况可见一斑。

以上所述,基本上涵盖了汉代地方现金征收的内容。如《二年律令·金布律》云:"租、质、户赋、园池入钱,县道官勿敢擅用,三月壹上见金、钱数二

---

① 高文:《汉碑集释》(修订本),第339页。

② 参见刘志远《汉代市井考——说东汉画像砖》,载《文物》1973年第2期。

③ 彭浩、陈伟、[日]工藤元男主编:《二年律令与奏谳书:张家山二四七号汉墓出土法律文献释读》,第196页。

④ 《汉书》卷二四下《食货志下》。

⑤ 参见胡平生、张德芳《敦煌悬泉汉简释粹》,第118~119页。

⑥ 《后汉书》卷三一《孔奋传》。

千石官，二千石官上丞相、御史。”[①]这说明汉初地方政府掌握的现金有四种：市租、质钱（抵押金）、户赋、园池钱。其中园池钱应是政府对在“山川园池”中劳作谋利之人收取的一种税收。如《二年律令·金布律》规定：

诸私为菌（卤）盐煮济汉，及有私盐井煮者，税之，县官取一，主取五。采银租之，县官橐（橐），银十三斗为一石，□石县官税□银三斤。其□也，牢橐，石三钱。租其出金，税二钱。租卖穴者，十钱税一。采铁者五税一；其鼓销以为成器，有（又）五税一。采铅者十税一。采金者租之，人日十五分铢二。民私采丹者租之，男子月六斤九两，女子四斤六两。[②]

这部分租钱应归为园池钱一类。需要强调的是，园池钱很难完全纳入地方财政收入中。《二年律令》的成书年代为吕后时期，在当时诸侯王控制的地区，园池钱是属于诸侯王的“私奉养”。后来，武帝时盐铁官营后，又由中央设置特种官来管理。东汉时，才属于地方管理。

最后，还要谈谈汉代地方财政的“隐形”收入——罚没钱财及刑徒劳作收入。它虽然构不成地方财政的固定收入，但也不能无视它的存在。秦汉律文中，对罚赎的具体标准都有详细规定。秦律中称“赀×盾、甲”，而汉律中则云“罚金×两”。臧知非先生从社会变迁的角度，对此问题有过深入探讨，可资参考。[③] 笔者略作补充：赀盾、甲的最初来源，确与军事有关。后来，“盾甲”成为衡量单位，实际却以罚钱为主。如里耶秦简中的赀罚全部用钱来表示。[④] 最近披露的岳麓书院所藏两枚秦简完全可以说明这一点。如：

赀一甲，直钱千三百卌四，直金二两一垂。一盾直金二垂。赎耐，马甲四，钱一(?)千六百八十。　　(0957)

马甲一，金三两一垂，直钱千□百廿。金一朱，直钱廿四。赎入马甲

① 彭浩、陈伟、[日]工藤元男主编：《二年律令与奏谳书：张家山二四七号汉墓出土法律文献释读》，第254页。

② 彭浩、陈伟、[日]工藤元男主编：《二年律令与奏谳书：张家山二四七号汉墓出土法律文献释读》，第256页。

③ 参见臧知非《赀刑变迁与秦汉政治转折》，载《文史哲》2006年第4期。

④ 参见湖南省文物考古研究所、湘西土家族苗族自治州文物处《湘西里耶秦代简牍选释》，载《中国历史文物》2003年第1期。

十二，钱二万三千卌。[①] (0970)

汉时，《二年律令》中径以黄金代替赀盾、甲，可能是“盾甲”的衡量象征意义已无存在必要，抑或是受鲁国等东方诸侯国的影响。如《张家山汉墓竹简·奏谳书》云：“异时鲁法：盗一钱到廿，罚金一两；过廿到百，罚金二两。”[②]

汉代“罚赎金两”，实际上大多也是以钱执行。《新简》记有：

☐期会　皆坐辨其官事不辨论罚金各四两直二千五百 (E. P. T57:1)

大司农臣延奏罪人得入钱赎品 (E. P. T56:35)

赎完城旦舂六百石　直钱四万 (E. P. T56:36)

髡钳城旦舂九百石　直钱六万 (E. P. T56:37)

由上简“罚金各四两直二千五百”，可知当时金价应为一斤为一万钱。[③] 东汉时，赎罪多以入缣为主。《后汉书》卷二《明帝纪》云：“天下亡命殊死以下，听得赎论：死罪入缣二十匹，右趾至髡钳城旦舂十匹，完城旦舂至司寇作三匹。”

除罚赎钱财外，有些罪行还要没入家属、资产等。秦简《封诊式·封守》采用的就是没收犯人家属、资产的典型文书形式。[④] 汉初《二年律令·收律》云：

当收者，令狱史与官啬夫、吏杂封之，上其物数县廷，以临计。[⑤]

这些罚没收入肯定是要上缴中央的。《后汉书》卷四一《钟离意传》载：

显宗即位，征为尚书。时交阯太守张恢，坐臧千金，征还伏法，以资物簿入大司农，诏班赐群臣。

---

① 于振波：《秦律中的甲盾比价及相关问题》，载《史学集刊》2010年第5期。

② 彭浩、陈伟、[日]工藤元男主编：《二年律令与奏谳书：张家山二四七号汉墓出土法律文献释读》，第372页。

③ 《汉书》卷二四下《食货志下》也云：“黄金重一斤，直钱万。”按：西汉时黄金问题较杂。李祖德先生《试论秦汉的黄金货币》（载《中国经济史研究》1997年第1期）一文，用力最深。他认为汉代黄金仍处在比较原始的称量货币阶段。东汉黄金记载明显减少，其原因是黄金退出货币流通领域。此说可从。

④ 参见睡虎地秦墓竹简整理小组编《睡虎地秦墓竹简》，第249页。

⑤ 彭浩、陈伟、[日]工藤元男主编：《二年律令与奏谳书：张家山二四七号汉墓出土法律文献释读》，第161页。

有趣的是，汉时百姓捡到的大件财物上缴地方政府后，一般也要没收充公。如《周礼·秋官·朝士》注引郑司农云："若今时得遗物及放失六畜，持诣乡亭县廷。大者公之，大物没入公家也。小者私之，小物自畀也。"

对于这种非制度化的"罚没"收入，地方政府显然是有漏洞可钻的。《后汉书》卷五八《虞诩传》载："长吏、二千石听百姓谪罚者输赎，号为'义钱'，托为贫人储，而守令因以聚敛。"此处"谪罚"为一种行政处罚，与居延汉简中的"適罚"类似。此外，地方政府也使用许多刑徒劳作。他们也会创造一部分收入。如《合校》云：

〼山鱳得二人送囚昭武〼□四月旦见徒复作三百七十九人

〼卅八人署厨传舍狱城郭官府〼六十人付肩水部部遣吏迎受

（34·9,34·8A）

综上所述，汉代地方财政收入并不只是几个简单赋税项目的罗列，而是一个相当复杂的财政征收体系。只有将其放置在土地控制、人身控制、赋役征发的体系中，才能渐渐识别出一个动态的地方财政收入。同时，在地方财政征收过程中，财政支出也在同步进行着。二者之间并不是简单的"统收统支"关系，也需要我们下一步去解析。

第四章　汉代地方财政支出构成及地区性差异

汉代实行中央集权的财政体制，并不等同于财政上的统收统支。在当时社会条件下，这是根本不可能做到的。实际上，一些地方收入项目在征收的同时，就已开始支出。地方收入与支出之间并不是一种单纯的先后顺序，而是一种彼此交错的关系。当然，这些支出必须是有法可依、有账可查的。汉代地方财政支出的项目较为琐碎，面面俱到则未免有失主次，故本文拣选具有代表性的重要支出作集中阐述。

一、地方官吏俸禄

俸禄是战国时君主集权的官僚制度取代世卿制的一种伴生品，是“臣尽死力以与君市，君垂爵禄以与臣市”①君臣关系的纽带。官俸是汉代地方财政支出的重中之重。《太平御览》卷六二七引桓谭《新论》曰：“汉定以来，百姓赋敛，一岁为四十余万万。吏俸用其半，余二十万万，藏于都内为禁钱。”汉时，官吏俸禄一般是按月计值发放的，故常称为“月奉(俸)”。②《周礼・天

① 王先慎撰、钟哲点校：《韩非子集解・难一》，中华书局 1998 年版。

② 俸禄有时也称为“月直”。如《合校》简 44・7、190・7：“入钱七百受□从张如意十一月尽七月月直少百。”《东牌楼简》69 号汉简也有“月直”的记载。

官·大宰》郑注曰:"禄,若今月奉也。"汉时,"奉"、"禄"互通,汉简中"奉钱"、"禄钱"皆见。如《合校》记有:

第廿二燧长史丰　七月禄钱九百　(214·25)

第卅三隧长梁当时　已得九月奉钱六百　(104·17、101·15)

(一)地方官吏俸禄标准与"非常规替代"

关于汉代地方官吏俸禄的发放标准,学者颇有研究。陈梦家先生《汉简所见奉例》[①]一文结合居延汉简对地方官俸探幽发微,实为大作。然而,囿于文献记载的互生龃龉以及简牍资料"片鳞半爪"的特性,汉代地方官俸的研究仍存有一些"盲点"需要探究。笔者在前贤时哲研究的基础上,略陈管窥之见。

第一,官俸是依照官秩的级别来发放的。自官秩产生之日起,它就与俸禄纠缠在一起。汉时官秩皆以谷物称量单位"石"为后缀,即可明了。史籍中记载汉代地方官吏的俸禄标准,互相抵牾,真伪难辨。(见表 4-1)

表 4-1　史籍所载官俸标准表　(单位:斛)

官秩 文献出处	中二千石	二千石	比二千石	千石	比一千石	六百石	比六百石	四百石	比四百石	三百石	比三百石	二百石	比二百石	百石	斗食	佐史
《汉书》卷一九上《百官公卿表上》师古注	180	120	100	90	80	70	60	50	45	40	37	30	27	16	11	8

① 陈梦家:《汉简所见奉例》,载《汉简缀述》,中华书局1980年版。

续表

《后汉书》卷一下《光武帝纪下》李贤注引《续汉志》	180	120	100	90	80	70	55	50	45	40	37	30	27	16	11	8
《续汉书·百官志五》刘昭注	180	120	100	80	缺	70	50	45	40	40	37	30	27	16	11	8

上述三条史料所载官吏俸禄斛数，虽互有抵触，却亦大同小异。其中颜师古注权当作西汉俸制，而刘昭、李贤注认定为东汉建武廿六年增俸之制。对此，清人王鸣盛认为“此必师古失记建武增奉之事，直取《续汉志》以注《百官表》，以后汉制当前汉制也”①。此观点可谓对错参半。

首先，颜师古并不是仅仅“取《续汉志》以注《百官表》”。他在《百官公卿表》注中说道：“《汉官名秩簿》云斗食月奉十一斛，佐史月奉八斛也。”据此，他也是有本所依。实际上，上述三条史料所依之本应该相去不远，它们之间的差异大多为传抄之讹。譬如，刘昭注中，比四百石与四百石的俸禄都为40斛。明眼一看，即为传抄讹误。其注中还无比一千石俸禄，恐为漏记。

其次，师古用《汉官名秩簿》强注《百官表》，作西汉之制，实误。在其注中，无官秩五百石、八百石，而《汉书》卷一〇《成帝纪》云阳朔二年（前23），才“除吏八百石、五百石秩”，故师古所载必在成帝之后。

再次，师古所载俸制，与刘昭、李贤所记东汉俸制大同小异。建武改制中“千石已上，减于西京旧制；六百石已下，增于旧秩”②的官俸变化，根本显

① 王鸣盛：《十七史商榷》卷三四《官奉》，中华书局1985年版。

② 《后汉书》卷一下《光武帝纪下》。

现不出来。故笔者认为此三条史料都为东汉之制，且所据之本可能为同一史料。

第二，汉代地方官俸的实际发放，并不是完全按照上述俸制来进行的。与律文中的罚金数值一样，它也只起到一个参照系数的作用。一般来说，西汉官俸以钱为主，而东汉则“半钱半谷”①。这可能与两汉货币流通能力的强弱有关。② 西汉的地方官吏月俸钱发放标准，可见下表 4-2。

表 4-2　史籍、汉简所载西汉地方官吏月俸表　（单位：钱）

官秩	月俸	资料来源
真二千石③	20000	《史记》卷一二〇《汲郑列传》集解引如淳曰
二千石	16000	《史记》卷一二〇《汲郑列传》集解引如淳曰
比二千石	12000	《汉书》卷七二《贡禹传》
八百石	9200	《汉书》卷七二《贡禹传》
六百石	6000	《新简》E. P. T59：35
二百石	2000	《合校》282・15
百石	600/1200/1800	《汉书》卷八《宣帝纪》注引如淳；《合校》35・5；甲附 1
斗食	480/900	《合校》90・2、4・11
佐史	360/600/900	《合校》303・21；《敦简》1757；《合校》267・27

上表虽然未全部涵盖西汉地方各级官秩的月俸情况，但也能窥见西汉小吏的月俸波动最大。如《汉书》卷八《宣帝纪》载神爵三年（前 59）诏曰：

① 《续汉书・百官志五》。

② 两汉货币流通能力有所差别。如西汉罚金多以钱，而东汉则多以布匹。东汉时黄金也基本退出流通领域。总的来说，西汉货币流通情况较东汉更为顺畅。个中原因极具有研究价值。

③ 关于真二千石是否为独立秩级，学界尚无定论。阎步克先生《也谈“真二千石”》（载《史学月刊》2003 年第 12 期）一文认为，“真二千石”具有双重含义：一方面它构成了有异于二千石的一个秩级，同时称“真”又有与“守”相区别的意义，这时的“真二千石”是二千石的正秩。廖伯源先生《辨“真二千石”为“二千石”之别称》（载《史学月刊》2005 年第 1 期）一文认为，汉代并无官员之秩级为真二千石，真二千石为二千石之别名。周群先生《西汉二千石秩级的演变》（载《史学月刊》2009 年第 10 期）一文则认为，真二千石从来就不是一个独立的秩级。

"今小吏皆勤事，而奉禄薄，欲其毋侵渔百姓，难矣。其益吏百石以下奉十五。"此次益俸的对象仅限定为百石、斗食、佐史的小吏。《新简》E. P. T5：47简可证：

五凤四年八月奉禄簿　　尉一人二千
士吏三人三千六百　　（以上为第一栏）
令史三人二千七百
尉史四人二千四百　　凡□……☑
候史九人其一人候史拓有劾五千四百　　□☑　（以上为第二栏）

此简反映的就是神爵三年（前59）改制后，五凤四年（前54）官吏的月俸情况。其中士吏（百石）为一千二百钱，令史（斗食）为九百钱，尉史、候史（佐史）为六百钱。而在神爵改制前的俸禄简中，明显要低于此标准。如《合校》记有：

司马令史行倗始元六年七月甲子除 未得始元六年十月奉用钱四百八十　　（90·2、90·12、90·60）

书佐樊奉始元三年六月丁丑除 未得始元六年八月奉用钱三百六十　　（303·21）

在这两枚昭帝时期的月俸简中，令史（斗食）、书佐（佐史）分别为四百八十、三百六十钱。依此标准类推，当时百石吏的月俸当为六百钱。《汉书》卷八《宣帝纪》师古注引如淳曰"律，百石奉月六百"，刚好与之相合。不过，也有例外。如边郡隧长（秩级佐史），自昭帝时期到宣帝改制，月俸一直未有变化。居延汉简记有：

居延甲渠第卅七隧长赵辅进　　未得正月尽三月积三月奉用钱千八百
始元五年八月辛酉除　　已得赋钱千八百
（《新简》E. P. S4. T2：12）

出　赋钱六百
以给广谷隧长安世元康三年三月奉　元☑
（《合校》433·33、433·48）

万岁隧刑齐自取第一隧长王万年自取

出钱三千六百　却適隊长寿自取第三隊长愿之自取

临之隊长王纹自取候史李奉自取　（以上为第一栏）

初元年三月乙卯令史延年付第三部吏六人二月奉钱三千六百

（以上为第二栏，此简左上侧有刻齿）　（《新简》E. P. T51：193）

上三简可以说明：自昭帝到元帝时期，隧长月俸一直是六百钱。此种情况应属于特例，可能与隧长秩级的变动有关。

到哀帝绥和二年（前7），又一次增俸，“益吏三百石以下奉”①。《合校》记有：

第四候长夏侯放 ～ 三月奉钱千八百　已前出　（甲附1）

第廿三候史淳于良　十一月奉用钱九百　☐　（267・27）

此两简中，候长（百石）、候史（佐史）的月俸较宣帝神爵俸制都增加了50%，分别为一千八百、九百钱，应与哀帝增俸相关。

东汉初，由于遭受兵燹之厄，官俸多以谷物为主。在偏安一隅的河西地区，领河西五郡大将军窦融于建武三年（27）四月临时定官俸之制。《新简》载：

居延都尉　奉谷月六十石　（E. P. F22:72）

居延都尉丞　奉谷月卅石　（E. P. F22:73）

居延令　奉谷月卅石　（E. P. F22:74）

居延丞　奉谷月十五石　（E. P. F22:75）

居延左右尉　奉谷月十五石　（E. P. F22:76）

●右以祖脱谷给岁竟壹移计　（E. P. F22:77）

光武帝统一全国直至明帝时期，地方官俸仍以谷物为主。《敦简》记有：

入七月奉穬麦八斛　建武廿九年七月丁酉高望隊长代张蒲受万岁候长赦　（2182）

入七月奉麦四斛　永平四年七月乙亥☐☐　（2176）

随着经济的复苏与货币流通的顺畅，官俸的发放逐渐变为“半钱半谷”的方式。如《续汉书・百官志五》注引荀绰《晋百官表注》有详细记载：

① 《汉书》卷一一《哀帝纪》。

汉延平中，中二千石奉钱九千，米七十二斛。真二千石月钱六千五百，米三十六斛。比二千石月钱五千，米三十四斛。一千石月钱四千，米三十斛。六百石月钱三千五百，米二十一斛。四百石月钱二千五百，米十五斛。三百石月钱二千，米十二斛。二百石月钱一千，米九斛。百石月钱八百，米四斛八斗。

第三，汉代地方官俸发放的"非常规替代"。在国家出现财政危机时，地方官俸肯定会受到财政紧缩的影响，导致拖欠或非常规发放。如王莽时，"天下吏以不得奉禄，并为奸利"[①]。东汉"延熹中，连岁征伐，府帑空虚，乃假百官奉禄"[②]。汉简中也有许多以布、絮等替代官吏俸钱的例子。《合校》记有：

入 布一匹直四百 凡直八百

絓絮二斤八两直四百 给始元四年三月四月奉 始元四☐

（右侧有齿七）(308・7)

出河内廿两八匹一丈三尺四寸大半寸直二千九百七十八给佐史一人元凤三年正月尽九月积八月少半日奉 (303・5)

此两条昭帝简就是以布、絮来替代常规的月俸钱。它应该是"承孝武奢侈余敝师旅之后，海内虚耗，户口减半"[③]的缩影。到新莽时，制度无常，财政亏空，俸制更为混乱。《汉书》卷九九中《王莽传中》载：

（天凤三年）五月，莽下吏禄制度，曰："予遭阳九之厄，百六之会，国用不足，民人骚动，自公卿以下，一月之禄十緵布二匹，或帛一匹。予每念之，未尝不戚焉。今厄会已度，府帑虽未能充，略颇稍给，其以六月朔庚寅始，赋吏禄皆如制度。"四辅公卿大夫士，下至舆僚，凡十五等。僚禄一岁六十六斛，稍以差增，上至四辅而为万斛云。

由上可知，在天凤三年(16)王莽"下吏禄制度"前，曾一度以布帛当俸。《合校》简210・27[④]与之互证：

① 《汉书》卷九九下《王莽传下》。

② 《后汉书》卷七八《宦者列传》。

③ 《汉书》卷七《昭帝纪》。

④ 此简应属王莽时期。《汉书》卷九九中《王莽传中》载始建国元年，"更名秩百石曰庶士"。

●右庶士士吏候长十三人禄用帛十八匹二尺少半寸直万四千四百四十三

又，《新简》载：

尉史李崇　十月禄大黄布十三枚　十二月辛未自取　𠬝

(E. P. T59:194)

不侵候史赵竟　十月禄大黄布十三枚 三年正月己丑候长茂取　𠬝

(E. P. T59:197)

●右第十部士吏以下吏十一人用大黄布百三十三枚　(E. P. T59:220)

此组简的年代，李振宏先生考证为始建国三年或四年。[①] 在此类简中，无论官秩高低，禄钱一律为十三枚"大黄布"[②]。虽然其具体性质难以判定，但王莽俸制的"无常"却也暴露无遗。此外，《合校》简154・10记有"☐三月禄用盐十九斛五斗"，说明盐有时也可抵作俸禄发放。

第四，月食与俸禄的关系。月食问题似乎还未引起学者足够重视。笔者认为，月食是国家对在职官吏每月进行无偿廪食的制度。《墨子・七患》载：

岁馑，则仕者大夫以下皆损禄五分之一。旱，则损五分之二。凶，则损五分之三。餽，则损五分之四。饥，则尽无禄，禀食而已矣。[③]

由上可知，当时官吏一般同时享有俸禄、禀食。《秦律十八种》云：

官啬夫免，复为啬夫，而坐其故官以赀赏(偿)及有它责(债)，贫窭毋(无)以赏(偿)者，稍减其秩、月食以赏(偿)之，弗得居；其免殹(也)，令以律居之。[④]

---

① 参见李振宏、孙英民《居延汉简人名编年》，中国社会科学出版社1997年版，第282页。

② "大黄布"应是王莽"布货十种"之一。《汉书》卷二四下《食货志下》载："大布、次布、弟布、壮布、中布、差布、厚布、幼布、幺布、小布……上至大布，长二寸四分，重一两，而直千钱矣。"此币文的读法存有争议。在居延"大黄布"简发现前，一般都读为"大布黄千"。《汉书补注》引叶德辉曰："《蔡云癖谈》云：'纪大布之黄，横省文也。横即衡也。'"而今人赵平安先生参照居延"大黄布"简，认为汉币用"直"不用"衡"。王莽自称为"黄帝"后，应读为"大黄布千"。（参见赵平安《"大布黄千"的读法及其蕴义》，载《华夏考古》2006年第4期）笔者倾向于赵氏观点。

③ 孙诒让撰、孙启治点校：《墨子閒诂》，中华书局2001年版(《新编诸子集成》本)，第26页。

④ 睡虎地秦墓竹简整理小组编：《睡虎地秦墓竹简》，第62～63页。

月食者已致禀而公使有传食，及告归尽月不来者，止其后朔食，而以其来日致其食；有秩吏不止。[1]

上述简中明确表明"有秩"与月食的区别。当时，有秩吏不仅有"秩"（俸禄），每月还享有固定月食。而"非有秩"吏则只按出勤日来领取月食，"告归尽月不来者"要进行扣除。

西汉时，边郡地区的基层官吏同时享有俸禄与月食。如《合校》157·2简：

候史刑延寿粟三石三斗三升少□取卩 卒柳世三石三斗二升少自取卩

当时基层官吏每月的廪食一般为粟三石三斗三升少，而戍卒大月为三石三斗三升少，小月为三石三斗二升少。不过，也有特例。《合校》云：

吏员百八人 其二人候尉不食 百四人见☑
二人有劾毄 （271·22）

此处"候尉不食"颇让人费解。李天虹先生"推测候官内像候、尉这样的高级官吏，食粮也不由国家供给，而可能亦需用自己的俸禄购买或者有其他来源，所以目前的资料中未见有候、尉的廪名籍"[2]。此观点也是有一定道理的。但是，塞"尉"官秩也仅为二百石，非高级官吏。居延简中虽不见"候、尉的廪名籍"，但也有食府君"粱米"的记录。如《合校》简226·1："☑斗六升出粱米五斗二升食府君以下积十三☑。"故"候尉不食"的含义仍需慎重推敲。当然，这也只能说明西汉边郡官吏的情况。有汉一代，官吏是否都是月食、官俸同领，还有待新资料的进一步发现。[3]

---

① 睡虎地秦墓竹简整理小组编：《睡虎地秦墓竹简》，第47页。

② 李天虹：《居延汉简簿籍分类研究》，第65页。

③ 汉代月食问题较为复杂。汉时，京官可以获准"廪食太官"。如《汉书》卷七二《贡禹传》载，谏大夫贡禹"廪食太官"。《后汉书》卷四一《钟离意传》云："自此诏太官赐尚书以下朝夕餐。"又，《汉书》卷六五《东方朔传》云："臣朔长九尺余，亦奉一囊粟，钱二百四十。"此处"一囊粟"的性质也有可能是月食。根据《后汉书》卷四九《仲长统传》云"吏食日禀，班禄未定"，《周礼·天官·宫伯》郑玄注曰："秩，禄廪也。"笔者认为东汉官吏似有月食。

(二)地方官俸发放程序及管理

汉代地方官俸的地区性差异集中表现在内郡与边郡之间。内郡俸禄的来源多是本郡征收的赋钱。如江陵凤凰山汉简中,乡吏的俸禄直接从算钱中来支付,而边郡地区则由大司农调拨或内郡输送的赋钱来支付。对于边郡俸钱的来源,李天虹先生认为:"用赋钱支付吏俸,均发生在吏员未能按月正常得到俸禄的情况下。那么,吏俸大概通常由国家专款支付……用赋钱支付也许不是常规。"[①]笔者认为,居延汉简中赋钱多用于发放拖欠俸禄,并不意味着赋钱不是俸钱的常规来源,只能说明边郡官俸的拖发现象比较严重。如《合校》:

出赋钱八万一百　给佐史八十九人十月奉　(161・5)

●凡入赋钱卅万八千八十　(285・22)

上简中,赋钱的数量巨大,且佐史八十九人,应是甲渠候官的全部佐史人数。[②] 李天虹先生所谓"国家专款"极有可能就是赋钱。

1. 地方官俸的发放程序

在官俸发放程序上,江陵凤凰山汉简的乡官俸钱模式并不具有代表性。因为汉代"乡官部吏,职斯禄薄,车马衣服,一出于民"[③],乡官俸禄一般是在征收赋钱中直接提取,具有自身的特殊性。而西北汉简中地方官吏的月俸发放,虽不免带有边郡的特性,但对于考察汉代地方官俸的发放程序则更具有参考性。其具体程序如下:

第一,平时吏员的动态管理。汉简中"吏员簿"多有发现,如尹简《东海

① 李天虹:《居延汉简簿籍分类研究》,第 29 页。对此,薛英群先生认为"似乎是用'赋钱'暂行垫付吏奉"(参见薛英群《居延汉简通论》,甘肃教育出版社 1991 年版,第 376 页)。日本学者佐原康夫也认为"在边境财源不足之际(缘此而引起月俸的长期拖欠),河内与都内钱、布帛是作为有别于恒例的临时补给物资而运至边境的"(参见[日]佐原康夫《居延汉简月俸考》,载刘俊文主编《日本中青年学者论中国史・上古秦汉卷》,第 563 页)。

② 西汉时,甲渠候官的所有吏员一般为 108 人左右。如《合校》简 271・22 就有"吏员百八人"的记载。又,简 58・40、220・12:"祭长史君百石吏十二人斗食吏二人佐史八十八人钱万。"此处云"佐史八十九人",应为甲渠候官佐史总数。

③ 《后汉书》卷六一《左雄传》。

郡吏员簿》。其目的旨在限制地方官吏的非法扩编，实行依吏员而定俸。如：

士吏候长员十五人　　奉卅五月　　（《敦简》363）

吏员秩别　奉月用谷石斗如牒　　（《新简》E. P. F22:427）

地方政府（如功曹）平时非常重视对官吏的动态管理。官吏的任免、病死、有劾、未到官等情况，都有详细的备案。① 尹湾汉简中就有“右十人缺七人死三人免”、“右二人有劾”、“右六人未到官”的专门统计。② 居延汉简也记有：

居延甲渠塞有秩候长昭武长寿里公乘张忠年卅三河平三年十月庚戌除　　史　　（《新简》E. P. T51:11）

第十三隧长王安病三月免缺移府 ●一事一封 五月庚辰尉史☐

（《新简》E. P. T52:158）

六月余士吏候长五人 七月尽晦积四月 候长赦之七月十一日病死☐

（《合校》317·14）

此三简就是地方官吏任免、病死的原始文书。其中都标明具体的日期，以便于官俸起止时间的核定。如《新简》载：

☐免言缺劾皆以七月旦为日全月禄食谨具封月旦行诣府●奏封

（E. P. T59:128）

由此简可知，“免言缺劾”的官吏计俸起止时间都有特殊规定。

随着官吏的人事变动，地方政府还要对原有“吏员簿”进行调整。如《新简》简：“出斗食吏一人正月旦尽三月减积四月。”此举便是将一名斗食官吏减员，并计算应扣除的俸禄月数。此类工作的最终成果就是“吏四时名籍”。它是地方官俸发放的重要底本资料。如《新简》载：

▨神爵三年正月尽五年三月吏四时名籍　　（E. P. T56:193）

第二，地方官俸发放通知与“奉用钱致”的上报。地方政府在正式发放俸禄前，要通知下级部门上报奉赋名籍。如《新简》载：

---

① 里耶秦简⑧775 笥牌载：“从人论报择免归致书具此中。”可知秦时对于官吏“免归”以及“致书”也是专门备案的。（参见湖南省文物考古研究所《里耶发掘报告》，第 211 页）

② 参见连云港市博物馆等编《尹湾汉墓简牍》，第 99 页。

大将军莫府守府书曰具言吏当食奉者秩别人名数谨移尉以

(E. P. F22:425)

下级接到通知后，要根据“吏员簿”来编制“奉用钱致”。如《新简》载：

十月尽十二月吏奉用钱致　●一事一封 十月戊午尉史强封

(E. P. T51:340)

居摄二年二月甲寅朔辛酉甲渠障候放敢言之谨移正月尽三月吏奉赋名籍一编敢言之(E. P. T8:1A)令史兼(E. P. T8:1B)

从日期上看，上两条简都是“预算”下个季度的俸禄支出，并不属于俸钱的实际发放。此类文书在汉简中多称为“致”。[①] 在俸钱预算时，还要考虑上次发俸的时间和数量，以避免重复发俸。如《新简》载：

九月奉钱六千其五千二百卅已前赋定受七百▨

十月奉钱六千其七百前赋定受五千三百▨　(E. P. C:14A)

上简中，由于九、十月俸钱已经部分发放，此次只要计算余额，补足即可。

第三，俸钱的领取。上级根据“奉用钱致”足额拨付俸钱后，下级单位通常派代表统一领取。在俸钱交接之时，还要编制券契。如《新简》载：

	候长胡霸千二百	俱南隧长王胜之六百
六月奉钱	候史刑延寿六百	执胡隧李敞六百
出四千二百	城北隧长范胜六百	●凡四千二百
	武强隧长宋竟六百	(以上为第一栏)

贯四未还

永光五年五月甲辰朔壬辰候君付长霸候史延□

执胡隧长李敞　就钱廿一卩

(以上为第二栏，简上部右侧有刻齿)(E. P. T51:239)

此简就是俸钱交割时的原始凭证——券契。据简文“出六月奉钱”，应为甲渠候君所持之券。细审券契，汉代俸禄发放的“细腻之处”，彰显无疑。从券文可知，此次俸钱交付是由甲渠候君亲自实施的。前来领取的“代表”是甲渠候官所属某部候长胡霸、候史刑延寿，而俸钱包括候长胡霸所领之部内的

① 参见裘锡圭《汉简零拾》，载《文史》第12辑。

所有官吏(候史一人、隧长四人)。

需要注意的是券文中“贯四未还”、“就钱廿一”。“贯”即为钱绳。俸钱总额为四千二百钱,用“贯四”,故每贯应为一千钱。《汉书》卷六《武帝纪》师古注引李斐曰:“缗,丝也,以贯钱也。一贯千钱,出算二十也。”与之相合。此处专门标记“贯四未还”,表明在发放俸钱后,钱绳还是要归还的。汉代地方财物管理之缜密,可见一斑。关于“就钱廿一”,当指运费。钱额四千二百,就钱为21,就率应为5‰。然而,就钱并不是在领俸官吏中平摊,而是从“执胡隊长李敞”一人月俸中支付。细揆之,运费21钱在6人中平摊很难除尽,故就钱应是轮流来承担,只不过此次轮到“李敞”而已。此举既方便操作,又易于核算,凸显汉人智慧。此外,《新简》E. P. T51:214简载某官吏月俸六百的就钱为“二钱七分”,低于5‰,说明就率并不是固定的,可能与运输距离有关。

侯官部吏有时也“倾巢出动”,集体领取俸禄。《新简》记有:

万岁隊刑齐自取第一隊长王万年自取

出钱三千六百却適隊长寿自取第三隊长愿之自取

临之隊长王纹自取候史李奉自取　(以上为第一栏)

初元年三月乙卯令史延年付第三部吏六人二月奉钱三千六百

(以上为第二栏,此简左上侧有刻齿)(E. P. T51:193)

此简就是甲渠候官令史交付第三部吏(候史一人,隧长五人)俸钱时开据的券契。此种情况应属特例,可能是第三部的位置距离甲渠候官(破城子)较近的缘由。

第四,受赋名籍的逐级编制。在部吏领取俸钱时,基层单位还要编制具体的受赋名籍。居延汉简记有:

临木部绥和二年七月吏受禄☑　(《新简》E. P. T40:87)

第廿二燧长史丰　七月禄钱九百　(《合校》214·25)

第四部居摄元年十二月尽正月　吏受奉名籍　(《合校》154·34)

受赋名籍在逐级上报的同时,也是一个汇总、集计、对账的过程。如《合校》:

居延甲渠候官永始三年正月尽三月　吏奉赋名籍　(73·16)

☒元康三年十月尽四年九月吏已得奉一岁集赋　(126·42B)

上第一条简是甲渠候官的“吏奉赋四时名籍”；第二条是整个财政年度的赋俸集计。地方政府对俸禄支出进行集计，旨在为上级统计整个年度的财政支出提供原始数据。

第五，地方官俸的后续工作。针对俸禄发放工作中出现的偏差，地方政府还要及时校正。如官吏死亡、免职，其多领俸禄就要如数归还。如《新简》载：

出赋钱四百八十　受佐史物故奉还□□□前廿四日☐（E. P. T4：64）

由于财务部门之间的账目差错，导致重复领俸，也要及时追回。如《合校》载：

不侵候长柏翊所还重取奉钱千六百☐　（507·11）

当然，判定是否重复领俸，需要相关部门的财务对账。《合校》记有一案例：

	自言故为居延高亭亭长三年十二月中送诏狱证觻得便
	从居延迎钱守丞景临取四年正月
尉史李凤	月奉钱六百至二月中从库令史郑忠取二月奉不重得正
	月奉今库掾严复留凤九月奉钱
	不当留库证所言　（178·30）

对于此案例，要想澄清事实，只有居延县与库令史进行对账后，才能真相大白。

要之，上述五个程序基本上反映了汉代地方官俸的发放流程。虽然它带有一些边郡特性，但是在吏员管理、俸禄预算、交割、核算、集计等方面，应也与内郡有一定的共性。

2. 边郡官俸的管理

由于边郡地区物质奇缺，官、民、戍卒之间的债务交易相当频繁，故当地政府在官吏俸禄发放前，都要对其债务进行审查。《合校》载：

出吞远士吏平四月奉　四月庚戌令史博付仓曹史孙卿偿具丽卒陈☐　（279·17）

不过，也有官吏在交易时，就明确标识要以月俸偿还。《新简》载：

阳朔元年七月戊午当曲隧长谭敢言之负故止害隧长宁常交钱六百愿以七月奉钱六百偿常以印为信敢言之　（简侧有齿）（E. P. T52：88A）

此交易券明写当事人愿以月俸偿还，并“以印为信”，故债权人凭此券即可领取俸禄。

边郡政府有时还要从基层官吏的俸禄中提取一定金额的“小畜钱”。关于“小畜钱”，李天虹先生认为：“‘畜’也许通‘蓄’，指储蓄，按正常情况，‘小畜钱’也许是要按月存留的。”[①]日本学者佐原康夫认为：“是指尚未交纳合购食用家畜的份子钱。”[②]

笔者认为：“小畜钱”是指因购买官畜而按月从官俸中提取的现钱。其一，“小畜”应指猪、鸡、狗、牛等一类的家畜。云梦秦简就有“小畜”的说法。如：

小畜生入人室，室人以投（殳）梃伐杀之，所杀直（值）二百五十钱，可（何）论？当赀二甲。

畜鸡离仓。用犬者，畜犬期足。猪、鸡之息子不用者，买（卖）之，别计其钱。[③]

居延汉简也记有：

左后部小畜狗一白传诣官急　　（《合校》74·6A、B）

☑府记录曰收小畜息猪□□□　　（《新简》E. P. T9:13）

由上来看，李氏观点将“畜”释为“蓄”，似需慎重推敲。

其二，“小畜钱”的来历，应与边郡购买肉食的方式有关。当时，官吏购买猪、牛肉一类的食品，一般是整头购买，然后再进行分配。《合校》记有：

胃百候长王卿取●迹百卌候长王卿取月五十候长王卿取（233·1A）

肠八十董子恩取脯八十董恩□　　（233·1B）

由于整头猪、牛的价格昂贵，故官吏一般都采取“集资合买”的方式。《新简》就记载一案例：

□里女子石君佚王子羽责候长李胜之钱二百九十三谨验问胜之辞故与君佚夫彭祖为殄北塞外候☑五年十二月中与彭祖等四人供杀牛已

① 李天虹：《居延汉简簿籍分类研究》，第39页。

② ［日］佐原康夫：《居延汉简月俸考》，载刘俊文主编《日本中青年学者论中国史·上古秦汉卷》，第541页。

③ 睡虎地秦墓竹简整理小组编：《睡虎地秦墓竹简》，第190、54页。

校计不负彭祖钱彭祖徙署白石部移书责厶羽钱二百九十三厶爰书已决

彭祖免归坻池至今积四岁君佚今 (E. P. S4. T2:52)

此案例就是官吏四人因"供(共)杀牛"而导致的财务纠纷。在合买"小畜"过程中产生的债务,债务人一般用官俸来偿还。佐原康夫认为"小畜钱""是指尚未交纳合购食用家畜的份子钱"的观点,有一定道理,但并不完全正确。如《新简》:

出百偿肉钱

士吏猛四月奉千二百 出五十猛取

出十四臈计 (E. P. T52:353)

此简就是官吏用俸禄来偿还肉钱的例子,可是简文并未提到"小畜钱"。如细考汉简中"小畜钱"简:

第四候史郅□ 十二月奉钱九百 十一月尽十二月小畜钱未出

(《合校》286·5)

入钱六千一百五十 其二千四百受候长 九百部吏社钱

二千八百五十受吏三月小畜计(《合校》254·1)

十月奉钱九百 出五十五卑

□□□隧长王立 出六十六□十月小畜钱

出二百候史□候奉钱

出卅笔一筒直

(《额济纳简》99ES17SH1:11A)

由上发现:"小畜钱"并不是"尚未交纳合购食用家畜"的债务提取,应是每月从官吏俸禄中提取固定金额的钱财。

质言之,"小畜钱"应是官方为解决官吏肉食匮乏问题,准许官吏购买官畜,每月从俸禄中扣除一定数额的钱财,无需一次缴清。如《新简》:

买官畜吏名 第六隊长常业 第十隊长郑阳

第八隊长孙知 第二隊长九百诩 (E. P. F22:461)

当然,其价格要低于当时的市场价格。对官吏来说,也算一种福利。

二、地方邮传费用

汉时，地方邮亭置传的主要功能为传递邮书、提供食宿、交通等。然而，在当时中央集权的机理下，其作用要远远大于此。中央要确保其集权地位，必须保证中央政令畅通无阻，而这一任务恰恰需要依托邮亭置传来完成。可以说，它是连接中央与地方之间的强力纽带。习汉史者，都可发现一个现象：汉代统治力的延伸往往是伴随着邮亭的"跟进"。如《史记》卷二二《汉兴以来将相名臣年表》载元光六年(前129)，"南夷始置邮亭"。史家专着笔墨记述此事，旨在表明当年汉政府对南夷地区的统治已步入正轨。正是由于邮亭置传的独特作用，使得中央对其格外重视。《史记》卷三〇《平准书》载武帝时，"新秦中或千里无亭徼，于是诛北地太守以下"。悬泉汉简也记有：

> 五凤四年二月壬寅朔庚戌，丞相霸告中二千石、郡太守、诸侯相，上五凤三年置传官用员马课。府书案：所处卖马或不署初、病缺年月日、负得算数，不上官，无蓄积、马以辜死，告劾。[①] (90DXⅡT0114④:335)

地方置传的考课情况，要直接上报中央，可见其监管力度之大。但是，在邮亭置传发挥"黏和剂"作用的背后，其费用开支却是十分巨大的。

(一)地方"邮亭置传"职能的析分

汉代的"邮亭置传"系统十分复杂，它们之间的职能并不是截然可分的，

① 何双全:《简牍》,第239页。

而是兼而有之。学者虽多有研究，但仍有歧义。[①] 对于邮亭置传，王子今先生认为："当时大致以车传送称'传'，步递称'邮'，马递称'驿'，驿传中间停驻之站称'置'，步递停留之处称'亭'。"[②]

对此，笔者略述一二：第一，亭、邮的对比。亭的功能集治安、住宿、交通为一体，遍及全国，是汉代中央对地方控制的一个末梢单位。[③] 而邮的功能较为单一，主要负责传递邮书、供给公差人员食宿。尹湾汉简《集簿》载东海郡"亭六百八十八卒二千九百七十二人邮卅四人四百八如前"[④]。亭与邮的数量之比约为20∶1，人数比约为7∶1。邮的相对稀少，其缘由便是其所具有的单一功能，只是在交通孔道上布置，主要着力于中央与地方的信息传达。《二年律令·行书律》对邮制有详细规定：

> 十里置一邮。南郡江水以南，至索（索）南水，廿里一邮。一邮邮十二室，长安广邮廿四室，敬（警）事邮十八室。有物故、去，辄代者有其田宅。有息，户勿减。令邮人行制书、急书，复，勿令为它事。畏害及近边不可置邮者，令门亭卒、捕盗行之。北地、上、陇西，卅里一邮；地险陕不可置邮者，得进退就便处。邮各具席，设井磨。吏有县官事而无仆者，邮为炊；有仆者，叚（假）器，皆给水浆。[⑤]

简中提到的"邮人"，是专职传递邮书的人员。秦时就已出现。如里耶秦简[8]157简载：

---

① 参见高敏《秦汉邮传制度考略》，载《历史研究》1985年第3期。李均明：《汉简邮书刺解》，载《文史》第28辑；《汉简所见"行书"文书考略》，载甘肃文物考古研究所编《秦汉简牍论文集》，甘肃人民出版社1989版。侯旭东：《传舍使用与汉帝国的日常统治》，载《中国史研究》2008年第1期。张俊民：《敦煌悬泉汉简所见的"亭"》，载《南都学坛》2010年第1期。高荣：《简牍所见秦汉邮书传递方式考辨》，载《中国历史文物》2007年第6期；《"十里一亭"说考辨——秦汉亭制研究之一》，载《南都学坛》2008年第3期；《论秦汉的都亭与乡亭——秦汉亭制研究之二》，载《历史教学（高校版）》2008年第11期；《张家山汉简所见的亭及其吏员——秦汉亭制研究之三》，载《西北师大学报（社会科学版）》2008年第5期；《汉代"传驿马名籍"简若干问题考述》，载《鲁东大学学报（哲学社会科学版）》2008年第6期。

② 王子今：《秦汉交通史稿》，中共中央党校出版社1994年版，第456页。

③ 参见拙著《从"汉"里谈长沙走马楼吴简中的"里"和"丘"》，载《史学月刊》2008年第6期。

④ 连云港市博物馆等编：《尹湾汉墓简牍》，第77页。

⑤ 彭浩、陈伟、[日]工藤元男主编：《二年律令与奏谳书：张家山二四七号汉墓出土法律文献释读》，第198～199页。

卅二年正月戊寅朔甲午，启陵乡夫敢言之：成里典、启陵邮人缺，除士五(伍)成里匄成，[成]为典，匄为邮人。谒令、尉以从事，敢言之。[①]

邮人并不属于国家正式官吏，只是享有一定的政策优待而已。《二年律令·行书律》载：

复蜀、巴、汉中、下辨、故道及鸡鶒中五邮，邮人勿令繇(徭)戍，毋事其户，毋租其田一顷，勿令出租、刍稿。[②]

总的来说，亭、邮在职能上是有所侧重的。譬如，邮只接待公差人员，亭则公、私皆可。但是，亭有时也行使邮的职能，尤其在边郡地区，"畏害及近边不可置邮者，令门亭卒、捕盗行之"。即便在内郡，"书不当以邮行者，为送告县道，以次传行之"[③]，"亭"肯定也是参与其中的。

第二，传舍、邮的对比。汉时，传舍一般设置在县治所在地，专供公差人员食宿、办公。尹湾汉简《元延二年日记》中，东海郡传舍凡三十八见，皆以县、侯国来命名。这可以说明汉时每县设一传舍，应为定制。与邮相比，传舍规格更高。悬泉汉简记有：

右使者到县置，其舍递传大具，更传舍如式：龟兹王、王夫人舍次使者传：堂上置八尺床卧一张，皂若青帷，堂内□上四卧□□□，皆张帷，传舍门内张帷，有为贵人坐者，以二人道。[④] （Ⅰ90DXT0114①:112）

与邮简单提供食宿不同，传舍也是汉时刺史行部、太守行县的休憩、办公场所，故其设施、待遇较为高级。如西汉左冯翊韩延寿"行县至高陵，民有昆弟相与讼田自言"，"是日移病不听事，因入卧传舍，闭阁思过"。[⑤] 豫州牧鲍宣行部，因"舍宿乡亭"，不住传舍，而"为众所非"。[⑥] 长沙走马楼西汉简牍就记

① 湖南省文物考古研究所、湘西土家族苗族自治州文物处：《湘西里耶秦代简牍选释》，载《中国历史文物》2003年第1期。

② 彭浩、陈伟、[日]工藤元男主编：《二年律令与奏谳书：张家山二四七号汉墓出土法律文献释读》，第201页。

③ 彭浩、陈伟、[日]工藤元男主编：《二年律令与奏谳书：张家山二四七号汉墓出土法律文献释读》，第203页。

④ 何双全：《简牍》，第230页。

⑤ 《汉书》卷七六《韩延寿传》。

⑥ 《汉书》卷七二《鲍宣传》。

有二千石级别传舍的状况：

> 案传舍二千石舍西南向，马庑二所，并袤丈五尺、广八尺。杜（牡）朼（牝）瓦各十九枚，竹马仰四。井鹿车一具不见，磨坏败。[①]

第三，置、邮的对比。《风俗通义·佚文》云："汉改邮为置。置者，度其远近之间置之也。"此话并不尽然。汉以前，"置"就已经存在。《孟子·公孙丑上》云："德之流行，速于置邮而传命。"况且，汉时"列邮置于要害之路"[②]，邮、置一直并存。《二年律令·津关令》云：

> 相国上长沙丞相书言，长沙地卑湿，不宜马，置缺不备一驷，未有传马，请得买马十，给置传，以为恒。·相国、御史以闻，请许给置马。[③]

由上可知，汉初长沙国就设有置，置内有传马。

关于置的功能，《说文》云"驿，置骑也"，应与驿骑传递文书有关。从悬泉汉简来看，当时边郡地区是置、驿同设。[④] 置是驿传之间的停驻站，不仅兼有驿传功能，还设有马厩以置换马匹。与邮相比，置的人员建制级别较高，仅悬泉置就设有置丞、置啬夫、厨啬夫、厩啬夫（《悬简释粹》简Ⅱ0115④:87、87～89C:6、Ⅰ0112③:113～131）。而据《东海郡吏员簿》，当时整个东海郡34个邮中，总共才设有官吏邮佐（秩级佐史）10人。[⑤] 二者对照，孰轻孰重，一目了然。因此，置多设于军情紧急的边郡以及信息难以到达的边远地区。如《新简》载：

> 及赍乘传者南海七郡牂柯越嶲益州玄免乐狼至旁近郡以县厩置驿骑行臣稽首请　(E. P. F22:69)

（二）地方的传食费用

传食费用是指汉代地方邮、置向国家公差人员提供食宿及交通工具等

---

① 长沙简牍博物馆、长沙市文物考古研究所联合发掘组：《2003年长沙走马楼西汉简牍重大考古发现》，载中国文物研究所编《出土文献研究》第7辑，上海古籍出版社2005年版。

② 《后汉书》卷八八《西域传》。

③ 彭浩、陈伟、[日]工藤元男主编：《二年律令与奏谳书：张家山二四七号汉墓出土法律文献释读》，第321页。

④ 参见胡平生、张德芳《敦煌悬泉汉简释粹》，第202页。

⑤ 参见连云港市博物馆等编《尹湾汉墓简牍》，第79～82页。

开支。从严格意义上讲，这种地方开支的性质很难定性。譬如，军队征发到边郡时，需要由当地邮置负责沿途给食。它实质上又是一种变相的军事开支，这就是传食费用的最大特点，即它是一种中央与地方难以厘清界限、又不得不纠缠在一起的费用开支。虽然其费用开支并不完全用于本郡，但地方政府又不得不倾力去做。因为邮、置服务的优劣是来往官吏对本郡政绩评价的直接依据。《悬简释粹》记有：

永光五年七月癸卯朔丁巳，使送于阗王诸国客，卫司马参、副卫侯临，移敦煌太守，一过不足以考功，致县略察长吏居官治状，侍客尤辨者。涉头、渊泉尽治所。（Ⅱ0216②:54）

此简就是卫司马、副卫侯路经敦煌郡时，就接待长吏及侍奉人员的服务情况，向敦煌太守打的"小报告"。当然，地方传食费用也具有较强的不均衡性，处于交通孔道之地与偏僻地区，肯定不能相提并论。

1. 地方邮置的传食标准

关于官吏的传食标准，秦时就有专门规定。《秦律十八种·传食律》载：

御史卒人使者，食粺米半斗，酱驷（四）分升一，采（菜）羹，给之韭葱。其有爵者，自官士大夫以上，爵食之。使者之从者，食糲（粝）米半斗；仆，少半斗。不更以下到谋人，粺米一斗，酱半升，采（菜）羹，刍稿各半石。●宦奄如不更。上造以下到官佐、史毋（无）爵者，及卜、史、司御、寺、府，糲（粝）米一斗，有采（菜）羹，盐廿二分升二。①

汉初《二年律令·传食律》云：

丞相、御史及诸二千石官使人，若遣吏、新为官及属尉、佐以上征若迁徙者，及军吏、县道有尤急言变事，皆得为传食。②

由此可知，并不是所有官吏都可以享有传食。大致有三种"得为传食"的情况：第一种为"丞相、御史及诸二千石官使人"。此处"诸二千石"应包括各郡太守。《悬简释粹》云：

---

① 睡虎地秦墓竹简整理小组编：《睡虎地秦墓竹简》，第101～103页。

② 彭浩、陈伟、[日]工藤元男主编：《二年律令与奏谳书：张家山二四七号汉墓出土法律文献释读》，第184页。

甘露三年九月壬午朔甲辰，上郡太守信、丞欣谓过所：遣守属赵称逢迎吏骑士从军乌孙罢者敦煌郡，当舍传舍，从者如律令。十月，再食。（Ⅱ0115③：99）

此简就是太守"使人"的例子。差遣官吏只有凭借太守签发的"过所"，才能享有传食。第二种为新官上任或属尉、佐以上官吏征召、调动。《悬简释粹》记有：

建平四年五月壬子，御史中丞臣宪，承制诏侍御史曰：敦煌玉门都尉忠之官，为驾一乘传，载从者。御史大夫延下长安，承书以次为驾，当舍传舍，如律令。六月丙戌，西。（Ⅰ0112②：18）

此简就是敦煌玉门都尉新官上任的事例。第三种为军吏、急言变事（上书告密者）。《悬简释粹》中的《过长罗侯费用簿》就是军吏传食的最佳例证：

县（悬）泉置元康五年正月过长罗侯费用薄（簿）。县掾延年过。入羊五，其二罣（羔），三大羊，以过长罗侯军长吏具。入鞠（麴）三石，受县。出鞠（麴）三石，以治酒之酿。入鱼十枚，受县。入豉一石五斗，受县。今豉三斗。出鸡十只（双）一枚，以过长罗侯军长史二人、军候丞八人、司马丞二人、凡十二人。其九人再食，三人一食。出牛肉百八十斤，以过长罗侯军长史廿人，斥候五十人，凡七十二人。出鱼十枚，以过长罗侯军长吏具。出粟四斗，以付都田佐宣，以治庚（羹）。出豉一石二斗，以和酱食施刑士。入酒二石，受县。出酒十八石，以过军吏廿，斥候五人，凡七十人。●凡酒廿。其二石受县，十八石置所自治酒。凡出酒廿石。出米廿八石八斗，以付亭长奉德、都田佐宣以食施刑士三百人。●凡出米卌八石。（Ⅰ0112③：61—78）

此费用账簿仅仅是一个悬泉置招待长罗侯常惠所领军吏卒的流水账。[①] 其费用之高，令人瞠目结舌。此种现象在边郡地区较为常见。如《悬简释粹》记有：

效谷长禹、丞寿告遮要、县（悬）泉置，破羌将军将骑万人从东方来，

① 对此簿的历史背景，张德芳先生有精审考证。（参见张德芳《〈长罗侯费用簿〉及长罗侯与乌孙关系考略》，载《敦煌悬泉汉简释粹》，第230～246页）

会正月七日，近调米、肉、厨、乘假自致受作，毋令客到不办与，毋忽，如律令。(A)掾德成、尉史广德。(B)　　(Ⅱ0114④:340)

此次军队规模更大，效谷县需承担更为高额的费用。对此，《敦简》简101云“郡前以过大军，空室，殊不能卒以一月内发也”，就极易好理解了。

在官吏随从的传食标准上，《二年律令·传食律》有严格限制：

食从者，二千石毋过十人，千石到六百石毋过五人，五百石以下到三百石毋过二人，二百石以下一人。使非吏，食从者，卿以上比千石，五大夫以下到官大夫比五百石，大夫以下比二百石；吏皆以实从者食之。①

如果地方邮置非法擅予传食，将会受到法律惩治。《敦简》记有：

律曰诸使而传不名取卒甲兵禾稼簿者皆匆敢擅予　　(2325)

又，《二年律令·传食律》云：

为传过员，及私使人而敢为食传者，皆坐食臧(赃)为盗。②

在传食的待遇上，《二年律令·传食律》也有详细规定：

车大夫粺米半斗，参食，从者糲(粝)米，皆给草具。车大夫酱四分升一，盐及从者人各廿二分升一。食马如律，禾之比乘传者马。使者非有事其县道界中也，皆毋过再食。其有事焉，留过十日者，禀米令自炊。以诏使及乘置传，不用此律。③

此律文应是汉初传食标准，多从秦制。西汉后期待遇则有所提升。《悬简释粹》可证：

出粟一斗八升，以食守属萧嘉送西罕侯封调，积六食，食三升。

(Ⅱ0111①:174)

出米四升、肉二斤、酒半斗。以食乌孙贵姑代一食，西。

(Ⅱ0314②:355)

---

① 彭浩、陈伟、[日]工藤元男主编：《二年律令与奏谳书：张家山二四七号汉墓出土法律文献释读》，第184页。

② 彭浩、陈伟、[日]工藤元男主编：《二年律令与奏谳书：张家山二四七号汉墓出土法律文献释读》，第183页。

③ 彭浩、陈伟、[日]工藤元男主编：《二年律令与奏谳书：张家山二四七号汉墓出土法律文献释读》，第184页。

七月十一日庚申，主羌史李卿过西，从吏一人，用米六升，肉一斤。

(Ⅱ0115②:5)

据上简，虽不能细考当时传食标准，却也能窥见大略。低级官吏只能食米，一般为每食三升，而高级官吏则享有米、肉，甚至酒食。从悬泉汉简《元康四年鸡出入簿》[①]来看，诸如太医、大司农卒史一类的官吏都可享有肉食。此外，据汉律"食马如律，禾之比乘传者马"[②]，地方邮置还要传食官吏马匹。《悬简释粹》记有：

●右令史以下百二人，马百二匹，匹一斗五升，用粟十五石三斗。校尉、候、司马以□用廿一石三斗。(Ⅱ0214①:48)

汉代以粟米喂食马匹是谷物消耗的一种重要方式。当时，马匹极为珍贵，单纯的草料喂食不利于马匹的健康。故《敦简》164号简云"马毋谷气，以故多物故"。

由上来看，仅传食一项费用，实为地方政府之重负。当中央官吏视察郡县时，地方长官更是不吝财力，逾制款待，以邀功媚宠。《新简》云：

☑□东部五威率言：厨传食者众，费用多。诸以法食者，皆自斋费不可许。(E.P.F22:304)

对此类现象，宣帝曾下诏斥责，说道："或擅兴徭役，饰厨传，称过使客，越职踰法，以取名誉，譬犹践薄冰以待白日，岂不殆哉！"[③]

2. 地方邮置的传车、马费用

传车指地方邮置向一定级别的公差人员提供的一种交通工具。《晋书》卷三〇《刑法志》载：

秦世旧有厩置、乘传、副车、食厨，汉初承秦不改，后以费广稍省，故后汉但设骑置而无车马，而律犹著其文，则为虚设，故除厩律，取其可用合科者，以为邮驿令。

由此可知，秦时传车就已出现。到汉时，实行严格的传车制度，带有强烈的

① 参见胡平生、张德芳《敦煌悬泉汉简释粹》，第77～78页。

② 彭浩、陈伟、[日]工藤元男主编：《二年律令与奏谳书：张家山二四七号汉墓出土法律文献释读》，第184页。

③ 《汉书》卷八《宣帝纪》。

等级色彩。其一，对享受传车的待遇有明文规定。《二年律令·置吏律》规定：

郡守二千石官、县道官言边变事急者，及吏迁徙、新为官，属尉、佐以上毋乘马者，皆得为驾传。①

又，《汉书》卷七二《龚胜传》载：

胜曰："窃见国家征医巫，常为驾，征贤者宜驾。"上曰："大夫乘私车来邪?"胜曰："唯唯。"有诏为驾。

其二，传车也称"法驾"。不同级别的官吏，其形制亦不同。如刺史行部，要"传车骖驾，垂赤帷裳，迎于州界"②。而鲍宣"行部乘传去法驾，驾一马"，"为众所非"。③《悬简释粹》也详细记有"护羌使者传车"的具体形制。④关于传车等级，《汉书》卷一下《高帝纪下》师古注引如淳曰："律，四马高足为置传，四马中足为驰传，四马下足为乘传，一马二马为轺传。急者乘一乘传。"⑤不过，从悬泉简来看，主要有乘传、轺传两种。

其三，乘传车者必须以"传信"为凭。如《汉书》卷一二《平帝纪》师古注引如淳曰：

律，诸当乘传及发驾置传者，皆持尺五寸木传信，封以御史大夫印章。其乘传参封之。参，三也。有期会累封两端，端各两封，凡四封也。乘置驰传五封也，两端各二，中央一也。轺传两马再封之，一马一封也。

《悬简释粹》Ⅱ0114③:447号简与之互证：

黄龙元年四月壬申，给事廷史刑(邢)寿为诏狱，有逮(逮)捕弘农、河东、上党、云中、北地、安定、金城、张掖、酒泉、敦煌郡，为驾一封轺传。外二百卅七。御史大夫万年谓胃成，以次为驾，当舍传舍，如律令。(A)

① 彭浩、陈伟、[日]工藤元男主编：《二年律令与奏谳书：张家山二四七号汉墓出土法律文献释读》，第174页。

② 《后汉书》卷三一《贾琮传》。

③ 《汉书》卷七二《鲍宣传》。

④ 参见胡平生、张德芳《敦煌悬泉汉简释粹》，第172页。

⑤ 《史记》卷一〇《孝文本纪》司马贞《索隐》引如淳云："律，四马高足为传置，四马中足为驰置，下足为乘置，一马二马为轺置，如置急者乘一马曰乘也。"与此稍异。

此简中"外二百卅七"就是由御史大夫签发的"一封轺传"的传信编号。

此外，为确保乘车者的人身安全，地方政府尤其重视传车的保养、维修。如《悬简释粹》：

神爵二年三月丙午朔甲戌，敦煌太守快、长史布施、丞德，谓县、郡库：太守行县道，传车被具多弊，坐为论，易□□□□到，遣吏迎受输敝被具，郡库相与校计，如律令。（A）（Ⅰ0309③:236）

此简大意是：太守在行县时，发现"传车被具多弊"，便要求送到郡库及时更换、维修。其实，维护、保养传车也是邮置人员的职责所在。如《悬简释粹》中的《传车亶（氈）轝簿》就详细记录了每辆传车的损坏状况：

第四传车一乘，敝，可用。第五传车一乘，轝完，轮辕敝尽，会福（辐）四折伤，不可用。……第六传车一乘，轝左轴折，轮辕敝尽不可用……[①]

在传马购置上，地方政府一般在经中央批准后，才可以自行购买传马。《二年律令·津关令》云："其买骑、轻车马、吏乘、置传马者，县各以所买名匹数告买所内史、郡守。"[②]江陵凤凰山9号墓出土汉简也有"建毂丞行为郡买马"[③]的记载。地方购置马匹后，必须经过严格筛选、调教后，方能胜任邮传工作。如《合校》简142·26云："驿马一匹骍驳牡齿四岁高五尺八寸上调习。"一旦不能胜任繁重的邮传工作，即遭淘汰。如《合校》简266·17云："☐诊视马皆齿长终不任驿☐。"因此，邮置人员对传马都格外呵护，不仅经常诊视，编制传马名籍，还配有马医看护。[④]

在传马日食方面，《秦律十八种·仓律》中就有严格规定：

驾传马，一食禾，其顾来有（又）一食禾，皆八马共。其数驾，毋过日一食。[⑤]

---

① 参见胡平生、张德芳《敦煌悬泉汉简释粹》，第85～86页。

② 彭浩、陈伟、[日]工藤元男主编：《二年律令与奏谳书：张家山二四七号汉墓出土法律文献释读》，第316～317页。

③ 李均明、何双全：《散见简牍合辑》，第64页。

④ 参见胡平生、张德芳《敦煌悬泉汉简释粹》，第82、111页。

⑤ 睡虎地秦墓竹简整理小组编：《睡虎地秦墓竹简》，第47页。

《悬简释粹》所载西汉成帝诏令云：

> 制曰：下大司徒、大司空，臣谨案：令曰：未央厩、骑马、大厩马日食粟斗一升、叔（菽）一升。置传马粟斗一升、叔（菽）一升。其当空道日益粟，粟斗一升。长安、新丰、郑、华阴、渭成（城）、扶风厩传马加食，匹日粟米一斗。车骑马，匹日用粟、叔（菽）各一升。建始元年，丞相衡、御史大夫谭。（Ⅱ0214②：556）

据此诏令，当时置传马的日食标准一般为"粟斗一升、叔（菽）一升"，待遇颇高。

3. 邮置的"财助"开支

最近湖北松柏出土的汉代文帝诏令简中，要求沿途政府在运输贡品"枇杷"时，"先告过所县用人数，以邮、亭次传。人少者，财助"[①]。也就是说，要预先告知沿途各县邮、亭所需的人数定额。如人数不足，要以"财助"。如何"财助"呢？这就牵扯到汉代邮置的人力配置问题。

一般来说，汉代邮置内除官吏、邮人外，还有戍卒、更卒、罪犯、奴婢等服役。如悬泉汉简记有：

> 悬泉置神爵二年正月戍卒名籍[②]（54）
>
> 七月辛巳，徒复作廿一人，入六人受效谷置。其三人养，三人病，凡廿七人。定作廿一人积……（Ⅱ90DXT0113④：72）
>
> 入粟六斗。鸿嘉四年十一月癸丑，县泉奴便受遮要啬夫护。[③]（Ⅱ90DXT0113③：7）

上第一简为悬泉置内义务服役的戍卒。这是边郡地区情况，内郡应以更卒为主。第二、三简说明置内有一定数量的"徒复作"（服刑罪犯）以及官奴婢。当然，他们多从事低级、繁重的工作，一般是不参与文书传递的。

然而，在一些交通孔道，尤其军情频发的边郡地区，邮置人手总是严重

---

① 彭浩：《读松柏出土的四枚西汉木牍》，载武汉大学简帛研究中心主编《简帛》第4辑。又见朱江松《罕见的松柏汉代木牍》，载荆州博物馆编《荆州重要考古发现》。

② 张俊民：《敦煌悬泉置探方T0309出土简牍概述》，载长沙市文物考古研究所编《长沙三国吴简暨百年来简帛发现与研究国际学术研讨会论文集》，中华书局2005年版。

③ 张德芳：《悬泉汉简中的"悬泉置"》，载卜宪群、杨振红主编《简帛研究（二〇〇六）》。

不足，颇感力不从心。这时地方政府便要借助于“财助”，即花钱雇佣人力来协助邮书传递、过往官吏的传送工作。

其一，在邮书传递上，政府可以花钱雇佣“小未傅”来补充驿卒的不足。如悬泉汉简载：

效谷甘井骑置一所第二　马三匹　吏一人　小未傅三人

（ⅡT0115③:32）

效谷平望骑置一所第四　马三匹　吏一人　小未傅三人[①]

（ⅡT0216②:34）

上简中，“小未傅”不到傅龄，“县道勿敢繇(徭)使”[②]，却可以提前充当驿卒。又，悬泉汉简记有：

敦煌玉门都尉千秋上书一封。初元五年二月辛亥日下餔时，县泉驿小史毋知受平(望)译小史意。到日莫餔时付广至万年译小史。[③]

（Ⅴ92DXT1311③:272）

上简中，传递邮书的“平(望)译(驿)小史”的身份很可能就是“小未傅”。这似乎说明汉籍文献中屡见不鲜的“小史”的自然身份是“小未傅”。

那么，“小未傅”充当驿卒何以可行？这与政府所雇“小未傅”的生活窘迫状况相关。如《新简》记有：

●□□荣小未傅(傅)为译(驿)骑皆小家子贫急不能自给实▨

（E. P. T58:30）

由上简可知，“小未傅”充当驿骑的原因是家境“贫急”，生活“不能自给”。也就是说，他们充当驿卒，可以获得一定的报酬来贴补家用。当然，政府也同时解决了人力不足的难题。一举两得，各受其益。其实，汉代这样的例子颇多。如《后汉书》卷四六《陈宠传子忠》注引谢承《后汉书》云：“(施延)家贫母老，周流庸赁。常避地于庐江临湖县种瓜，后到吴郡海盐，取卒月直，赁作半

① 张经久、张俊民：《敦煌汉代悬泉置遗址出土的“骑置”简》，载《敦煌学辑刊》2008年第2期。亦可参见张德芳《悬泉汉简中的“悬泉置”》，载卜宪群、杨振红主编《简帛研究(二〇〇六)》；郝树生、张德芳《悬泉汉简研究》，第30页。

② 彭浩、陈伟、[日]工藤元男主编：《二年律令与奏谳书：张家山二四七号汉墓出土法律文献释读》，第248页。

③ 张德芳：《悬泉汉简中的“悬泉置”》，载卜宪群、杨振红主编《简帛研究(二〇〇六)》。

路亭父以养其母。"说明施延就是依靠亭卒"月直"(工资)来度过窘境的。《东牌楼简》130 号简记有:

出钱·雇东津卒五人四月直 ☐

上简即是地方政府以支付"月直"(工资)的方式来雇卒的。

其二,在官吏的传送方面,地方邮置还需要花钱雇佣一些有经验的专业"御"手,即驾驭传车人员。因为作为六艺之一的"御"术,需要一定时间的经验积累,且具有较强的专业性。如悬泉汉简载:

甘露二年八月戊午朔乙丑,敦煌长史奉憙行大守事,谓郡库□□□……书告县泉置,官卒徒御卌七人,硙二合皆敝尽,不可用,调给有……①

(Ⅱ90DXT0216③:54)

上简中,悬泉置内"官卒徒御"并称,显系说明"御"不同于义务服役的"卒",而是雇佣、征调来的。汉简中,此类专业御手称为"司御"。地方政府雇佣车御的费用,在边郡常称为"司御钱"。如悬泉汉简记有:

给司御 骑置钱出入所② (ⅤT1410③:9)

出正月司御御钱四百。甘露四年二月癸亥,县泉厨佐宪付司御徐光。③

(Ⅱ90DXT0114③:219)

由上简看,当时司御的御钱是按月来发放的。御钱的开支,亦不容小觑。如《悬简释粹》载:

入闰月、四月御钱万。阳朔二年四月壬申,县(悬)泉置啬夫尊受少内啬夫寿。

(0210①:96)

上简中,悬泉置仅"闰月、四月"的御钱开支就达到一万,资金来源为"少内啬夫"。因为少内为县级现金管理机构,由此可证御钱是由效谷县负责调拨或转拨,用来"财助"悬泉置的。居延汉简中也有"司御钱"的事例,与之互证。如《合校》载:

士吏觻得高平里公乘范吉年卅七 迎司御钱居延

---

① 张德芳:《悬泉汉简中的"悬泉置"》,载卜宪群、杨振红主编《简帛研究(二〇〇六)》。

② 张经久、张俊民:《敦煌汉代悬泉置遗址出土的"骑置"简》,载《敦煌学辑刊》2008 年第 2 期。

③ 张德芳:《悬泉汉简中的"悬泉置"》,载卜宪群、杨振红主编《简帛研究二〇〇六》。

八月戊戌入

□□甲辰出　(170·7)

入五月司御钱千五百　百六十四　(339·19)

司御服役于邮置的性质，大致同于《二年律令·史律》所载定期“践更”的“史、卜、祝”等人员。在此，需要特别留意一下秦《传食律》：

上造以下到官佐、史毋（无）爵者，及卜、史、司御、寺、府，糲（粝）米一斗，有采（菜）羹，盐廿二分升二。①

上条律文中，将“卜、史、司御、寺、府”相提并论，颇耐人寻味。笔者认为：对于“司御、卜、史、祝”等专业性较强的职业人员，汉代政府有权征调他们到固定部门定期服役，不过会给他们一定的报酬或优待。

4. 地方邮置的财务运作

首先来谈谈邮置的财物资金来源。以《悬简释粹》所载“元康四年鸡出入簿”为例：

入鸡二只（双），十月辛巳，佐长富受廷。入鸡一只（双），十月甲子，厨啬夫时受毋穷亭卒□。入鸡一只（双），十二月壬戌，厨啬夫时受鱼离乡佐逢时。十月尽十二月丁卯，所置自买鸡三只（双），直钱二百卌，率只（双）八十，唯廷给。●县（悬）泉置元康四年十月尽十二月丁卯鸡出入薄（簿）。九月毋余鸡。今毋余鸡。●最凡鸡卌四只（双）。正月尽十二月丁卯所受县鸡廿八只（双）一枚，正月尽十二月丁卯自买鸡十五只（双）一枚，直钱千二百一十五，唯廷给。　（Ⅰ0112③:122—129）

细考此簿，端倪略见：其一，汉时，邮置开支主要由所在县负责调度，并不与郡直接发生关系。其二，为保障邮置顺利运转，县的财政调拨分为资金调拨、实物调拨。同时，县也赋予邮置一定的采购权，以缓解财物供应不足。上简中悬泉置就自行采购 15 只鸡。《合校》219·5 简也云：“六月乙丑（置）佐博买鸡五破虏。”其三，悬泉置所受鸡中，由亭卒、乡佐提供。《汉书》卷八九《循吏传·黄霸》云“使邮亭乡官皆畜鸡豚”，确为实情。又，悬泉汉简记有：

① 睡虎地秦墓竹简整理小组编：《睡虎地秦墓竹简》，第 103 页。

入饭十一石，其六石冯并取以劳取吏，五石付置。建平六年正月癸未，县泉置啬夫　受乡啬夫昌。[①]（Ⅱ90DXT0114④:110）

据上简，乡对悬泉置直接供“饭”，可谓无所不给，亦可窥见乡部财政之压力。

其次，邮置独特的财务交接。《二年律令·传食律》云：“县各署食尽日，前县以谁（推）续食。”[②]此律文就涉及县与县之间的财政交接。邮置之间频繁的财物交接，为县与县甚至郡与郡之间的财物核算带来了一定的难度。具体流程参见图4-1：

图4-1　汉代邮置间财务交接示意图

依据上图，可分为三个程序：

第一步，预支谷物的邮置（A）先出账。如《悬简释粹》载：

出粟一石，马五匹，送羌王索庐□东，元始五年十一月癸丑，县（悬）泉置佐马嘉付敦煌御任昌。（Ⅱ0113②:4）

然后，抄写墨券（原始凭证抄写件）通知后续邮置（B、C）入账。如《悬简释粹》载：

甘露三年十月辛亥朔，渊泉丞贺移广至、鱼离、县（悬）泉、遮要、龙勒，厩啬夫昌持传马送公主以下过，稟穬麦各如牒。今写券墨移书到，受薄（簿）入，十一月报，毋令缪（谬），如律令。（Ⅱ0114③:522）

此简就是渊泉县在预支一定数量的穬麦后，以墨券的方式，通知后续邮置入账，并要求下月回“报”。悬泉汉简就发现完整册书《建昭三年付悬泉厩穬麦簿》，可资参证：

出穬麦小石十六石，建昭三年四月辛亥，仓啬夫竟付县泉厩佐延年。】【出穬麦小石十六石，建昭三年四月癸丑，仓啬夫竟付县泉厩佐延

① 郝树生、张德芳：《悬泉汉简研究》。

② 彭浩、陈伟、[日]工藤元男主编：《二年律令与奏谳书：张家山二四七号汉墓出土法律文献释读》，第184页。

年。〓出䵚麦小石廿四石，建昭三年五月甲子，仓啬夫竟付县泉佐延年。〓出䵚麦小石七石，建昭三年五月丙寅，仓啬夫竟付县泉厩佐延年。〓·凡䵚麦小石六十三石。〓建昭三年六月丙戌朔丁未，渊泉守长长、守丞舜移县泉置，遣吏御持传马送迎使者诸国客廪如牒。今写券墨移书到，顷令史受簿入七月报，毋令缪，如律令。〓/掾延年、啬夫竟。[①]

(背面)(Ⅱ90DXT0216②:43－48)

此简册为渊泉县所移悬泉置公文。因悬泉置属于效谷县，而渊泉县为其邻县，这便涉及县与县之间的财务交割问题。简册大意是：在建昭三年四五月份期间，效谷县悬泉厩佐"延年"迎送"使者诸国客"时，来回路经渊泉县境内。渊泉县仓啬夫"竟"分四次向其供给"䵚麦"，共达六十三石。为厘清财务权责，渊泉县于建昭三年六月，直接向悬泉置发文，并附四笔业务支出的原始凭证复写件(券墨)，以备对方核对入账。为防止双方账目不符，还专门强调要在七月份同时入账。

第二步，后续邮置(B、C)按照实收谷物数入账。如《悬简释粹》云：

入粟小石九石六斗，神爵元年十月己卯朔乙酉，县(悬)泉厩佐长富受敦煌仓佐曹成。(Ⅰ0309③:188)

第三步，回券对账。后续邮置(B、C)一般都在入账后的下个月回"报"，即编制入账回券，以便与预支邮置(A)对账。如《悬简释粹》记有：

神爵二年正月丁未朔己酉，县(悬)泉置啬夫弘敢言之：遣佐长富将传迎长罗侯，敦煌禀小石九石六斗，薄(簿)入十月，今敦煌音言不薄(簿)入，谨问佐长富禀小石九石六斗，今移券致敦煌□……

(Ⅰ0309③:215)

此简便是一经典个案：悬泉置前已受"敦煌禀小石九石六斗"，并录入当月账簿。然而，不知何原因，敦煌并未收到其"报"券，故"言不薄(簿)入"。无奈之下，悬泉置只好又"移券致敦煌"。

要之，汉代邮置之间的财务交接、转账，可谓严密、科学、审慎、紧凑，这绝非溢美之词。

---

① 郝树生、张德芳：《悬泉汉简研究》。

三、地方办公费用

“财用”一词，最早见于《周礼・天官・司会》。其文云：“以九贡之法致邦国之财用，以九赋之法令田野之财用，以九功之法令民职之财用，以九式之法均节邦之财用。”此处“财用”乃费用、支出之意。近年公布的斯坦因所获未刊简牍中发现《苍颉篇》残片：

☐□财用为佴□☐[①] (3572)

由上可见，秦汉时期，“财用”一词已经成为官方习语。尤其至汉代，随着财务管理的进一步专门化，“财用”的含义渐趋缩小，特指笔、墨、简、砚、封泥等一类的办公费用。如《续汉书・百官志三》“守宫令”条本注曰：“主御纸笔墨，及尚书财用诸物及封泥。丞一人。”“尚书丞条”本注曰：“掌录文书期会。左丞主吏民章报及驺伯史。右丞假署印绶，及纸笔墨诸财用库藏。”又，《汉书》卷六六《杨恽传》载：“郎官故事，令郎出钱市财用，给文书，乃得出，名曰‘山郎’。”

(一)地方文书制度与“财用”开支

汉代地方财用开支与严格的文书制度息息相关。主要表现在三个方面：第一，官方之间的各种事务往来，都是以文书为媒介。[②] 秦时就已如此。《秦律十八种》载：“有事请殹(也)，必以书，毋口请，毋羁(羈)请。”[③]汉时，《悬简释粹》记有：

诏书必明白大书，以两行著故恩泽诏书。无嘉德，书佐方宜以二尺两行与嘉德长短等者以便宜从事，毋令刺史到，不谨办致案，毋忽。

(Ⅱ0114③:404)

---

① 汪涛、胡平生、吴芳思主编：《英国国家图书馆藏斯坦因所获未刊汉文简牍》，上海辞书出版社2006年版。

② 关于汉代文书制度，可参考汪桂海《汉代官文书制度》，广西教育出版社1999年版；李均明、刘军《简牍文书学》，广西教育出版社1999年版。

③ 睡虎地秦墓竹简整理小组编：《睡虎地秦墓竹简》，第105页。

上简中，地方政府明确要求以二尺“两行”书写诏书。《敦简》也有类似记载：

凌胡隧厌胡隧广昌隧各请输札两行隧五十绳廿丈须写下诏书

(1684A)

“两行”文书的形制一般为：简面被修治成屋脊形，每个侧面各写一行。① 同样，其他行政文书的形制也都有一定的式样要求。如《悬简释粹》云：

●告县、置食传马皆为□札，三尺廷令齐壹三封之。　(Ⅱ0114S:36)

第二，文书是地方“财用”开支中的“大头”。如《额济纳简》记有：

三月　钱四百

出　　入两行二百　居摄二年正月壬戌省卒王书付门卒蔡恽

财用　檄廿三尺札百(右上侧有三个刻齿)　(99ES17SH1:2)

此简所载“两行、檄、札”是地方“财用”开支的主体。如《合校》云：

两行卌　檄三

驩喜燧　札百　八月己酉输　回

绳十丈　(7·8)

此三种类型文书在用途上，各有所侧重。“札”可以编制成册，适合于账册、籍簿等；“两行”做工精细，一般用于诏书等规格较高的文书；“檄”则较“札”、“两行”宽阔，书写方便，一般用于地方行政指令性文书。当然，用来编制、封检文书的书绳也是不可缺少的。如《合校》记有：

扁常谨案部见吏二人一人王美休谨输正月书绳二十丈封传诏

(456·5A)

当时，地方文书多以木牍、竹简为主，昂贵的帛书很少用到。如《合校》云：

徐路人等以治舆地图帛薄毋余素●　宗钱千　(217·7、49·15)

此处“帛”只是专为绘制地图而用②，很少用于地方文书。

第三，“副”与地方文书存档制度。《二年律令·贼律》规定：

☑诸詐(诈)增减券书，及为书故詐(诈)弗副，其以避负偿，若受赏赐

① 参见胡平生、张德芳《敦煌悬泉汉简释粹》，第2页。

② 汉时，绘制舆地图也是地方政府的一项工作。尹湾汉简中就有“上争界图一人禺顺　画图一人　写图一人强广良县”的记载。(参见连云港市博物馆等编《尹湾汉墓简牍》，第101页)

财物,皆坐臧(赃)为盗。①

此简中“副”即为官方文书存档的副本,以供考课、核实。“副”作为追究、厘清官吏责任的重要依据,具有较强的时效性。秦时就已出现。里耶秦简[9]981:“具志已前上,遣佐壬操副诣廷,敢言之。”②《张家山汉墓竹简·奏谳书》的案例中,也有“名籍副”③的记载。在目前发现的秦汉简牍中,有些文书的发送地与其出土地相乖离。个中原因便是:此类文书只不过是正式文书的副本而已。

汉时,地方的文书存档制度十分完善。从档案上面的“签牌”(标签)来看,可谓无“书”不“副”。以居延汉简为例:

▨都尉赋书及清塞下诏书 (《合校》42·9B)

▨右府书 (《合校》394·2)

▨阳朔五年正月尽十二月府移丞相御史刺史条 (《新简》E. P. T56:77A)

□▨九月刺史奏事簿录 (《新简》E. P. T51:418B)

▨候尉上书副 (《新简》E. P. T59:578)

▨建昭二年十月尽三年九月吏受府记 (《新简》E. P. T51:151A)

由上看出,不仅中央下发的文书要“复制”存档,地方“府书”、“府记”一类文书也不例外。《敦简》也记有:

望府檄惊备多虏入塞未□塞追还前毋令吏卒离署持七月候记将卒禀毋忽臧记令可课 (483A)

此简文中明言“臧记令可课”,即要求存档待考课。

当然,有一利必有一弊。在地方完善文书制度的背后,便是基层“刀笔”吏工作量的“翻番”与地方“财用”支出的累增。《敦简》云:

① 彭浩、陈伟、[日]工藤元男主编:《二年律令与奏谳书:张家山二四七号汉墓出土法律文献释读》,第96页。

② 湖南省文物考古研究所、湘西土家族苗族自治州文物处:《湘西里耶秦代简牍选释》,载《中国历史文物》2003年第1期。

③ 彭浩、陈伟、[日]工藤元男主编:《二年律令与奏谳书:张家山二四七号汉墓出土法律文献释读》,第364页。

十二月癸丑大煎都候丞罢军别治富昌隧谓部士吏写移书到实籍吏出入关人畜车兵马器物如官书会正月三日须集移官各三通毋忽如律令（1685）

此简中"各三通"就是要求下级编制"出入关籍"后，抄写三份上报。面对高额的"财用"开支，个别皇帝也率先垂范，倡导节俭。如《后汉书》卷七六《循吏列传》载：

初，光武长于民间，颇达情伪，见稼穑艰难，百姓病害，至天下已定，务用安静，解王莽之繁密，还汉世之轻法……其以手迹赐方国者，皆一札十行，细书成文。勤约之风，行于上下。

(二)地方"财用"开支管理

汉时，一般由郡统一制定地方"财用"管理制度。如《汉书》卷八三《薛宣传》云："宣为人好威仪，进止雍容，甚可观也。性密静有思，思省吏职，求其便安。下至财用笔研，皆为设方略，利用而省费。"又，《二年律令·置吏律》载：

县道官之计，各关属所二千石官。其受恒秩气（饩）稟（廪），及求财用委输，郡关其守，中关内史。①

当然，"财用"开支也有一定的特殊性。诸如木简、书绳等一类物品，在条件允许的情况下，官府也可以自行制作。如《秦律十八种·司空》云：

令县及都官取柳及木楘（柔）可用书者，方之以书；毋（无）方者乃用版。其县山之多荓者，以荓缠书；毋（无）荓干者以蒲、蔺以枲萷（䰍）之。各以其樽〈获〉时多积之。②

但是，由于汉时文书工作极其繁重，简材需求量较大，有时也必须购买。从居延汉简实物来看，一般比较重要的文书多为松木，其他则多用杨木。居延

① 彭浩、陈伟、[日]工藤元男主编：《二年律令与奏谳书：张家山二四七号汉墓出土法律文献释读》，第174页。

② 睡虎地秦墓竹简整理小组编：《睡虎地秦墓竹简》，第83页。

地区不产松，只长胡杨和红柳，所以松木应是从外地运去的。[①] 同样，悬泉置汉简中的松木“多用于级别较高的各种官文书，如诏书、律令、科品、官府文件、重要的簿籍”[②]，也需要从外地买进。由此来看，汉时西北地区的文书简材应是自制兼外购。如《新简》就记载了购买简材的实例：

〼往来十日当会二十八日良并二十九日到谨省数材得二千八百二十数乇少百八十除丑恶五十凡少得二百三十当致百檄今致二十六少桼十三致检材五当檄十凡少六十三请令良以桼备教并贯并复令□备之尉史并白教问木大小贯谨问木大四韦长三丈韦七十长二丈五尺韦五十五●三韦木长三丈枚百六十椽木长三丈枚百长二丈五尺枚八十毋椟桼

(E. P. T65:120)

此简大意是：尉史购买木材以治文书，并将木材价格上报。同时，对已购木材所治文书的数量进行初步估算，如“当致百檄”、“致检材五当檄十”[③]。除购买木料外，地方政府有时也购买半成品——桼。如《合校》55·5 简：“出钱六十买桼二百〼。”关于“桼”的含义，《说文》云“牍朴也”，段注：“朴，素也，犹坏(坯)也。牍，书版也。桼谓书版之素，未书者也。”实为一种简牍半成品。

居延汉简中购买简材的人员，多为侯官(县级)的文书人员令史或尉史。如《新简》记有：

出钱二百买木一长八尺五寸大四韦以治罢卒籍令史护买

(E. P. T52:277)

由此来看，汉时县级单位一般就有权购买“财用”原料，然后再统一调拨给下级单位。居延汉简记有：

〼博卿到部输财用急〼　(《合校》55·16)

---

① 参见何双全《简牍》，第 102 页。此外，张俊民《甘肃出土的简牍文书》(载《档案》1996 年第 5 期)一文认为：松木，质地较软，有规整的纹理；红柳，木质最硬，敦煌地区出土的简牍中常见，书写后墨汁不易渗入木质；胡杨，木质轻软，质地细腻，在居延地区出土的简牍中常见，墨汁的渗透性最好。

② 何双全：《简牍》，第 223 页。

③ 对于“致检材五当檄十”，李均明、刘军先生认为封检设有封泥槽，需要一定的厚度才能制作，故检材通常大于其他简材。(参见李均明、刘军《简牍文书学》，第 10 页)

两行百札二百绳十枚

建昭二年二月癸酉尉史□付第廿五隧　　　（《新简》E. P. T59:154A）

上第一条简表明候官下级单位"部"的"财用"告急；第二条简是候官文书人员尉史直接调拨"财用"给下级单位"隧"的例子。

需要说明的是，在出土吴简中发现许多收缴"财用钱"的记录。如吴简（叁）记有：

入桑乡二年财用钱一千三百〓嘉禾二年八月十七日连午丘男子吴根付库☐。[①]　　　(3177)

可知，孙吴时，基层已将"财用"开支变成一种杂税来征收。汉代是否如此？姑且存疑。[②]

四、地方赈济抚恤支出

赈济抚恤弱势群体是地方政府的重要职能之一。汉时，地方赈济抚恤的对象主要为流民、老弱鳏寡、丧葬家庭等。

（一）赈济流民支出

有汉一代，自然灾害频发，再加之政府的横征暴敛及地方豪强的巧取豪夺，一些破产农民极易沦为流民。而流民问题则直接导致官方控制人口的减少，影响国家赋役的征发。同时，它也极易激发社会的震荡，动摇王朝的统治"大厦"。

汉代统治者极其重视流民问题。武帝首创"流民法"，当时"惟吏多私，征求无已，去者便，居者扰，故为流民法，以禁重赋"[③]。"流民法"的具体条

---

① 长沙简牍博物馆等编：《长沙走马楼三国吴简·竹简（叁）》，文物出版社2008年版。

② 孟彦弘先生《释财用钱》（载北京吴简研讨班编《吴简研究》第1辑，崇文书局2004年版）一文认为，汉代"所谓'财用钱'最初正是征收上来专门用于尚书购置纸、笔、墨、封泥等'行政办公'之物，后来则变成了政府一项固定的财税项目"，"'洛阳行·雁门太守行'（古词）所谓'财用钱三十，买绳礼竿'之'财用钱三十'恐怕就是征收的数量"。此观点可备一说。

③ 《汉书》卷四六《万石君传附子石庆传》。

文,现已不得而知。但是,从武帝元封四年诏令中“今流民愈多,计文不改”[①]的话语来看,郡内流民数量已列为地方上计的重要内容。尹湾汉简《集簿》与之互证:

> 户廿六万六千二百九十多前二千六百廿九其户万一千六百六十二获流口百卅九万七千三百卌三其四万二千七百五十二获流[②]

《集簿》为西汉成帝时东海郡上计文书中的一部分。东海郡属于关东地区,临近黄河下游水患地区,流民问题较为突出。“获流”是指流民向当地政府占报“名数”,以转变为编户齐民。“获流”数为42752人,占东海郡总人口的3%。由此来看,地方流民确实是汉代一个严重的社会问题。当然,东海郡的“获流”数也体现出当地官吏的卓越政绩,他们很可能会得到中央的褒奖。如《汉书》卷八《宣帝纪》:

> (地节)三年春三月,诏曰:“盖闻有功不赏,有罪不诛,虽唐虞犹不能以化天下。今胶东相成劳来不怠,流民自占八万余口,治有异等。其秩成中二千石,赐爵关内侯。”[③]

到东汉时,皇帝也多次下诏,“其赐天下男子爵,人二级,及流民无名数欲占者人一级”[④],以优惠的政策吸引流民向编户齐民转化。

地方赈济流民支出主要包括廪衣食、贷种粮等。如《汉书》卷七一《于定国传》云:“关东流民饥寒疾疫,已诏吏转漕,虚仓廪开府臧相振救,赐寒者衣,至春犹恐不赡。”又,《后汉书》卷四《和帝纪》云:“(永元)十五年春闰月乙未,诏流民欲还归本而无粮食者,过所实禀之,疾病加致医药;其不欲还归者,勿强。”一般来说,地方赈济流民是由户曹专职负责的。《后汉书》卷八一《独行传·陆续》载:“续幼孤,仕郡户曹史。时岁荒民饥,太守尹兴使续于都亭赋民饘粥。”

---

① 《汉书》卷四六《万石君传附子石庆传》。

② 连云港市博物馆等编:《尹湾汉墓简牍》,第77页。

③ 《汉书》卷八《循吏传》云:“后诏使丞相御史问郡国上计长吏守丞以政令得失,或对言前胶东相成伪自增加,以蒙显赏,是后俗吏多为虚名云。”可知胶东相王成所言“流民自占八万余口”,当是虚报。

④ 《后汉书》卷二《明帝纪》。

廪食流民只能作为权宜之计，地方政府还要赈贷种粮，使流民尽快恢复生产。譬如，宣帝地节三年(前67)冬十月，下诏云“流民还归者，假公田，贷种、食，且勿算事”①。尹湾汉简《集簿》中记有：

以春令成户七千卅九口二万七千九百廿六用谷七千九百五十一石八？斗□升半升率口二斗八升有奇②

此简文中的“春令”即以月令中春令行事。③ 政府禀谷物每人只合“二斗八升有奇”，数量微小，很可能就是东海郡赈贷流民的种粮支出。江陵凤凰山汉简中“郑里禀簿”也有地方政府禀种粮记录：

户人圣能田一人口一人　田八亩　卜移越人户　贷八斗　二年四(?)月乙▱④

此条简中，禀种粮是按照每亩一斗的标准，对象是“移越人户”，可能为迁徙到当地的越人。当然，地方政府在禀种粮的标准上要依谷物品种而定。早在秦律中，就有详细规定。如《秦律十八种·仓律》云：

种：稻、麻亩用二斗大半斗，禾、麦亩一斗，黍、荅亩大半斗，叔(菽)亩半斗。利田畴，其有不尽此数者，可殹(也)。其有本者，称议种之。县遗麦以为种用者，殽禾以臧(藏)之。⑤

汉简也有“官种簿”的记录。《新简》记有：

□黄种小石廿五石　●凡种小石卌三石
临渠官种簿　□□沙种小石三石
秫□□小石十五石　(E. P. T56:29)

此外，在遭遇一些大灾害时，政府有时也采取迁徙流民到边郡的办法。譬如，西汉成帝建始四年(前29)，“河果决于馆陶及东郡金堤，泛溢兖、豫，入平原、千乘、济南，凡灌四郡三十二县，水居地十五万余顷，深者三丈，坏败官

① 《汉书》卷八《宣帝纪》。
② 连云港市博物馆等编：《尹湾汉墓简牍》，第78页。
③ 参见杨振红《月令与秦汉政治再探讨——兼论月令源流》，载《历史研究》2004年第3期。
④ 裘锡圭：《湖北江陵凤凰山十号汉墓出土简牍考释》，载《文物》1974年第7期。
⑤ 睡虎地秦墓竹简整理小组编：《睡虎地秦墓竹简》，第43～44页。

亭室庐且四万所”[①]。又,《汉书》卷二六《天文志》载:“河平元年三月,流民入函谷关。”与史籍的“语焉不详”相比,《悬简释粹》却有新发现:

河平元年八月戊辰朔壬午,敦煌太守贤、丞信德谓过所县、道,遣广至司空啬夫尹猛,收流民东海、泰山,当舍传舍,从者如律令。八月庚寅过东。 (Ⅱ0315②:A)

由上可知,在河平元年三月“流民入函谷关”后不久,敦煌太守即接到中央的调遣,于当年八月派人去收抚东海郡、泰山郡的流民。此举既可解决流民的安置问题,也可以充实边防。

(二)优待老弱鳏寡支出

优待老人是汉代统治政策的一大亮点,与其“以孝治天下”的大政方针息息相关。譬如,汉时赐予七十岁老人王杖的制度就极具特色。[②]

汉时,设有专门优待老人的“受鬻(粥)法”。如《汉书》卷六《武帝纪》载:“民年九十以上,已有受鬻法。”庆幸的是,《二年律令·傅律》载其条文:

大夫以上【年】九十,不更九十一,簪裛九十二,上造九十三,公士九十四,公卒、士五(伍)九十五以上者,禀鬻米月一石。[③]

其律文明指对90岁以上老人按爵位享受每月一石米的优待。虽然待遇颇丰,但是当时90岁以上的老人恐怕是“凤毛麟角”。然而,据尹湾汉简《集簿》,东海郡“年九十以上万一千六百七十人”,着实让人称奇。当然,有学者已对其数字含有虚假成分进行论证。[④] 其实,高龄人群的虚增现象在吴简中也有所暴露。[⑤] 这可能与当时户籍制度的缺陷及官吏作假有一定关系。

需要强调的是,《集簿》的年代为成帝时期。当时民爵实为轻滥,大部分90岁以上老人(户籍年龄)应该能享受“受鬻法”的待遇。如此算来,只此一

---

① 《汉书》卷二九《沟洫志》。

② 参见拙著《汉代王杖制度若干问题考辨》,载《史学集刊》2008年第3期。

③ 彭浩、陈伟、[日]工藤元男主编:《二年律令与奏谳书:张家山二四七号汉墓出土法律文献释读》,第230页。

④ 参见高大伦《尹湾汉墓木牍集簿中户口统计资料研究》,载《历史研究》1998年第5期。

⑤ 张荣强先生《孙吴简中的户籍文书》(载《历史研究》2006年第4期)一文,认为吴简中“老”的年龄为61岁,在1670人中,占10.5%,明显偏高。

项，地方政府就要支出十万多石的谷物，占到东海郡当年度谷物总支出"卌一万二千五百八十一石四斗□□升"[①]的四分之一还要多。因此，对于此项开支，地方财政有着极大压力，尤其在歉收年度，难以实施。譬如，文帝前元元年(前179)下诏，云："今闻吏禀当受鬻者，或以陈粟，岂称养老之意哉！"[②]以"陈粟"禀鬻，显系为地方财政紧缩所致。又，《后汉书》卷五《安帝纪》载元初四年(117)诏曰：

> 今年秋稼茂好，垂可收获……又月令"仲秋养衰老，授几杖，行糜粥"。方今案比之时，郡县多不奉行。虽有糜粥，糠秕相半，长吏怠事，莫有躬亲，甚违诏书养老之意。其务崇仁恕，赈护寡独，称朕意焉。

此诏书中"郡县多不奉行"、"虽有糜粥，糠秕相半"，也可说明问题。

在"受鬻法"的具体操作上，《汉书》卷四《文帝纪》载：

> 有司请令县道，年八十已上，赐米人月一石，肉二十斤，酒五斗。其九十已上，又赐帛人二匹，絮三斤。赐物及当禀鬻(粥)米者，长吏阅视，丞若尉致。不满九十，啬夫、令史致。二千石遣都吏循行，不称者督之。刑者及有罪耐以上，不用此令。

据诏令中"年八十已上，赐米人月一石"，可知文帝时"受鬻法"的老人年龄极有可能一度放宽到80岁。"赐物及当禀鬻(粥)米者，长吏阅视，丞若尉致"，说明在禀鬻90岁以上老人时，要先由当地县令长牵头组织，再由地方副贰县丞或县尉亲自送到，其崇老之风可见一斑！东汉也应大体如此，否则安帝诏书中不会提到"长吏怠事，莫有躬亲"。河南郑州荥阳河王村出土东汉彩绘陶仓楼养老图，就形象展现了两位长吏亲自向老人致米粥的生动场景。[③]

对于鳏寡孤独等弱势群体，政府也给予一定的优惠政策。武威汉简《王杖诏令册》所载成帝建始元年(前32)诏令云：

> 年六十以上毋子男为鲲(鳏)，女子年六十以上毋子男为寡，贾市毋租，比山东复。

① 连云港市博物馆等编：《尹湾汉墓简牍》，第78页。

② 《汉书》卷四《文帝纪》。

③ 参见王学敏《荥阳东汉仓楼彩绘养老图》，载《中原文物》1996年第4期。

●孤、独、盲、珠孺，不属律人，吏毋得擅征召，狱讼毋得毄。布告天下，使明知朕意。

夫妻俱毋子男为独寡，田毋租，市毋赋，与归义同；沽酒醪列肆。①

此简中“鳏寡”的定义应是法律上的概念。而“夫妻俱毋子男为独寡”也属于鳏寡，即《管子·入国》中的“合独”：

所谓合独者，凡国都皆有掌媒。丈夫无妻曰鳏，妇人无夫曰寡，取鳏寡而合和之，予田宅而家室之，三年然后事之。此之谓合独。

有汉一代，中央不定期地赐予老弱鳏寡等一定数量的布帛、粟米等。同时，地方政府也给予特殊关照。如西汉颍川太守黄霸“使邮亭乡官皆畜鸡豚，以赡鳏寡贫穷者”，“鳏寡孤独有死无以葬者，乡部书言，霸具为区处，某所大木可以为棺，某亭猪子可以祭，吏往皆如言”。②

（三）丧葬抚恤支出

汉人向来“事死如事生”，对丧葬极为重视。政府亦不例外。汉初《二年律令·赐律》规定：

一室二殊在堂，县官给一棺；三殊在当（堂），给二棺。赐棺享（椁）而欲受赍者，卿以上予棺钱级千、享（椁）级六百；五大夫以下棺钱级六百、享（椁）级三百；毋爵者棺钱三百。③

东汉时，亦是如此。《周礼·秋官·小行人》注引郑司农曰：“若今时一室二尸，则官与之棺也。”最近云梦睡虎地汉简也发现《葬律》的条文。④ 此外，江苏扬州胥浦101号汉墓竹简有“回赐钱五十”⑤的记载，疑也与地方政府丧葬抚恤有关。

---

① 武威县博物馆：《武威新出王杖诏令册》，载甘肃省文物工作队、甘肃省博物馆编《汉简研究文集》，甘肃人民出版社1984年版，第36页。

② 《汉书》卷八九《循吏传·黄霸》。

③ 彭浩、陈伟、[日]工藤元男主编：《二年律令与奏谳书：张家山二四七号汉墓出土法律文献释读》，第210～211页。

④ 参见湖北省文物考古研究所、云梦县博物馆《湖北云梦睡虎地M77发掘简报》，载《江汉考古》2008年第4期；彭浩《读云梦睡虎地M77汉简〈葬律〉》，载《江汉考古》2009年第4期。

⑤ 扬州博物馆：《江苏仪征胥浦101号西汉墓》，载《文物》1987年第1期。

汉时，丧葬抚恤支出属于地方政府管辖范围的，皆由其承担。《二年律令·赐律》规定：

千石至六百石吏死官者，居县赐棺及官衣。五百石以下至丞、尉死官者，居县赐棺。①

此简说明官吏死官者，一般都可以在当地获得丧葬抚恤。《汉书》卷七七《何并传》师古注引如淳曰"公令，吏死官，得法赙"，与之相证。需要注意的是，律文中的"居县赐棺"，就意味着其费用由地方政府来支付。

除官吏死官者外，从军及服徭役"不幸死者"，地方政府也要进行丧葬抚恤。《汉书》卷一下《高帝纪下》载："令士卒从军死者为槥，归其县，县给衣衾棺葬具。"师古注引臣瓒曰："《金布令》曰'不幸死，死所为椟，传归所居县，赐以衣棺'也。"又，《二年律令·津关令》规定：

□、制诏相国、御史，诸不幸死家在关外者，关发索（索）之，不宜，其令勿索（索），具为令。相国、御史请关外人宦、为吏若繇（徭）使、有事关中，不幸死，县道若属所官谨视收敛，毋禁物，以令若丞印封椟槥，以印章告关，关完封出，勿索（索）。椟槥中有禁物，视收敛及封者，与出同罪。②

其实，秦时就有类似的律文。如《龙岗秦简》记有：

黔首□□不幸死，未葬□　　(196)

者棺葬具，吏治及徒去辨□　　(197)

虽简文漫漶不清，但亦能识个大概。其内容应与丧葬抚恤有关。

汉时，地方政府对服戍、徭役"不幸死者"丧葬抚恤的具体程序，可参照汉简，勾勒如下：第一，除战争外，疾病也是导致戍、更卒减员的重要诱因。如《合校》云：

初作其九人养二人作长今年卒多病率日廿人病定作六十　(286·2)

其八人物故　见食二百九十一人　一人固病先罢　(206·24)

① 彭浩、陈伟、[日]工藤元男主编：《二年律令与奏谳书：张家山二四七号汉墓出土法律文献释读》，第208页。

② 彭浩、陈伟、[日]工藤元男主编：《二年律令与奏谳书：张家山二四七号汉墓出土法律文献释读》，第313页。

对此，当地政府一般先要调查死亡原因，并编制爰书。如《新简》记有：

始建国天凤二年二月戊辰朔戊寅第十桼候长良敢言之谨移戍卒病死爰书旁行衣物券如牒敢言之 (E. P. T48:136)

在确定为正常死亡后，丧葬抚恤工作才正式开始。

第二，由死者所在基层单位上报，以备领取丧葬抚恤。如《合校》记有：

戊辰朔丙子甲渠塞尉元移南阳新野埻东里瞿诸病死为槥一椟书到□取如律令 (157·20A)

●甲渠候官五凤四年戍卒病不幸死用槥椟帛枲致 (267·4)

上简就是甲渠候官(县级)领取“槥椟帛枲”的“致”(通知书)。关于“槥椟”的含义，《说文》云：“槥，棺椟也。”段注：“椟，匮也。棺之小者，故谓之棺椟。”即一种小棺材。《二年律令·津关令》中也称作“椟槥”。“槥椟”形制狭小，只不过是为了运输方便，并不是死者最终下葬的棺具。在边郡的仓库中，多存有“槥椟”，以备戍卒随时遭遇不测。如《新简》E. P. T59:125 简载：“七月余见莱椟六具。”除“槥椟”开支外，当地郡还要提供帛枲、死卒钱等。《合校》简176·54 云“▨月簿余槥椟六具帛六匹经枲”，可知帛枲为“槥椟”的一种附带品。又，《合校》记有：

官袭一领　钱二百卌
戍卒觻得安国里毋封建病死　官绔一两
练一两
初元五年十一月庚午朔庚辰令史□□□廿四□□□ (287·24)

茭钱六百一十九　●凡千卌九
莱钱二百
死卒钱二百卅 (261·13B、261·27B)

二简相校，说明在元帝时，当地政府还要给予一定数额的“死卒钱”。而《汉书》卷一下《高帝纪下》中仅言赐予“槥”、“椟”，可能为汉初制度，或为减省之语。

第三，死卒“槥椟”运输的相关工作。在运输前，不仅要标明死者的“名县爵里”，以防错乱，而且还要编制棺内财物的“参辨券”(三联式的原始凭

证),以免物品丢失。《合校》记有:

> ☐寿王敢言之戍卒巨鹿郡广阿临利里潘甲疾温不幸死谨与☐□槥椟参絜坚约刻书名县爵里槥敦参辨券书其衣器所以收　(7·31)

据《二年律令·津关令》,在封棺前,要"县道各属所官谨视收敛,毋禁物"后,才能"以令若丞印封椟槥,以印章告关,关完封出"。又,《悬简释粹》中记有运送死卒"槥椟"的实例:

> 神爵四年十一月癸未,丞相史李尊……因迎罢卒送致河东、南阳、颍川、东郡、魏郡、淮阳国并督死卒传蓬(槥)。为驾一封轺传。御史大夫望之谓高陵,以次为驾,当舍传舍。如律令。　(Ⅰ0309③:237)

第四,在死卒"槥椟"运抵家乡后,当地政府还要支付丧葬抚恤费用,居县"赐以衣棺"[①],厚礼安葬。

五、地方公共工程与公共事务开支

汉时,为保证政府职能的有效运转,地方也时常兴建一些公共工程。当然,一些大型工程,地方政府是无力单独完成的。它需要中央统一调度,诸郡合力才行。如《史记》卷一一七《司马相如列传》云:"唐蒙已略通夜郎,因通西南夷道,发巴、蜀、广汉卒,作者数万人。"又,东汉《开通褒斜道摩崖》载:

> 永平六年,汉中郡以诏书受广汉、蜀郡、巴郡徒二千六百九十人,开通褒余道。太守钜鹿鄐君,部掾冶级王弘,史荀茂,张宇、韩岑弟典功作……最凡用功七十六万六千八百余人,瓦卅六万九千八百八器,用钱百四十九万九千四百余,斛粟□□□□。[②]

地方政府独立承担的只是一些中小型工程,大致可分为两类:一是道桥及亭传等官舍工程;另一是小型水利灌溉工程。

---

① 《汉书》卷一下《高帝纪下》注引臣瓒曰。

②　高文:《汉碑集释》(修订本),第6~9页。(据宋人刻文,内容作了些补充)

(一)道桥及邮亭等官舍的工程支出

早在战国秦武王二年(前309)"更修为田律"中就有"治道桥"的规定:

九月大除道及阪险十月为桥修波隄利津梁鲜草离非除道之时而有陷败不可行辄为之(正面) 四年十二月不除道者□一日 □一日 辛一日 壬一日 亥一日 辰一日戌一日 □一日(背面)[①]

汉初《二年律令·田律》显系沿袭秦律:

九月大除道及阪险;十月为桥,修波(陂)堤,利津梁。虽非除道之时而有陷败不可行,辄为之。乡部主邑中道,田主田道。道有陷败不可行者,罚其啬夫、吏主者黄金各二两。[②]

由于道桥及邮亭等官舍的修建直接关系到政令的传达及赋税的上缴,地方政府不得不重视。《后汉书》卷七六《循吏传·卫飒》云:

飒乃凿山通道五百余里,列亭传,置邮驿。于是役省劳息,奸吏杜绝。流民稍还,渐成聚邑,使输租赋,同之平民。

又,《续汉书·百官志一》注引《汉旧仪》曰:"官寺乡亭漏败,墙垣阤坏不治,无办护者,不胜任,先自劾不应法。"这就说明维修官舍是地方官吏的本职工作。更为重要的是,修治"道桥及邮亭"也是地方政府的一项"面子工程"。《史记》卷一二二《酷吏列传》载:"上(武帝)幸鼎湖,病久,已而卒起幸甘泉,道多不治。上怒曰:'纵以我为不复行此道乎?'"《汉书》卷八三《薛宣传》也云:"始惠为彭城令,宣从临淮迁至陈留,过其县,桥梁邮亭不修。"这说明"桥梁邮亭"直接左右"外人"对本郡的"第一印象"。故《后汉书》卷四六《陈宠传附子忠》云:

长吏惶怖谴责,或邪谄自媚,发人修道,缮理亭传,多设储跱,征役无度,老弱相随,动有万计,赇遗仆从,人数百匹,顿踣呼嗟,莫不叩心。

此种现象在汉代实为普遍。《太平御览》卷六四九引《汝南先贤传》曰:"许嘉

---

① 四川省博物馆、青川县文化馆:《青川县出土秦更修田律木牍——四川青川县战国墓发掘简报》,载《文物》1982年第1期。又见李均明、何双全《散见简牍合辑》,第51页。

② 彭浩、陈伟、[日]工藤元男主编:《二年律令与奏谳书:张家山二四七号汉墓出土法律文献释读》,第189页。

年十三,父给亭治道,坐不竟,当得鞭。”武威汉简《王杖诏令册》中也记有亭长擅征70岁老人治道的案例。[①]

在道桥修建方面,地方政府设有专职官员负责。《隶释》卷四《蜀郡太守何君阁道碑》载:

> 蜀郡太守平陵何君遣掾临邛舒鲔将徒治道,造尊楗阁,袤五十五丈,用功千一百九十八日。建武中元二年六月,就道史任云陈春主。

此项治道工程便是由蜀郡“就道史”任云、陈春主持的。汉碑中所见“治道桥”官吏还有道桥掾[②]、六部道桥[③]、南部道桥掾[④]、西部道桥掾[⑤]、衡官有秩、衡官掾[⑥]等。修建道桥的劳动力一般为普通百姓及刑徒。《二年律令·徭律》规定:

> 补缮邑院,除道桥,穿波(陂)池,治沟渠,堑奴苑,自公大夫以下,□勿以为繇(徭)。市垣道桥,命市人不敬者为之。[⑦]

到东汉时,大量使用刑徒。《太平御览》卷六四二引孔融《肉刑论》云“今之洛阳道桥作,徒囚于厮役十死一生”,可见当时洛阳道桥刑徒的悲惨处境。

在道桥、官舍费用上,当地政府虽然可以“免费”征用劳动力,但并不代表就可以“坐享其成”。在工程设计、原料采购、刑徒廪食等项目上,都要由当地政府承担。如《隶续》卷一五《汉安长陈君阁道碑》云:“此道本有根阁二百余丈,常以农时发民□治,岁岁造雯直卌余万。”在当时落后的生产力条件下,土木工程的造价极为昂贵。如《张景碑》云:“府南门外劝农土牛,□□□□,调发十四乡正,相赋敛作治,并土人、犁、耒、艹、蓎、屋,功费六七

---

① 参见武威县博物馆《武威新出王杖诏令册》,载甘肃省文物工作队、甘肃省博物馆编《汉简研究文集》,甘肃人民出版社1984年版,第36页。

② 参见洪适《隶续》卷一五《汉安长陈君阁道碑》。

③ 参见高文《汉碑集释》(修订本),第90页。

④ 参见洪适《隶释》卷一五《蜀郡属国辛通达李仲曾造桥碑》。

⑤ 参见洪适《隶续》卷一一《武都太守李翕天井道碑》。

⑥ 参见高文《汉碑集释》(修订本),第358、379页。

⑦ 彭浩、陈伟、[日]工藤元男主编:《二年律令与奏谳书:张家山二四七号汉墓出土法律文献释读》,第248页。

十万。"[①]仅仅建造"土牛"、"五驾瓦屋二间"等，就需费用"六七十万"，实难想象。因此，为筹集工程资金，地方政府有时便直接向百姓"伸手"，征收"道桥钱"一类的杂费。甘谷汉简就有政府"责更、算、道、桥钱"[②]的记载。当然，在地方工程巨额开支的背后，最终换来的还是"省时省费"。如《后汉书》卷五八《虞诩传》载：

> 先是运道艰险，舟车不通，驴马负载，僦五致一。诩乃自将吏士，案行川谷，自沮至下辩数十里中，皆烧石翦木，开漕船道，以人僦直雇借佣者，于是水运通利，岁省四千余万。

此条史料便是东汉武都太守虞诩开辟水道的事例。

(二)地方水利工程支出

水利工程直接关系到农业的丰歉状况，地方政府尤为重视。汉时，地方一般设有管理、监督水利的专职人员。《后汉书》卷八二上《方术传·许杨》载：

> 晨大悦，因署杨为都水掾，使典其事。杨因高下形埶，起塘四百余里，数年乃立。百姓得其便，累岁大稔。

尹湾汉简《东海郡属吏设置簿》中记有"都水一人请治所"[③]。此处"都水"即为"都水掾"，应是郡派驻地方主管水利的人员。《悬简释粹》中也有"二封水长印，诣东部水"[④]的记载，说明当时敦煌郡设有"水长"一职。此外，《隶释》卷一五《广汉太守沈子琚绵竹江堰碑》也有"水曹掾"、"水曹史"的记载。

西汉中期，武帝力主兴漕渠、治黄河后，地方兴修水利也出现一个小高潮。如《汉书》卷二九《沟洫志》载：

> 自是之后，用事者争言水利。朔方、西河、河西、酒泉皆引河及川谷

---

① 高文:《汉碑集释》(修订本)，第 227 页。又见郑杰祥《南阳新出土的东汉张景造土牛碑》，载《文物》1963 年第 11 期。

② 张学正:《甘谷汉简考释》，载甘肃省文物工作队、甘肃省博物馆编《汉简研究文集》，第 88 页。

③ 连云港市博物馆等编:《尹湾汉墓简牍》，第 101 页。

④ 胡平生、张德芳:《敦煌悬泉汉简释粹》，第 91 页。

以溉田。而关中灵轵、成国、沣渠引诸川，汝南、九江引淮，东海引钜定，泰山下引汶水，皆穿渠为溉田，各万余顷。它小渠及陂山通道者，不可胜言也。

《后汉书》卷四《和帝纪》载永元十年(98)诏曰：

堤防沟渠，所以顺助地理，通利壅塞。今废慢懈弛，不以为负。刺史、二千石其随宜疏导。勿因缘妄发，以为烦扰，将显行其罚。

皇帝亲自下诏要求地方疏导"堤防沟渠"，可见其对地方兴修水利的高度关切。

有汉一代，地方长官兴修水利、造福一方的例子亦不胜枚举。《汉书》卷八九《循吏传·召信臣》云：

行视郡中水泉，开通沟渎，起水门提阏凡数十处，以广溉灌，岁岁增加，多至三万顷。民得其利，畜积有余。信臣为民作均水约束，刻石立于田畔，以防分争。

此处"水门"便是古代水利灌溉系统中控制水流的一个重要设施。东汉王景治理黄河时，就"十里立一水门，令更相洄注，无复溃漏之患"[①]。《悬简释粹》中也有地方百姓修建"水门"的"实录"：

民自穿渠，第二左渠、第二右内渠水门广六尺，袤十二里，上广……

(Ⅱ0213③:4)

东汉时，"河西旧少雨泽"，武威太守任延"为置水官吏，修理沟渠，皆蒙其利"[②]。

地方政府在"兴利"的同时，还要"避害"，如修建堤防工程。《汉书》卷二九《沟洫志》云"今濒河十郡治堤岁费且万万"，可见堤防费用也是地方的重要支出。《香港中文大学文物馆藏简牍》"河堤简"204号木牍载：

莫阳乡桃丘堤凡十二里八十步，积二万二千九百廿步。衔(率)广六步，积二万二千八十步，畸多实百六十步。[③]

① 《后汉书》卷七六《循吏传·王景》。

② 《后汉书》卷七六《循吏传·任延》。

③ 彭浩：《〈河堤简〉校读》，载《考古》2005年第11期。又见陈松长编《香港中文大学文物馆藏简牍》，香港中文大学文物馆藏品专刊之七，第87页。

此简与汉代南郡长江沿岸堤防相关。此外，地方政府还对一些危害农田的陂池进行根治。如《后汉书》卷三一《杜诗传》载其担任南阳太守时，“修治陂池，广拓土田，郡内比室殷足”①。

(三)地方政府祭祀支出

作为地方公共事务的一项重要内容，地方政府的祭祀费用亦不容忽视。秦汉时，神祇世界较为丰富，鬼神崇拜气息浓重，官方、民间的神灵祭祀较为盛行。新出里耶秦简发现一批祭祀简，甚为重要。如：

☐盐四分升一以祠先蕽 (14)4

卅二年三月丁丑朔丙申，仓是佐狗出牂☐以祠先蕽 (14)639、762

卅二年三月丁丑朔丙申，仓是佐狗出黍米四斗以祠先蕽②

(14)656、(15)434

上简为地方政府祭祀先蕽(农)③时所记的账目支出。祭祀物品包括“牂”、“盐”、“黍米”等。祭祀完毕后，基层官吏还要将撤下的祭品进行出售。如：

卅二年三月丁丑朔丙申，仓是佐狗杂出祠先蕽余彻羊头一足四卖于城旦赫所，取钱四☐ (14)300、764

除祭祀先农外，里耶秦简还发现地方政府祠“窨”、祠“隄”的财务记录。如：

卅五年六月戊午朔己巳，库律佐般出卖祠窨余彻脯一朐于☐

---

① 对于一些容易泛滥的陂池，汉代政府有时直接将其根除。如《汉书》卷八四《翟方进传》载：“初，汝南旧有鸿隙大陂，郡以为饶，成帝时，关东数水，陂溢为害。方进为相，与御史大夫孔光共遣掾行视，以为决去陂水，其地肥美，省堤防费而无水忧，遂奏罢之。”

② 转引自张春龙《里耶秦简祠先农、祠窨和祠隄校券》，载武汉大学简帛研究中心编《简帛》第2辑。

③ “先农”是指古代传说中始教先民的农神。秦时，祭祀“先农”神比较流行。如周家台30号秦墓简牍《日书》云：“·先农：以腊日，令女子之市买牛胙、市酒。过街，即行拜(拜)言曰：‘人皆祠泰父，我独祠先农。’到囷下，为一席，东乡(向)，三腏，以酒沃，祝曰：‘某以壶露、牛胙，为先农除舍。先农笱(苟)令某禾多一邑，先农桓(恒)先泰父食。’到明出种，即邑最富者，与皆出种。即已，禹步三，出种所，曰：‘臣非异也，农夫事也。’即名富者名，曰：‘某不能肠(伤)其富，农夫使其徒来代之。’即取腏以归，到囷下，先侍持豚，即言囷下曰：‘某为农夫畜，农夫笱(苟)如□□，岁归其祷。’即斩豚耳，与腏涂囷廥下。恒以腊日塞祷如故。”(湖北省荆州市周梁玉桥遗址博物馆编：《关沮秦汉墓简牍》，中华书局2001年版，第132页)

令史歆监 (8)1588

☐☐已事旁书及祠隄余彍☐ (12)1020

当然,为防止库吏借机中饱私囊,每项祭品的出售都要在“令史×监”之下进行。秦《关市律》明文规定:“县官有卖买也,必令令史监,不从令者,赀一甲。”[①]关于地方政府祭祀的具体条目,秦律自有规定。里耶秦简即发现《祠律》部分条文:

诸有祠☐☐☐☐ (10)74

☐☐律曰祠☐☐[②] (10)988

汉兴,“高祖十年春,有司请令县常以春二月及腊祠社稷以羊豕,民里社各自财以祠”[③]。北京图书馆藏《营陵置社碑》拓本中也云“高帝龙兴,改秦淫祀,定天地山川社稷宗庙之正典”[④]。由此,刘邦草创汉仪之功,彰显无疑。当时地方政府祭祀的条目很多,如社稷、先农、山川、宗庙的祭祀以及求雨的“雩祭”、年末的“驱傩”等等。笔者只能拣选重要的地方祭祀开支作一下阐述。

祭祀社稷最初源于土地崇拜,学者多有研究。[⑤] 笔者略作补充:汉时,地方诸侯所祭为国社,郡、县所祭为郡社、县社。它们均属于官社,由政府承担祭祀费用。如《营陵置社碑》载:

世祖承命,遵循旧制。及元和三年,始为天下郡国置社稷。吾营陵之社即其一,为春祈秋报,岁有常秩。旱干水溢,祈祷辄应。四境之民,咸受其福。迨今墙垣颓败,坛墠废圮。[⑥]

---

① 陈松长:《岳麓书院所藏秦简综述》,载《文物》2009 年第 3 期。

② 转引自张春龙《里耶秦简祠先农、祠窨和祠隄校券》,载武汉大学简帛研究中心编《简帛》第 2 辑。秦《祠律》的相关研究,也可参见曹旅宁《里耶秦简〈祠律〉考述》,载《史学月刊》2008 年第 8 期。

③ 《史记》卷二八《封禅书》。

④ 北京图书馆金石组编:《北京图书馆藏中国历代石刻拓本汇编》(秦汉部分)第 1 册,中州古籍出版社 1989 年版,第 159 页。

⑤ 参见马新《两汉乡村社会史》,第 210～222 页;宁可《汉代的社》,载《文史》第 9 辑。

⑥ 北京图书馆金石组编:《北京图书馆藏中国历代石刻拓本汇编》(秦汉部分)第 1 册,第 159 页。

此碑为东汉熹平三年(174)北海国营陵县令韩翼修缮县官社时所立。其文提到"元和三年(86),始为天下郡国置社稷",应指东汉在全国范围内"置社稷"的时间,可补史籍之阙。但是,当地方资金紧张时,似有例外。如居延汉简中就有候官(县级)"敛吏社钱"(《新简》E. P. T49:14B简)的记载。

一般来说,汉代地方政府是在春三月、秋八月祭祀社稷。[①] 如《新简》记有:

> 建武八年三月己丑朔　张掖居延都尉谌行丞事城骑千人躬告劝农掾禹谓官县令以春祠社稷今择吉日如牒书到令丞循行谨修治社稷令鲜明令丞以下当　(E. P. T20:4A)
>
> 建武五年八月甲辰朔戊申张掖居延城司马武以近秩次行都尉文书事以居延仓长印封丞邯告劝农掾褒史尚谓官县以令秋祠社稷今择吉日如牒书到令丞循行谨修治社稷令鲜明令丞以下当　(E. P. F22:153A)

此外,在一年的腊祭之时,地方政府也向官吏发放"腊钱"。《新简》记有:

> 止北隧长窦永　腊钱八十　十二月辛酉妻君佳取　(E. P. F22:211)

祭祀山川也是汉代地方政府祈雨求福的一项重要活动。秦汉时,名山大川均为官祀。据《史记》卷二八《封禅书》记载,自殽以东,名山五:太室、恒山、泰山、会稽、湘山。大川二:济、淮。自华以西,名山七:华山、薄山、岳山、岐山、吴岳、鸿冢、渎山。名川四:河、沔、湫渊、江水。

一般的山林川泽也要由当地郡县就近祭祀。地方山川要经过中央批准,取得"法食"后,官方才可正式祭祀。其祭祀费用由地方承担,即"县出经用,备其牺牲"[②]。《隶释》卷二《樊毅复华下民租田口算碑》载东汉弘农郡祭祀西岳华山时,"一岁四祠,养牲百日,常当充肥,用谷稿三千余斛。或有请雨斋祷,役费兼倍",其支出规模可见一斑。此外,汉代有时也在郡国设置宗庙。如元帝时,"凡祖宗庙在郡国六十八,合百六十七所"[③]。此项祭祀开支也由地方政府负担。

---

① 对于汉代社稷时间的考证,可参见马新师《两汉乡村社会史》,第210～222页。

② 高文:《汉碑集释》(修订本),第458页。

③ 《汉书》卷七三《韦贤传》。

六、地方转输费用与边郡、内郡的财政差异性

汉时，由于边郡与内郡的位置、环境、职能等差异，在整个国家财政机制中，它们扮演的角色截然不同。对于边郡与内郡的利弊，时人也曾激烈地辩论过。如《盐铁论·未通》载御史曰：

> 内郡人众，水泉荐草，不能相赡，地势温湿，不宜牛马；民蹠耒而耕，负檐而行，劳罢而寡功。是以百姓贫苦，而衣食不足，老弱负辂于路，而列卿大夫，或乘牛车。孝武皇帝平百越以为园圃，却羌、胡以为苑囿，是以珍怪异物，充于后宫，騊駼駃騠，实于外厩，匹夫莫不乘坚良，而民间厌橘柚。由此观之：边郡之利亦饶矣！而曰"何福之有？"未通于计也。

《盐铁论·轻重》载文学曰：

> 边郡山居谷处，阴阳不和，寒冻裂地，冲风飘卤，沙石凝积，地势无所宜。中国，天地之中，阴阳之际也，日月经其南，斗极出其北，含众和之气，产育庶物。今去而侵边，多斥不毛寒苦之地，是犹弃江皋河滨，而田于岭坂菹泽也。转仓廪之委，飞府库之财，以给边民。中国困于徭赋，边民苦于戍御。

上文中御史的观点显系为武帝的"好大喜功"、"穷兵黩武"辩护，只不过其论据略显苍白。而文学"中国困于繇赋，边民苦于戍御"的见解倒也一针见血，只不过没有看到"边郡"本身的"军事缓冲"职能。它对于内郡的安定，亦是功不可没。总而言之，文学提到的"转仓廪之委，飞府库之财，以给边民"是当时边郡与内郡财政差异性的最佳"剪影"。故本文选取地方运输费用来探讨二者的差异。

(一)地方转输的征发及支出

汉代地方赋税收缴的最终完成，不可缺少的一个必要环节就是"传输"。其包括同地区内的转输、地方与中央间的上调以及地区之间的调拨。汉时，地方解决运输费用的两种方式为：征发、雇佣。

1. 牛车与地方转输征发

秦汉时，地方转输可分为陆运、水运。由于水运开通成本较高，易受地理条件的限制，故陆运更为普遍。而陆运的最常用工具便是牛车。[①] 新出里耶 8～455 号秦简载“以大车为牛车”[②]，略见一斑。当然，“牛力”乃是其胜任转输工作的主要原因。如《合校》简 18·11 载：“取之甚善曰道远毋牛车载即不肯予☑。”又，《汉书》卷九四下《匈奴传下》载：

> 计一人三百日食，用糒十八斛，非牛力不能胜；牛又当自赍食，加二十斛，重矣。胡地沙卤，多乏水草，以往事揆之，军出未满百日，牛必物故且尽，余粮尚多，人不能负，此三难也。

汉时，牛车似有一定的形制。如《新简》记有：

> 入粟大石廿五石　车一两　居摄三年三月戊申☑　(E. P. T7:10)
>
> ●右十一月廿七日迄今月七日受十七两粟大石四百二十五石　(E. P. T40:12)

上简中，十七辆车均载二十五石粟。《九章算术·均输》也云“一车载二十五斛”。同样，悬泉汉简记有：

> 渊泉宗贤里王建德　牛车一　四石　(101)
>
> 效谷益寿里闫丘时之　牛车一两　四石　(219)
>
> ■右已校车八十五两载茭三百七十二石　……[③]　(206)

上简中，每辆牛车亦载四石茭。说明当时牛车应有一定的规制[④]，以便于统一计算、考核物品重量。又，《合校》记有：

> 第二长别田令史耳德车一两
>
> 斧二　楯二　釜一
>
> 斤二　插六　输索豫十不输

---

① 汉时，马较为珍贵，一般不用来运输物资。除军事用途外，多用于邮传。

② 张春龙、龙京沙：《湘西里耶秦简 8－455 号》，载武汉大学简帛研究中心编《简帛》第 4 辑。

③ 张俊民：《敦煌悬泉置探方 T0309 出土简牍概述》，载长沙市文物考古研究所编《长沙三国吴简暨百年来简帛发现与研究国际学术研讨会论文集》，中华书局 2005 年版。

④ 在汉简中，与普通牛车相异的车，会专门加以标明。如《新简》E. P. T52:12 简载：“入胡骑车粟八十三石八斗☑。”此种“胡骑车”比普通载重二十五石粟的牛车要大得多。

锯一·少一　　承轴一　　　车屋三不输

椎一·少一　　承杠一小木五　驷相二·少二　　(47·5)

从牛车中所载工具、零部件来看,当时维修、保养技术亦颇为专业。在转运粮食时,政府通常使用一些有固定容量的"卷"(口袋)来分装谷物。《敦简》云:

入□□□三升少　布单卷百五十二支　车十九两

粟米五百六石六斗六升大　正月丁未　　(1866)

居延汉简中多发现"三石帣(卷)"。如:

入粟三石帣百九有糜三石帣九十二奇一石　正月乙丑□

(简右侧有刻齿)(《新简》E.P.T56:120)

▨九十九石　卅三卷　建平二年十月癸未甲渠令史宗受城仓令史谭　　(《合校》84·27)

按照"三石帣(卷)"方式运输粮食,大为便利,既能减少粮食的运输损耗[①],又便于计算重量,领取粮食。譬如,《合校》57·19简载:"卒陈偃粟一卷三斗三升。"因为戍卒月粮为三石三斗三升,故发放官吏只要先用量器"参"(容量为三斗三升少)称量后,在加上一卷(三石)就可以了。

汉时,为了解决繁重的转输工作,地方政府在必要条件下,拥有征发百姓牛车的权利。《二年律令·徭律》规定:

发传送,县官车牛不足,令大夫以下有訾(赀)者,以赀共出车牛;及益,令其毋訾(赀)者与共出牛食,约载具。吏及宦皇帝者不与给传送事。[②]

此律文规定:在传送时,如果政府"车牛不足",可以征发百姓的车牛、载具、牛食等。当然,汉时地方邮亭也拥有一些官牛车,但毕竟数量有限。如《悬简释粹》载:

鸿嘉四年十月丁亥,临泉亭长褒敢言之:谨案,亭官牛一,黑,犗,齿

① 汉时,在粮食转输过程中,难免会出现一些粮食损耗。如《合校》505·36简载:"●右凡十二两输城官凡出入折耗五十九石三斗。"

② 彭浩、陈伟、[日]工藤元男主编:《二年律令与奏谳书:张家山二四七号汉墓出土法律文献释读》,第248页。

八岁夬(决)鼻,车一两(辆)…… (Ⅰ0110①:1)

地方政府要求按“訾”(财产)征调百姓车牛,肯定会遭到有牛车者的暗自抵制。为此,《二年律令·兴律》有硬性规定:

乏繇(徭)及车牛当繇(徭)而乏之,皆赀日廿二钱,有(又)赏(偿)乏繇(徭)日,车☐[①]

鉴于此,我们就可以破解居延汉简中“车父简”的“谜团”。如《合校》记有:

戍卒梁国睢阳第四车父宫南里马广　铺二　承釭二破

☐

锯二　釜一完

(303·6、303·1)

这种具有双重身份的戍卒兼车父,让人感到费解。对此,王子今先生认为,车父不同于一般的戍卒,推测可能因为他们是以私车服事军役的,颇有道理。[②] 实际上,车父与一般戍卒无甚差别,只不过他与其牛车同时被征调而已。政府专门征调牛车的目的是为了解决戍卒及随身物品的运输问题。毕竟,在当时交通条件下,关东戍卒要到西北边郡服役,路途极为艰辛。为此,当地政府在戍卒征发上,也有精心考虑。一般按照十人配一牛车的标准。如居延汉简记有:

入二年戍卒牛车十三两　☐ (《新简》E.P.T56:133)

■右新阳第一车十人 (《合校》515·16)

弓馆陶第一车十人 (《合校》81·1)

大通上孙家寨366号汉简与之互证:

卒各十人一车,车幡诸(?)弩□□[③]

当然,十人共乘一牛车也不现实,牛车应以运输戍卒的随身衣物为主。如

① 彭浩、陈伟、[日]工藤元男主编:《二年律令与奏谳书:张家山二四七号汉墓出土法律文献释读》,第244页。

② 参见王子今《秦汉交通史稿》,第412页;《关于居延“车父简”》,载李学勤主编、中国社会科学院简帛研究中心编辑《简帛研究》第2辑,法律出版社1996年版。

③ 国家文物局古文献研究室、大通上孙家寨汉简整理小组:《大通上孙家寨汉简释文》,载《文物》1981年第2期。

《新简》载：

皁布□禅衣一领

戍卒　　皁布复襦一领

魏郡 ☐　练复袭袭一领

□□　　皁布复绔一两

枲肥一两 第廿三　　(E. P. T59:676)

此简就是编号为 23 号的牛车所载某戍卒衣物的清单。

在地方委输征发的考课标准上，《二年律令·徭律》也有规定：

委输传送，重车、重负日行五十里，空车七十里，徒行八十里。免老、小未傅者、女子及诸有除者，县道勿敢繇(徭)使。节(即)载粟，乃发公大夫以下子未傅年十五以上者。①

《九章算术·均输》与之相合：

今有程传委输，空车日行七十里，重车日行五十里。今载太仓粟输上林，五日三返。问太仓去上林几何？答曰：四十八里十八分里之十一。

此标准"程"的制定，有助于委输工作的考课、监督，以便提高效率。

2."就钱"与地方转输支出

汉时，地方政府光靠征发百姓的牛车是不能完全解决运输问题的。因为牛本身也是农耕的必备工具，政府不可能一味地征用百姓的牛车。况且，《二年律令·徭律》规定："若擅兴车牛，及繇(徭)不当繇(徭)使者，罚金各四两。"②可见"擅兴车牛"也是为法律所禁止的。如何为"擅兴车牛"？甘肃武威旱滩坡东汉简 4 可补证：

诸自非九月，吏不得发民车马牛给县官事。非九月时，吏擅发民车□☑③

---

① 彭浩、陈伟、[日]工藤元男主编：《二年律令与奏谳书：张家山二四七号汉墓出土法律文献释读》，第 248 页。

② 彭浩、陈伟、[日]工藤元男主编：《二年律令与奏谳书：张家山二四七号汉墓出土法律文献释读》，第 248 页。

③ 武威地区博物馆：《甘肃武威旱滩坡东汉墓》，载《文物》1993 年第 10 期。

为此，当地政府不得不更换渠道来解决转输问题。基层政府有时直接向百姓征收转费、传送钱。如江陵凤凰山汉墓5号木牍有“正月算卅二给转费”、“正月算□传送”、“三月算六传送”①的记载。

汉时，雇佣僦人是地方政府解决运费的重要补充方式。如《淮南子·氾论训》云“今夫僦载者，救一车之任，极一牛之力”，就勾画出一个牛车夫形象。关于“僦”的含义，《史记》卷三〇《平准书》云“天下赋输或不偿其僦费”，《索隐》引服虔曰：“雇载云僦。”僦人是私人运输业的代表。秦时，曾一度受到政府压制。《商君书·垦令》云：“令送粮无取僦。”此条也见于云梦秦简《效律》：

上节(即)发委输，百姓或之县就(僦)及移输者，以律论之。②

汉时，随着商品经济的发展及百姓征发“弹性”的接近极限，雇佣“僦者”渐趋盛行，连中央大司农都要雇僦转输。如《汉书》卷九〇《酷吏传·田延年》载：“大司农取民牛车三万两为僦，载沙便桥下，送致方上，车直千钱。”又，《新简》E. P. T43:92简云“☑男子字游为丽戎聟以牛车就载藉田仓为事始元”，此男子的职业便是昭帝时专门运谷至京师藉田仓的僦人。

上行下效，地方亦是如此。《敦简》中就有许多当地政府雇僦的例证：

入　敦煌二年三月玉门转一两已入卅七石

穬麦小石卌八石七斗五升少十一石七斗五升　元始二年正月

丁巳令史丰受就人敦煌安国里范仲　(532)

入麦小石十三石五斗　ㄹ　居聑三年三月戊辰大煎都士吏牛党候

史尹钦受就人效谷益寿里邓尊少不满车两未豢　(285)

此二简应为西汉后期政府雇僦转运穬麦的记录。当时一车载穬麦为“卅七石”，半车则为“十三石五斗”，故第二简文云“少不满车两未豢”。《敦简》中也有东汉时期僦人记载：

① 裘锡圭:《湖北江陵凤凰山十号汉墓出土简牍考释》，载《文物》1974年第7期。按：此处“转费”、“传送”分说。同样，《二年律令·徭律》中也是“委输”、“传送”分说。二者应有所区别，可能“传送”是主要供给邮亭驿置所需，而“转费”或“委输”是指运输到某地的专项任务。

② 睡虎地秦墓竹简整理小组编:《睡虎地秦墓竹简》，第123页。

出糜二斛的元和四年八月五日僦人张季元付平望西部候长宪 (1960)

此简为东汉章帝元和四年政府雇僦的账面记录。又,《合校》简云:

永光元年五月戊子觻得守左尉奉移过所县□诣肩水候往为候之觻得取麦二百石遣昭武安东里徐就等月丙戌赴肩水候官□行毋留止如律令 (562·3A)

此简为张掖郡觻得县政府雇佣"就家"运麦二百石到肩水候官的实例。

关于雇僦的具体标准,汉政府也制定了专门的"就品"。如《敦简》云:

愿加就程五年北地大守恽书言转▨安定太守由书言转粟输嘉平仓以就品博募贱无欲为▨ (619)

▨粟输渭仓以就品贱无欲为者愿▨ (1262)

"就品"可能是与运输工作量、费用等相关的管理条例。当时,雇僦的价格应取决于所载重量及路程远近。如《合校》记有:

出钱千三百卌七　赋就人会水宜禄里兰子房一两 (506·27)

出钱四千七百一十四　赋就人表是万岁里吴成三两半　已入八十五石　少二石八斗三升 (505·15)

●右八两　用钱万七百七十六 (506·11)

●元延四年八月以来将转守尉黄良所赋就人钱名 (506·26)

从编号、内容来看,此四简属于同一文书,应为成帝元延四年当地政府支付"就人钱"的名籍。据上简可知,如果牛车载满(粟)二十五石,就钱便为一千七百四十三钱。起初,对于"就人简",有学者误认为"钱千三百卌七"为黄金一两的价格。幸已有时贤指正。裘锡圭先生认为,就钱一千七百四十三钱不为整数,与就钱按照里数计算有关。① 此观点颇有见地。《九章算术·均输》就有"一车载二十五斛,与僦一里一钱"的记载。需要补充的是,在按里计算的同时,也须参照载重数量。《敦简》也记有"就钱":

▨二百直廿二万二千三百庆二千万用就百七十七两大半两=七千予 (555)

① 参见裘锡圭《汉简零拾》,载《文史》第12辑。

此简中，每辆车"就钱"高达七千钱，数目惊人。由此来看，"就钱"也是地方政府一个不容小视的重要开支。

（二）边郡的粮食紧缺与内郡转输

有汉一代，内郡向边郡转输谷物的"一幕"，时时上演。究其原因，一是边郡庞大的军事开支；二是边郡因恶劣环境而导致谷物产量的低下。其实，即便在安定时期，边郡对谷物的需求量也十分巨大，更遑论战争年代。

边郡地区需要廪食的人群包括戍卒及家属、官吏、施刑士、私从者等，可谓无人不廪。在西北地区汉简中也以"廪食名籍"最多。这也是国家为了鼓励内地百姓"实边"而制定的一项优惠政策。据居延汉简，当时廪食的一般标准如表 4-4：

表 4-4　　西汉边郡人员月廪食标准（粟）

廪食对象			廪食标准（小石）
官吏			三石三斗三升少
施刑			三石
戍卒			三石三斗三升少（大月）三石二斗二升少（小月）
戍卒家属	≥15 岁	大男	三石
		大女	二石一斗六升大
	7～14 岁	使男	二石一斗六升大
		使女	一石六斗六升大
	≤6 岁	未使男	一石六斗六升大
		未使女	一石一斗六升大

上表所载应为西汉中后期边郡的廪食粟米标准。当然，随着国家政策的调整及经济状况的变化，廪食标准也会发生变动。如《悬简释粹》记有：

> 御史中丞强、守侍御史少史臣忠，昧死言，尚书奉御史大夫吉奉丞相相上酒泉太守武贤、敦煌太守快书，言二事，武贤秅麦前书秅麦皮芒厚，以廪当食者，小石三石少不足，丞相请郡当食廪秅麦者石加……
>
> （Ⅰ0309③：221）

此简就是酒泉太守上书，认为每月廪食秅麦"皮芒厚"，"小石三石少不足"，请求增加廪食标准，而获得朝廷批准的实例。到东汉时，戍卒月食又有所变动。如：

入九月食麦一斛五斗永平十年九月十二日□卒□史受□□长□

（《敦简》2251）

此外，为鼓励"实边"，一些边郡官吏的私从、私属、奴婢也可获得廪食。如：

出麦七石五斗　以食吏吏私从者二人六月尽八月　（《合校》303・9）

私属吉元年十一月食麦二斛七斗十一月丁酉付吉　（《敦简》329）

《香港中文大学文物馆藏简牍》中也发现奴婢廪食简。[①]

马食也是边郡粮食消耗的另一来源。汉时，马匹要以谷物来喂食，"马争人食"现象不容忽视。边郡驻有大量骑士，马匹的粮草需求应该不小。如《合校》记有：

出谷卌七石七斗　其卅七石七斗麦十石粟　以食肩水斥候骑士十九人马十六匹牛二九月十五日食　（303・23）

由于边郡军情紧急，驿置规模要比内郡大得多，驿传马的数量为数不少，也有较大的粮草需求。同时，为弥补边郡马匹的不足，国家也鼓励官吏携私马守边。更甚之，有无私马也是担任候长、候史等官吏的必要条件。为此，边郡政府也对此类私马进行廪食。如《新简》载：

出粟二百七十一石二斗　摄食候长候史私马廿匹积千七百六十匹☐　（E. P. T4:78）

上述仅为和平安定时期边郡的粮食需求。一旦发生战争，消耗之大难以计算。

面对粮食极为紧缺的压力，边郡主要有三种渠道：屯田收入、当地采购、内郡转输。前两种方式，汉简中有记录：

当转糜麦八十石输甲渠候障

右农后长毋害官　已转糜八十石

毕　（《新简》E. P. T51:191）

入糴大麦百九十五石。鸿嘉五年正月癸卯，县泉置啬夫受常利里

---

① 参见陈松长编《香港中文大学文物馆藏简牍》，香港中文大学文物馆藏品专刊之七。

冯谭。[①] （Ⅱ90DXT0115②:111）

囿于边郡地区谷物产量的低下，前两种方式只能作为一个辅助手段。况且，自西汉中期后，边郡地区的屯田规模也日渐式微。因此，内郡转输是补给边郡粮食需求的重要方式。如《汉书》卷六六《刘屈氂传》云，丞相公孙贺“以边为援，使内郡自省作车，又令耕者自转”。又，《后汉书》卷八七《西羌传》载：

自羌叛十余年间，兵连师老，不暂宁息。军旅之费，转运委输，用二百四十余亿，府帑空竭。延及内郡，边民死者不可胜数，并凉二州遂至虚耗。

居延汉简中转输的例子也较为常见。《合校》记有：

□二百七十五两输居延

□三十六两输橐他 （30·18A）

●告尉谓第廿三候长建国受转谷到□言车两石斗数 （145·2）

除内郡政府组织转输边郡外，中央政府也利用一些政策迫使内郡个人输粮边郡。悬泉汉简记有：

□煌长史襄行大守事、库令王兼行丞事，谓龙勒民赀输敦煌侯奉驯，广至置丞毕书言。骑马二百[②] （Ⅴ92DXT1812③:10）

《新简》也记有：

入粟大石廿五石　车一两　正月癸卯甲渠候官掾谭受訾家茂陵东进里赵君壮就人肩水里郅宗 （E.P.T59:100）

关于简文中“訾家”，高敏先生认为“所谓‘赀家’，在汉代就是拥有家财需要按赀多少纳财产税的人”[③]。于振波先生结合张家山汉简《徭律》，认为赀家属于普通平民，需要缴纳赋税、服徭役。其在经济上比较富裕，官府把一部分人确定为赀家的目的，是让他们承担更多的经济责任。[④] 此观点似更合理。

最后，还需要谈一谈汉代的地方军费开支。虽然囿于史料缺乏，难以深

① 郝树生、张德芳：《悬泉汉简研究》。

② 郝树生、张德芳：《悬泉汉简研究》。

③ 高敏：《从居延汉简看内蒙额济纳旗的古代社会经济状况》，载《秦汉史探讨》，第276页。

④ 参见于振波《汉代的家赀与赀家》，载卜宪群、杨振红主编《简帛研究（二〇〇四）》，广西师范大学出版社2006版。

入探讨,但也不可不提。西汉与东汉的地方军费开支,存有较大差异。汉初,"踵秦而置材官于郡国"[①],且每年八月"太守、都尉、令、长、丞会都试,课殿最"[②]。如西汉东郡太守韩延寿都试骑士时,排场就极为铺张浪费,仅"治饰车甲三百万以上"[③]。到东汉时,光武帝旨在消除地方军力,改弦易辙,罢诸郡国兵。具有讽刺意义的是:此举措看似减省地方军费开支,实际上是得不偿失。对此,东汉应劭有精辟论述:

> 自郡国罢材官骑士之后,官无警备,实启寇心。一方有难,三面救之,发兴雷震,烟蒸电激,一切取辨,黔首嚣然。不及讲其射御,用其戒誓,一旦驱之以即强敌,犹鸠鹊捕鹰鹯,豚羊弋豺虎,是以每战常负,王旅不振。[④]

湖南张家界东汉简10号(背面)与之互证:

> □中右部士卅人　伏波卅四人　剽(骠)骑士卅人　城中左部卅六人　黄弩卅三人　雁门士五十三人　中部士卅四人　扬武士卅四人　武威士卅六人　惟管卅三人[⑤]

据此简可知,由于东汉时长沙郡兵裁省,不得不从北方边郡调兵,其费用更高。

综上所述,本章选取汉代具有代表性的地方支出着重剖析,进一步揭橥了地方财政开支的管理、运作状况。需要说明的是,从财政收支诸条目来解析地方财政问题,虽更具有条理性、系统性,但在地方财政管理的"细枝末节"上,还是不够深入,需要换取角度另作分析。

---

① 《汉书》卷二三《刑法志》。

② 《汉书》卷一下《高帝纪下》师古注引张晏曰。

③ 《汉书》卷七六《韩延寿传》。

④ 《续汉书·百官志五》注引应劭《汉官》曰。

⑤ 湖南省文物考古研究所、中国文物研究所:《湖南张家界古人堤简牍释文与简注》,载《中国历史文物》2003年第2期。

第五章 汉代地方财政管理制度

汉时，虽然地方财政与其他政务尚未完全分离，但是在当时社会条件下，地方财政管理所表现出来的缜密性、系统性却也超乎我们的想象。它是在中央集权机制下，地方行政管理制度逐渐完善的附带产物，也是汉政府在承袭前代制度的基础上，在大量以“钱谷”为主的财政活动中，不断总结、摸索出来的一套管理制度。

一、“平贾”的货币衡量职能

“平贾(价)”，简言之，就是政府定期平定物品基准价的制度。汉以前就已存在。《周礼·天官·小宰》云“听卖买以质剂”，注引郑司农云：“质剂谓市中平贾，今时月平是也。”又，《墨子·号令》云：“收粟米、布帛、钱金，出内畜产，皆为平直其贾，与主券人书之，事已，皆各以其贾倍偿之。”①

关于“平贾”的职能，学者少有论及。② 秦汉时，“平贾”并不仅仅局限为市场“月平”，而是在地方财政管理体系中具有重要的货币衡量职能。《秦律

① 孙诒让撰、孙启治点校：《墨子閒诂》，中华书局2001年版(《新编诸子集成》本)，第609～610页。

② 温乐平先生《从张家山汉简看西汉初期平价制度》(载中国秦汉史研究会编《秦汉史论丛》第9辑，三秦出版社2004年版)一文认为，汉初平价制不但法律条文化，上升为国家的意志，而且在政府所及的全国地域施行，其所涵盖的物品范围很广，几乎所用的商品、财产、物资等皆以平价计算。

十八种·效律》云：

县料而不备其见(现)数五分一以上，直(值)其贾(价)，其赀、谇如数者然。十分一以到不盈五分一，直(值)过二百廿钱以到千一百钱，谇官啬夫；过千一百钱以到二千二百钱，赀官啬夫一盾；过二千二百钱以上，赀官啬夫一甲。百分一以到不盈十分一，直(值)过千一百钱以到二千二百钱，谇官啬夫；过二千二百钱以上，赀官啬夫一盾。[①]

此条律文中“直其贾”即为“平贾”，并不是市场平价，而是对官吏称量物品的误差进行货币衡量。由于秦律处罚是依据钱数多少来划分的，故称量物品的误差都要经过“平贾”后，才能定罪。又，新出里耶秦简载：

卅二年三月丁丑朔丙申，仓是佐狗出祠［先］䅫余彻豚肉一斗半斗卖于城旦赫所，取钱四。令史尚视平，狗手。 (14)649、679

☐令史信视平，过手。[②] (15)450

上二简中“令史尚视平”、“令史信视平”，应是令史监督此笔经济业务是否“平贾”之意。

汉初，《二年律令·金布律》规定：

有罚、赎、责(债)，当入金，欲以平贾(价)入钱，及当受购、偿而毋金，及当出金、钱县官而欲以除其罚、赎、责(债)，及为人除者，皆许之。各以其二千石官治所县十月金平贾(价)予钱，为除。[③]

此律文规定因“罚、赎、责(债)”当罚金者，不仅要依照“平贾(价)入钱”，还要以当地郡治所在县的“十月金平贾(价)”为准。“十月”也是汉代财政年度中的首月。此简透露出一个重要信息：在汉代法律体系中，罚金、赎罪、赃物的计值皆以十月平贾为准。《合校》可补证：

二月戊寅张掖大守福库丞承熹兼行丞事敢告张掖农都尉护田校尉府卒人谓县律曰臧它物非钱者以十月平贾计案戍田卒受官袍衣物贪利贵贾贳予贫困民吏不禁止浸益多又不以时验问 (4·1)

① 睡虎地秦墓竹简整理小组编：《睡虎地秦墓竹简》，第116～117页。

② 张春龙：《里耶秦简祠先农、祠窨和祠隄校券》，载武汉大学简帛研究中心编《简帛》第2辑。

③ 彭浩、陈伟、［日］工藤元男主编：《二年律令与奏谳书：张家山二四七号汉墓出土法律文献释读》，第253页。

此简文云“律曰:臧它物非钱者,以十月平贾”,可补《二年律令》之阙。“平贾”在地方财政管理中的货币衡量职能主要体现在以下几方面:

其一,地方市场平价职能。汉时,“平贾”主要由当地政府依据市场行情进行评定。如《汉书》卷二四下《食货志下》载:“诸司市常以四时中月实定所掌,为物上中下之贾,各自用为其市平,毋拘它所。”又,《汉书》卷一七《景武昭宣元成功臣表》载:“侯当千嗣,太始四年,坐卖马一匹贾钱十五万,过平,臧五百以上,免。”此案例说明“平贾”对于规范地方商品交易秩序是十分必要的。当然,政府的调控也能起到一定作用。如《新简》云:

□贾重与用请增金银贾黄金率 (E. P. T50:221)

枚缣素上贾一匹直小泉七百枚其马牛各且倍平及诸万物可皆倍牺和折威侯匡等所为平贾夫贵者征贱物皆集聚于常安城中亦自为极贱矣县官市买于民民 (E. P. T59:163)

上第一条简中,政府准备提高“金银贾黄金率”来降低整个市场的价格。此简文虽残缺不全,但史料价值极大。据简文中“金银贾黄金率”,说明西汉时黄金还是有法定比价的。[①] 第二条简的年代应为王莽时期,从简文“其马牛各且倍平,及诸万物可皆倍。牺和折威侯匡等所为平贾”来看,应与政府调控市场价格有关。

其二,地方赋税折纳中的平价职能。以刍稿税为例。《二年律令·田律》云:

入顷刍稿,顷入刍三石……刍一石当十五钱,稿一石当五钱。刍稿节贵于律,以入刍稿时平贾(价)入钱。[②]

此律文明确规定:当刍稿价格比法定价格高时,要以当地的“平贾”为准。从江陵凤凰山汉简来看,亦是如此。其文云:

稿上户刍十三石 田刍一石六斗六升 凡十四石六斗六升 二斗为钱 一石当稿 定十三石四斗六升给当□ 田稿八斗三升 刍为稿二

---

① 最近新披露的岳麓书院秦简0970号记有“金一朱,直钱廿四”(于振波:《秦律中的甲盾比价及相关问题》,载《史学集刊》2010年第5期)。

② 彭浩、陈伟、[日]工藤元男主编:《二年律令与奏谳书:张家山二四七号汉墓出土法律文献释读》,第187~188页。

石凡二石八斗三升[1]

上简文中,刍与现金、稿之间的折纳,没有“平贾”的中介作用是很难完成的。再加之,在田租的征收中也需要折纳“平贾”。如江陵凤凰山汉简记有:

市阳租五十三石三斗六升半 其六石一升当䕺物 其一斗大半当麦 其七升半当□ 其一石一斗二升当秏 其四石五斗二升当黄白術(秫)[2]

其三,地方徭役征发中的平价职能。汉时,地方政府允许雇庸服役,故“平贾”徭役,理所当然。《史记》卷一〇六《吴王濞列传》云:“卒践更,辄与平贾。”索隐曰:“汉律,卒更有三,践更、居更、过更也。此言践更辄与平贾者,谓为践更合自出钱,今王欲得人心。乃与平贾,官雠之也。”吴王刘濞按照雇佣的市场价格付钱给践更者,以争取民心。又,《汉书》卷二九《沟洫志》载:

后二岁,河复决平原,流入济南、千乘……复赐延世黄金百斤。治河卒非受平贾者,为著外徭六月。

师古注引苏林曰:“平贾,以钱取人作卒,顾其时庸之平贾也。”如淳曰:“律说,平贾一月,得钱二千。”此处“平贾”应指:在治理黄河时,政府人手不足,便以钱雇佣人力。事后,由于资金紧张,政府没能按“平贾”支付雇值,只好免除治河卒六个月的外徭。

其四,汉代法律体系中“罚、赎、责(债)” 的平价职能。除前文已论述过的罚金、赎罪、赃物平价外,国家公物的赔偿也要以“平贾”为准。《二年律令·金布律》载:

亡、杀、伤县官畜产,不可复以为畜产,及牧之而疾死,其肉、革腐败毋用,皆令以平贾(价)偿。入死、伤县官,贾(价)以减偿。亡、毁、伤县官器财物,令以平贾(价)偿。[3]

此律文规定,不仅要对完全损害的物品平价,还要对受损伤物品的残值进行平价。

---

① 裘锡圭:《湖北江陵凤凰山十号汉墓出土简牍考释》,载《文物》1974年第7期。

② 裘锡圭:《湖北江陵凤凰山十号汉墓出土简牍考释》,载《文物》1974年第7期。

③ 彭浩、陈伟、[日]工藤元男主编:《二年律令与奏谳书:张家山二四七号汉墓出土法律文献释读》,第255页。

其五，地方政府赏赐、抚恤工作中的平价职能。如《二年律令·赐律》云："诸当赐，官毋其物者，以平贾（价）予钱。"①此律文规定政府在赐予物品时，如物品缺乏，要按照"平贾"发放现钱。同样，它还规定：

赐棺享（椁）而欲受赍者，卿以上予棺钱级千、享（椁）级六百；五大夫以下棺钱级六百、享（椁）级三百；毋爵者棺钱三百。②

此律文中将"棺享（椁）"直接转化成现钱，即蕴此意。

其六，"平贾"在规范政府采购行为上也能发挥一定的作用。《合校》记有：

国安粜粟四千石请告入县官贵市平贾石六钱得利二万四千又使从吏高等持书请安安听入马七匹贵九□□□□□□三万三千安又听广德姊夫弘请为入马一匹贵千钱贾故贵登故（20·8）

此简就是官吏在采购"粟"、"马匹"时，通过虚报价格来谋取私利的案例。在审查案情的过程中，"平贾"就起到重要的作用。

简言之，如果没有"平贾"的货币衡量职能，汉代地方政府的财政管理将面临全线"瘫痪"的可能。

二、地方财政管理的"籍簿化"

汉时，地方政府有一套严格的财政管理制度，基本实现了"籍簿化"，即无物不有账，无账不有物。更为重要的是，这种管理模式的"籍簿化"不是静态、死板的，而是动态、实时的。任何官方财产的"出出进进"都能从籍簿中反映出来。它对于防止公有资产的流失、预防官吏经济犯罪也能起到积极的作用。

---

① 彭浩、陈伟、[日]工藤元男主编：《二年律令与奏谳书：张家山二四七号汉墓出土法律文献释读》，第211页。

② 彭浩、陈伟、[日]工藤元男主编：《二年律令与奏谳书：张家山二四七号汉墓出土法律文献释读》，第211页。

(一)“官”、“私”分明的财政管理

汉代地方财政管理的最大特点便是“官”、“私”分明。在汉简的各类籍簿中，只要是属于国家的资产，一般都要标明“官”字。譬如：

□□□□□家属六人官驼二匹食率匹二斗[①]　(《罗布淖尔汉简》41)

出茭八十束 以食官牛　(《合校》217·13)

●吞远部建平元年正月官茭出入簿　(《合校》4·10)

☑负官钱九千七百廿其二百卌二□十二月还入奉

(《新简》E.P.T59:184)

上简中“官驼”、“官牛”、“官茭”、“76 官钱”皆冠以“官”字，其意非常明了。同样，只要是属于私人财物的，一般也标明“私”字。如《合校》简 303·34：

田卒淮阳郡长平平里公士李行年廿九　袭一两　犬絑一两

绔一两　私絑二两　自取

此简中唯“私絑二两”冠以“私”字，旨在表明其余“袭”、“绔”、“犬絑”衣物皆为官方发放。悬泉汉简《传马名籍》中对于临时征调来的私人马匹也专门标记为“私财物马”[②]。这种“官”、“私”分明的财政管理主要体现在以下几方面：

1. 公物的标识制度与“签牌”

早在秦时，公物标识制度就已存在。《秦律十八种·工律》规定：

公器官□久，久之。不可久者，以髼久之。其或叚(假)公器，归之，久必乃受之。敝而粪者，靡蚩其久。[③]

公甲兵各以其官名刻久之，其不可刻久者，以丹若髼书之。其叚(假)百姓甲兵，必书其久，受之以久。入叚(假)而而毋(无)久及非其官

① 林梅村、李均明：《疏勒河流域出土汉简》，文物出版社 1984 年版，第 100 页。

② 胡平生、张德芳：《敦煌悬泉汉简释粹》，第 84 页。按：汉时，边郡军情频发，邮置马匹需求紧张。政府有时也常常征调私人马匹补充传马、骑马。如悬泉Ⅱ T0216②：650 号简记有：“建昭三年五月丙辰朔癸未，敦煌大守强、长史渊、丞敞谓敦煌效谷、广至：今调私财物马、官马补骑马、传马如牒。书到，同月相付受。毋令缪。如律令。”(张俊民：《敦煌悬泉汉简所见人名综述(三)——以敦煌郡太守人名为中心的考察》，载卜宪群、杨振红主编《简帛研究(二〇〇五)》)

③ 睡虎地秦墓竹简整理小组编：《睡虎地秦墓竹简》，第 72 页。

之久也，皆没入公，以赍律责之。①

此简文中“久”读为“记”，指公物上的标志题识。此律文规定公器都要刻有标识。如无法刻画标识的“甲兵”等物品，也要以“丹”或“髼（漆）”书写标识。在假借、归还公器时，都以“久”为准。如无“久”或非原有的“久”，都要按原价赔偿。在报废时，原有标识也要磨除掉。又，《秦律十八种·效律》云：

公器不久刻者，官啬夫赀一盾。

器职（识）耳不当籍者，大者赀官啬夫一盾，小者除。马牛误职（识）耳，及物之不能相易者，赀官啬夫一盾。②

由上可知，国家对于官吏“不标识公器”及其“标错”、“误错”等行为也要给予严厉处罚。汉承秦制，仍实行严格的公物标识制度。出土铜器铭文可证：

元年十月甲午，平都戍丞纠、仓亥、佐葵犁斛。容三升少半升，重二斤十五两。平都。③

中山内府铜钫一，容四斗，重十五斤十两，第十一。卅四年，中郎柳市雒阳。④

安定郡库鼎一，容二升，重十八斤。二年，治偷镌。⑤

山阳邸铜雁足长镫，建武廿八年造。比十二。⑥

上述四条铭文即是地方郡国官有铜器上的标识文字。从标识内容上看，一般都包括器物名、重量、所属机构名、制作时间、制作人、编号⑦等要素，便于登记造册、厘清责任。居延汉简也记有：

出四百卌邯郸铫二枚　　（《合校》26·29）

---

① 睡虎地秦墓竹简整理小组编：《睡虎地秦墓竹简》，第71页。

② 睡虎地秦墓竹简整理小组编：《睡虎地秦墓竹简》，第120、121页。

③ 云希正：《西汉平都犁斛》，载《文物》1977年第3期。

④ 中国社会科学院考古研究所、河北省文物管理处编：《满城汉墓发掘报告》，文物出版社1980年版，第49页。

⑤ 史可晖：《灵台县出土的安定郡库鼎》，载《考古与文物》1992年第1期。

⑥ 南京博物院：《江苏邗江甘泉二号汉墓》，载《文物》1981年第11期。

⑦ 汉时，在许多同类型的器皿中，通常以标识编号来区分。如《上林宣曲宫鼎》：“上林宣曲宫，初元三年受东郡。白马宣房观鼎，容五斗，重十九斤六两。神爵三年，卒史舍人、工光造。第十五。”（西安市文物管理委员会：《西安三桥镇高窑村出土的西汉铜器群》，载《考古》1963年第2期）此处“第十五”即是其编号。

右□从吏孟仓 建武五年桼月丙申假济南剑一 今仓徙补甲渠第七隧长

（《新简》E. P. T59：574、575、576）

此处“邯郸”、“济南”二地名与简文内容无涉，仅指“铫”、“剑”上标识的制造产地而已。

不仅如此，汉时地方政府也在官马牛的固定部位上施以“标识”，以示为官有财产。《二年律令・津关令》云：

□、御史请诸出入津关者，皆入传，书郡、县、里、年、长、物色、疵瑕见外者及马职（识）物关舍人占者，津关谨阅，出入之。县官马勿职（识）物[①]

此律令规定县官马无标识物者，与私马出关同罪。关于官马如何标识，苦无实物，只能略加蠡测。《二年律令・津关令》云：

其买骑、轻车马、吏乘、置传马者，县各以所买名匹数告买所内史、郡守，内史、郡守各以马所补名为久久马，为致告津关，津关谨以藉（籍）、久案阅，出。

十二、相国议，关外郡买计献马者，守各以匹数告买所内史、郡守，内史、郡守谨籍马职（识）物、齿、高，移其守，及为致告津关，津关案阅，出，它如律令。[②]

由上可知，地方政府保管官马的两种手段是“藉（籍）”与“久”。其中，“藉（籍）”就是指记有“马职（识）物、齿、高”等信息的马匹名籍；“久”则是烙在马身上的标识物。律文要求“以马所补名为久，久马”，疑标识内容极可能为马本身的名字。《悬简释粹》中“传马名籍”记有：

传马一匹，骊，乘，左剽，决右鼻，齿八岁，高五尺九寸半寸，騃，名曰黄爵（雀）。（Ⅴ1610②：11）

私财物马一匹，駹，牡，左剽，齿九岁，白背，高六尺一寸，小肓。补县（悬）泉置传马缺。（Ⅴ1610②：14）

---

① 彭浩、陈伟、［日］工藤元男主编：《二年律令与奏谳书：张家山二四七号汉墓出土法律文献释读》，第312页。

② 彭浩、陈伟、［日］工藤元男主编：《二年律令与奏谳书：张家山二四七号汉墓出土法律文献释读》，第316～317、318页。

据上简，其一，“传马名籍”即为《二年律令·津关令》所指记有“马职(识)物、齿、高”的“藉(籍)”。它详细记录了各传马的身高、年龄、标识物、名字等资料，其中“左剽”即指马的左部做有标识。不过，名籍中私马也记有“左剽”，亦说明汉代官方、民间都习惯在马的左部标识，只不过标识内容不同罢了。其二，如细心考察“传马名籍”，便可发现官方传马皆有名字，而私马却没有名字。此现象说明，在官马标识物中极有可能包含马匹名字的信息。同样，汉代官牛也有标记。《合校》简 491·8 载：“力牛一黑犗左斩齿八岁絜七尺八寸。”简文中“左斩”应与“传马名籍”、“左剽”相类似，亦指牛的左部有标记。需要补充的是，吴简中的牛簿与此略异，无“左斩”，却记有牛左角的长度。吴简(四)载：

> 黄牯牛一头，齿二岁一月日，左角长一尺，民娄道养。(1388)
>
> 临湘谨列官领(?)牛头数齿色养者数簿。[1] (1435)

地方政府通过标识官马牛及编制名籍，有助于防止官马牛的流失、偷盗及事后追缴。《悬简释粹》记有：

> 甘露二年四月庚申朔丁丑，乐官(涫)令充敢言之：诏书以骑马助传马，送破羌将军、穿渠校尉、使者冯夫人。军吏远者至敦煌郡，军吏晨夜行，吏御逐马前后不相及，马罢亟，或道弃，逐索未得，谨遣骑士张世等以物色逐各如牒。唯告部、县、官、旁郡，有得此马者以与世等。敢言之。(Ⅴ1311④:82)

此简即是酒泉郡乐官(涫)令将所遗失官马的“物色”发给邻近的敦煌郡，冀以协同查找。此时，官马名籍中所记“物色”(体貌特征)就派上了用场。当然，汉政府对偷盗官马的行为，处罚也是极为严厉的。如《汉书》卷一五上《王子侯表上》载元狩元年，平侯刘遂“坐知人盗官母马为臧，会赦，复作”。

除标识制度外，汉代还有一种公物管理的方法——“签牌”，即为标签。其作用为整理、分类公物，使之井然有序。目前考古发现为两种：骨签、木签。其中，骨签在汉长安城未央宫遗址中大量发现，为西汉武库中兵器上的

---

① 李均明、宋少华：《〈长沙走马楼三国吴简〉竹简［四］内容解析八则》，载中国文物研究所编《出土文献研究》第8辑，上海古籍出版社 2007 年版。

标签。[1] 而木签在汉简中多有发现，被称为“签牌”简，主要用于器物。它亦有自己的特殊标记，通常简头用墨笔涂成网格状，在汉简中也格外显眼。如：

玉门却適亭(A)　有方一完(B)　(《敦简》1154)

甲渠障六石具弩一完(背面同)　(《新简》E. P. T5：63A)

第卅五燧藁索长三丈一完元延二年造(背面同)　(《合校》393·9A)

由上签牌来看，其职能应与“久”(标识)有所不同。虽然它有时也记有器物形制及年代等要素，但其主要强调的是“完”、“归属机构”。“完”即为器物保存的完好情况，以备使用或维修，而“归属机构”则指物品的直接保管单位。如“第卅五燧藁索长三丈一完元延二年造”签牌中的“第卅五燧”，并不是指“藁索”的制造单位，仅指保管单位而已。一般来说，签牌通常穿绳系在器物上，其正反两面文字大都相同，极便于平时查看、登记。

2. 公物的假借及赔偿

关于公物的假借、赔偿，云梦秦律中就有严格规定：

毋擅叚(假)公器，者(诸)擅叚(假)公器者有罪，毁伤公器及□者令赏(偿)。

或私用公车牛，及叚(假)人食牛不善，牛訾(胔)；不攻闲车，车空失，大车轱紋(盭)；及不芥(介)车，车蕃(藩)盖强折列(裂)，其主车牛者及吏、官长皆有罪。[2]

据此律文，官吏私自假借公器给别人，乃是违法行为。如公器受到“毁伤”，还要按价赔偿。官吏私自假借牛车，或者出借牛车后，牛因喂食不善而变瘦，以及牛车受到损害，都要追究当事人的法律责任。里耶秦简[8]134 就载有一典型案例：

廿六年八月庚戌朔丙子，司空守樛(樛)敢言：前日言竞(竟)陵藩(荡)阴狼叚(假)迁陵公船一，袤三丈三尺，名曰栀(?)，以求故荆绩瓦，

① 参见吴荣曾《西汉骨签中所见的工官》，载《考古》2000 年第 9 期；于志勇《汉长安城未央宫遗址出土骨签之名物考》，载《考古与文物》2007 年第 2 期。

② 睡虎地秦墓竹简整理小组编：《睡虎地秦墓竹简》，第 70、81 页。

未归船。狼属(嘱)司马昌官谒告,昌官令狼归船。报曰:狼有律在复狱,己。卒史衰、义报(?),今写校券一牒上谒,言之卒史衰、义所,问狼船存所,其亡之。为责(债)券移迁陵。弗□□属谒报。敢言之。/六月庚辰,迁陵守丞敦狐郄(却)之司空,自以二月段(假)狼船,何故□□辟□,今而补曰谒问复狱卒史衰、义,[衰、义]事已不智(知)所居,其听书从事。/庆手。即令□□行司空。①(正面)

此案例大意是:秦始皇二十六年(前221)二月,洞庭郡迁陵县司空假借给竟陵县人“狼”一条公船,后未归还。县司空便写“校券”向其所属司马索要,得到答复,“狼”已入狱,船亦不见。无奈之下,县司空于当年八月以“债券”方式向县汇报,要求追债索赔。迁陵县丞获悉后,对其在假借公物中的渎职行为给予严厉斥责。此案例中“校券”、“债券”在假借公物中所起到的作用,应值得关注。此外,简文中公船“名曰柂”,疑公船也有官方标记。

汉时,亦是如此。《二年律令·盗律》规定:

□□以财物私自假貣(贷),假貣(贷)人罚金二两。其钱金、布帛、粟米、马牛殹(也),与盗同法。诸有叚(假)于县道官,事已,叚(假)当归。弗归,盈廿日,以私自叚(假)律论。其叚(假)别在它所,有(又)物故毋道归叚(假)者,自言在所县道官,县道官以书告叚(假)在所县道官收之。其不自言,盈廿日,亦以私自假律论。②

由此可知,汉时假借公物,逾二十日不还,按私自假借论处。如假借物品不在本县,而持有人因死亡无法归还时,官方假借人必须在二十日内上报县道,由县道出面索还。对于擅自假借“钱金、布帛、粟米、马牛”的行为,汉律处罚较重,为“与盗同法”。如《新简》E. P. F22:200简云“以县官马擅自假借,坐臧为盗”,与之互证。

在公物赔偿方面,《二年律令·金布律》规定:

亡、杀、伤县官畜产,不可复以为畜产,及牧之而疾死,其肉、革腐败

---

① 湖南省文物考古研究所、湘西土家族苗族自治州文物处:《湘西里耶秦代简牍选释》,载《中国历史文物》2003年第1期。

② 彭浩、陈伟、[日]工藤元男主编:《二年律令与奏谳书:张家山二四七号汉墓出土法律文献释读》,第121页。

毋用，皆令以平贾(价)偿。入死、伤县官，贾(价)以减偿。亡、毁、伤县官器财物，令以平贾(价)偿。入毁、伤县官，贾(价)以减偿。①

由此律文可知，公物赔偿可分为两种情况：完全赔偿、残值赔偿。

完全赔偿指在官有器物或畜产完全丢失时，当事人要负完全赔偿责任。《新简》记载一案例：

案立官吏非乘亭候望而以弩假立立死不验候当负记到趣备弩言●谨案

(E. P. F22:290)

简文大意是："立"不是"乘亭候望"的官吏，本应不授武器。而"候"却以弩假借。今"立"死亡而弩弓遗失，故"候当负"。此处"负"即为赔偿之意。又，《悬简释粹》记有：

甘露四年七月丙午朔己酉，县(悬)泉置守丞置敢言之：乃厩啬夫张义等负御钱、失亡县官器物、当负各名如牒，谨遣厩佐世收取，七月□□唯廷以□□敢言之。(A)啬夫义、得之；佐世忠。(B) (Ⅱ0115④:87)

此简即是地方政府要求官吏赔偿"失亡县官器物"的例证。

残值赔偿指由于人为原因而导致官有器物损害或畜产死伤时，当事人赔偿金额可以减去其残值。如《悬简释粹》载：

●传马死二匹，负一匹，直(值)万五千，长、丞、掾、啬夫负二，佐负一。 (Ⅰ0205②:8)

此简大意是：效谷县悬泉置中两匹传马死亡，其中一匹为人为原因所致，按马价需要赔偿一万五千钱。在厘清责任后，由当事人长、丞、掾、啬、佐分别按照2∶2∶2∶2∶1的比例赔付。需要说明的是，如果此死马的皮肉已卖，残值入官的话，则可以从马值一万五千钱中扣除，再行赔付。此即是残值赔偿。

3. 公物维修与"消亡"公物的处理

秦时，就有维修破损公物的法律规定。如《秦律十八种·金布律》云：

① 彭浩、陈伟、[日]工藤元男主编：《二年律令与奏谳书：张家山二四七号汉墓出土法律文献释读》，第255页。

“传车、大车轮，葆缮参邪，可殴(也)。韦革、红器相补缮。”[①]汉时，一般是由基层将破损物品上报后，由上级统一安排维修。《合校》记有：

元延二年八月乙卯累虏候长敞敢言之官檄曰累虏六石弩一伤右橅受降隧六石弩二其一伤两橅一伤右橅遣吏持诣官会月廿八日谨遣驩喜燧长冯音持诣官敢言之 (170·5A)

此简就是甲渠候官(县级)要求下属各部将损伤弩弓统一送交维修的例子。当然，器物种类不同，其修理方式肯定各有不同。如《新简》E.P.T53：35简云：“破七两完。请破一两，以缮十六两唯☑☐。”维修人员准备破一辆坏车，来修理其余十六辆破损车。此招亦不啻明智之举。

关于“消亡”公物，可分为两类。一类是官有器物的废弃及销账。对此，《秦律十八种·金布律》有详细规定：

县、都官以七月粪公器不可缮者，有久识者靡蚩之。其金及铁器入以为铜……粪其有物不可以须时，求先买(卖)，以书时谒其状内史。凡粪其不可买(卖)而可以为薪及盖蔿〈蘙〉者，用之；毋(无)用，乃燔之。[②]

据此简，秦时一般在七月份集中“粪”(销毁)那些损害殆近的公器。铜铁器在销毁后，要收回做原材料。其余能卖则卖，不能卖而能做薪柴、遮盖物的，继续留用，实在无用的才被烧掉。由此看出，古人在节财用物上的细致用心。同时，基层还要对此类废弃物品进行销账。如《秦律十八种·司空》云：“及大车辕不胜任，折轱上，皆为用而出之。”[③]此处“出”即为销账之意。由于车辕已彻底毁坏，故报“用”(用尽之意)后，从账面上销除。又，《法律答问》云：

舍公官(馆)，旞火燔其舍，虽有公器，勿责。●今舍公官(馆)，旞火燔其段(假)乘车马，当负不当出？当出之。[④]

此案例是指：因遭遇突发火灾事故，而烧掉所假借官方车马的，当事人不负责赔偿，应“当出之”。此处“当出之”就是将已烧掉的官车马从账目上销除

---

① 睡虎地秦墓竹简整理小组编：《睡虎地秦墓竹简》，第65页。
② 睡虎地秦墓竹简整理小组编：《睡虎地秦墓竹简》，第64页。
③ 睡虎地秦墓竹简整理小组编：《睡虎地秦墓竹简》，第80页。
④ 睡虎地秦墓竹简整理小组编：《睡虎地秦墓竹简》，第219页。

的意思。

汉袭秦制，亦是如此。《二年律令·金布律》规定："县官器敝不可缮者，卖之。"[①]又，《合校》记有：

肩水候官元康二年七月粪卖船钱出▨　　　　(255·3)

此处"粪卖舩"就是将破敝殆近的官船变卖处理。同时，政府也要对废弃物品进行销账。如：

掖甲渠正月尽三月四时出折伤牛车二两吏失亡以□□□

(《合校》甲附 30)

出五石具弩一 假亭隧建武六年四月十六日胡虏犯塞入吏格斗失亡

(《新简》E. P. F22:318)

此两简即是针对"折伤牛车"、"失亡"兵器的销账行为。

另一类是死亡官畜的处理及销账。由于死亡官畜的骨肉可以食用，又易腐烂，故地方政府须采取紧急措施，及时变卖。汉代也有相关法令：

令曰："县官马、牛……丞与□□▨劀卖，复以其钱买马、牛。"[②]

(ⅠT0309③:277)

由此令知，县官变卖官畜之最终目的，还是要专款专用，重新补购官马牛。其具体程序如下：

首先，要尽快编制爰书，查明原因，以厘清责任。如《秦律十八种·厩苑律》云：

将牧公马牛，马【牛】死者，亟谒死所县，县亟诊而入之，其入之其弗亟而令败者，令以其未败直(值)赏(偿)之。[③]

此律文规定：如果官吏没有及时查明死因，因延误而导致死亡马牛皮肉腐烂的，要按照其未腐烂的骨肉价格进行赔偿。汉简中就记有死亡官畜的爰书案例：

□□寅士吏强兼行候事敢言之爰书戍卒颍川郡长社临利里乐德同

---

① 彭浩、陈伟、[日]工藤元男主编：《二年律令与奏谳书：张家山二四七号汉墓出土法律文献释读》，第 255 页。

② 张俊民：《悬泉汉简传马病死爰书及其他》，载武汉大学简帛研究中心编《简帛》第 3 辑。

③ 睡虎地秦墓竹简整理小组编：《睡虎地秦墓竹简》，第 33 页。

县安平里家横告曰所为官牧橐他戍夜僵卧草中以□行谨案德横□到橐他尉辟推谨毋刀刃木索迹德横皆证所言它如爰书敢

(《新简》E. P. T57:85)

永光二年正月癸亥朔甲戌，县泉厩佐贺敢言之，爰书：司御肥常告曰，所葆养传马一匹，骍，乘，左剽，齿十一岁，高六尺，名曰赤兔。乃十二月戊申病中，欬涕出，饮食不尽度。马医万年诊治不能偷，日益笃，今死。即与司御房益寿等杂诊，马死，身完，毋兵刃木索迹，病死审，皆证之。它如爰书。敢言之。[①]

(ⅡT0215③:332)

上第一条简是官"橐他"(骆驼)的死亡爰书。据骆驼尸体上"毋刀刃木索迹"，审查官吏断定为正常死亡。第二条简为传马病死爰书，证明医治无效后，正常死亡。

其次，在判定死因后，死亡官畜的骨肉才可以就地变卖。《悬简释粹》记有：

传马一匹，駹骍，乘，左剽，齿九岁，高五尺六寸，名曰蒙华。建昭二年十二月丙申病死，卖骨肉，受钱二百一十。

(Ⅰ0111②:2)

又，悬泉汉简载：

传马劳、锢病终不可用剥卖者，贾匹千五百。输筋、革、齿、耳郡库。

(ⅡT0114③:478)

到，自今以来传马、骑马、牛、驴、橐他病死者，辄持其革、角、筋、齿、耳诣府，有奸必坐。如律令。敢告卒人[②]

(ⅡT0216②:50)

由上来看，为防止变卖过程中的不法行为，政府规定死亡传马处理价格大致为每匹一千五百钱。不能变卖的"革、角、筋、齿、耳"也要输入郡库，以备它用。

最后，地方政府将骨肉钱入账，死官畜销账。二者应是可以相互稽核的同一笔业务。《悬简释粹》云：

效谷移建昭二年十月传马薄(簿)，出县(悬)泉马五匹，病死，卖骨

① 张俊民：《悬泉汉简传马病死爰书及其他》，载武汉大学简帛研究中心编《简帛》第3辑。

② 张俊民：《悬泉汉简传马病死爰书及其他》，载武汉大学简帛研究中心编《简帛》第3辑。

肉，直钱二千七百卌，校钱薄(簿)不入，解……　(0116②:69)

此简就是效谷县在审计“传马薄(簿)”时，发现五匹病死的马已经销账，而其骨肉钱却未入“校钱薄(簿)”，于是向悬泉置发出讯问。关于“校钱薄(簿)”，可参见悬泉汉简所载：

入死马钱二百卅:得玉里吴忠百五十，定汉里王意八十。建平五年七月甲辰，啬夫阳受使校师政。十月六日课校。①　(右齿)(ⅠT0112①:4)

要言之，汉人对财物管理，用心之细，叹为观止！

4.“直符”与公物的保管

“直符”一词，见于史籍中。《汉书》卷七六《王尊传》云：“今将辅送狱，直符史诣阁下，从太守受其事。”师古注曰：“直符史，若今之当直佐史也。”又，《后汉书》卷四四《张禹传》注引《东观记》曰：“闰当从行县，从书佐假车马什物。禹闻知，令直符责问，闰具以实对。”据此，“直符”应为官吏当值之意，相当于后世的“值班”。②

汉时，地方政府将一些贵重以及不使用的公物都放置在仓库中妥善保管，并派遣官吏封缄门户、值班看护。《新简》记有：

建平三年七月己酉朔甲戌尉史宗敢言之乃癸酉直符一日一夜谨行视钱财物臧内户封皆完毋盗贼发者即日平旦付令史宗敢言之

(E. P. T65:398)

由上可知，甲渠候官的“直符”官吏为令史、尉史，且每“班”为一日一夜。其职责是检查门户封条是否完好，防止财物被盗。《新简》就记有盗窃案例：

赵临开傰臧内户盗取卒阁钱二千四百谨已劾傰职事无状

(E. P. T50:154)

当然，“直符”官吏除防盗外，更要防水防火，避免突发事故对财物造成不必要的损失。秦人就十分注重廥(主要存储刍稿)、仓、库等远离居民区以防水火。如秦律规定：

●内史杂律曰：黔首室、侍舍有与廥、仓库、实官补属者绝之，毋下

---

① 张俊民：《悬泉汉简传马病死爰书及其他》，载武汉大学简帛研究中心编《简帛》第3辑。

② 参见于豪亮《居延汉简校释》，载《考古》1964年第3期；裘锡圭《汉简零拾》，载《文史》第12辑。

六丈；……[①] (1266)

毋敢以火入臧(藏)府、书府中。吏已收臧(藏)，官啬夫及吏夜更行官。毋火，乃闭门户。令令史循其廷府。节(即)新为吏舍，毋依臧(藏)府、书府。　　内史杂[②]

汉人亦是如此。《新简》记有：

更始二年正月丙午朔庚申令史□敢言之迺己未直符谨行视诸臧内户封皆完时毋水火盗贼发者即日付令史严敢言之 (E. P. T48:132)

在此简之值班记录中，明确记有“毋水火”一项。汉人之防灾避害意识可见一斑。

(二)“无所不包”的“籍簿化”

汉代地方政府基本实现了公物管理的“籍簿化”，此言着实不虚。当时，无论公物巨细，皆有账可循。李天虹先生在《居延汉简簿籍分类研究》(科学出版社 2003 年)一书中基本上将地方籍簿囊括殆尽，考证精审，可资参阅。在此，笔者略作补充：按照账目内容，汉代地方籍簿可分为静态、动态两种。静态籍簿是指侧重于某一时间点，记录公物盘存数量的一类账簿。如《新简》云：

●甲渠候官建昭四年十月旦见铁器簿 (E. P. T52:488)

此类账簿也称为“月旦簿”，即是在月初“旦”(早晨)这一时刻，根据公物盘存情况而编制的账簿。[③] 实际上，“月旦簿”在汉代具有极其重要的功用，不仅用来盘存月初财物状况，也是厘定人员增减变化、俸禄起止、工作时间等财政时限的重要账目。譬如，《新简》记有计俸期限：

☐免言缺劾皆以七月旦为日全月禄食谨具封月旦行诣府●奏封 (E. P. T59:128)

又，《合校》载“月旦”人数：

---

① 陈松长:《岳麓书院所藏秦简综述》，载《文物》2009 年第 3 期。

② 睡虎地秦墓竹简整理小组编:《睡虎地秦墓竹简》，第 109 页。

③ 王素先生《长沙吴简中的“月旦簿”与“四时簿”》(载《文物》2010 年第 2 期)一文认为，汉代地方郡国所上中央有三种“月旦见簿”：第一种为按月结算的“月旦见簿”；第二种为按季结算的“月旦见簿”；第三种为按年结算的“月旦见簿”。

☐山鱳得二人送囚昭武☐☐四月旦见徒复作三百七十九人 (34·9)

此外,地方政府按照人名逐一统计的公物名籍,也应属于此类静态籍簿。如《新简》云:

●甲渠第廿三部　　　黄龙元年六月卒被兵名籍 (E.P.T52:86)

三石具弩一　六石具弩一

东郡白马平武夫里董德　　弩幡●一　弩幡●一

稿矢铜鍭五十　稿矢铜鍭五十

(以上为第一栏)

元康三年三月　　　兰兰冠各一

勒干一

(以上为第二栏)(E.P.T57:47)

此类名籍虽然编制周期为一个月,但其内容是每个戍卒兵器的配备情况,并不是统计兵器变化的情况,故也应属于静态籍簿。与之相反,动态籍簿是指在一段时间内,编制某种公物变化情况的账簿。在汉简中常称为"出入簿"。《合校》云:

第五丞别田令史信元凤五年四月铁器出入集簿 (310·19)

居延都尉元凤六年四月尽六月财物出入簿 (37·18)

●甲渠候官甘露五年二月谷出入簿 (82·6)

汉代地方政府正是通过这"一静一动"的双重管理,实现了对公物的"籍簿化"。对于"籍簿化"这一问题,笔者拟再以《什器簿》、《官兵釜硙簿》为例,作一下深入探讨。

1. 从《什器簿》看地方财物的"籍簿化"

"什器"一词,见于《史记》卷一《五帝本纪》。其文曰:"作什器于寿丘。"索隐曰:"什器,什,数也。盖人家常用之器非一,故以十为数,犹今云'什物'也。"又,《汉书》卷一二《平帝纪》云:"天下吏民亡得置什器储偫。"师古注曰:"军法,五人为伍,二伍为什,则共其器物。故通谓生生之具为什器,亦犹今之从军及作役者十人为火,共畜调度也。"二家对"什器"的注释,未知孰是,但大意皆指生活杂器一类。

与钱、谷等重要财物相比，“什器”较为零碎，且价值较小，似乎管理意义不大。然而，此类物品仍然无一遗漏地纳入汉代地方籍簿管理中。如《合校》云：

● 卅井降虏隧始建二年四月什器簿 (81·3)

竟宁元年六月所受卒什器 名☐ (217·8)

关于《什器簿》的具体内容，汉简也略有反映。《合校》记有：

故画于三　故中槃一　赤梧七具
黑墨于四　☐小梧五十其五枚破　白梧十七具
羹于一　赤墨画代二其一枚破　墨著大梧廿 (89·13A)

大苇篋一　托八具　蒸秎坐四
狗三枚大小　故黑墨小梧九　书篋一
故大梧五缺故　写娄一封
完 (89·13B)

此简所记物品杂乱、琐碎，多为日常用具，应为《什器簿》。细审其内容，便可窥探汉人细心之处。其一，在财物列目中，不仅标明物品数量，还言及新、旧。简文中冠以“故”字的物品应为旧物。其二，籍簿中还涉及物品的破损、缺失、完好等情况。如“☐小梧五十其五枚破”是指50个小杯中有5个破损，而“故大梧五缺”则指原有账簿的5个大杯已缺失。由此可知，此次《什器簿》编制的过程，也是清查财物的过程。其三，《什器簿》中“狗三枚大小”，不仅注明数量，而且还郑重添上“大小”二字加以说明。初视时，似乎会让人忍俊不禁。其实不然，在汉世近于苛刻的公物制度下，基层官吏是不敢有丝毫懈怠的。这种例子在汉简中也并不少见。如《合校》记有：

入狗一枚 元康四年二月己未朔己巳佐建受右前部禁奸卒充输子元受致书子元所 (5·12)

入小畜鸡一鸡子五枚 元康四年二月己未朔己巳佐建受左后部如意隧长奉亲卒外人输入子元受 (10·12)

由此可知，事无巨细，无论“狗”或是“鸡子(鸡蛋)”，都要严格入账，编制籍簿。又，《合校》记有：

缓瓦一　笥一　　鋁一　卮一　斗去卢二　赞一　炊帚一☐

器踈　更于一　酒桮十　瓻一　三斗去卢一☐二　☐一☐

于二　　小画桮十盆二　小盆一　盖二☐主各一☐　(220·18)

此"器踈(疏)"也属于《什器簿》一类。其中"炊帚"、"缓瓦"等不名一钱的物品,也要入账。

要之,通过对《什器簿》的分析,可以说明汉代地方公物"籍簿化"的内涵便是:无账外之物,无物外之账。

2. 从《官兵釜硙簿》看地方财物管理的"异化"现象

任何事物皆有两面性,有一利必有一弊。尤其在一项制度发挥到极致时,就易滋生一种所谓的"异化"现象。汉代地方财物制度,即是如此。以东汉《官兵釜硙簿》为例,其为一套较为完整的籍簿文书。兹原文逐录如下:

广地南部言永元五年六月官兵釜硙月言簿

承五月余官弩二张箭八十八枚釜一口硙二合

今余官弩二张箭八十八枚釜一口硙二合

赤弩一张力四石木关　陷坚羊头铜鍭箭卅八枚　故釜一口锓有锢口呼长五寸　硙一合上盖缺二所各大如踈　●右破胡燧兵物　●赤弩一张力四石五木破起繄往往绝　盲矢铜鍭箭五十枚　硙一合敝尽不任用　右涧上燧兵物

●凡弩二张箭八十八枚釜一口硙二合　毋出入

永元五年六月壬辰朔一日壬辰广地南部候长信叩头死罪敢言之谨移六月见官兵物月言簿一编叩头死罪敢言之

●广地南部言永元五年七月官兵釜硙月言簿

承五月余官弩二张箭八十八枚釜一口硙二合

今余官弩二张箭八十八枚釜一口硙二合

●赤弩一张力四石木关　陷坚羊头铜鍭箭卅八枚　故釜一口锓有锢口呼长五寸　硙一合上盖缺二所各大如踈　●右破胡燧兵物　●赤弩一张力四石五木破起繄往往绝　盲矢铜鍭箭五十枚　硙一合敝尽不任用　●右涧上燧兵物　●凡弩二张箭八十八枚釜一口硙二合　毋出入

永元五年七月壬戌朔二日癸亥广地南部候长　叩头死罪敢言之谨

移七月见官兵釜硙月言簿一编叩头死罪敢言之

●广地南部言永元六年七月官兵釜硙月言簿

承五月余官弩二张箭八十八枚釜一口硙二合

●赤弩一张力四石木关 陷坚羊头铜鍭箭卌八枚 故釜一口锃有锢口呼长五寸 硙一合上盖缺二所各大如踈 ●右破胡燧 ●赤弩一张力四石五木破起繄往往绝 盲矢铜鍭箭五十枚 硙一合敝尽不任用 ●右涧上燧 ●凡弩二张箭八十八枚釜一口硙二合 毋出入

永元六年七月丙辰朔二日丁巳广地南部候长 叩头死罪敢言之谨移七月见官兵釜硙月言簿一编叩头死罪敢言之

●广地南部言永元七年正月尽三月见官兵釜硙四时簿

承六年十二月余官弩二张箭八十八枚釜一口硙二合

●赤弩一张力四石木关 陷坚羊头铜鍭箭卌八枚 故釜一口锃有锢口呼长五寸 硙一合上盖缺二所各大如踈 ●右破胡燧 ●赤弩一张力四石五木破起繄往往绝 盲矢铜鍭箭五十枚 硙一合敝尽不任用 ●右涧上燧

永元七年三月壬午朔一日壬午广地南部候长 叩头死罪敢言之谨移正月尽三月见官兵釜硙四时簿一编叩头死罪敢言之

●广地南部言永元七年四月尽六月见官兵釜硙四时簿

承三月余官弩二张箭八十八枚釜一口硙二合

●赤弩一张力四石木关 陷坚羊头铜鍭箭卌八枚 故釜一口锃有锢口呼长五寸 硙一合上盖缺二所各大如踈 ●右破胡燧 赤弩一张力四石五木破起繄往往绝 盲矢铜鍭箭五十枚 硙一合敝尽不任用 ●右涧上燧

永元七年六月辛亥朔一日壬子广地南部候长 叩头死罪敢言之谨移四月尽六月见官兵釜硙四时簿一编叩头死罪敢言之 (《合校》128·1)

由上可知:第一,此套文书包含五份籍簿:"永元五年六月官兵釜硙月言簿"、"永元五年七月官兵釜硙月言簿"、"永元六年七月官兵釜硙月言簿"、"永元七年正月尽三月见官兵釜硙四时簿"、"永元七年四月尽六月见官兵釜硙四时簿”，皆为广地南部候长将本部公物情况上报广地候官的籍簿文书。从编制周期来看，永元五年、六年都为月言簿，而永元七年为四时簿。我们可大致推定：到永元七年，才将以前的按月编制改为按季编制。

第二，在这跨度三年的五份籍簿中，其财物条目及损害情况完全一致，破损的公物也没有一丝一毫的修复。由此来看，广地南部官吏就整日围绕着“两张破旧官弩”、“八十八枝箭”、“一口破锅”、“一个废弃的磨”月月、季季编制籍簿上报，且不知何时结束。况且，此文书中候长名字多付诸阙如，显为上报文书的“副本”，故当时至少还要书写两份。从耗费文书成本及人力成本来看，亦是得不偿失。

第三，如果细心体察的话，从文书行文中，我们可以明显感受到当时官吏已对这种重复的“无用功”感到倦怠。譬如，从“永元六年七月官兵釜硙月言簿”开始，籍簿中就有意减省“今余官弩二张箭八十八枚釜一口硙二合”这一统计项目。接着，从“永元七年正月尽三月见官兵釜硙四时簿”开始，又减省“凡弩二张箭八十八枚釜一口硙二合 毋出入”这一统计项目。从官吏不断的“偷工减料”中，亦能体会到他们的无奈。

第四，对于《官兵釜硙簿》中暴露出来的种种问题，只有从制度“异化”角度分析，才能讲释得通。由于汉代地方公物的“籍簿化”以及严格的月报、四时报等制度，使得汉代地方公物管理达到了极致。而恰恰正是这种管理制度的“极致性”，使其在实际运行中缺乏一定的“弹性”、“可调控性”。因此，这才会出现《官兵釜硙簿》中凸显出来的“异化”现象。当然，此文书由月簿改为四时簿也可视为一种有限的调整。

三、地方财政人员的技术要求

汉时，由于财政工作没能与其他事务完全“剥离”开来，故从严格意义上讲，当时没有专业的财政人员。本文所谓“地方财政人员”只是从宽泛意义上讲，指经常从事钱、谷、工程、劳役等记账、核算的基层官吏。而这些官吏必须拥有相关的财政技术，才能胜任本职工作。其技术要求主要包括：会计技术、籍簿技术和度、量、衡、程技术等。

(一)会计技术要求

汉简中有许多记载官吏“不史”、“史”的例子。如《新简》记有：

居延甲渠塞有秩候长昭武长寿里公乘张忠年卅三河平三年十月庚戌除史 (E. P. T51:11)

居延甲渠第二队长居延广都里公乘陈安国年六十三 建始四年八月辛亥除 不史 (E. P. T51:4)

上简皆为基层官吏的任命书。在任命书末尾，特加注“史”或“不史”二字。对此，于豪亮先生认为，“史”为善史书者，且为正规的隶书。[①] 李天虹先生亦从其说。[②] 又，《合校》记有：

止北隧长居延累山里公乘徐殷年卌二 不史不上功(35·16、137·13)

上简文中“不史不上功”，可以说明任命书的“史”应与“上功”相关。[③] 汉简中就记有“上功”的例子：

肩水候官始安隧长公乘许宗 中功一劳一岁十五日 能书会计治官民颇知律令文年卅六长七尺二寸觻得千秋里家去官六百里

(《合校》37·57)

张掖居延甲渠塞有秩候长公乘淳于湖中功二劳一岁四月十三日能书会计治官民颇知律令文年卅六岁长七尺五寸觻得□□里

(《新简》E. P. T50:14)

上简中隧长、候长可以“上功”，就说明能“史”，也就是“能书会计治官民颇知律令文”。因此，笔者认为，汉简中“史”为善史书者，是从字面本身的理解。它与汉代官吏“史”的实际标准还是有些差距。实际上，当时基层官吏“史”的标准为书写、会计、知律令。为此，再补充两条例证：第一条为地方文书小

---

① 参见于豪亮《居延汉简丛释》，载《于豪亮学术文存》，中华书局 1985 年版，第 202～203 页。

② 参见李天虹《居延汉简簿籍分类研究》，第 5～6 页。

③ 汉时，“上功”是官吏升迁的一个主要途径。据尹湾汉简《东海郡下辖长吏名籍》，即便在儒学盛行的西汉后期，“以功迁”仍是官吏升任的最主要方式，远远超过“以廉迁”、“以秀材迁”、“以孝廉迁”等方式。(参见连云港市博物馆等编《尹湾汉墓简牍》，第 85～95 页)因此，如果基层官吏一直“不史”的话，将会失去升迁机会。

史书佐的任命书。《合校》载：

书佐觻得万年里赵通 已得代奉正月辛未除见 有父见□

年廿三长七尺四寸 能书会计治 畜马一匹 (192·25)

作为文职人员的书佐肯定要具备“史”的要求，故简文云其“能书会计治(官民颇知律令文)”。第二条为《新简》所载当时的识字教材《苍颉书》。其文云：

苍颉作书，以教后嗣。幼子承昭，谨慎敬戒。勉力风诵，昼夜勿置。苟务成史，计会辨治。超等轶群，出尤别异。 (E. P. T50:1A)

从简文中“苟务成史，计会辨治”来看，汉世所谓“史”并不是仅仅会认字、写字，还要掌握一定的“计会”技术。

“会计”一词，最早见于《周礼·地官·舍人》。其文曰“岁终，则会计其政”，意指“年终结算”。《说文》云：“计，会也。”二字互训，实为“计算”之意。又，《新简》记有：

会计从当还钱九百六十万年当还钱千四百七十▱ (E. P. T59:37)

此简中“会计”就是“计算”的意思，与现在意义上的“会计”不同。从出土资料来看，《九九乘法表》是汉时基层官吏习读的最基本的算术工具书。(见表 5-1)

表 5-1　　秦汉简牍所见《九九乘法表》

序号	年代	内容情况	资料来源
1	秦	完整	《湘西里耶秦代简牍选释》，载《中国历史文物》2003 年第 1 期
2	西汉	残	《合校》36·5 简
3		不完	《合校》75·19 简
4		残	《合校》271·20B 简
5		残	《新简》E. P. T52：189 简
6		残	《新简》E. P. T52：223 简
7		不完	《敦简》1062 简
8		不完	《敦简》2170 简
9	东汉	不完	《湖南张家界古人堤简牍释文与简注》，载《中国历史文物》2003 年第 2 期

上表中,里耶秦简《九九乘法表》是目前发现最早、最完整的实物资料。其文曰:

九九八十一　八九七十二　七九六十三　六九五十四　五九卌五　四九卅六三九廿七　二九十八　八[八]六十四　七八五十六　六八卌八　五八卌　四八卅二　三八廿四　二八十六 七　[七]卌九　六七卌二　五七卅五　四七廿八　三七廿一　二七十四六　[六]卅六　五六卅　四六廿四　三六十八　二六十二　五[五]廿五　四五廿　三五十五　二五而十　四[四]十六　三四十二　二四而八　三[三]而九　二三而六 二[二]而四　一[一]而二　二半而一　凡千一百一十三字①

《敦简》之《九九乘法表》也可与之对照:

九九八十一 八九七十二 七九六十三 八八六十四 七八五十六 六八卌八 五八卌 五七卅五 四七廿八 三七廿一 二六十二 五五廿五 四五廿 三五十五 二三而六 二二而四 一一而一 大凡千一百一十三　(2170)

虽然《敦简》之《九九乘法表》残泐不全,但从内容上看,应与里耶《九九乘法表》为同一版本。

其实,早在春秋时,《九九乘法表》就已广为流传。《韩诗外传》卷三载:

齐桓公设庭燎,为士之欲造见者。期年而士不至。于是东野鄙人有以九九见者。桓公使戏之,曰:"九九足以见乎?"鄙人曰:"……夫九九,薄能耳,而君犹礼之,况贤于九九者乎?"

当时"九九"仅被视为"薄能",其流行程度可见一斑。汉时,基层官吏通过习读《九九乘法表》,就可以处理账簿中简单的四则运算。以加、减、乘、除为例:

董次入谷六十六石直钱二千三百一十●入钱二千一百八十七●凡钱四千四百九十七　(《合校》303·3)

度用铜四千八百廿三石一钧廿三斤已入八百六十三石三钧十二两

① 湖南省文物考古研究所、湘西土家族苗族自治州文物处:《湘西里耶秦代简牍选释》,载《中国历史文物》2003年第1期。

少三千九百　（《合校》甲附 27）

广七千一步从二千七十步积十四万七千卌步　（《新简》E. P. T57:78）

廿三日戊申卒三人 伐蒲廿四束大二韦 率人伐八束 与此三百五十一束

（《合校》161・11）

此四简中“凡”、“少”、“积”、“率”就是分别代表加、减、乘、除之意。

当然，掌握《九九乘法表》只是基层官吏最低限度的技术要求。要真正成为专业的“明算”人员，还要研习更为专业的算术书。如岳麓秦简《数书》[①]、张家山汉简《算术书》[②]中就涉及土地折算、秏租、取枲程、租吴（误）券、铸钱铜损耗、羡除等方面的数学“应用题”，极具实用价值，应是集秦汉及以前数学成就的专业“教材”。汉时，一些著名的“理财家”都是明于计算的。如张苍“善用算律历”，“领主郡国上计者”。[③] 桑弘羊“雒阳贾人子，以心计”，“以计算用事”。[④]

(二)籍簿技术要求

籍簿是反映财务工作的书面化载体。如何将每笔业务简洁、明确、统一地反映出来，是籍簿主要解决的技术问题。关于我国最早的籍簿形式，也只能从文献记载中略知一二。《国语・周语上》云：“宣王既丧南国之师，乃料民于太原。仲山父谏曰：‘民不可料也。夫古者不料民而知其多少……是则少多、死生、出入、往来者，皆可知也 。’”又，《周礼・地官・舍人》云“舍人掌平宫中之政，分其财守，以法掌其出入”，“掌米粟之出入，辨其物。岁终，则

① 参见肖灿、朱汉民《岳麓书院藏秦简〈数〉的主要内容及历史价值》，载《中国史研究》2009 年第 3 期。

② 参见彭浩《张家山汉简〈算术书〉注释》，科学出版社 2001 年版。按：在阜阳双古堆汉简中，也发现《算术书》残卷，其成书年代下限为汉文帝十五年（前 165），内容与《九章算术》卷四《少广》、卷六《均输》相合。（参见胡平生《阜阳双古堆汉简数术书简论》，载中国文物研究所编《出土文献研究》第 4 辑，中华书局 1998 年版）

③ 《史记》卷九六《张丞相列传》。

④ 《史记》卷三〇《平准书》。

会计其政”。总的来看,以“出”、“入”为会计符号的记账方式,应是由来已久。[①]

从云梦秦律中,亦能窥探战国时秦国的籍簿方式。《秦律十八种·金布律》云:

官相输者,以书告其出计之年,受者以入计之。

此律文显系规定秦国采用“出”、“入”的记账符号。又,《秦律十八种·效律》云:

啬夫免而效,效者见其封及隄(题),以效之,勿度县,唯仓所自封印是度县。终岁而为出凡曰:“某廥出禾若干石,其余禾若干石。”[②]

此简中“某廥出禾若干石,其余禾若干石”一句,就是当时统一要求的记账程式。在稍后的里耶秦简中,发现了秦代籍簿实物。[③] 如里耶“祠先农简”:

卅二年三月丁丑朔丙申,仓是佐狗出祠[先]农余彻酒一斗半斗卖于城旦聚所取钱一衡之一斗半斗一钱。令史尚视平,狗手。[④]

此简是从一组“祠先农简”中挑选的比较完整的一枚,年代为秦始皇三十二年(前215)。其主要内容是迁陵县仓啬夫在官祭“先农”后,将祭品变卖时所记录的一组原始凭证。此凭证中分别以“出”、“衡(率)”来表示物品卖出、单价,具有一定的进步性。然而,凭证中“令史尚视平,狗手”一句,却又与秦代公文形式相类似,似乎也遗留了一定的公文原始性。

然而,里耶秦简中的另一籍簿记账实物,却让人顿生“惊艳”之感。其文云:

迁陵已计:卅四年余见弩臂百六十九。

凡百六十九。

---

① 郭道扬先生根据《周礼》及青铜器铭文认为,中式记账方法选择以“入、出”作为“记账符号”,最初确定于我国的西周时代。(参见郭道扬《中国会计史稿》上册,中国财经出版社1982年版,第82页)

② 睡虎地秦墓竹简整理小组编:《睡虎地秦墓竹简》,第99页。

③ 最近新蔡葛陵出土战国楚简也发现记账簿书,其中记有“宋良志受四匿,又一赤”(陈伟等:《楚地出土战国简册[十四种]》,经济科学出版社2009年版,第446页)。其记账方式较秦国原始,但年代更为久远。该墓主人于楚肃王四年(前377)去世。

④ 湖南省文物考古研究所:《里耶发掘报告》,第195页。

出弩臂四输益阳。

出弩臂三输临沅。

凡出七。

今九月见驽(弩)臂百六十二。[①]

此籍簿的编制年代为秦始皇三十四年(前213)九月,内容为洞庭郡迁陵县的弩臂输出及库存情况,属于年簿。此籍簿所蕴涵的意义,还亟待学界正式定位。籍簿中以“余见”、“凡”、“出”、“凡”、“今见”为会计符号的记账模式,简明扼要地将弩臂初存、流动、结存的动态流转过程勾勒出来,标志着秦朝会计记账已渐趋成熟。对于此种记账方法,学者称之为“四柱结算法”。“四柱”即为上期结余、本期收入、本期支出、本期结余。此前,有学者曾大胆推定“我国四柱结算在实际工作中的应用,不会迟于公元前七世纪”[②],却苦无实物证据。而里耶《弩臂簿》至少可以把我国“四柱结算法”的历史提前至秦代。

汉时,地方财政管理的进一步“籍簿化”,客观上也要求地方官吏具有较高籍簿技术。这主要体现在两个方面:

1. 掌握基本的籍簿程式

任何成熟的籍簿制度,必须具备两个条件:记账的符号化与记账模式的统一性。因为:只有记账符号化,才能从繁复冗长的文书式流水账向言简意赅的实质性籍簿转变;只有统一的记账模式,才能使得上、下级或同级之间的财政往来做到“彼此解读”。这便是籍簿程式的价值所在。

汉时,作为一个称职的地方官吏,必须要了解与自己业务相关的籍簿程式。如《合校》中就记有一封“很不起眼”的书信,几乎被人“遗忘”。其文云:

☐旦毋入毋见长邮

---

① 湖南省文物考古研究所、湘西土家族苗族自治州文物处:《湘西里耶秦代简牍选释》,载《中国历史文物》2003年第1期。

② 李孝林等:《中外会计史比较研究》,科学技术文献出版社1996年版,第127页。此外,杨际平先生《四柱结算法在汉唐的应用》(载《中国经济问题》1991年第2期)一文,考证居延汉简中的“茭钱出入簿”采用的就是“四柱结算法”。

▨忠记今□□持记来为张卿籍之正公不知所从即不用愿赐记

(18・14A)

▨□卒被兵簿愚戆不知为之奈何唯幼卿幸为为□□□□愿▨

▨赐明教 (18・14B)

细揆之，此简背面(B)应为去信。大意是：由于去信人不知道“卒被兵簿”如何编制，故向“幼卿”请教；简正面(A)乃为回信。大意是：接到“记”(信)后，即为“张卿”订正“卒被兵簿”的错误。如有不当之处，可以不予采用。从这两封信可知，基层官吏在籍簿的编制上，确实需要一个逐渐学习的过程。

官吏掌握籍簿程式的关键是要学会使用统一的记账符号。以技术含量颇高的财物出入月簿为例：第一步为登记月初存数，记账符号一般为“受×月余”。如：

▨受征和四年六月簿余谷小斗五斗二升为▨ (《合校》488・3)

受六月余茭千一百五十七束 (《新简》E. P. T52：85)

第二步，记录每一笔出、入业务，并详细注明业务所“受”对象、数量等以及所付对象、数量等，以备双方以后对账。其记账符号为“出”、“入”。如：

入谷五千五百二斛　受城仓　吏▨ (《新简》E. P. T27:11)

出穈大石一石七斗四升 始元二年七月庚子朔以食吏一人尽戊辰廿九日积廿九人人六升 (《合校》88・26)

第三步，“出”或“入”业务的数量合计。记账符号一般为：小结符“●”加上“凡”。如：

●凡入赋钱卅万八千八十 (《合校》285・22)

▨□●凡出谷九千一百八十七石四斗一升大 (《新简》E. P. T52:586B)

如果上述是按照单位分别统计的话，还要进行最后的合计。记账符号一般为：小结符“●”加上“最凡”。如：

●最凡 稿矢

　　亩矢万桼千五百桼十八又官三千三百凡二万一千九百桼十八

(《新简》E. P. F22:185)

第四步，月底结存、盘存。记账符号为一般为“今余”或“×月余”。如：

今余谷万三千八百四石五升少　其三百卅一石米精

六千三百一十六石四斗一升少粟☐

（《新简》E. P. T56：232）

今余鍪二百五　其百五十破伤不可用

五十五完　（《合校》498·9）

由上看出，月底不仅要清查库存数量，还要对物品的具体情况进行核查。此外，如果本月没有发生“出、入”业务的话，要加注“毋出入”一语。如：

十二月余雕郭稿矢铜镞六十四　毋出入　（《合校》413·4）

如果月底库存无财物时，还要加注“毋余”。如：

凡出谷大石九石 其一石五斗麦七石五斗糜 今六月毋余簿

（《合校》88·25）

到东汉时，财物出入月簿的程式略有些变化。以永元《官兵釜硙簿》为例，其籍簿程式为：

承×月余……

今余……

●凡……毋出入　（《合校》128·1简）

与西汉相比，月初库存的记账符号由“受×月余”改为“承×月余”。其进步之处为：一是将“受”改为“承”，在表达财物“承袭”的意思上更为贴切。二是将“受”字彻底“解放”出来，进一步符号化。它与记账符号“付”相对，成为表示“接受”或“施予”财务行为的专用记账符号。如《敦简》云：

入七月奉秋麦八斛　建武廿九年七月丁酉高望隧长代张蒲受万岁候长赦　（2182）

出糜二斛　元和四年八月五日僦人张季元付平望西部候长宪

（1960）

虽然目前出土的东汉籍簿并不是很多，难以微观解析其演变过程，但是从走马楼吴简籍簿中，也能够捕捉到其承袭东汉的些许痕迹来。如吴简（叁）：

入东乡三年税米二斛一斗胄毕𠄌嘉禾元年十月十三日辛丘烝稚付

三州吏谷汉受[1]　(2771)

此简中"付"、"受"已经彻底转变为记账符号了。又,吴简(贰)记有:

承二月旦簿余嘉禾二年[渍]□米贯行钱二万六千☑[2]　(7226)

此简中记账符号"承×月……余",显系承袭东汉。

当然,上述仅仅是针对最为复杂的"财物出入簿"展开论述。实际上,汉代地方财政人员要编制形形色色的籍簿,且每种籍簿都有各自的程式。笔者推测,当时基层官吏学习籍簿程式无非有两种方式:一是实物学习。对一些较为简单的籍簿形式,只要官吏"依葫芦画瓢",即可完事。另一是官方籍簿程式的学习。为保证地方财政往来的统一性,制定官方籍簿程式是十分必要的。如秦律中"某廥出禾若干石,其余禾若干石"[3]的程式。目前虽然还未发现汉代相关实物,但倒有一类简也可参考。《新简》记有:

戍卒魏郡贝丘某里王甲 贳卖□皂复袍县絮绪一领直若干千居延某里王乙☑

居延某里王丙舍在某辟●它衣财　(E. P. T56:113)

☑卖雒皁复袍县絮壮一领直若干千觻得☑

东西南北入任者某县某里王丙舍在某里☑　(E. P. T56:208)

此两简中的重要信息要素都以"某"、"甲"、"若干"等来替代,实为戍卒贳卖衣物的契约程式。西汉时,边郡物质奇缺,戍卒贳卖衣物的现象极为普遍。统计贳卖情况也是当地政府的一项常规工作。此种戍卒契约程式,是当地政府出台的统一样式。此类式样文书,悬泉汉简中称为"式":

右书言鞫所式　　它放　(141)

·右爰书式[4]　(79)

据此,汉代官方籍簿程式也应有"式"可循。如《新简》记有:

拘校令与计簿相应放式移遣服治☑　(E. P. T52:576)

---

① 长沙简牍博物馆等编:《长沙走马楼三国吴简·竹简(叁)》,文物出版社2008年版。

② 长沙简牍博物馆等编:《长沙走马楼三国吴简·竹简(贰)》,文物出版社2007年版。

③ 睡虎地秦墓竹简整理小组编:《睡虎地秦墓竹简》,第99页。

④ 张俊民:《敦煌悬泉置探方T0309出土简牍概述》,载长沙市文物考古研究所编《长沙三国吴简暨百年来简帛发现与研究国际学术研讨会论文集》。

此简中"放(仿)式"之"式"极有可能就指官方籍簿之程式。

2. 掌握基本的籍簿程序

籍簿程序是指在汉代地方财政运作中,官方籍簿所必须要遵循的先后次序。从宏观角度上看,地方政府的籍簿程序大致可分三个阶段:原始凭证的制作、基层籍簿的建置、集簿的逐级汇总。从微观角度上讲,各种籍簿的编制本身也要有一定的籍簿程序规范。而这种规范也是汉代地方财政人员所要掌握的。

第一,原始凭证的制作。作为一种入账凭证、缴纳收据,秦汉时广为采用。[①] 制作原始凭证本身也是基层官吏的一项基本技能。当时,原始凭证一般常称为"券",为一式多联。原始凭证大致分为三个阶段:第一阶段为简单"复制"凭证,就是将财政业务内容书写二份,由经手人、缴纳人保管。如重要的业务,要书写三份,再由政府存档一份。这种"券"的弊端是各券之间无相连标记,极容易伪造。

第二阶段为刻齿凭证,就是采用当时民间交易的契券刻齿方式。如《张家山汉墓竹简·奏谳书》载秦王政六年案例中记有:

> 举閵以婢偾[所]券谦(廉)视贾市者,类缯中券也。今令贩缯者靉视,曰券齿百一十尺,尺百八十钱,钱千九百八十,类缯中券。[②]

里耶秦简中也发现许多地方政府制作的刻齿凭证。张春龙先生在《里耶秦简祠先农、祠窨和祠隄校券》一文中说道:

> 校券在里耶简中占的比例较大,超过十分之一。可分为钱、粮、物的出入券三类(均包含祠先農或祠其他神祇的物品出入)。券的形制为两面均削成中间高的两面坡状,长37、宽1.3—1.7厘米,与其他简牍明显不同,制作时应当是书写并刻齿后再两面对半剖开。[③]

① 郭道扬先生认为经济凭证大体可以分作三类:第一类为"券书";第二类是具有经济凭证作用的官方律令;第三类是与经济收支有关系的各种名籍。(参见郭道扬《中国会计史稿》上册,第222页)

② 彭浩、陈伟、[日]工藤元男主编:《二年律令与奏谳书:张家山二四七号汉墓出土法律文献释读》,第377页。

③ 张春龙:《里耶秦简祠先农、祠窨和祠隄校券》,载武汉大学简帛研究中心编《简帛》第2辑。

上文所名“校券”即是一种刻齿凭证。譬如，里耶秦简(8)994 号：

卅五年六月戊午朔己巳，库律佐般出卖祠窨▨

令史歆监　　▨[①]

由上来看，此凭证在记录这笔经济业务时，要在专业财政人员“令史”的直接监督下进行，要求颇为严格。更重要的是，这些官方原始凭证必须要存档一份，以备今后核查、对账。如里耶秦简记有：

⑧774 笥牌：卅年四月尽九月仓曹当计禾稼出入券以计及县相付受(授)廷　第甲[②]

此简说明：秦代迁陵县政府将仓曹所开具的“禾稼出入券”(原始凭证)放入专门的竹笥中集中存档。

居延汉简中也发现一些刻齿的原始凭证。如《新简》记有：

出七月奉钱六百 神爵二年八月丙申甲渠候官尉史山□□▨

(简左侧有刻齿)(E. P. T58:74)

对此，日本学者籾山明先生的研究成果最为卓著。他通过对汉简实物的比对，找到凭证中不同刻齿与数值的一一对应关系，功不可没。同时，他对于其制作程序也有所发微，认为当时采用的是“刻齿→正背剖分”技法，即先在木简正背两面书写文字后，接着在简一侧刻齿，最后按正背剖分成两份。[③]如此，两券就可以进行契合勘验，且刻齿也具有极强的防伪功能。不过，此种方法要求木简有一定的厚度，适合于木牍。这种“正背剖分”的原始凭证幸有实物可证。如《额济纳简》记有：

居摄二年三月乙未第十部吏□买弩一具与第十六隧长

(99ES16SF2:5A)

居摄二年三月乙未第十六隧长韦卿从第十部吏买弩一具贯□一百□□

(右侧有四个刻齿)(99ES16SF2:5B)

对于上简，谢桂华先生说道：“尤为珍贵的是，这枚债券出土时，还保持着绝

① 张春龙：《里耶秦简祠先农、祠窨和祠隄校券》，载武汉大学简帛研究中心编《简帛》第 2 辑。

② 湖南省文物考古研究所：《里耶发掘报告》，第 211 页。

③ 参见[日]籾山明著、胡平生译《刻齿简牍初探——汉简形态论》，载中国社会科学院简帛研究中心编《简帛研究译丛》第 2 辑，湖南人民出版社 1998 年版。

大部分已经剖开但尚未完全分开的原始状态，为上、下破莂这种形式，提供了一个非常有说服力的实物证据。”[①]

第三阶段为“同”文凭证，即先在简牍上书写二份或三份相同的凭证内容，接着在事先的“留白”处，书写贯穿整个简牍的“同”或“同文”符号，然后再进行横向剖分。“同”文符号便成为以后勘验凭证真伪的标记。在西汉中期的汉简中，“同”字符号就已出现。[②] 如《新简》云：

同

推木候长王宏 十一月食一斛五斗 十月丙寅掾谭取卩

(E. P. T65:10)

目前只在西汉简中发现几例此种凭证。由于东汉简牍少有出土，其流行情况不得而知。不过，在多承汉制的吴简中，“同”或“同文”凭证却大量涌现。胡平生先生对此着力较深，认为吴简中的“𠀾”即为“同文”的简化符号。[③] 需要补充的是，“同文”作为契券符号，东汉末期就已存在。如《东牌楼简》100号简：

中平三年二月桐丘男子何君□从临湘伍仲取⧄　（正面）

十月当还。以手书为信。同文⧄[④]　（背面）

此简中“同文”符号仅存一半，应为分券之故。由此来看，“同文”凭证在东汉流行的可能性较大，但仍需要更多的出土实物来佐证。

在凭证名称上，秦汉简牍中有“参辨券”、“校券”、“券(墨)”等几种。关于“参辨券”，云梦秦简载：

县、都官坐效、计以负赏(偿)者，已论，啬夫即以其直(值)钱分负其官长及冗吏，而人与参辨券，以效少内，少内以收责之。其入赢者，亦官

① 谢桂华:《初读额济纳汉简》，载孙家洲主编《额济纳汉简释文校本》，文物出版社2007年版，第155页。

② 参见胡平生《木简出入取予券书制度考》，载《文史》第36辑。

③ 参见胡平生、汪力工《走马楼吴简“嘉禾吏民田家莂”合同符号研究》，载中国文物研究所编《出土文献研究》第6辑，上海古籍出版社2004年版。

④ 简文有所订正，可参见长沙东牌楼东汉简牍研读班《〈长沙东牌楼东汉简牍〉释文校订稿》，（载卜宪群、杨振红主编《简帛研究(二〇〇五)》）。

与辨券，入之。①

年代稍后的《龙岗秦简》也记有：

□于禁苑中者，吏与参辨券□。 (11)

关于秦“参辨券”的实物，里耶秦简中倒也有所参照。譬如：

卅二年三月丁丑朔丙申，仓是佐狗出黍米四斗以祠先農。

(14)656、(15)434

卅二年三月丁丑朔丙申，仓是佐狗出黍米四斗以祠□ (13)598

黍四斗。卅二年三月丙申□ (15)493

对上三简，张春龙先生认为“内容相同，但书写顺序略有不同，可能是三瓣(辨)券。里耶一号井同出的空白校券多为两瓣，已剖分，只有底端两三厘米相连；也有剖成三分者”②。对此，笔者未亲见实物，亦不能妄作评论。

汉时，“参辨券”仍然在沿用。《二年律令》云：

官为作务、市及受租、质钱，皆为銗，封以令、丞印而入，与参辨券之，辄入钱銗中，上中辨其廷。

民欲先令相分田宅、奴婢、财物，乡部啬夫身听其令，皆参辨券书之，辄上如户籍。③

又，《合校》记有：

□寿王敢言之戍卒巨鹿郡广阿临利里潘甲疾温不幸死谨与

□□椟椟参絜坚约刻书名县爵里椟敦参辨券书其衣器所以收

(7·31)

由上来看，“参辨券”用途较为广泛，分上、中、下三券，应为一式三联的凭证。对于其具体形制，日本学者籾山明先生认为是将木简按正背横向剖成三

① 睡虎地秦墓竹简整理小组编：《睡虎地秦墓竹简》，第61页。

② 张春龙：《里耶秦简祠先农、祠窨和祠隄校券》，载武汉大学简帛研究中心编《简帛》第2辑。

③ 彭浩、陈伟、[日]工藤元男主编：《二年律令与奏谳书：张家山二四七号汉墓出土法律文献释读》，第254、223页。

份[①],而胡平生先生认为是将木简纵向分成三份。[②] 然而,目前汉简中发现的多是两联券,真正的三联券还难以认定,只能存疑。不过,“参辨券”分“上、中、下”,不称“左、中、右”,此现象倒也值得深思。

“校券”也经常在简牍中出现。如云梦秦简《法律答问》云:

> ●可(何)谓“亡券而害”?　　●亡校券右为害。

此简中“亡校券右为害”,是指当时右券为尊,常由官府保存。

又,里耶秦简[9]正面云:

> 卅三年四月辛丑朔丙午,司空腾敢言之:阳陵宜居士五(伍)毋死有赀余钱八千六十四。毋死戍洞庭郡,不智(知)何县署。今为钱校券一,上谒言洞庭尉,令毋死署所县责以受(授)阳陵司空,[司空]不名计,问何县官,计年为报,已訾其家,[家]贫弗能入,乃移戍所。报署主责发。敢言之。四月己酉,阳陵守丞厨敢言之:写上谒报,[报]署金布发,敢言之。/儋手。[③]

此“钱校券”应是一种外来凭证形式,即发给第三方替其收债的凭据。汉简中的“券(墨)”也具有类似性质。《悬简释粹》记有:

> 甘露二年二月庚申朔丙戌,鱼离置啬夫禹移县(悬)泉置,遣佐光持传马十匹。为冯夫人柱,廪穬麦小卅二石七斗,又茭廿五石二钧。今写券墨移书到,受薄(簿)入,三月报,毋令缪(谬),如律令。　(Ⅱ0115③:96)

此简中所提到的“券(墨)”应也属于一种外来凭证。它是由鱼离置所编制的,发送给县(悬)泉置,要求及时入账。此类文书中“券”都特别加注“墨”字,旨在表明它是原始“校券”的抄写件。

总之,编制凭证是汉代地方财政人员的一项常规工作。其大致有两类:一是地方政府与个人之间的凭证。譬如,《悬简释粹》所记田地凭证:

---

① 参见[日]籾山明著、胡平生译《刻齿简牍初探——汉简形态论》,载中国社会科学院简帛研究中心编《简帛研究译丛》第2辑,湖南人民出版社1998年版,第158页。

② 参见胡平生、汪力工《走马楼吴简“嘉禾吏民田家莂”合同符号研究》,载中国文物研究所编《出土文献研究》第6辑。

③ 湖南省文物考古研究所、湘西土家族苗族自治州文物处:《湘西里耶秦代简牍选释》,载《中国历史文物》2003年第1期。

益光里吴君已，田卅亩……(A)府。 (左侧刻齿内)(B)(Ⅰ0111①:2)

另一类是地方政府机构之间的往来凭证，如上述“外来凭证”。同时，每种凭证的形制不同，每种刻齿所代表的数字也不同，这都需要地方财政人员正确掌握。

第二，基层籍簿的建置程序。地方财政有序运转的前提条件是基层籍簿的程序合理化。以汉代地方粮仓的籍簿程序为例：首先，基层单位要编制“当廪食者案”。《新简》记有：

始建国天凤三年六月甲申朔丁酉三十井障候习敢言之谨移三月尽六月当食者案敢言之 (E.P.T68:195)

●三十井候官始建国天凤三年三月尽六月当食者案 (E.P.T68:196)

三月余戍卒二十一人　三月尽六月积六十三月

出戍卒二十一人　三月二十日尽六月晦减积三十九月 (E.P.T68:197)

入戍卒十九人　三月尽六月积五十桼月 (E.P.T68:198)

出戍卒十九人　三月尽五月三日减积二十月二十桼日 (E.P.T68:199)

入戍卒三十一人　三月尽六月积百二十三月 (E.P.T68:200)

出戍卒三十一人　三月尽五月三日减积三十一月 (E.P.T68:201)

入戍卒桼人　三月尽五月三日积二十一月 (E.P.T68:202)

出戍卒桼人　三月尽五月三日减积桼月□日 (E.P.T68:203)

入戍卒二十八人　三月尽六月积八十三月 (E.P.T68:204)

出戍卒二十八人　三月尽五月晦减积五十六月 (E.P.T68:205)

●凡戍卒百一十六人 三月尽六月定积百桼十三月五日 (E.P.T68:206)

此簿书是三十井候官上报的当年度四到六月廪食戍卒人数的预算。

其次，上级核实后，交付粮仓备案审查，编制“当食者案”。如《合校》云：

●吞远仓建昭三年二月当食案□谷出入簿 (136·48)

●第廿三燧仓建平五年十一月吏卒当食者案及谷簿 (286·7)

当准备发放廪食时，粮仓正式向基层单位送发“通知书”——致书。如：

城仓　赵广之印　第八

卒廪致　（《合校》88·14）

▨元始二年二月吏卒廪致　（《新简》E. P. T59:330A）

再次，在官吏、戍卒领取粮食时，编制“谷出入簿”。《合校》记有：

●收虏仓河平元年七月谷出入簿　（135·7）

●第廿六Ⅴ廿五仓五凤五年正月谷出入簿☐　（101·1）

当然，吏卒廪食属于“出”谷业务，而“入谷”则属于上级调拨，应遵循“何时入谷，何时入账”的原则。如：

第廿三仓受谷各有数檄到具移受谷石斗☐　（《合校》317·13）

载穬程卌一石六斗六升大卩输吞远隧仓　（《新简》E. P. T58:14）

对于一些基层粮仓来说，还要参与吏卒廪食的逐一发放，因此还需编制“吏卒廪名籍”。《合校》记有：

●第廿三燧仓河平四年七月吏卒廪名籍 第廿二候长

（176·38、190·10、193·7）

最后，粮仓还要进行月底清查、对账，编制“月别刺”一类的籍簿。如《合校》云：

●永光三年尽建昭元年三月食月别刺　（142·32A）

●寂凡粟二千五百九十石七斗二升少

凡出千八百五十七石三斗一升

今余粟七百卅三石四斗一升少

校见粟得七百五十四石二斗　（142·32B）

由上简可知，经过月底清查，三月份实际余粟比账面要多出二十余石，应属于正常误差范围。关于余粟如何处理，不见汉简相关记载。实际上，很简单，只要将余粟重新入账就可以了。因为“多者入账，少者赔偿”一直是秦汉仓库管理的一个“潜规则”。如《秦律十八种·仓律》明文规定：“其不备，出者负之；其羸者，入之。”①

要之，一个高效的籍簿程序，既有利于地方财政的有效运作，又能在一

① 睡虎地秦墓竹简整理小组编：《睡虎地秦墓竹简》，第35～36页。

定程度上防止财务不法行为的滋生。如何合理安排籍簿程序,也是对地方财政主管人员的一项技术要求。

第三,《集簿》的逐级汇总上计。地方郡国每年要向中央上计"述职",这事关地方大员的政治命运,定当重视。为此,基层单位也要编制诸如钱、谷等汇总《集簿》,定期逐级上报。汉简中按财政年度编制的基层《集簿》应属此类。如:

建昭五年十月
▨吞远仓　尽六年九月
□出入簿　(《新简》E. P. T51：157A)

▨元康三年十月尽四年
九月吏已得奉一岁集赋　(《合校》126·42B)

此类《集簿》的编制周期都是从前年的十月到当年的九月,与地方上计的财政年度相契合。针对基层的上报《集簿》,郡级财政人员按县逐项进行汇总后,最终形成政府年终工作报告——"上计簿"。如尹湾汉简东海郡《集簿》就是其中之一。这也是汉代地方籍簿程序的终点。对此,有学者认为汉代财务工作包括今天意义上的"会计"与"统计"两个方面的内容,也不是没有道理。①

(三)度、量、衡、程技术要求

在汉代地方财政管理中,财政人员掌握一定的度、量、衡、程技术是十分必要的。度指测量长度、面积。汉时,小到基层田地,大到郡域"提封",都离不开丈量工作。居延汉简记有基层屯田单位的耕田获谷统计:

第四长安亲,正月乙卯初作尽八月戊戌,积二百[廿]四日,用积卒二万七千一百卌三人。率日百廿一人,奇卅九人。垦田卌一顷卌四亩百廿四步,率人田卅四亩,奇卅亩百廿四步。得谷二千九百一十三石一

① 参见李均明《汉简"会计"考》(下),载中国文物研究所编《出土文献研究》第4辑,中华书局1998年版。

斗一升，率人得廿四石，奇九石。[1] (72. E. J. C:1)

又，尹湾汉简《集簿》记有当时整个东海郡的土地亩数：

提封五十一万二千九十二顷八十五亩二□……人如前

□国邑居园田廿一万一千六百五十二□□十九万百卅二……卅五？万九千六……[2]

不仅如此，就连地方人员平时工作时，也需要测算。《敦简》记有：

三人负禀步昌人二反致六橐反复百八十八里百廿步率人行六十二里二百卌步 (1693)

三人马矢涂坞上内地广七尺长十丈四积七百廿八尺率二百卅尺□□

(1760)

上两简中，一个是对搬运粮食工作的距离测算，另一个是对以"马矢(屎)"涂抹坞壁工作的面积测算。

量指称量谷物，是最为常用的技术。汉时量制较为复杂，虽然《汉书》卷二一上《律历志上》云"量者，龠、合、升、斗、斛也"，但与西汉实际量制有出入。从出土汉简来看，西汉多不称"斛"，而称"石"。石有大石、小石之分，比率为 5∶3。对此，陈梦家先生说道："此小石之米实，不是大石粟的重量的十分之六，而是大石粟的容量的十分之六，故大小石之称起于粟的比率，而大小石不代表重量，只代表一种容量的'大单位'。"[3]从出土的量器实物看，大石容量为 20000 毫升，小石为 12000 毫升。[4] 关于"石"与"斛"的演变关系，迄无定论。杨哲峰先生认为"十斗为斛"为王莽改变量制的结果，刘歆为始作俑者。班固《汉书》中皆云"斛"，实为东汉追述。[5] 此观点颇为新颖，可备一说。

一般来说，在称量谷物时，地方财政人员应掌握以下技术要求：一是谷

① 甘肃省文物考古研究所：《居延新简释粹》，第 87～88 页。

② 连云港市博物馆等编：《尹湾汉墓简牍》，第 77～78 页。

③ 陈梦家：《关于大小石、斛》，载《汉简缀述》，中华书局 1980 年版，第 149 页。

④ 参见天石《西汉度量衡略说》，载《文物》1975 年第 12 期。

⑤ 参见杨哲峰《两汉之际的"十斗"与"石"、"斛"》，载《文物》2001 年第 3 期。

物之间的折算。《秦律十八种·仓律》规定：

【粟一】石六斗大半斗，舂之为糲（粝）米一石；糲（粝）米一石为凿（糳）米九斗；九【斗】为毁（毇）米八斗。稻禾一石。为粟廿斗，舂为米十斗；十斗粲，毁（毇）米六斗大半斗。麦十斗，为䴬三斗。叔（菽）、荅、麻十五斗为一石。①

张家山汉简《算术书》也有类似记载。二是大、小石之间的换算。如《合校》简148·41云："入糜小石十二石为大石七石三斗。"三是定期校正量器。《秦律十八种·效律》明文规定：

甬（桶）不正，二升以上，赀一甲；不盈二升到一升，赀一盾。斗不正，半升以上，赀一甲；不盈半升到少半升，赀一盾。

半斗不正，少半升以上；参不正，六分升一以上；升不正，廿分升一以上……赀各一盾。②

汉简中也记有基层官吏定期校正量器的例证。《新简》云：

正月癸巳甲渠守尉史奉宗敢言之君遣奉宗之府角斗斛升龠以壬辰平旦谒☑王掾言出买剑须以□治斛今奉宗未得之官报府不肯为官易弩言辄遣伤弩☑ (E. P. T57：52)

吞远隧长成则诣官平斗 ☑ (E. P. T43：69)

四是潜心领会"能多不能少"的称量"潜规则"。秦律中只对称量的"不备"行为进行惩罚，并不言及多收行为，意图暴露无遗。《秦律十八种·工律》云：

度禾、刍稿而不备十分一以下，令复其故数；过十分以上，先索以禀人，而以律论其不备。③

事实上，"赏（偿）不备之货而入赢"④是秦汉政府处理称量误差的一贯法则。

衡指衡量物品的重量，单位分为铢、两、斤、钧、石。西北地区汉简中，"茭"皆以重量单位来计算。如《新简》云：

☑其二积千六百八十一石☑

① 睡虎地秦墓竹简整理小组编：《睡虎地秦墓竹简》，第44～45页。
② 睡虎地秦墓竹简整理小组编：《睡虎地秦墓竹简》，第113～114页。
③ 睡虎地秦墓竹简整理小组编：《睡虎地秦墓竹简》，第97～98页。
④ 睡虎地秦墓竹简整理小组编：《睡虎地秦墓竹简》，第113页。

一积茭八百九石 鸿嘉二 (E. P. T65:354)

张家山汉简《算术书》记有一种测重大型物品的简便方法:体积测重。[1] 每"积"重达八百余石的"茭",是否运用这种方法,今后倒也可探讨一下。此外,在衡器校正、误差处理等方面,与量器也相类似。兹不赘述。

程主要指某项工作量的预算、核算。《秦律十八种·徭律》规定:

县为恒事及灋有为殹(也),吏程攻(功),赢员及减员自二日以上,为不察。[2]

此律文"程攻(功)"就是核算服徭役人员的折算天数。汉时,程的计算也是基层官吏的常规工作。如《新简》记有:

□四百尺人功百五十六尺用积徒千九百卅九人人受袤三尺九寸 (E. P. T57:73)

□用积徒千一十三人少半人率亭廿六人大半人 (E. P. T58:39)

上两简就是对某项工作量的预算。第一条简文精确到每人"三尺九寸"。第二条简文竟然细算到"大半人",让人瞠目结舌。在工作量准确预算后,地方基层官吏便按照此标准,严格考核。如《敦简》云:

丁未六人作墼四百廿 率人七十 初作 (1731)

壬戌四人作墼二百六十 率人六十五 一人病 其此四千四百六十五 (1732)

在上简工作量核算中,每人每天作墼[3]六十五,应为正常速度,即"中程"。而"丁未"日每人才做墼七十,其原因是"初作",即新手,故可以免于处罚。从汉简来看,汉时基本上是"无事不程"。其考课、督查之缜密,可见一斑!如"编绳程":

●凡积九十人

其十人养 与此三千二百丈

定作十六人得绳千六百丈率人廿丈 (《合校》143·1、217·24)

---

① 参见彭浩《张家山汉简〈算术书〉注释》,第8页。

② 睡虎地秦墓竹简整理小组编:《睡虎地秦墓竹简》,第77页。

③ 墼即为土坯。汉时,在边郡地区,作墼筑墙是戍卒最平常、最繁重的工作。墼也是有一定的形制的。如《合校》云:"墼广八寸厚六寸长尺八寸一枚用土八斗水二斗二升。"(187·6、187·25简)

"伐蒲程"：

> 廿三日戊申卒三人 伐蒲廿四束大二韦 率人伐八束
> 与此三百五十一束 （《合校》161·11）

"邮书程"：

> ☑收降卒海界中九十八里定行十时中程 （《新简》E.P.C:37）

"运输程"：

> 委输传送，重车、重负日行五十里，空车七十里，徒行八十里。①

在对汉简进行实例分析后，我们再来理解《汉书》所载"中程"事例，便轻而易举了。《汉书》卷七六《尹翁归传》云：

> 豪强有论罪，输掌畜官，使斫莝，责以员程，不得取代。不中程，辄笞督，极者至以铁自刭而死。

又，《汉书》卷六六《陈万年传附子咸》云：

> 所居以杀伐立威，豪猾吏及大姓犯法，辄论输府，以律程作司空，为地臼木杵，舂不中程，或私解脱钳钛，衣服不如法，辄加罪笞。

上述史籍文献所载"中程"事例，都被看作地方太守惩治豪强的特殊做法。实际上，"中程"在汉代是无处不在的。它是基层官吏预算、核算工作量的一项基本技术要求。

综上所述，汉代地方财政管理基本实现了"籍簿化"，在当时社会条件下达到了较高的水准。同时，这种严密而系统的财政管理也向地方财政人员提出了一定的技术要求。二者是相辅相成、互相促进的。不过，在考察汉代地方财政过程中，我们也不能忽视一个问题：这种地方财政体系是否具备一种自身的"纠错"能力？这就要涉及汉代地方财政监督问题。

① 彭浩、陈伟、[日]工藤元男主编：《二年律令与奏谳书：张家山二四七号汉墓出土法律文献释读》，第248页。

第六章 汉代地方财政监督

汉代地方政府虽无独立的“审计”部门，但并不代表就无财政监督职能。实际上，它只不过“隐藏”在上级对下级的考核、督察之中。如果我们能抓住要领、切中要害的话，地方财政监督的轮廓倒也清晰可辨。这就要涉及其背后的两个重要“推手”：一是地方“部”的监察职能；二是地方财政的“籍簿化”。其中，“部”的监察职能确立了地方财政监督机制，而地方财政的“籍簿化”则为财政监督提供了一个有效的操作平台。

一、“部”的监察职能与汉代地方财政监督

汉代史籍中，经常会见到“刺史部”、“督邮部”、“亭部”、“乡部”等记载。“部”的具体含义何解？较早对汉代“部”的概念专门作系统论述的是余行迈先生的《汉代以“部”为称诸官概说——多部位的地方监察、警察制度》一文。他在文中说道：

> 就职掌而言，以“部”为称诸官主要分为两大系列：一为地方监察官系列，一为地方警察官系列。前者对官，有部刺史、郡督邮、县廷掾三个层次；后者对民，有郡都尉、县尉、乡亭部吏三个层次。[①]

① 余行迈：《汉代以“部”为称诸官概说——多部位的地方监察、警察制度》，载中国秦汉史研究会编《秦汉史论丛》第5辑，法律出版社1992年版，第225页。

周振鹤先生也提出自己的观点，认为汉“部”指一种监察区域，当时共分四个层次，刺史部、督邮部、廷掾部、亭部。史籍文献中“乡部”不是指乡，是指乡官与亭部。[①]

笔者认为，“部”是汉代中央集权的责权体系中被分割的一个个单位而已，旨在更有效地行使权利与界定责任，是一种“责权”分割意义上的“区域”单位。如果按职能划分，它可分为监察职能的“部”（如刺史部）、行政职能的“部”（如乡部）以及警察职能的“部”（如亭部）等。从“部”的监察职能来探讨地方财政监督问题，是一个极为有效的切入点。

汉代地方具有监察职能的“部”主要为刺史部、督邮部。关于汉代刺史的研究，学界研究甚碻，成果颇丰。[②] 本文只就刺史的财政监督职能作一集中阐释。

（一）刺史部：州对郡国的财政监督

秦时，地方上设有“监御史”一职，“掌监郡”。汉兴“省，丞相遣史分刺州，不常置”[③]。武帝元封五年（前106），“初置部刺史，掌奉诏条察州，秩六百石，员十三人”[④]。关于其机构人员的设置，可参见《续汉书·百官志四》

---

① 参见周振鹤《从汉代“部”的概念释县乡亭里制度》，载《历史研究》1995年第5期。按：汉时“乡部”、“亭部”实为共存。如《二年律令·户律》云：“恒以八月令乡部啬夫、吏、令史相襍案户籍，副臧（藏）其廷。”此处“乡部”就是指乡，与“亭部”无涉。其实，“乡部”一词并不是汉代的“专利”。《龙岗秦简》10号简就已有“取传书乡部稗官”的记载。

② 研究成果可参见严耕望《中国地方行政制度史——秦汉地方行政制度》，上海古籍出版社2007年版；杨宽《战国秦汉的监察和视察地方制度考》，载《社会科学战线》1982年第2期；苏俊良《略论两汉刺史的职权及其演变》，载中国秦汉史研究会编《秦汉史论丛》第3辑，陕西人民出版社1986年版；周振鹤《汉武帝十三刺史部属郡考》，载《复旦大学学报（社会科学版）》1993年第5期；汪清、谢秀芝、冷瑞光《西汉中后期刺史越权现象的历史考察》，载《郑州大学学报（哲学社会科学版）》2001年第1期；汪清《西汉后期刺史州牧反复罢置的原因及影响新探》，载《河南师范大学学报（哲学社会科学版）》2001年第3期。

③ 《汉书》卷一九上《百官公卿表上》。按：《唐六典》卷一三《御史台》载：“惠帝三年，相国奏遣御史监三辅不法事，有：辞讼者，盗贼者，铸伪钱者，狱不直者，繇赋不平者，吏不廉者，吏苛刻者，踰侈及弩力十石以上者，非所当服者，凡九条。”（李林甫等撰、陈仲夫点校：《唐六典》，中华书局1992年版，第379页）其中“繇赋不平”、“吏不廉者”都涉及对地方的财政监督。

④ 《汉书》卷一九上《百官公卿表上》。

"司隶校尉"条：

从事史十二人。本注曰：都官从事，主察举百官犯法者。功曹从事，主州选署及众事。别驾从事，校尉行部则奉引，录众事。簿曹从事，主财谷簿书。其有军事，则置兵曹从事，主兵事。其余部郡国从事，每郡国各一人，主督促文书，察举非法，皆州自辟除，故通为百石云。

假佐二十五人。本注曰：主簿录阁下事，省文书。门亭长主州正。门功曹书佐主选用。孝经师主监试经。月令师主时节祠祀。律令师主平法律。簿曹书佐主簿书。其余都官书佐及每郡国，各有典郡书佐一人，各主一郡文书，以郡吏补，岁满一更。①

此载虽为东汉之制，但也能窥见刺史之大略。当时，刺史属吏"簿曹从事"负责"财谷簿书"，主管对郡的财政监督。此外，"每郡国各一人"的"部郡国从事"，主督促文书，察举非法，也能发挥一定的财政监督作用。如《后汉书》卷五一《桥玄传》载：

玄少为县功曹。时豫州刺史周景行部到梁国，玄谒景，因伏地言陈相羊昌罪恶，乞为部陈从事，穷案其奸。景壮玄意，署而遣之。玄到，悉收昌宾客，具考臧罪。

此文就是豫州刺史临时委任桥玄为"部陈从事"，发举陈相羊昌"臧罪"的事例。

汉时，刺史的财政监督职能表现为：第一，督察郡的财政情况。如《汉书》卷八六《何武传》云：

武为刺史……行部必先即学官见诸生，试其诵论，问以得失，然后入传舍，出记问垦田顷亩，五谷美恶，已乃见二千石，以为常。

扬州刺史何武行部时，"出记（公文）问垦田顷亩，五谷美恶"，即是对属郡的一种财政督察。尤其到东汉时，刺史的监督职能进一步强化。如《后汉书》卷三三《朱浮传》云："（光武）帝时用明察，不复委任三府，而权归刺举之吏。"又，甘谷东汉简记有：

---

① 《续汉书·百官志五》本注曰："（外十二州刺史）员职略与司隶同，无都官从事，其功曹从事为治中从事。"

(永和六年)正月廿日丙子,凉州刺史超,使告部汉阳从事史忠等,移郡国太守都尉。写移书到,检案,奉行右言。被书后五日,如宗正府书律令。

延熹二年四月庚午朔十二日辛巳,凉州刺史陟,使下郡国太守都尉。承书从事下当用者如诏书,各实核谁,为州集簿。[①]

此两条诏令都要由刺史经手向地方郡国传达。其地位之重,可见一斑。当时,刺史下设"簿曹从事",有权对郡"财政报告"进行审查、核实。《后汉书》卷四《殇帝纪》载:

(延平元年)秋七月庚寅,敕司隶校尉、部刺史曰:"夫天降灾戾,应政而至。间者郡国或有水灾,妨害秋稼。朝廷惟咎,忧惶悼惧。而郡国欲获丰穰虚饰之誉,遂覆蔽灾害,多张垦田,不揣流亡,竞增户口,掩匿盗贼,令奸恶无惩,署用非次,选举乖宜,贪苛惨毒,延及平民。刺史垂头塞耳,阿私下比,'不畏于天,不愧于人'。"

刺史由于没能检查出郡国"多张垦田"、"竞增户口"的虚报行为,而受到皇帝的严厉训斥。

第二,发举官吏的财经违法行为。汉时地方官吏的经济犯罪主要有两种:贪污、受贿。汉律分别称之为"主守盗,受所监"[②]。对于此类行为的处罚,汉代也经历了一个发展变化的过程。一是汉初《二年律令·盗律》规定:"受赇以枉法,及行赇者,皆坐其臧(赃)为盗。"[③]此处"受赇"即指行贿,处罚方式为"坐其臧(赃)为盗"。据《二年律令·盗律》云:

盗臧(赃)直(值)过六百六十钱,黥为城旦舂。六百六十到二百廿钱,完为城旦舂。不盈二百廿到百一十钱,耐为隶臣妾。不盈百一十到廿二钱,罚金四两。不盈廿二钱到一钱,罚金一两。[④]

---

① 张学正:《甘谷汉简考释》,载甘肃省文物工作队、甘肃省博物馆编《汉简研究文集》第93页。

② 《汉书》卷六六《陈万年传附子咸》。

③ 彭浩、陈伟、[日]工藤元男主编:《二年律令与奏谳书:张家山二四七号汉墓出土法律文献释读》,第113页。

④ 彭浩、陈伟、[日]工藤元男主编:《二年律令与奏谳书:张家山二四七号汉墓出土法律文献释读》,第112页。

其最高判刑也不过是“黥为城旦舂”。[①] 悬泉汉简亦记有西汉中期一案例：

> 五凤二年八月辛巳朔庚辰，敦煌郡守骑千人禹、狱守丞有兼行丞事敢言之监领悬泉置都吏李卿治所，谨案，置一□置前坐盗臧直百满以上，论司寇输府徙属悬泉置。掾德、令史博、书佐尊。[②]
>
> （Ⅱ90DXT0114③:525）

上简中，当事人“盗臧直百满以上”判处“司寇”，与《二年律令·盗律》不同。这便说明有汉一代，《盗律》亦在调整、变化之中。[③] 二是增加“十金”之法，即“律，主守而盗直十金，弃市”[④]。“十金”应值“十万”，说明只要贪污受贿达到十万就被杀头。在西汉中期，此法就已存在。《汉书》卷八三《薛宣传》载：“冯翊敬重令，又念十金法重，不忍相暴章。”《悬简释粹》也有类似记载：

> 赦天下自殊死以下，非手杀人、盗宗庙服御物及吏盗受赇直金十斤，赦除之，免官徒隶。为令。赐天下男子爵人一级，女子百户牛一，酒十石，加赐鳏寡孤独者……
>
> （Ⅱ0115③:90）

三是禁锢贪吏。早在汉文帝时，就规定“吏坐赃者皆禁锢不得为吏”[⑤]。东汉时，有时甚至还要禁锢二世。如《后汉书》卷三九《刘般传附子恺》载：“安帝初，清河相叔孙光坐臧抵罪，遂增锢二世，衅及其子。”

刺史在清查地方贪官污吏方面，也是大有作为。武帝时刺史的“六条问事”就是针对地方二千石的不法行为而提出的。如：

> 一条，强宗豪右田宅踰制，以强凌弱，以众暴寡。二条，二千石不奉

---

① 需要说明的是，贪污处罚的钱数标准，后来可能有所调整。从出土简牍、史籍来看，其处罚的最低限额为二百五十钱。如《汉书》卷七八《萧望之传》云：“案望之大臣，通经术，居九卿之右，本朝所仰，至不奉法自修，踞慢不逊攘，受所监臧二百五十以上，请逮捕系治。”又，《新简》E. P. T59：335简云：“便人足转案报非谷臧二百五十以上。”

② 郝树生、张德芳：《悬泉汉简研究》。

③ 西汉景帝时，就曾对贪污受贿等经济犯罪的处罚进行过调整。《汉书》卷五《景帝纪》载：“（前元元年）秋七月，诏曰：‘吏受所监临，以饮食免，重；受财物，贱买贵卖，论轻。廷尉与丞相更议著令。’廷尉信谨与丞相议曰：‘吏及诸有秩受其官属所监、所治、所行、所将，其与饮食计偿费，勿论。它物，若买故贱，卖故贵，皆坐臧为盗，没入臧县官。吏迁徙免罢，受其故官属所将监治送财物，夺爵为士伍，免之。无爵，罚金二斤，令没入所受。有能捕告，畀其所受臧。’”

④ 《汉书》卷六六《陈万年传附子咸》师古注引如淳曰。

⑤ 《汉书》卷七二《贡禹传》。

诏书遵承典制，倍公向私，旁诏守利，侵渔百姓，聚敛为奸。三条，二千石不恤疑狱，风厉杀人，怒则任刑，喜则淫赏，烦扰刻暴，剥截黎元，为百姓所疾，山崩石裂，袄祥讹言。四条，二千石选署不平，苟阿所爱，蔽贤宠顽。五条，二千石子弟恃怙荣势，请托所监。六条，二千石违公下比，阿附豪强，通行货赂，割损正令也。①

其中，"侵渔百姓，聚敛为奸"、"恃怙荣势，请托所监"、"通行货赂，割损正令"都可归类为财经不法行为。到东汉建和元年（147），桓帝明令"长吏臧满三十万而不纠举者，刺史、二千石以纵避为罪"②。此诏令中专指"长吏"，其原因是刺史所督对象为"二千石墨绶长吏（比六百石以上）"，一般"不察黄绶"小吏。③

刺史查处贪官的事例，史籍也多有记载。如《后汉书》卷八一《独行传·戴就》云："扬州刺史欧阳参奏太守成公浮臧罪，遣部从事薛安案仓库簿领，收就于钱唐县狱。"又，《后汉书》卷三一《苏章传》云：

顺帝时，迁冀州刺史。故人为清河太守，章行部案其奸臧。乃请太守，为设酒肴，陈平生之好甚欢。太守喜曰："人皆有一天，我独有二天。"章曰："今夕苏孺文与故人饮者，私恩也；明日冀州刺史案事者，公法也。"遂举正其罪。

此外，地方王国也属于刺史的督察范围。《后汉书》卷二九《郅恽传附子寿》载：

稍迁冀州刺史。时冀部属郡多封诸王，宾客放纵，类不检节，寿案察之，无所容贷。乃使部从事专住王国，又徙督邮舍王宫外，动静失得，即时骑驿言上奏王罪及劾傅相，于是藩国畏惧，并为遵节。

（二）从"都吏"到"督邮部"：郡对县的财政监督

谈到汉"督邮"一职，就不能回避它与"都吏"之间的关系。《汉书》卷四

① 《汉书》卷一九上《百官公卿表上》师古注引《汉官典职仪》。
② 《后汉书》卷七《桓帝纪》。
③ 参见《汉书》卷八三《朱博传》。

《文帝纪》云“二千石遣都吏循行”，师古注引如淳曰：“律说，都吏今督邮是也。”对此，薛英群先生通过对汉简“都吏”的考证，认为：“简文则多用‘都吏’，‘都吏’旧名，已成为人们当时的习惯称谓，‘督邮’乃正式名称，所以为《汉书》作者多所采用。”[①]其实二者亦是有异有同。

其一，追溯“都吏”之渊源，秦时就已存在。新出里耶 8～455 号秦简载：“乘传客为都吏。”[②]可知“都吏”是享有一定待遇的官吏。又，岳麓秦简记有：

> 同罪其繇使而不敬，唯大啬夫得笞之如律。新地守时修其令，都吏分部乡邑间，不从令者论之。·十九[③] (0485)

此条令文即要求秦新占领地区的太守派遣“都吏”分部督查辖区的诏令执行情况。

其二，汉代“都吏”亦指受郡差遣到属县检查工作的郡级官吏。如悬泉汉简记有：

> 侍府都吏不谨有譴適二百里
> 私自便利適二百里[④] (ⅡT0114 ③:482)

上简中，明言“府都吏”，知“都吏”当属郡所差遣。关于“都吏”之监督职能，《二年律令·效律》规定：

> 县道官令长及官毋长而有丞者节(即)免、徙，二千石官遣都吏效代者。唯(虽)不免、送(徙)，居官盈三岁，亦辄遣都吏案效之。[⑤]

又，《二年律令·徭律》载：

> 都吏及令、丞时案不如律者论之，而岁上繇(徭)员及行繇(徭)数二千石官。[⑥]

---

① 薛英群：《居延汉简通论》，甘肃教育出版社 1991 年版，第 238 页。

② 张春龙、龙京沙：《湘西里耶秦简 8—455 号》，载武汉大学简帛研究中心编《简帛》第 4 辑。

③ 陈松长：《岳麓书院藏秦简中的郡名考略》，载《湖南大学学报(社会科学版)》2009 年第 2 期。

④ 张俊民：《悬泉汉简所见“適”与“適”令》，载《兰州学刊》2009 年第 11 期。

⑤ 彭浩、陈伟、[日]工藤元男主编：《二年律令与奏谳书：张家山二四七号汉墓出土法律文献释读》，第 228 页。

⑥ 彭浩、陈伟、[日]工藤元男主编：《二年律令与奏谳书：张家山二四七号汉墓出土法律文献释读》，第 250 页。

由上述律文可知，“都吏”拥有对县道令长的财政监督职能。汉初，郡对县的财政监督由太守总负责，遇事则专门派遣“都吏”进行督查。《张家山汉简·奏谳书》载一案例：

●七年八月己未江陵忠言：醴阳令恢盗县官米二百六十三石八斗。恢秩六百石，爵左庶长。恢曰：诚令从史石盗醴阳已乡县官米二百六十三石八斗，令舍人士五(伍)兴、义与石卖，得金六斤三两、钱万五千五十，罪，它如书。兴、义言皆如恢。问：恢盗臧(赃)过六百六十钱。石亡不讯，它如辤(辞)。鞫：恢，吏，盗过六百六十钱，审。当：恢当黥为城旦，毋得以爵减、免、赎。律：盗臧(赃)直(值)过六百六十钱，黥为城旦；令：吏盗，当刑者刑，毋得以爵减、免、赎，以此当恢。恢居郦邑建成里，属南郡守。南郡守强、守丞吉、卒史建舍治。①

此简记载的就是高祖七年“醴阳令恢盗县官米”的案例，主办者为南郡太守、丞、卒史等郡级官吏。从简文“令：吏盗，当刑者刑，毋得以爵减、免、赎”来看，汉初就已对官吏的贪污行为特殊“照顾”，比一般犯罪处罚要重。此外，悬泉汉简记有：

元康五年三月癸未朔癸未县泉置厩佐禹敢言之爰书厩御延寿里王佐年告曰厩葆养传马一匹駠牡左剽齿九岁高五尺八寸半寸名曰野猽病中不能饮食日加益笃今死既与啬夫弘佐长富杂诊马死都吏丑危前身完毋兵刃木索迹病死审它如爰书敢言之② (275)

出麦四斗，以食戊校莫(幕)府史张卿所乘广至马一匹，再食，食二斗。都吏石卿监。 (《悬简释粹》Ⅱ0216②：359)

上简中，“都吏”亲临对死马的诊视现场以及廪食官吏，说明西汉中期“都吏”仍具有监督职能。

其三，从史籍、汉简来看，“督邮”之职，可能始于西汉中期。尹湾汉简《东海郡吏员簿》中并没有督邮吏员，只是在《东海郡属吏设置簿》中载有“督

---

① 彭浩、陈伟、[日]工藤元男主编：《二年律令与奏谳书：张家山二四七号汉墓出土法律文献释读》，第352～353页。

② 张俊民：《敦煌悬泉置探方T0309出土简牍概述》，载长沙市文物考古研究所编《长沙三国吴简暨百年来简帛发现与研究国际学术研讨会论文集》。

邮史四人都水一人请治所"[1]。这说明其应为后起之制，并设有治所，为郡派驻地方机构。督邮最初的职责为督查地方邮书往来，后来才逐渐演变为督查县道的一个监察机构。[2] 如悬泉汉简记有：

建始元年二月乙未朔癸丑，督邮史光告效谷：往者厩器物不齐或少，相滕甚，不可。亭坞櫰多古不任用。今移式，书到亟作治，务令钉坚壮，事齐壹，毋出三月十日，毕成，以书言，光循行课毋状者，必亲。[3]

（Ⅰ90DXT0110①:91）

此简是督邮史光检查效谷县工作的文书。文中措辞强硬，显然有较大权威。当时郡一般设督邮几人，分部督查所属各县。《汉书》卷七六《尹翁归传》云：

案事发奸，穷竟事情，延年大重之，自以能不及翁归，徙署督邮。河东二十八县，分为两部，闳孺部汾北，翁归部汾南。

督邮的财政监督职能主要为发举县道官吏的财经不法行为。如《汉书》卷七九《冯奉世传附子野王》云：

元帝时，迁陇西太守，以治行高，入为左冯翊。岁余，而池阳令并素行贪污，轻野王外戚年少，治行不改。野王部督邮掾祋祤赵都案验，得其主守盗十金罪，收捕。并不首吏，都格杀。

需要说明的是，西汉后期"都吏"之称仍然存在，不过其概念进一步泛化。如《悬简释粹》记有：

出麦四斗，以食戊校莫（幕）府史张卿所乘广至马一匹，再食，食二斗。都吏石卿监。（Ⅱ0216②:359）

出粟三石，马十匹，送大昆弥使者，都吏张掾。阳朔四年二月戊申，县（悬）泉啬夫定付遮要厩佐常。（Ⅴ1812②:58）

由上简来看，"都吏"不仅指郡派遣监督悬泉置的官吏，也可泛指郡级掾史。

其四，东汉时，督邮职能进一步健全，彻底取代"都吏"。《续汉书·百官

---

① 连云港市博物馆等编：《尹湾汉墓简牍》，第101页。

② 史云贵先生《汉代督邮管窥》（载《信阳师范学院学报（哲学社会科学版）》2004年第1期）一文认为，督邮本职为"督运邮书"一说是不准确的。汉中叶后，督邮作为监县的专职监察官，才同邮佐发生一定的联系，盖因刺举传达之需要。可备一说。

③ 何双全：《简牍》，第228页。

志五》本注曰："其监属县，有五部督邮，曹掾一人。"督邮也成为郡与县之间固定的一环。甘谷汉简记有：

> 延熹元(二)年四月庚申朔十二(三)日壬午，汉阳太守济、长史亿，下冀中西部督邮[曹]掾术亮、史叙、属县令长。承书从事下当用者如诏书，各实所部，正处。书到言，如诏书[律]令。①

郡府文书将"中西部督邮[曹]掾"放置在"县令长"前，其地位可见一斑。汉人称其为"郡之极位"②，不为虚言。在对县道官吏的财政监督上，督邮也是独当一面。如《后汉书》卷三一《苏章传附兄曾孙不韦》载：

> 父谦，初为郡督邮。时魏郡李暠为美阳令，与中常侍具瑗交通，贪暴为民患，前后监司畏其埶援，莫敢纠问。及谦至，部案得其臧，论输左校。

不仅县级长吏，地方小吏也在督邮的案查范围之内。如东汉钟离意"少为郡督邮。时部县亭长有受人酒礼者，府下记案考之"③。

以上所述便是汉代地方财政监督分"部"之大略。需要交代两点：其一，汉时，县级也设廷掾分部监督乡里。如《续汉书·百官志五》"县乡"条本注曰："诸曹略如郡员，五官为廷掾，监乡五部，春夏为劝农掾，秋冬为制度掾。"其二，除分"部"财政监督外，作为地方父母官的太守、县令本身的作用也不容小觑。如西汉安定太守王尊到官后，"五官掾张辅怀虎狼之心，贪污不轨，一郡之钱尽入辅家"，立即"将辅送狱"。④虽然郡"五官掾"非长吏，不受制于刺史，但也直接处于太守的监督之下。

二、籍簿"拘校"——地方财政监督的操作方式

汉代财政的"籍簿化"为地方财政监督提供了便利的操作平台。当时，

---

① 张学正：《甘谷汉简考释》，载甘肃省文物工作队、甘肃省博物馆编《汉简研究文集》，第93～94页。

② 《后汉书》卷四五《张酺传》注引《汉官仪》曰。

③ 《后汉书》卷四一《钟离意传》。

④ 《汉书》卷七六《王尊传》。

财政监督的主要方式为"拘校"籍簿。"拘校"意指校对、核实,一作"钩校"。《周礼·春官·巾车》郑注曰:"故书'钩'为'拘',杜子春读为钩。"可知二字互通。"钩校"一词多见于史籍。《汉书》卷六六《陈万年传附子咸传》云:"少府多宝物,属官咸皆钩校,发其奸臧,没入辜榷财物。"又,《后汉书》卷四六《陈宠传》云:"宠又钩校律令条法,溢于《甫刑》者除之。"然而,汉简中皆写作"拘校",甚至走马楼吴简亦不例外。吴简(壹)2350简就有"七月簿到,拘校"①的记载。

"拘校"籍簿是汉代发举官吏不法行为的最有效方式。如《汉书》卷八九《循吏传·黄霸》载"送故迎新之费及奸吏缘绝簿书盗财物,公私费耗甚多",说明窜改簿书乃是奸吏盗取财物的主要手段。《张家山汉墓竹简·奏谳书》也记有一案例:

● 蜀守潚(谳):采铁长山私使城旦田、春女为藁,令内作,解书廷,佐恬等诈簿为徒养,疑罪。·廷报:恬为伪书也。②

此简就是官吏通过伪造籍簿来"私使"刑徒的案例。因此,地方政府定期"拘校"籍簿,尤为重要。

(一)籍簿"拘校"的种类

籍簿"拘校"是汉代地方政府一项经常性工作。一般来说,每种籍簿都要进行校对。其中重要的籍簿还要经过多次校对。居延汉简记有:

● 卅井言谨拘校二年十月以来计最未能会会日谒言解

(《合校》430·1,430·4)

☑书到拘校处实牒别言遣尉史弘赍☑ (《合校》317·6)

□☑□长丞拘校必得事实牒别言与计偕如律令敢告卒人

(《新简》E. P. T53:33A)

此三简即是上级明令要求"拘校"籍簿的公文。当时,"拘校"籍簿大致有三

① 长沙市文物考古研究所等编:《长沙走马楼三国吴简·竹简(壹)》,文物出版社2003年版。

② 彭浩、陈伟、[日]工藤元男主编:《二年律令与奏谳书:张家山二四七号汉墓出土法律文献释读》,第348页。

种方式:单一籍簿的“拘校”、账账“拘校”、账实“拘校”。①

1. 单一籍簿的“拘校”

单一籍簿的“拘校”就是指对某一个籍簿的内容及程式进行校正、审核,是一项最基本的查账工作。如《悬简释粹》记有:

> 广至移十一月谷薄(簿),出粟六斗三升,以食县(悬)泉厩佐广德所将助御效谷广利里郭市等七人,送日逐王,往来三食,食三升。校(案)广德所将御□禀食县(悬)泉而出食,解何? (Ⅰ0309③:167～168)

此简就是县对所属邮置的“月谷簿”进行“拘校”的实例。上级部门在“拘校”谷簿时,发现悬泉置违反规定,擅自禀食“助御”(临时征调来的车夫)等七人。由此,“拘校”籍簿的财政监督作用,凸显无疑。与此相类似,《合校》也记有:

> 服牛当日食六升大用谷四石诈增□□ (509·20)

此简也是地方官吏通过“拘校”籍簿,发现虚增官牛禀食的例证。又,《新简》云:

> ● 告尊省卒作十日辄休一日于独不休尊何解〼□ (E.P.T59:357)

此简则属于对“省卒日作簿”的校对。汉时,边郡政府有时要抽调一部分戍卒离开本职岗位,从事某项劳作,此类戍卒便称为“省卒”。② 一般来说,省卒十日一休息,而“拘校”官吏却发现此“日作簿”中,有一人“不休”,故提出质疑。由此例便可窥见“拘校”官吏的敏锐之处。

此外,地方官吏还要对籍簿中的数字重点核对。《合校》记有:

> 出钱千三百卌七 赋就人会水宜禄里兰子房一两 (506·27)
>
> ● 右八两 用钱万七百七十六 (506·11)
>
> 凡五十八两 用钱七万九千七百一十四 钱不僦就 〼 (505·20)

此类籍簿涉及“就钱”(运费)的核算。当时每两(辆)“就钱”标准为1347钱,

① 关于“拘校”籍簿的方式,黄今言先生《居延汉简所见西北边塞的财务“拘校”》(载《史学月刊》2006年第10期)一文总结为实物与账簿、会计凭证与账簿、实地调查三种。本文观点与之略有不同。

② 参见于豪亮《居延汉简中的“省卒”》,载《于豪亮学术文存》,第217页;李振宏《汉简“省卒”考》,载《史学月刊》1993年第4期。

那么第三简中58辆车的运费应为：58×1347＝78126钱。而账目为79714钱，多支出了588钱。故“拘校”官吏云“钱不𠤷就”。又，居延汉简记有：

卒廿六人多实二人重　（《合校》558·6）

卌头直三百一十八不三百八十头直三百卌八交钱百不二百辞不相应　（《新简》E.P.T51：82A）

第一简意指由于人名重复，导致总人数虚增两人；第二简则指明了三处数字错误。此种现象也见于史籍记载中。《后汉书》卷四一《钟离意传》载东汉明帝时，“诏赐降胡子缣，尚书案事，误以十为百。帝见司农上簿，大怒，召郎将笞之”。其实，明帝并不是“小题大做”。因为籍簿数字的“微差”就可能导致国家资产的大量流失。

2. 账账“拘校”

账账“拘校”，是指通过对多个相关籍簿之间的对账来检查讹误。这是汉代校对籍簿的最常用方式。其校对原则为“相应”或“不相应”，即簿与簿之间是否互相契合。《新简》记有：

拘校令与计簿相应放式移遣服治☑　（E.P.T52:576）

候长不相与邸校而令不相应解何檄到驰持事诣官须言府会月二十八日日中毋以它为解必坐有　（E.P.F22:454）

上第一条简明令要求官吏“拘校”籍簿，以使之“与计簿相应”。第二条简意指：候长由于没有及时校对而导致籍簿“不相应”，便受到上级的严厉斥责。

当然，此类“拘校”工作的前提条件是要适当选择彼此相关的籍簿。大致有两种：第一种为原存本籍与现有新籍的对账。《新简》记有：

●甲沟言三时簿本有折伤兵簿各与完兵簿异　候所移三时簿　（E.P.T48:141）

据此简，甲沟候官（县级）用“本有”的“折伤兵簿”与新的“完兵簿”来相互对账，不啻为一种好方法。《合校》也有类似记载：

地节二年六月辛卯朔丁巳肩水候房谓候长光官以姑臧所移卒被兵本籍为行兵丞相史王卿治卒被兵以校阅亭隧卒被兵皆多冒乱不相应或易处不如本籍今写所治亭别被兵籍并编移书到光以牒阅具卒兵兵即不应籍更实定此籍随即下所在亭各实弩力石射步数令可知贲事诣官会月

廿八日夕须以集为丞相史王卿治事课后不如会日者必报毋忽如律令

(7·7A)

此简大意是:行兵丞相史在张掖郡督查兵务时,以原来的"卒被兵本籍"来校对现有的"亭隧卒被兵籍",发现兵器"多冒乱不相应或易处不如本籍"。故责成肩水候官(县级)依本籍重新校正。

此种方法也适用于上下级的对账。如悬泉汉简记有:

神爵三年三月辛丑朔己酉广至守丞德以私印行事移县泉府移举一牒薄出食过律程承余付受多不相应今写举移各如牒书到令史可枸校所廪广至县泉粟石斗①

(165A)

此简中,敦煌郡对所属县置"传食簿"检查后,发现账目中"承余付受"等项目"多不相应",有差错,故要求悬泉、广至二县重新"枸(拘)校"、核对。《合校》记有:

校甲渠候移正月尽三月四时吏名籍第十二燧长张宣史案府籍宣不史不相应解何

(129·22、190·30)

据此简,府级官吏将甲渠候官(县级)上报的"四时吏名籍"与原存府籍相校对,结果发现有一处"不相应"。又,《合校》云:

告肩水候官候官所移卒责不与都吏□卿所举籍不相应解何记到遣吏抵校及将军未知不将白之

(183·15B)

由上简可知,府级官吏将肩水候官(县级)上报的"卒责(债)籍"与原来都吏的"举籍"比对后,发现彼此"不相应",便责成下级肩水候官遣吏来重新校正。

第二种方式为:"出"、"入"籍簿之间的对账。如《合校》记有:

校候三月尽六月折伤兵簿出六石弩弓廿四付库库受啬夫久廿三而空出一弓解何

(179·6)

此简就是"候官出折伤兵簿"与"库受簿"之间的"拘校"实例。二簿对校,舛误自现。前者记"弩弓廿四付库",而后者却记受弩弓"廿三",双方定有一

---

① 张俊民:《敦煌悬泉置探方 T0309 出土简牍概述》,载长沙市文物考古研究所编《长沙三国吴简暨百年来简帛发现与研究国际学术研讨会论文集》。

误。又,《悬简释粹》云:

效谷移建昭二年十月传马薄(簿),出县(悬)泉马五匹,病死,卖骨肉,直钱二千七百卌,校钱薄(簿)不入,解……　(0116②:69)

此简是"传马簿"与"校钱簿"之间的对账。前簿已"出"死马五匹,而后簿却不见变卖死马骨肉钱"入"账,实属可疑。与此相应,悬泉ⅡT0111②:5号简载:"效谷传马病死钱未备万八千六百"[①]可知敦煌郡仅仅效谷一县就有死马骨肉钱一万八千六百未曾入账,其背后隐藏的问题似较为严重,是否涉及经济犯罪?事实上,汉代对病死传马的变卖行为审查不可谓不严格。如悬泉汉简记有:

建昭三年三月丁巳朔癸亥,敦煌大守强、守部骑千人云行丞事,谓县:案所移十月尽二月传马簿,出马病死斥卖移爰书贾直校钱不入,效谷出遮要传马十七匹,病死贾或三百,或二百。传马皆食谷,贾贱,疑非实。方遣吏案校,今移举各如牒。书到[②]　(ⅡT0214②:550A)

上简中,敦煌郡对所属置"传马簿"进行核对,发现籍簿在"出"死马的同时,却无校钱入账。进而又对"病死马爰书"(原始凭证)审核,发现所卖死马骨肉钱大多仅为二百、三百钱。对于喂粟为主的传马,卖价偏低,值得怀疑。故郡府派人调查此事,发举奸赃。悬泉汉简又记有一案例,可资参照:

☑……□月己未朔戊辰,敦煌大守贤(?)、长史奉憙、敦煌仓长广汉兼行丞事谓效谷,移☑传马病死爰书,悬泉传马一匹,駹,牡,齿十二岁,高五尺九寸,送□将军司马令史刘承明　(ⅡT0214③:292)

刘承明到遮要,病柳张,立死,卖骨肉贾钱四百,有书☑卖贾四百,贱非实,书到,更实移。谨案文书臧官者,□□☑[③]　(ⅡT0115④:49)

五凤四年九月己巳朔己卯,县(悬)泉置丞可置敢言之:廷移府书曰,效谷移传马病死爰书:县(悬)泉置传马一匹,骊,乘,齿十八岁,高五尺九寸,送渠犁军司〔马〕令史……　(《悬简释粹》Ⅰ0115③:98)

---

① 张俊民:《悬泉汉简传马病死爰书及其他》,载武汉大学简帛研究中心编《简帛》第3辑。
② 张俊民:《悬泉汉简传马病死爰书及其他》,载武汉大学简帛研究中心编《简帛》第3辑。
③ 张俊民:《悬泉汉简传马病死爰书及其他》,载武汉大学简帛研究中心编《简帛》第3辑。

……駣，乘，齿十八岁，送渠犁军司马令史勋，承明到遮要，病柳张，立死，卖骨肉临乐里孙安所，贾（价）千四百，时啬夫忠服治爰书，误脱千，以为四百。谒它爰书，敢言之。（A）守啬夫富昌。（B）

（《悬简释粹》Ⅱ0114③:468）

上述案例大意是：敦煌郡府发现下属效谷县悬泉置的"病死传马爰书"中，一匹病死传马的骨肉仅卖四百钱，价格"贱非实"，要求效谷县重新上报此份爰书的真实情况。不久，悬泉置负责人丞"可置"向上汇报，认定原有爰书为悬泉置啬夫"服"所作。其书写爰书时，将骨肉价格"千四百"漏掉一"千"字，故导致传马骨肉价格仅为四百钱。不知，悬泉置的此次汇报能否"过关"，让郡府中众专业人士——掾史信服为"笔误"？

需要补充的是，汉时对"出"、"入"账之间的抵牾现象，亦有专门称呼。如《合校》云：

四时簿出付入受不相应或出输非法各如牒书到　（394·4）

此简文云"出付入受不相应"，应为此类错账的专业术语。当然，从现代会计技术的角度来看，出入簿"不相应"不全是违法行为，抑或是技术原因所致。即对于同一笔业务，"出"、"入"双方没有在同一月内同时记账。让人惊羡的是，汉人俨然已意识到这一问题。如：

甘露二年二月庚申朔丙戌，鱼离置啬夫禹移县（悬）泉置，遣佐光持传马十匹。为冯夫人柱，廪穬麦小卌二石七斗，又茭廿五石二钧。今写券墨移书到，受薄（簿）入，三月报，毋令缪（谬），如律令。

（《悬简释粹》Ⅱ0115③:96）

□月戊申甲渠候显谓饼庭候长仁写移书到以河平四年永始元年∨久次见茭如调付居延付受同月出入毋令缪已付言如律令 /掾褒令史谭尉史宗

（《合校》160·6）

新始建国地皇上戊三年五月丙辰朔乙巳裨将军辅平居成尉伋丞谓城仓间田延水甲沟三十井殄北卒未得

□☑……付受相与校计同月出入毋令缪如律令

（《新简》E. P. T65:23A）

上述三条简文中"受薄（簿）入，三月报，毋令缪（谬）"、"同月出入毋令缪……

如律令”，完全说明这一点。

最后，再谈谈账账“拘校”的符号问题。目前出土的部分汉简本身就是“拘校”过的籍簿，这便为我们了解汉人“拘校”实录提供了珍贵的第一手材料。对此，李均明先生有深入研究，成果斐然。汉简中，最为常见的账账“拘校”符号为“卩”，大多为二次书写。李均明先生认为，“卩”类符号多表示某行为已施行。此说可从。[①]

笔者略作补充：其一，“卩”符号在汉时使用较广，早在西汉前期江陵凤凰山简牍中就已出现。如5号木牍有“正月算卌二给转费卩”[②]的记载。此处“卩”符号，表示此项费用已与相关账目校对过。其二，江陵凤凰山汉简《郑里禀簿》载：“户人犅能田一人口三人田十亩 十 卩贷一石。”[③]此简文中有两个“拘校”符号“十”、“卩”，极有可能是进行了两次对账。又，《敦简》记有：

私属大男吉丶元年 八月食粟二斛少七斗卩十二月己亥自取 ——(322)

此简中不仅有“卩”、“——”符号，而且人名“吉”后还有朱笔“丶”。由此可以蠡测，此籍簿应与谷簿、名籍等进行过三次“拘校”。其三，李均明先生认为汉简中“已”有时也作为一种文字“拘校”符号，表示“已完成，已施行”[④]。而笔者进一步推测，“卩”极有可能是“已”字的符号化。不知当否？

3. 账实“拘校”

账实“拘校”是指账目与实物一一核对，即实地盘查。它是最为有效的一种“拘校”方式，主要适用于兵器、谷物等重要物品的校对。《周礼·天官·司书》载“以叙其财”，郑玄注曰：“叙犹比次也，谓钩考其财币所给，及其余见，为之簿书。”此处“余见”就是对仓库余存情况的一种盘查。居延汉简记有：

踵故承余府遣掾校兵物少不应簿拘校天凤 (《新简》E. P. F25:3)

---

① 参见李均明《简牍符号考述》，载《华学》第2辑，中山大学出版社1996年版；李均明、刘军《简牍文书学》，广西教育出版社1999年版。

② 裘锡圭：《湖北江陵凤凰山十号汉墓出土简牍考释》，载《文物》1974年第7期。

③ 裘锡圭：《湖北江陵凤凰山十号汉墓出土简牍考释》，载《文物》1974年第7期。

④ 李均明：《简牍符号考述》，载《华学》第2辑。

令史弘校第廿三仓谷十月簿余谷稊稑大石六十一石八斗三升大

（《合校》206·7）

此二简分别是对兵物、谷物的“拘校”。当时，地方政府定期派遣官吏到下属仓库，依照籍簿逐一实地盘查。其检查结果无非为“应簿”与“不应簿”。如《新简》云：

三月簿余盾六十桼　校见六十桼应簿　（E. P. F22:314）

第二十三部　弦三十桼　稾矢三千三百见二千六百少八百

寅矢二千五百五十见千三百少千一百五十

（E. P. F22:179）

第一条简账实相符，为“应簿”。第二条简中，实有兵器数少于账面数，为“不应簿”。又，《新简》记有：

● 凡出谷五百五十三石二斗十一月簿　（以上为第一栏）

其三百五十石三斗三升少粟今三百六十石三斗三升少　□□

百七石九斗三升少今九十七石九斗三升少

（以上为第二栏）（E. P. T56:98）

由上可知，经过账实“拘校”后，粟米实有数比账面多十石，而另一种谷物却比账面少十石。个中原因耐人寻味。笔者推测，极有可能有一笔“十石”的业务，因记账官吏的疏忽，使得两谷物名字发生调换。汉简中也有类似的例子。如《新简》载：

☐误以縻百卅四石八斗二升大为粟禹为书误　（E. P. T58:91）

此简即是将谷物“縻”错记为“粟”的实例。

在账实“拘校”符号上，李均明先生指出，“ℓ”、“乚”等符号多表示人或物见存，可能从“见”字的草书演化过来。① 此类符号多用于账实“拘校”中，亦好理解。在实地盘查中，当账簿中某物品与实物相对应时，官吏即可用“ℓ”、“乚”一类的符号在此物品名字后作一下标记，以便于账簿最终的整理和统计。

① 参见李均明《简牍符号考述》，载《华学》第2辑。

(二)"籍簿差错"的定性及处理

汉代地方政府通过"拘校"籍簿发现错误后,就要涉及对当事人的处罚。一般程序如下:首先,要对籍簿差错的行为定性。其实,早在秦律中就有相关规定。如《秦律十八种·效律》云:

> 计用律不审而赢、不备,以效赢、不备之律赀之,而勿令赏(偿)。
>
> 效公器赢、不备,以赍律论及赏(偿),毋赍者乃直(值)之。①

由上可知,当时定性可分为两种情况:一是由于人为原因而导致"计"(籍簿)无故多出、少入的,要处以赀刑(罚款),不准其按价赔偿。二是如果是技术原因导致物品多出、少入的,只要按原价赔偿即可。对于赀刑的适用标准,也有详细规定。《秦律十八种·效律》云:

> 计脱实及出实多于律程,及不当出而出之,直(值)其贾(价),不盈廿二钱,除;廿二钱以到六百六十钱,赀官啬夫一盾;过六百六十钱以上,赀官啬夫一甲,而复责其出殹(也)。人户、马牛一以上为大误。误自重殹(也),减罪一等。

《法律答问》与之互证:

> 可(何)如为"大误"? 人户、马牛及者(诸)货材(财)直(值)过六百六十钱为"大误",其他为小。②

由上可知,秦律中有"大误"、"小误"之分。其中人口、马牛统计差错在"一以上",皆为"大误"。

对于一般技术性的"小误"问题,如及时发现的,也可适时调整、更正。岳麓秦简《算术书》记有"租误券"题例:

> 租误券。田多若少,耤令田十亩,税田二百卌步,三步一斗,租八

---

① 睡虎地秦墓竹简整理小组编:《睡虎地秦墓竹简》,第123、101页。按:彭浩先生《睡虎地秦简"王室祠"与〈赍律〉考辨》(载武汉大学简帛研究中心主编《简帛》第1辑,上海古籍出版社2006年版)一文认为,秦《赍律》是当时核定生产成本和财政统计的依据以及赔偿公物的价值依据。

② 睡虎地秦墓竹简整理小组编:《睡虎地秦墓竹简》,第125~126、242页。

石，·今误券多五斗，欲益田，其述（术）曰：以八石五斗为八百[1] (0939)

张家山汉简《算术书》中也有“误券”：

租吴（误）券 田一亩租之十步一斗，凡租二石四斗。今误券二石五斗，欲益奥其步数，问益奥几何。曰：九步五分步三而一斗。术（術）曰：以误券为法，以舆田为实。[2]

实际上，自身及时纠错也是基层财政人员的基本要求。基层繁重、复杂的计算工作，加之参差不齐的财政人员，可能是差错滋生的原因。在出土的秦汉简牍中，书误、算误现象确实时常发现。

对于籍簿“差错”，汉世略有调整。汉律有“故”、“误”之分。如《后汉书》卷四六《郭躬传》云：“法令有故、误，章传命之谬，于事为误，误者其文则轻。”“故”指人为有意，“误”则指无意失误。在处罚上，前者重，后者轻。如《二年律令·贼律》记有：

□诸詐（诈）增减券书，及为书故詐（诈）弗副，其以避负偿，若受赏赐财物，皆坐臧（赃）为盗。

□【□□】□而误多少其实，及误脱字，罚金一两。误，其事可行者，勿论。[3]

上第一条律文应为“故”，指故意诈增减券契、簿书，处罚为“坐臧（赃）为盗”。如《新简》E. P. T43:55 简云“坐簿书贵直为擅赋二百五十以上”，表明其已经构成“贪污罪”。第二条律文指“误”，即为无意造成的失误。情节严重的要“罚金一两”。情节较轻且并无大碍的，甚至免于追究。汉简中就记有一些“书误”的案例：

宗前受茭五十二积今白五十三积多一积误毋状当坐罪当死叩□

（《合校》317·11A）

---

① 肖灿：《从〈数〉的“舆（舆）田”、“税田”算题看秦田地租税制度》，载《湖南大学学报（社会科学版）》2010 年第 4 期。

② 张家山二四七号汉墓竹简整理小组编：《张家山汉墓竹简〔二四七号墓〕：释文修订本》，第 145 页。

③ 彭浩、陈伟、[日]工藤元男主编：《二年律令与奏谳书：张家山二四七号汉墓出土法律文献释读》，第 96、97 页。

自少八月为书误　　　　　　　　（《新简》E. P. T59:77）

☐坐移正月尽三月四时吏名籍误十事適☐里　　　　（《合校》185·32）

上第一简，将所“受茭五十二积”错记为“五十三积”。在此案例中，当事人自称为“书误”，但是只有经过主管部门实际调查后，才能定性为“误”或“故”。第二简为籍簿少记“八月”，判定“书误”应该不错。第三简为《四时吏名籍》有10处错误，判罚当事人“適☐里”，即罚作。在边郡一般要罚运输茭等物质到指定场所。

当然，对于情节较轻的“误”行为，虽然不予“罚金”，但是造成损失的，也要按价赔偿。《新简》记有：

● 甲沟言米糒少簿尉史候长傅育等当负收责皆毕遣尉史持☐诣府　　　　（E. P. T6:65）

此简意指：由于“米糒少簿”，府吏勒令“尉史候长傅育等”按价赔偿。

要之，“拘校”籍簿是汉代地方财政监督的一个比较有效的方式。它对于维护国家资产、查处官吏的经济犯罪也能起到积极的作用。

第七章 对汉代地方财政的反思

汉代财政在一些方面表现出来的进步性，让人不吝赞美之辞。林甘泉先生在其主编的《中国经济通史·秦汉经济卷》一书中说道：

> 与前代不同，秦汉时期的财政是一个相对独立的系统，它有独立的机构设置，专司其事的职官和一整套相关制度。这个系统的运作，得到其他相关系统的支持，形成了一个互相依存的结构网络。①

如何定位汉代地方财政？笔者认为，既要看到其进步的一面，也要注意到其遭受“压制”的一面。二者须统筹兼顾，不可偏执一端。鉴于此，姑且作一下深入反思。

一、汉代地方财政的进步之处

汉代地方财政所表现出来的进步性、成熟性，在某种程度上，确实超乎我们的想象。主要体现在以下几方面：

第一，地方财政机制的进一步职能化、责权化。虽然当时财政与其他政务尚未完全分离，但其职能化、责权化的趋向却十分明显。“分曹职事”即是一典型范例。如西汉时财政诸曹，如金曹、仓曹、户曹等，渐趋分立，各司其职。东汉时，财政诸曹又进一步细化，左、右曹分置。这不仅有助于厘清职

① 林甘泉主编：《中国经济通史·秦汉经济卷》下册，第501页。

责，对口管理，提高运作效率，也进一步推动了地方财政机制的职能化、责权化。

第二，地方财政运作中灵活的变通性。这是在当时社会生产条件下，汉政府在继承前代制度的基础之上，通过大量的财政实践活动，逐渐摸索出的一套最有效又切合实际的运作模式。譬如，在保证中央所需钱粮的前提下，地方可以储存剩余的财政存留。这种做法既能减少高昂的运输成本，又能随时满足地方的财政调度、赈济需求。同时，在具体的财政运作中，政府并不一味地苦守"统收统支"模式，其财政收入与支出之间也不是一种简单的先后关系。譬如，当时乡官俸禄一般都是在征收赋钱的过程中直接提取、发放。此举既节省，又便利。

此外，地方政府也具有一定的财政自主权。中央明确准许地方拥有某项计划外收入支配权，"稍入钱"系为明证。更重要的是，在"郡守重于古诸侯"①的汉代，郡级政府在地方财政机制中占有"首脑"地位，发挥着财政核心的作用。一般来说，汉时太守拥有一定的财政决策权，能够因地制宜地制定适合于本郡的财经政策。此举对于当时千差万别的各地郡情来说，也是大有裨益。

第三，地方财政征收的系统性。汉代地方财政收入并不是赋税项目的简单罗列，而是一个相当复杂的体系。当时，基层官吏要编制田比地籍、田合籍、田租籍等对土地实施有效控制。同时，他们还要编制以户籍为轴心的大量基层籍簿，来登记民户类型、年龄、身体、资产等详细情况，以作为汉王朝赋役征发的底本资料。正是通过土地与人身的双重控制，政府才能完成地方财政的顺利征收，确保整个国家财政的有效启动。

第四，地方财政管理的缜密性。汉代地方财政管理制度，基本实现了管理的"籍簿化"，即"无物不有账，无账不有物"。更为重要的是，这种管理模式的"籍簿化"不是静态、死板的，而是动态、实时的。任何官方财产的"出出进进"都能从籍簿中反映出来。

同时，这种财政管理的"籍簿化"，也为地方财政监督提供了便捷的操作

① 《汉书》卷八六《王嘉传》。

平台。地方官吏可以通过账簿校对、账账校对、账实校对等有效方式，来查明一些人为错账、假账等不良行为，对于防止公有资产的流失、查处官吏经济犯罪也能起到重要的作用。

总的来说，在当时社会生产条件下，汉代地方财政凸显出来的进步性、成熟性，也达到了一个其所能企及的高度。同时，它也基本上奠定了我国古代地方财政的运作模式，对后世有极其深远的影响，在我国古代财政史中占有极其重要的地位。①

二、汉代地方财政的内在悖论

对于有汉一代饱受中央压制的地方财政来说，如过分强调其进步性，恐有"人为拔高"之嫌。从宏观角度上讲，汉代地方财政是一个极为复杂的问题，它自身存在着有序与无序的悖论。事实上，在汉代缜密、有序的财政制度背后，地方财政有时也处于一种无序状态。

(一)中央财政的集权化与地方财政的"难作为"

汉代实行以皇权为核心的专制主义中央集权，必然决定了其财政集权化。从表面来看，汉代曾一度实行"量出为入"、"公私分立"的财政机制。如《史记》卷三〇《平准书》云：

> 量吏禄，度官用，以赋于民。而山川园池市井租税之入，自天子以至于封君汤沐邑，皆各为私奉养焉，不领于天下之经费。

实际上，这种"量出为入"、"公私分立"不过是一种财政理念而已，往往成为统治者欺骗百姓的一种托辞。有汉一代，上述财政理念很难完全付诸于制度、法律上的实施。而真正的财政机制为：以皇权为代表的中央财政是国家的第一要务，地方财政要听命于中央的调度。这种中央集权制带来的直接

① 目前，地方财政史研究的专著少之又少。包伟民先生的《宋代地方财政史研究》(上海古籍出版社 2001 年版)，在其宋代财政机制、财政运作、财政存留等方面就能找寻出汉代财政的一些"痕迹"来。

后果便是地方财政的“难作为”。

其一，诚然，汉代财政的中央集权化也带来了一定的效率和秩序，如当时边郡、受灾地区的财政调度，都得益于国家财政的高度集权化。但是，这种财政体制也意味着要付出更大的成本。仅每年中央与地方之间的邮传费用、行政办公费用就是一个惊人的数字。更为关键的是，这种集权只是一种单纯的财富集中，而非财政责任的集中。当中央财政“吃紧”时，中央政府就很难顾及地方的切身利益。

其二，中央与地方财赋分配不明确也是导致地方财政处于困境的一个重要原因。汉初中央政府也曾有过相关的财赋分配规定。如《汉书》卷一下《高帝纪下》载高祖十一年(前196)诏曰：

> 欲省赋甚。今献未有程，吏或多赋以为献，而诸侯王尤多，民疾之。令诸侯王、通侯常以十月朝献，及郡各以其口数率，人岁六十三钱，以给献费。

这只不过是在汉初中央掌控地域有限、诸侯方国林立的特定环境下，政府所采取的一种权宜之计。随着中央集权的进一步强化和地方诸侯离心势力的成功削除，此种财赋分配规定必然成为“一纸空文”。因此，这种财赋分配的模糊性就直接导致了中央对地方财政的无限制征调。

其三，汉代“集权化”财政体制的最大缺陷是缺乏一种有效制衡皇权的机制。作为汉代“财政部长”的大司农，虽然它也发挥着重要的财政调度、控制职能，但很难通过财政预算的方式来制约皇权。从这种意义上来说，它时常沦为皇帝通过财政调度来满足私欲的一个专门工具。这种寄托于皇帝本人的素质、道德水平的财政体制具有较大的随意性、不确定性。其直接导致的后果便是地方财政在中央政府的挤压、私调下，难以有较好的作为。当时地方郡守一方面要发展农业生产、提升百姓生活，另一方面又要考虑如何填饱中央政府庞大的“胃口”，二者难以同时兼顾。

其四，在王朝出现财政危机时，地方财政受到的挤压尤为突出。因为当时以个体的小农经济为主，基本上是靠天吃饭。而国家财政收入主要来源于附着土地之上农民的所交租赋。因此，建立在小农经济基础上的国家财政是非常脆弱的。它缺乏一定的伸缩性、弹性。汉代财政经常受制于三个桎梏：一是自然灾害导致的农业歉收；二是土地兼并引起政府控制人口的流失；三是庞大的军事开支。在这种财政大环境下，政府随时都有爆发财政危机的可能。而财政危机所带来的后果便是中央对地方财政进一步的挤压。如《后汉书》卷四三《朱晖传附孙穆传》云：

> 京师诸官费用增多，诏书发调或至十倍。各言官无见财，皆当出民，搒掠割剥，强令充足。公赋既重，私敛又深。牧守长吏，多非德选，贪聚无猒，遇人如虏，或绝命于箠楚之下，或自贼于迫切之求。

(二)中央财政政策与地方财政现实的背离

汉王朝地域广阔，地理环境差异较大。中央制定财政政策时，应考虑每个地区的具体实情。如《二年律令·田律》规定："入顷刍稿，顷入刍三石；上郡地恶，顷入二石；稿皆二石。"[①]由于当时上郡地理条件较为恶劣，因此汉政府便减少当地百姓刍稿的法定缴纳量，实为英明之举。遗憾的是，有汉一代，这样经典的例子并不很多。汉代绝大多数财经政策都着眼于中央的角度，在实施过程中也多采取"一切"之制。因此，中央政策与地方财政现实的背离现象较为常见。

检阅汉代史籍文献，皇帝赐物给老弱鳏寡、蠲免贫民赋税的例子比比皆是。汉世政治似乎倒也清明。殊不知，在皇帝这种温馨"作秀"行为的背后，却包含着地方政府的万般无奈。这一点却是以往学者鲜有提及的。事实上，优抚百姓的诏令确实是出自皇帝之口，而真正实施的主体却是地方财政。

譬如，《二年律令·傅律》中"受鬻法"规定，地方政府每月要向 90 岁老人廪食一石米。这是地方政府难以年年能做到的。况且，地方政府还要首先保证中央征调的足额供应。因此，地方政府只能"或以陈粟"[②]，或"郡县多不奉行"[③]。同样，汉代王杖制度规定"年七十受王杖者"，享受"比六百石"

---

① 彭浩、陈伟、[日]工藤元男主编：《二年律令与奏谳书：张家山二四七号汉墓出土法律文献释读》，第 187 页。

② 《汉书》卷四《文帝纪》。

③ 《后汉书》卷五《安帝纪》。

的礼遇，地方官吏不能随意征发、差遣。[①] 此项制度在最初实行时，肯定会对基层的原有秩序带来较大冲击。尤其是在面临上级严格考课的赋役任务时，基层官吏就难以顾及王杖主的权益，可能与中央政策发生背离。如《王杖诏书令》云："亭长二人，乡啬二人，白衣民三人，皆坐殴辱王杖功，弃市。"[②] 王杖案例中"弃市"的亭长、啬夫都是基层赋役征发的小吏。又，《合校》云：

> 各持下吏为羌人所杀者赐葬钱三万其印绂吏五万有上子一人名尚书卒长▨奴婢二千赐伤者各半之皆以郡见钱给长吏临致以安百姓也早取以见钱▨　　(267·19简)

此简是中央政府对"为羌人所杀者"家属及"伤者"抚恤的文书。文中明令"皆以郡见钱给"，即要求由地方财政直接负担。这也是中央对地方财政肆意挤压、转嫁负担的例证。

在地方财政濒临绝境时，当地政府有时索性对蠲免赋税的中央政策不予理会。如《东牌楼简》12号木牍曰：

> 临湘守令臣[肃](?)上言：荆南频遇军寇，租刍法赋，民不输入，冀蒙赦令，云当亏除。连年长逋，仓空无米，库无钱布。督课乡吏如旧。故自今虽有赦令，不宜复除。[③]

由上可知，临湘守令根据当地财政窘境，建言长沙郡太守：虽然中央有"赦令"，但也不能蠲免赋税。

要言之，汉时中央制定财经政策，皆从自身角度考虑，不注重地方实情。一方面，对地方财政不断征调、挤压；另一方面，又开出一些"惠民"的"空头支票"让地方政府"兑现"，最终使得地方财政陷入"进退维谷"的境遇。

---

① 参见甘肃省博物馆《甘肃武威磨咀子汉墓发掘》，载《考古》1960年第9期；陈直《甘肃武威磨咀子汉墓出土王杖十简通考》，载《考古》1961年第3期。

② 武威县博物馆：《武威新出王杖诏令册》，载甘肃省文物工作队、甘肃省博物馆编《汉简研究文集》，第37页。

③ 简文有所订正，可参见长沙东牌楼东汉简牍研读班《〈长沙东牌楼东汉简牍〉释文校订稿》（载卜宪群、杨振红主编《简帛研究（二〇〇五）》）。

(三)地方财政的"籍簿化"与"多前"的悲哀

诚然,如前文所说,汉代地方财政基本上实现了"籍簿化"。但是,其在实际运作过程中并不是毫无问题。当时,地方籍簿侧重于财物保管,只重视账目管理,而忽视具体的运作。"籍簿化"带来的异化现象也在一定范围内存在。譬如,其繁琐而呆板的财政管理程序所带来的高额的行政成本及低下的办事效率,也是显而易见的。

更甚之,随着中央对地方考课的日益苛刻,地方籍簿造假现象也渐趋流行。《汉书》卷七二《贡禹传》载:

> 武帝始临天下,尊贤用士,辟地广境数千里,自见功大威行,遂从耆欲,用度不足,乃行壹切之变,使犯法者赎罪,入谷者补吏,是以天下奢侈,官乱民贫,盗贼并起,亡命者众。郡国恐伏其诛,则择便巧史书习于计簿能欺上府者,以为右职。

同时,为了赢得官职升迁,有些地方郡守也甘于冒险,亲自参与籍簿造假。如宣帝时,胶东相王成因上报"流民自占八万余口",而获赐"爵关内侯,秩中二千石","后诏使丞相御史问郡国上计长吏守丞以政令得失,或对言前胶东相成伪自增加,以蒙显赏,是后俗吏多为虚名云"。[①]

有汉一代,地方郡守为"欲令多前"而造假籍簿,已是一个不争的事实。从尹湾汉简东海郡《集簿》中即可窥见端倪。其文云:

> 户廿六万六千二百九十多前二千六百廿九其户万一千六百六十二获流口百卅九万七千三百卌三其? 四万二千七百五十二获流
>
> 种宿麦十万七千三百□十□顷多前千九百廿顷八十二亩
>
> 年九十以上万一千六百七十人年七十以上受杖二千八百廿三人凡万四千四百九十三多前七百一十八
>
> 春种树六十五万六千七百九十四亩多前四万六千三百廿亩[②]

此《集簿》中无一例"少前"统计,人口数量、宿麦亩数、种树亩数都是"多前"。

---

① 《汉书》卷八九《循吏传》。

② 连云港市博物馆等编:《尹湾汉墓简牍》,第77～78页。

东海郡太守的政绩太过于完美，以致让人不敢相信。其中，东海郡年 90 岁以上老人达到 11670 人，约占总人数 1397343 的 8‰，明显含有较大水分。

与简单的造假行为不同，这种政府人为的“多前”行为带来的危害是极其深远的。其一，“多前”的持续膨胀，迫使后任太守也要心照不宣地“造假”下去，否则就只能证明自己政绩的差劣。以东海郡为例，《汉书》卷二八上《地理志上》载西汉平帝时，东海郡“户三十五万八千四百一十四，口百五十五万九千三百五十七”。而尹湾汉简《集簿》的年代大约为成帝元延年间。不过十余年的时间，东海郡人口又“多前”了 16 万。其二，虚假数字带来的虚增赋税，又强行转嫁给当地百姓。《后汉书》卷三九《刘般传》云：

> 又郡国以牛疫、水旱，垦田多减，故诏敕区种，增进顷亩，以为民也。而吏举度田，欲令多前，至于不种之处，亦通为租。

为了体现垦田亩数的“多前”，来美化政绩，地方政府连百姓不种庄稼的土地也要征收租税。又，《后汉书》卷四《殇帝纪》载：

> 间者郡国或有水灾，妨害秋稼。朝廷惟咎，忧惶悼惧。而郡国欲获丰穰虚饰之誉，遂覆蔽灾害，多张垦田，不揣流亡，竞增户口，掩匿盗贼，令奸恶无惩，署用非次，选举乖宜，贪苛惨毒，延及平民。

由此来看，地方政府“多张垦田”、“竞增户口”的虚假行为，严重破坏了地方的正常经济秩序，进一步加重了当地百姓的经济负担。

（四）地方财政的法律化与制度化缺陷

汉代的法律条文涉及地方财政的诸多方面。以《二年律令》为例：在地方赋税的征收上，可以参照《田律》；在基层户籍的管理上，《户律》、《傅律》都有详细规定；在地方徭役的征发上有《兴律》、《徭律》；在地方仓库管理上有《效律》；在地方现金管理上有《金布律》；官吏的不法行为也可比照《盗律》。汉代地方财政的管理基本上是有法可依、有律可循的。可以说，在某种程度上，汉代地方财政也能达到一定的法律化。然而，在这种严格而缜密的法律条文背后，汉代地方财政实际上时常又处于一种无序状态，其深层次原因便是制度化缺陷问题。

其一，汉代实行中央集权，分级管理。这种“金字塔”式的权力结构体系，就是要求下级要无条件地听命于上级，因而下级常常沦为上级的附庸。汉代地方更是如此。太守的权力过度膨胀，难以制衡。这主要表现在两个方面：一是能够自行制定适合于本郡的财经政策，这就使得他可以变相征收一些“法外税”来弥补地方财政亏空。二是享有自辟百石掾史的权力。这种人事上的自主权，使得太守在地方的权威与日俱增。自西汉中期以来，太守所辟功曹、督邮，就已开始部分侵夺县令长的权利。因此，在汉代中央对地方集权的同时，也存在郡对县的集权，甚至县对乡的集权。这种集权模式使得地方财政并不完全受制于法律，而主要取决于太守本人品行的“清浊”。有汉一代，地方贪官污吏也为数不少。如东汉南阳太守韩昭“强赋一亿五千万”[①]，数目骇人。

相反，地方财政的法律化却完全适用于基层小吏。汉世地方小吏的处境较为艰难，不仅俸禄低、徭使多，而且还经常受到上级严格的考课、督查，甚至欺侮。《新简》记有：

> 始建国三年十二月丙辰朔丁丑不侵候长茂敢言之官檄曰部吏九人人一鸡重六斤输府遣候史若祭酒持诣官会月二十日●谨案部吏多贫急毋□ (E. P. T59:56)

由上可知，府吏强行“摊派”每个小吏上缴一只重六斤的鸡，以备它用。此外，汉代地方郡守的轮换频繁，也使得地方财政政策多注重短期效应，缺乏一定的连贯性。

其二，汉代赋税制度本身也有致命的缺陷。虽然《二年律令》也有相关赋税征收的具体规定，但普通百姓却不能以此作为抵制政府“法外税”的法理依据。汉代赋税制度具有较大的模糊性、随意性。譬如，赋是以“共车马、兵甲、士徒之役”的名义来征收的，也就是说，只要国家有军事上的需求，就可以无条件地征收军赋。汉代《金布令甲》就直接规定：“边郡数被兵，离饥寒，夭绝天年，父子相失，令天下共给其费。”[②]因此，汉政府就常以军事需求的名义来赋敛、私调。如《史记》卷三〇《平准书》载：

---

① 《后汉书》卷六《质帝纪》注引《东观记》曰。

② 《汉书》卷七八《萧望之传》。

汉连兵三岁，诛羌，灭南越，番禺以西至蜀南者置初郡十七，且以其故俗治，毋赋税……然兵所过县，为以訾给毋乏而已，不敢言擅赋法矣。

由上可知，当军队经过郡县时，地方政府要“以訾给”，即强迫百姓缴纳财产税来补给军队需求，而律文“擅赋法”就变成了“一纸空文”。东汉时，政府财政颇为拮据，此类现象就更为司空见惯。如“大将军窦宪西屯武威”时，汉阳太守马棱就“多奉军费，侵赋百姓”①。

要言之，与汉代地方财政相关的法律条文，从内容、形式上看似极为严格、缜密，但在一个具有明显缺陷的汉代社会制度面前，就变得形同虚设、名存实亡了。

① 《后汉书》卷二四《马援传附族孙棱传》。

主要参考文献

一、古籍资料

(西汉)司马迁:《史记》,中华书局 1982 年版。

(西汉)陆贾撰、王利器校注:《新语校注》,中华书局 1986 年版(《新编诸子集成》本)。

(西汉)韩婴撰、许维遹校释:《韩诗外传集解》,中华书局 1980 年版。

(西汉)董仲舒撰、(清)凌曙注:《春秋繁露》,中华书局 1975 年版。

(西汉)桓宽撰、王利器校注:《盐铁论校注》,天津古籍出版社 1983 年版。

(西汉)史游撰、(唐)颜师古注:《急就篇》,中华书局 1985 年版(《丛书集成初编》本)。

(西汉)贾谊撰、(清)卢文弨校:《新书》,上海古籍出版社 1989 年版。

(西汉)刘向编:《战国策》,上海古籍出版社 1983 年版。

(东汉)班固:《汉书》,中华书局 1962 年版。

(东汉)崔寔撰、缪启愉辑释:《四民月令辑释》,农业出版社 1981 年版。

(东汉)王充:《论衡》,上海人民出版社 1974 年版。

(东汉)应劭撰、吴树平校释:《风俗通义校释》,天津古籍出版社 1980 年版。

(东汉)王符撰、(清)汪继培笺:《潜夫论》,上海古籍出版社 1978 年版。

(东汉)刘珍等撰、吴树平校注:《东观汉记校注》,中州古籍出版社 1987 年版。

(东汉)徐幹撰、徐湘霖校注:《中论校注》,巴蜀书社 2000 年版。

(东汉)许慎撰、(清)段玉裁注:《说文解字注》,上海古籍出版社 1981 年版。

(西晋)陈寿:《三国志》,中华书局 1982 年版。

(东晋)常璩撰、刘琳校注:《华阳国志校注》,巴蜀书社 1984 年版。

(南朝宋)范晔:《后汉书》,中华书局 1965 年版。

(唐)房玄龄等:《晋书》,中华书局 1974 年版。

(唐)欧阳询撰、汪绍楹校:《艺文类聚》,上海古籍出版社 1965 年版。

(唐)李林甫等撰、陈仲夫点校:《唐六典》,中华书局 1992 年版。

(唐)杜佑撰、王永兴等点校:《通典》,中华书局 1988 年版。

(北宋)李昉等:《太平御览》,中华书局 1960 年影印本。

(南宋)洪适:《隶释·隶续》,中华书局 1986 年版。

(南宋)徐天麟:《西汉会要》,中华书局 1955 年版。

(南宋)徐天麟:《东汉会要》,中华书局 1955 年版。

(明)董说:《七国考》,中华书局 1956 年版。

(清)王先谦:《汉书补注》,中华书局 1983 年版。

(清)孙星衍等辑、周天游点校:《汉官六种》,中华书局 1990 年版。

(清)严可均辑:《全后汉文》,商务印书馆 1999 年版。

(清)王鸣盛:《十七史商榷》,中华书局 1985 年版(《丛书集成初编》本)。

(清)钱大昕:《廿二史考异》,上海古籍出版社 2004 年版。

(清)阮元校刻:《十三经注疏》,中华书局 1980 年版。

(清)王先慎撰、钟哲点校:《韩非子集解》,中华书局 1998 年版(《新编诸子集成》本)。

(清)孙诒让撰、孙启治点校:《墨子閒诂》,中华书局 2001 年版(《新编诸子集成》本)。

张烈点校:《两汉纪》,中华书局 2002 年版。

陈直校证:《三辅黄图校证》,陕西人民出版社 1981 年版。

蒋礼鸿:《商君书锥指》,中华书局 1986 年版(《新编诸子集成》本)。

吴则虞:《晏子春秋集释》,中华书局 1962 年版(《新编诸子集成》本)。

黎翔凤撰、梁运华整理:《管子校注》,中华书局 2004 年版(《新编诸子集成》本)。

何宁:《淮南子集释》,中华书局 1998 年版(《新编诸子集成》本)。

白尚恕注释:《九章算术注释》,科学出版社 1983 年版。

二、今人论著

国内(按作者姓名的拼音字母顺序排列)

(一)著作

安作璋、熊铁基:《秦汉官制史稿》下册,齐鲁书社 1985 年版。

北京吴简研讨班编:《吴简研究》第 1 辑,崇文书局 2004 年版。

长沙市简牍博物馆、北京吴简研讨班编:《吴简研究》第 2 辑,崇文书局 2006 年版。

北京图书馆金石组编:《北京图书馆藏中国历代石刻拓本汇编》(秦汉部分)第 1 册,中州古籍出版社 1989 年版。

白寿彝、高敏、安作璋主编:《中国通史》第 4 卷上册,上海人民出版社 1995 年版。

包伟民:《宋代地方财政史研究》,上海古籍出版社 2001 年版。

曹旅宁:《张家山汉律研究》,中华书局 2005 年版。

常乃德:《中国财政制度史》,上海世界书局 1920 版。

长沙市文物考古研究所等编:《长沙走马楼三国吴简·嘉禾吏民田家莂》,文物出版社 1999 年版。

长沙市文物考古研究所等编:《长沙走马楼三国吴简·竹简(壹)》,文物出版社 2003 年版。

长沙市文物考古研究所编:《长沙三国吴简暨百年来简帛发现与研究国际学术研讨会论文集》,中华书局 2005 年版。

长沙市文物考古研究所、中国文物研究所编:《长沙东牌楼东汉简牍》,文物出版社 2006 年版。

长沙简牍博物馆等编:《长沙走马楼三国吴简·竹简(贰)》,文物出版社2007年版。

长沙简牍博物馆等编:《长沙走马楼三国吴简·竹简(叁)》,文物出版社2008年版。

陈梦家:《汉简缀述》,中华书局1980年版。

陈明光:《汉唐财政史论》,岳麓书社2003年版。

陈松长编:《香港中文大学文物馆藏简牍》,香港中文大学文物馆藏品专刊之七,香港中文大学文物馆2001年版。

陈伟等:《楚地出土战国简册[十四种]》,经济科学出版社2009年版。

陈秀夔:《中国财政制度史》,正中书局1975年版。

陈秀夔:《中国财政史》,正中书局1977年版。

陈秀夔:《中国历代财政》,世纪书局1979年版。

陈直:《汉书新证》,天津人民出版社1979年版。

陈直:《居延汉简研究》,天津古籍出版社1986年版。

陈直:《两汉经济史料论丛》,中华书局2008年版。

方宝璋:《中国古代审计史话》,中华书局1995年版。

甘肃省文物考古研究所编:《居延新简释粹》,兰州大学出版社1988年版。

甘肃省文物考古研究所编:《秦汉简牍论文集》,甘肃人民出版社1989年版。

甘肃省文物考古研究所等编:《居延新简——甲渠候官与第四燧》,文物出版社1990年版。

甘肃省文物考古研究所编:《敦煌汉简》,中华书局1991年版。

高敏:《云梦秦简初探》,河南人民出版社1981年版。

高敏:《秦汉史论集》,中州书画社1982年版。

高敏:《秦汉魏晋南北朝史论考》,中国社会科学出版社2004年版。

高敏:《长沙走马楼简牍研究》,广西师范大学出版社2008年版。

高文:《汉碑集释》(修订本),河南大学出版社1997年版。

郭道扬:《中国会计史稿》上册,中国财经出版社1982年版。

韩东京:《中国会计思想史》,上海财经出版社 2009 年版。

郝树生、张德芳:《悬泉汉简研究》,甘肃文化出版社 2008 年版。

何双全:《简牍》,敦煌文艺出版社 2004 年版。

湖北省荆州博物馆编:《荆州高台秦汉墓——宜黄公路荆州段田野考古报告之一》,科学出版社 2000 年版。

湖北省荆州市周梁玉桥遗址博物馆编:《关沮秦汉墓简牍》,中华书局 2001 年版。

湖北省文物考古研究所、随州市考古队编:《随州孔家坡汉墓简牍》,文物出版社 2006 年版。

湖南省文物考古研究所:《里耶发掘报告》,岳麓书社 2006 年版。

胡寄窗:《中国经济思想史》(中),上海人民出版社 1963 年版。

胡均:《中国财政史讲义》,商务印书馆 1920 版。

胡平生、张德芳:《敦煌悬泉汉简释粹》,上海古籍出版社 2001 年版。

胡平生、李天虹:《长江流域出土简牍与研究》,湖北教育出版社 2004 年版。

黄今言:《秦汉赋役制度研究》,江西教育出版社 1988 年版。

黄仁宇:《十六世纪明代中国之财政与税收》,三联书店 2001 年版。

黄天华:《中国财政史纲》,上海财经大学出版社 1999 年版。

寇铁军:《中央与地方财政关系研究》,东北财经大学出版社 1996 年版。

李剑农:《先秦两汉经济史稿》,三联书店 1957 年版。

李均明、何双全:《散见简牍合辑》,文物出版社 1990 年版。

李均明、刘军:《简牍文书学》,广西教育出版社 1999 年版。

李天虹:《居延汉简簿籍分类研究》,科学出版社 2003 年版。

李孝林等:《中外会计史比较研究》,科学技术文献出版社 1996 年版。

李振宏、孙英民:《居延汉简人名编年》,中国社会科学出版社 1997 年版。

李振宏:《居延汉简与汉代社会》,中华书局 2003 年版。

连云港市博物馆等编:《尹湾汉墓简牍》,中华书局 1997 年版。

连云港市博物馆等编:《尹湾汉墓简牍综论》,科学出版社 1999 年版。

廖伯源:《简牍与制度——尹湾汉墓简牍官文书考证》(增订版),广西师范大学出版社 2005 年版。

林甘泉主编:《中国经济通史·秦汉经济卷》,中国社会科学出版社 2007 年版。

林梅村、李均明:《疏勒河流域出土汉简》,文物出版社 1984 年版。

刘不同:《中国财政史》,大东书局 1948 年版。

柳春藩:《秦汉封国食邑赐爵制》,辽宁人民出版社 1984 年版。

罗福颐主编:《秦汉南北朝官印征存》,文物出版社 1987 年版。

罗庆康:《西汉财政官制史稿》,河南大学出版社 1989 年版。

马大英:《汉代财政史》,中国财政经济出版社 1982 年版。

马新:《两汉乡村社会史》,齐鲁书社 1997 年版。

彭浩:《张家山汉简〈算术书〉注释》,科学出版社 2001 年版。

彭浩、陈伟、[日]工藤元男主编:《二年律令与奏谳书:张家山二四七号汉墓出土法律文献释读》,上海古籍出版社 2007 年版。

钱剑夫:《秦汉赋役制度考略》,湖北人民出版社 1984 年版。

裘锡圭:《古文字论集》,中华书局 1992 年版。

容庚:《秦汉金文录》,1931 年石印本。

睡虎地秦墓竹简整理小组编:《睡虎地秦墓竹简》,文物出版社 1978 年版。

宋家钰:《唐朝户籍法与均田制研究》,中州古籍出版社 1988 年版。

宋杰:《九章算术与汉代社会经济》,首都师范大学出版社 1994 年版。

孙家洲主编:《额济纳汉简释文校本》,文物出版社 2007 年版。

孙慰祖主编:《古封泥集成》,上海书店出版社 1994 年版。

孙慰祖、徐谷甫编:《秦汉金文汇编》,上海书店出版社 1997 年版。

孙翊刚:《简明中国财政史》,中国财政经济出版社 1988 年版。

谭其骧主编:《中国历史地图集》第 2 册,中国地图出版社 1982 年版。

唐耕耦、陆宏基:《敦煌社会经济文献真迹释录》第 1 辑,书目文献出版社 1986 年版。

王焕林:《里耶秦简校诂》,中国文联出版社 2007 年版。

王家范:《中国历史通论》,华东师范大学出版社 2000 年版。

王威海:《中国户籍制度——历史与政治的分析》,上海文化出版社 2006 年版。

王子今:《秦汉交通史稿》,中共中央党校出版社 1994 年版。

汪桂海:《汉代官文书制度》,广西教育出版社 1999 年版。

汪涛、胡平生、吴芳思主编:《英国国家图书馆藏斯坦因所获未刊汉文简牍》,上海辞书出版社 2006 年版。

魏坚主编:《额济纳汉简》,广西师范大学出版社 2005 年版。

吴幼潜编:《封泥汇编》,上海古籍书店 1984 年版。

项怀诚主编:《中国财政通史 · 春秋战国秦汉卷》,中国财政经济出版社 2006 年版。

谢桂华、李均明、朱国炤编:《居延汉简释文合校》,文物出版社 1987 年版。

邢义田:《秦汉史论稿》,东大图书股份有限公司 1987 年版。

徐式庄:《中国财政史略》,商务印书馆 1926 年版。

许倬云:《求古编》,联经出版事业公司 1982 年版。

薛英群:《居延汉简通论》,甘肃教育出版社 1991 年版。

严耕望:《中国地方行政制度史——秦汉地方行政制度》,上海古籍出版社 2007 年版。

杨全社、郑健翔:《地方财政学》,南开大学出版社 2005 年版。

杨志濂:《中国财政史辑要》,无锡大公图书馆 1936 年版。

叶振鹏主编:《20 世纪中国财政史研究概要》,湖南人民出版社 2005 年版。

银雀山汉墓竹简整理小组编:《银雀山汉墓竹简〔壹〕》,文物出版社 1985 年版。

俞伟超:《中国古代公社组织的考察——论先秦两汉的"单—僤—弹"》,文物出版社 1988 年版。

张家山汉墓竹简整理小组编:《张家山汉墓竹简〔二四七号墓〕》,文物出版社 2001 年版。

张家山二四七号汉墓竹简整理小组编:《张家山汉墓竹简〔二四七号墓〕:释文修订本》,文物出版社 2006 年版。

张金光:《秦制研究》,上海古籍出版社 2004 年版。

郑学檬主编:《中国赋役制度史》,上海人民出版社 2000 年版。

中国秦汉史研究会编:《秦汉史论丛》第 3 辑,陕西人民出版社 1986 年版。

中国社会科学院历史研究所战国秦汉研究室编:《简牍研究译丛》第 2 辑,中国社会科学出版社 1987 年版。

中国社会科学院考古研究所等编:《里耶古城·秦简与秦文化研究——中国里耶古城·秦简与秦文化国际学术研讨会论文集》,科学出版社 2009 年版。

中国文物研究所、湖北省文物考古研究所编:《龙岗秦简》,中华书局 2001 年版。

中央财政金融学院财政教研室编:《中国财政简史》,中国财政经济出版社 1978 年版。

中国财政史编写组:《中国财政史》,中国财政经济出版社 1987 年版。

周伯棣:《中国财政史》,上海人民出版社 1981 年版。

周伯棣:《中国财政思想史稿》,福建人民出版社 1981 年版。

周长山:《汉代地方政治史论:对郡县制度若干问题的考察》,中国社会科学出版社 2006 年版。

周晓陆、路东之:《秦封泥集》,三秦出版社 2000 年版。

朱德贵:《汉简与财政管理新证》,中国财政经济出版社 2006 年版。

朱绍侯:《秦汉土地制度与阶级关系》,中州古籍出版社 1985 年版。

邹水杰:《两汉县行政研究》,湖南人民出版社 2008 年版。

(二)论文

卜宪群:《秦汉之际乡里吏员杂考——以里耶秦简为中心的探讨》,载《南都学坛》2006 年第 1 期。

蔡万进:《尹湾汉简所反映的汉代卒史署曹制度》,载李学勤、谢桂华主编《简帛研究(二〇〇二、二〇〇三)》,广西师范大学出版社 2005 年版。

曹旅宁:《里耶秦简〈祠律〉考述》,载《史学月刊》2008 年第 8 期。

曹旅宁:《〈《河堤简》校读〉的一处说明》,载《考古》2008 年第 5 期。

曹旅宁:《岳麓书院新藏秦简丛考》,载《华东政法大学学报》2009 年第 6 期。

曹旅宁:《睡虎地秦简〈编年记性质探测〉》,载《史学月刊》2010 年第 2 期。

长沙东牌楼东汉简牍研读班:《〈长沙东牌楼东汉简牍〉释文校订稿》,载卜宪群、杨振红主编《简帛研究(二〇〇五)》,广西师范大学出版社 2008 年版。

长沙简牍博物馆、长沙市文物考古研究所联合发掘组:《2003 年长沙走马楼西汉简牍重大考古发现》,载中国文物研究所编《出土文献研究》第 7 辑,上海古籍出版社 2005 年版。

陈长琦:《汉代刺史制度的演变及其特点》,载《史学月刊》1987 年第 4 期。

陈长琦:《战国时代郡的嬗变》,载《广东社会科学》1994 年第 1 期。

陈公柔、徐苹芳:《大湾出土的西汉田卒簿籍》,载《考古》1963 年第 3 期。

陈明光:《秦朝傅籍标准蠡测》,载《中国社会经济史研究》1987 年第 1 期。

陈松长:《岳麓书院藏秦简中的郡名考略》,载《湖南大学学报(社会科学版)》2009 年第 2 期。

陈松长:《岳麓书院所藏秦简综述》,载《文物》2009 年第 3 期。

陈松长:《岳麓书院藏秦简中的行书律令初论》,载《中国史研究》2009 年第 3 期。

陈松长:《岳麓书院藏秦简〈为吏治官及黔首〉略说》,载中国文化遗产研究院编《出土文献研究》第 9 辑,中华书局 2010 年版。

陈伟:《简牍资料所见西汉前期的"卒更"》,载《中国史研究》2010 年第 3 期。

陈直:《甘肃武威磨咀子汉墓出土王杖十简通考》,载《考古》1961 年第

3 期。

褚道庵:《两汉官俸蠡测》,载《食货》1935 年第 1 卷第 12 期。

杜绍顺:《汉代田税征收方法辨析》,载《中国史研究》1985 年第 3 期。

方信:《两汉官俸论》,载《说文月刊》1944 年第 4 期。

高大伦:《尹湾汉墓木牍集簿中户口统计资料研究》,载《历史研究》1998 年第 5 期。

高恒:《汉代上计制度论考——兼评尹湾汉墓木牍〈集簿〉》,载《东南文化》1999 年第 1 期。

高敏:《商鞅〈秦律〉与云梦出土〈秦律〉的区别和联系》,载《云梦秦简初探》,河南人民出版社 1979 年版。

高敏:《从云梦秦简看秦的几项制度》,载《云梦秦简初探》,河南人民出版社 1979 年版。

高敏:《关于秦时服役者年龄问题的探讨》,载《云梦秦简初探》,河南人民出版社 1979 年版。

高敏:《秦汉赋税制度考释》,载《秦汉史论文集》,中州书画出版社 1982 年版。

高敏:《从江陵凤凰山十号汉墓出土简牍看汉代的口钱、算赋制度》,载《文史》第 20 辑。

高敏:《秦汉邮传制度考略》,载《历史研究》1985 年第 3 期。

高敏:《东汉盐、铁官辨疑》,载《中州学刊》1986 年第 4 期。

高敏:《秦汉时期的徭役制度》,载《中国经济史研究》1987 年第 1 期。

高敏:《秦汉的户籍制度》,载《求索》1987 年第 1 期。

高敏:《从江陵凤凰山 10 号汉墓出土简牍看西汉前期刍、稿税制度的变化及其意义》,载《文史哲》1988 年第 3 期。

高敏:《试论尹湾汉墓出土〈东海郡属县乡吏员定簿〉的史料价值——读尹湾汉简札记之一》,载《郑州大学学报(哲学社会科学版)》1997 年第 2 期。

高敏:《尹湾汉简〈集簿〉的释读、质疑与意义探讨——读尹湾汉简札记之二》,载《史学月刊》1997 年第 5 期。

高敏:《秦汉上计制度述略》,载《秦汉史探讨》,中州古籍出版社 1998

年版。

高敏:《从居延汉简看内蒙额济纳旗的古代社会经济状况》,载《秦汉史探讨》,中州古籍出版社 1998 年版。

高敏:《秦汉的经济立法原则及其意义》,载《秦汉史探讨》,中州古籍出版社 1998 年版。

高敏:《读长沙走马楼简牍札记之一》,载《郑州大学学报(哲学社会科学版)》2000 年第 3 期。

高敏:《论西汉前期刍、稾税制度的变化发展——读〈张家山汉墓竹简〉札记之二》,载《郑州大学学报(哲学社会科学版)》2002 年第 4 期。

高敏:《西汉前期的"傅年"探讨——读〈张家山汉墓竹简〉札记之六》,载《新乡师范高等专科学校学报》2002 年第 3 期。

高敏:《关于汉代有"户赋"、"质钱"及各种矿产税的新证》,载《史学月刊》2003 年第 4 期。

高凯:《从居延汉简看汉代的"女户"问题》,载《史学月刊》2008 年第 9 期。

高荣:《简牍所见秦汉邮书传递方式考辨》,载《中国历史文物》2007 年第 6 期。

郭伟民:《虎溪山一号汉墓葬制及出土竹简的初步研究》,载艾兰、邢文编《新出简帛研究》,文物出版社 2004 年版。

郭勇:《山西省右玉县出土的西汉铜器》,载《文物》1963 年第 11 期。

国家文物局古文献研究室、大通上孙家寨汉简整理小组:《大通上孙家寨汉简释文》,载《文物》1981 年第 2 期。

韩连琪:《汉代田租口赋和徭役》,载《文史哲》1956 年第 7 期。

韩连琪:《汉代的户籍与上计制度》,载《文史哲》1978 年第 3 期。

韩连琪:《论两汉封国食邑下的土地所有制和剥削形式》,载中国秦汉史研究会编《秦汉史论丛》第 2 辑,陕西人民出版社 1983 年版。

何汝泉:《汉唐财政职官体制的三次变革》,载《西南师范大学学报(哲学社会科学版)》1997 年第 1 期。

贺双非:《从走马楼吴简看汉、吴户籍制度的异同》,载《湖南城市学院学报》2003 年第 5 期。

贺梓城:《西安汉城遗址附近发现汉代铜锭十块》,载《文物参考资料》1956 年第 3 期。

侯旭东:《传舍使用与汉帝国的日常统治》,载《中国史研究》2008 年第 1 期。

湖北省文物考古研究所、云梦县博物馆:《湖北云梦睡虎地 M77 发掘简报》,载《江汉考古》2008 年第 4 期。

湖南省文物考古研究所、怀化市文物处、沅陵县博物馆:《沅陵虎溪山一号汉墓发掘简报》,载《文物》2003 年第 1 期。

湖南省文物考古研究所等:《湖南龙山里耶战国—秦汉古城一号井发掘简报》,载《文物》2003 年第 1 期。

湖南省文物考古研究所、湘西土家族苗族自治州文物处:《湘西里耶秦代简牍选释》,载《中国历史文物》2003 年第 1 期。

湖南省文物考古研究所、中国文物研究所:《湖南张家界古人堤简牍释文与简注》,载《中国历史文物》2003 年第 2 期。

胡大贵:《汉代更赋考辨》,载《四川师范大学学报(社会科学版)》1995 年第 1 期。

胡平生:《青川秦墓木牍"为田律"所反映的田亩制度》,载《文史》第 19 辑。

胡平生:《木简出入取予券书制度考》,载《文史》第 36 辑。

胡平生:《阜阳双古堆汉简数术书简论》,载中国文物研究所编《出土文献研究》第 4 辑,中华书局 1998 年版。

胡平生:《从走马楼简"刑(创)"字的释读到户籍的认定》,载《中国历史文物》2002 年第 2 期。

胡平生、汪力工:《走马楼吴简"嘉禾吏民田家莂"合同符号研究》,载中国文物研究所编《出土文献研究》第 6 辑,上海古籍出版社 2004 年版。

胡平生:《论简帛辨伪与流失简牍抢救》,载中国文化遗产研究院编《出土文献研究》第 9 辑,中华书局 2010 年版。

黄今言:《论两汉的赋敛制度及其演变》,载中国秦汉史研究会编《秦汉史论丛》第2辑,陕西人民出版社1983年版。

黄今言、温乐平:《汉代不同农耕区之劳动生产率的考察》,载《中国社会经济史研究》2006年第3期。

黄今言:《居延汉简所见西北边塞的财务"拘校"》,载《史学月刊》2006年第10期。

黄盛璋:《试论三晋兵器的国别和年代及其相关问题》,载《考古学报》1974年第1期。

黄盛璋:《江陵凤凰山汉墓简牍及其在历史地理研究上的价值》,载《文物》1974年第6期。

贾丽英:《汉代"名田宅制"与"田宅逾制"论说》,载《史学月刊》2007年第1期 。

江西省博物馆、遂川县文化馆:《记江西遂川出土的几件秦代铜兵器》,载《考古》1978年第1期。

荆州地区博物馆:《江陵张家山两座汉墓出土大批竹简》,载《文物》1992年第9期。

荆州博物馆:《湖北荆州纪南松柏汉墓发掘简报》,载《文物》2008年第4期。

孔祥军:《秦简牍所载农田形制与管理研究》,载《南京农业大学学报(社会科学版)》2009年第1期。

李恒全:《也谈西汉田税的征收方式问题——与臧知非先生商榷》,载《江西师范大学学报(哲学社会科学版)》2000年第1期。

李恒全:《汉代田税百亩征收说确难成立——与臧知非先生再商榷》,载《江西师范大学学报(哲学社会科学版)》2001年第4期。

李恒全:《汉初限田制和田税征收方式——对张家山汉简再研究》,载《中国经济史研究》2007年第1期。

李洪甫:《江苏连云港市花果山出土的汉代简牍》,载《考古》1982年第5期。

李京华:《汉代铁农器铭文试释》,载《考古》1974年第1期。

李均明:《汉简所见出入符、传与出入名籍》,载《文史》第19辑。

李均明:《汉简邮书刺解》,载《文史》第28辑。

李均明:《简牍符号考述》,载《华学》第2辑,中山大学出版社1996年版。

李均明:《汉简“会计”考》(上),载中国文物研究所编《出土文献研究》第3辑,中华书局1998年版。

李均明:《汉简“会计”考》(下),载中国文物研究所编《出土文献研究》第4辑,中华书局1998年版。

李均明:《读〈尹湾汉墓简牍〉杂记》,载李学勤、谢桂华主编《简帛研究(二〇〇一)》,广西师范大学出版社2001年版。

李均明:《张家山汉简所反映的二十等爵制》,载《中国史研究》2002年第2期。

李均明:《张家山汉简所见规范人口管理的法律》,载《政法论坛》2002年第5期。

李均明、宋少华:《〈长沙走马楼三国吴简〉竹简[四]内容解析八则》,载中国文物研究所编《出土文献研究》第9辑,上海古籍出版社2007年版。

李孝林:《简牍中经济控制史料新探》,载《重庆理工大学学报(社会科学版)》2010年第1期。

李学勤:《初读里耶秦简》,载《文物》2003年第1期。

李永平:《河西汉简中的库及源流》,载《敦煌研究》1998年第1期。

李振宏:《汉简“省卒”考》,载《史学月刊》1993年第4期。

李祖德:《试论秦汉的黄金货币》,载《中国经济史研究》1997年第1期。

黎虎:《说“真吏”——从长沙走马楼吴简谈起》,载《史学月刊》2009年第5期。

刘华祝:《关于两汉的地租和地税》,载《北京大学学报(哲学社会科学版)》1981年第4期。

刘乐贤:《读〈香港中文大学文物馆藏简牍〉》,载《江汉考古》2001年第4期。

刘庆柱、李毓芳:《西安相家巷遗址秦封泥考略》,载《考古学报》2001年第4期。

刘志远:《汉代市井考——说东汉画像砖》,载《文物》1973年第2期。

马新:《编户齐民与两汉王朝的人口控制》,载《东岳论丛》1996年第5期。

马怡:《秦人傅籍标准试探》,载《中国史研究》1995年第4期。

马怡:《汉代的诸赋与军费》,载《中国史研究》2001年第3期。

孟彦弘:《释财用钱》,载北京吴简研讨班编《吴简研究》第1辑,崇文书局2004年版。

孟彦弘:《吴简所见"事"义臆说——从"事"到"课"》,载长沙市简牍博物馆、北京吴简研讨班编《吴简研究》第2辑,崇文书局2006年版。

南京博物院:《江苏邗江甘泉二号汉墓》,载《文物》1981年第11期。

宁可:《汉代的社》,载《文史》第9辑。

牛路军、张俊民:《悬泉汉简所见鼓与鼓令》,载《敦煌研究》2009年第2期。

彭邦炯:《从出土秦简再探秦内史与大内、少内和少府的关系与职掌》,载《考古与文物》1987第5期。

彭浩:《〈河堤简〉校读》,载《考古》2005年第11期。

彭浩:《睡虎地秦简"王室祠"与〈赍律〉考辨》,载武汉大学简帛研究中心主编《简帛》第1辑,上海古籍出版社2006年版。

彭浩:《读松柏出土的四枚西汉木牍》,载武汉大学简帛研究中心主编《简帛》第4辑,上海古籍出版社2009年版。

彭浩:《读云梦睡虎地M77汉简〈葬律〉》,载《江汉考古》2009年第4期。

钱剑夫:《汉代"案比"制度的渊源及其流演》,载《历史研究》1988年第3期。

秦素银:《两汉侯国的动态考察》,载《南都学刊》2007年第5期。

裘锡圭:《湖北江陵凤凰山十号汉墓出土简牍考释》,载《文物》1974年第7期。

裘锡圭:《汉简零拾》,载《文史》第12辑。

裘锡圭:《啬夫初探》,载《云梦秦简研究》,中华书局1981年版。

邵鸿:《西汉仓制考》,载《中国史研究》1998年第2期。

沈刚:《长沙走马楼三国竹简纳布记录析论》,载《史学月刊》2010 年第 10 期。

史可晖:《灵台县出土的安定郡库鼎》,载《考古与文物》1992 年第 1 期。

史云贵:《汉代督邮管窥》,载《信阳师范学院学报(哲学社会科学版)》2004 年第 1 期。

施伟青:《汉代居延官俸发放的若干问题》,载《中国经济史研究》1997 年第 1 期。

四川省博物馆、青川县文化馆:《青川县出土秦更修田律木牍——四川青川县战国墓发掘简报》,载《文物》1982 年第 1 期。

苏诚鉴:《"头会箕敛"与"八月算人"》,载《中国史研究》1983 年第 1 期。

孙筱:《秦汉户籍制度考述》,载《中国史研究》1992 年第 4 期。

孙慰祖:《汉汝南郡新见封泥群新征》,载 2006 年 9 月 22 日《中国文物报》。

天长市文物管理所、天水市博物馆:《安徽天长西汉墓发掘简报》,载《文物》2006 年第 11 期。

天石:《西汉度量衡略说》,载《文物》1975 年第 12 期。

王辉:《"都官"颜注申论》,载《人文杂志》1993 年第 6 期。

王三北:《论秦汉至初唐间的中央财政管理机构》,载《西北师院学报》1984 年第 4 期。

王素:《吴简所见"调"应是"户调"》,载《历史研究》2001 年第 4 期。

王素:《长沙东牌楼东汉简牍选释》,载《文物》2005 年第 12 期。

王素:《长沙吴简中的"月旦簿"与"四时簿"》,载《文物》2010 年第 2 期。

王学敏:《荥阳东汉仓楼彩绘养老图》,载《中原文物》1996 年第 4 期。

王毓铨:《"民数"与汉代封建政权》,载《中国史研究》1979 年第 3 期。

王彦辉:《论张家山汉简中的军功名田宅制度》,载《东北师大学报(哲学社会科学版)》2004 年第 4 期。

王彦辉:《论汉代的分户析产》,载《中国史研究》2006 年第 4 期。

王彦辉:《田啬夫、田典考释——对秦及汉初设置两套基层管理机构的一点思考》,载《东北师大学报(哲学社会科学版)》2010 年第 2 期。

王勇:《治粟都尉和搜粟都尉与大司农关系考》,载《唐都学刊》2004 年第 4 期。

王子今:《关于居延"车父简"》,载李学勤主编、中国社会科学院简帛研究中心编《简帛研究》第 2 辑,法律出版社 1996 年版。

王子今:《汉初查处官员非法收入的制度——张家山汉简〈二年律令〉研读札记》,载《政法论坛》2002 年第 5 期。

汪小烜:《走马楼吴简户籍初论》,载北京吴简研讨班编《吴简研究》第 1 辑,崇文书局 2004 年版。

伍德熙:《新发现的一份西汉诏书——〈永始三年诏书简册〉考释和有关问题》,载《西北师院学报》1983 年第 4 期。

吴慧:《历史上粮食商品率商品量测估》,载《中国经济史研究》1998 年第 4 期。

吴荣曾:《西汉骨签中所见的工官》,载《考古》2000 年第 9 期。

吴荣曾:《秦汉时的行钱》,载《中国钱币》2003 年第 3 期。

武威县博物馆:《武威新出王杖诏令册》,载甘肃省文物工作队、甘肃省博物馆编《汉简研究文集》,甘肃人民出版社 1984 年版。

武威地区博物馆:《甘肃武威旱滩坡东汉墓》,载《文物》1993 年第 10 期。

西安市文物管理委员会:《西安三桥镇高窑村出土的西汉铜器群》,载《考古》1963 年 2 期。

肖灿、朱汉民:《岳麓书院藏秦简〈数书〉中的土地面积计算》,载《湖南大学学报(社会科学版)》2009 年第 2 期。

肖灿、朱汉民:《岳麓书院藏秦简〈数〉的主要内容及历史价值》,载《中国史研究》2009 年第 3 期。

肖灿、朱汉民:《周秦时期谷物测算法及比重观念——岳麓书院藏秦简〈数〉的相关研究》,载《自然科学史研究》2009 年第 4 期。

肖灿、朱汉民:《勾股新证——岳麓书院藏秦简〈数〉的相关研究》,载《自然科学史研究》2010 年第 3 期。

肖灿:《从〈数〉的"舆(與)田"、"税田"算题看秦田地租税制度》,载《湖南大学学报(社会科学版)》2010 年第 4 期。

肖永明:《读岳麓书院藏秦简〈为吏治官及黔首〉札记》,载《中国史研究》2009 年第 3 期。

谢桂华:《汉简和汉代的取庸代戍制度》,载甘肃文物考古研究所编《秦汉简牍论文集》,甘肃人民出版社 1989 年版。

谢桂华:《新、旧居延汉简册书复原举隅》,载中国秦汉史研究会编《秦汉史论丛》第 5 辑,法律出版社 1992 年版。

谢桂华:《尹湾汉墓简牍和西汉地方行政制度》,载《文物》1997 年第 1 期。

谢桂华:《尹湾汉墓新出土〈集簿〉考述》,载《中国史研究》1997 年第 2 期。

谢绍鹢:《江苏尹湾汉简所见的武库与使节辨析》,载《西域研究》2009 年第 2 期。

谢绍鹢:《秦汉边郡概念小考》,载《中国历史地理论丛》2009 年第 3 辑。

徐涛:《从谭家金饼看汉代斤值的测定》,载《考古与文物》2009 年第 3 期。

许道胜:《提封词源考》,载《湖南大学学报(社会科学版)》2009 年第 4 期。

许道胜、李薇:《从用语“术”字的多样表达看岳麓书院秦简〈数〉书的性质》,载《史学集刊》2010 年第 4 期。

阎步克:《西汉郡国官秩级相对下降考述》,载《文史》第 65 辑。

阎步克:《也谈“真二千石”》,载《史学月刊》2003 年第 12 期。

杨际平:《四柱结算法在汉唐的应用》,载《中国经济问题》1991 年第 2 期。

杨际平:《从东海郡〈集簿〉看汉代的亩制、亩产与汉魏田租额》,载《中国经济史研究》1998 年第 2 期。

杨际平:《汉代内郡的吏员构成与乡、亭、里关系——东海郡尹湾汉简研究》,载《厦门大学学报(哲学社会科学版)》1998 年第 4 期。

杨际平:《再谈汉代的亩制、亩产——与吴慧先生商榷》,载《中国社会经济史研究》2000 年第 2 期。

杨际平:《析长沙走马楼三国吴简中的调》,载《历史研究》2006 年第 3 期。

杨际平:《秦汉户籍管理制度研究》,载《中华文史论丛》第 85 辑。

杨际平:《凤凰山十号汉墓据“算”派役文书研究》,载《历史研究》2009 年第 6 期。

杨剑虹:《从简牍看秦汉时期的乡与里组织》,载《陕西历史博物馆馆刊》第 3 辑。

杨宽:《从“少府”职掌看秦汉封建统治者的经济特权》,载中国秦汉史研究会编《秦汉史论丛》第 1 辑,陕西人民出版社 1981 年版。

杨宽:《战国秦汉的监察和视察地方制度考》,载《社会科学战线》1982 年第 2 期。

杨天宇:《汉代官俸考略》,载《河南大学学报(社会科学版)》1994 年第 1 期。

杨有礼:《秦汉俸禄制度探论》,载《华中师范大学学报(人文社会科学版)》1997 年第 2 期。

杨哲峰:《两汉之际的“十斗”与“石”、“斛”》,载《文物》2001 年第 3 期。

杨振红:《秦汉“名田宅制”说——从张家山汉简看战国秦汉的土地制度》,载《中国史研究》2003 年第 3 期。

杨振红:《月令与秦汉政治再探讨——兼论月令源流》,载《历史研究》2004 年第 3 期。

杨振红:《从新出简牍看秦汉时期的田租征收》,载武汉大学简帛研究中心编《简帛》第 3 辑,上海古籍出版社 2008 年版。

杨振红:《秦汉简中的“冗”、“更”与供役方式——从〈二年律令·史律〉谈起》,载卜宪群、杨振红主编《简帛研究(二〇〇六)》,广西师范大学出版社 2008 年版。

杨振红:《松柏西汉墓簿籍牍考释》,载《南都学坛》2010 年第 5 期。

扬州博物馆:《江苏仪征胥浦 101 号西汉墓》,载《文物》1987 年第 1 期。

银雀山汉墓竹简整理小组:《银雀山竹书〈守法〉、〈守令〉等十三篇》,载

《文物》1985 年第 4 期。

于豪亮:《居延汉简校释》,载《考古》1964 年第 3 期。

于豪亮:《西汉适龄男子戍边三日说质疑》,载《考古》1982 年第 4 期。

于豪亮:《云梦秦简所见职官述略》、《居延汉简丛释》,载《于豪亮学术文存》,中华书局 1985 年版。

于琨奇:《秦汉“户赋”“军赋”考》,载《中国史研究》1989 年第 4 期。

于振波:《汉简“得算”、“负算”考》,载中国社会科学院简帛研究中心编《简帛研究》第 2 辑,法律出版社 1996 年版。

于振波:《张家山汉简中的名田制及其在汉代的实施情况》,载《中国史研究》2004 年第 1 期。

于振波:《汉代的家赀与赀家》,载卜宪群、杨振红主编《简帛研究(二〇〇四)》,广西师范大学出版社 2006 年版。

于振波:《秦律中的甲盾比价及相关问题》,载《史学集刊》2010 年第 5 期。

于志勇:《汉长安城未央宫遗址出土骨签之名物考》,载《考古与文物》2007 年第 2 期。

俞伟超:《汉代的“亭”“市”陶文》,载《文物》1963 年第 2 期。

余行迈:《汉代以“部”为称诸官概说——多部位的地方监察、警察制度》,载中国秦汉史研究会编《秦汉史论丛》第 5 辑,法律出版社 1992 年版。

袁延胜:《尹湾汉简〈武库永始四年兵车器集簿〉所见西域史事探微》,载《西域研究》2008 年第 1 期。

岳庆平:《汉代“赋额”试探》,载《中国史研究》1985 年第 4 期。

云希正:《西汉平都犁斛》,载《文物》1977 年第 3 期。

臧知非:《汉代田税征收方式与农民田税负担新探》,载《史学月刊》1997 年第 2 期。

臧知非:《刘秀“度田”新探》,载《苏州大学学报》1997 年第 2 期。

臧知非:《再谈汉代田税征收方式问题——兼答李恒全同志》,载《江西师范大学学报(哲学社会科学版)》2001 年第 2 期。

臧知非:《张家山汉简所见西汉矿业税收制度试析——兼谈西汉前期

“弛山泽之禁”及商人兼并农民问题》,载《史学月刊》2003年第3期。

臧知非:《汉代田税“以顷计征”新证——兼答李恒全同志》,载《江西师范大学学报(哲学社会科学版)》2003年第3期。

臧知非:《西汉授田制度与田税征收方式新论——对张家山汉简的初步研究》,载《江海学刊》2003年第3期。

臧知非:《秦汉“傅籍”制度与社会结构的变迁——以张家山汉简〈二年律令〉为中心》,载《人文杂志》2005年第1期。

臧知非:《简牍所见汉代乡部的建制与职能》,载《史学月刊》2006年第5期。

张传玺:《论秦汉时期三种盐铁政策的演变》,载《秦汉问题研究》(增订版),北京大学出版社1995年版。

张春龙:《里耶秦简所见的户籍和人口管理》,载中国社会科学院考古研究所等编《里耶古城·秦简与秦文化研究——中国里耶古城·秦简与秦文化国际学术研讨会论文集》,科学出版社2009年版。

张春龙、龙京沙:《湘西里耶秦简8—455号》,载武汉大学简帛研究中心编《简帛》第4辑,上海古籍出版社2009年版。

张德芳:《悬泉汉简中若干纪年问题考证》,载西北师范大学文学院历史系、甘肃省文物考古研究所编《简牍学研究》第4辑,甘肃人民出版社2004年版。

张德芳:《悬泉汉简中的“传信简”考述》,载中国文物研究所编《出土文献研究》第7辑,上海古籍出版社2005年版。

张德芳:《悬泉汉简中的“悬泉置”》,载卜宪群、杨振红主编《简帛研究(二〇〇六)》,广西师范大学出版社2008年版。

张金光:《论秦自商鞅变法后租赋徭役制度》,载《文史哲》1983年第1期。

张俊民:《〈二年律令·行书律〉浅析》,载中国秦汉史研究会编《秦汉史论丛》第9辑,三秦出版社2004年版。

张俊民:《敦煌悬泉置探方T0309出土简牍概述》,载长沙市文物考古研究所编《长沙三国吴简暨百年来简帛发现与研究国际学术研讨会论文集》,

中华书局 2005 年版。

张俊民:《敦煌悬泉置出土汉简所见人名综述(一)》,载《陇右文博》2006 年第 2 期。

张俊民:《悬泉汉简传马病死爰书及其他》,载武汉大学简帛研究中心编《简帛》第 3 辑,上海古籍出版社 2008 年版。

张俊民:《敦煌悬泉汉简所见人名综述(三)——以敦煌郡太守人名为中心的考察》,载卜宪群、杨振红主编《简帛研究(二〇〇五)》,广西师范大学出版社 2008 年版。

张俊民:《悬泉汉简所见"適"与"適"令》,载《兰州学刊》2009 年第 11 期。

张俊民:《敦煌悬泉汉简所见的"亭"》,载《南都学坛》2010 年第 1 期。

张龙海、张爱云:《山东淄博市临淄区齐国故城出土汉代封泥》,载《考古》2006 年第 9 期。

张荣强:《论孙吴户籍简中的"事"》,载北京吴简研讨班编《吴简研究》第 1 辑,崇文书局 2004 年版。

张荣强:《从计断九月到岁终为断——汉唐间财政年度的演变》,载《北京师范大学学报(社会科学版)》2005 年第 1 期。

张荣强:《〈二年律令〉与汉代课役身份》,载《中国史研究》2005 年第 2 期。

张荣强:《孙吴简中的户籍文书》,载《历史研究》2006 年第 4 期。

张荣强:《湖南里耶所出"秦代迁陵县南阳里户版"研究》,载《北京师范大学学报(社会科学版)》2008 年第 4 期。

张荣强:《长沙东牌楼东汉"户籍简"补说》,载《中国史研究》2008 年第 4 期。

张荣强:《〈前秦建元籍〉与汉唐间籍帐制度的变化》,载《历史研究》2009 年第 3 期。

张荣强:《走马楼户籍简的"中"字注记》,载《中国历史文物》2009 年第 5 期。

张学正:《甘谷汉简考释》,载甘肃省文物工作队、甘肃省博物馆编《汉简研究文集》，甘肃人民出版社 1984 年版。

张兆凯：《两汉俸禄制度研究》，载《中国社会经济史研究》1996 年第 2 期。

赵平安：《“大布黄千”的读法及其蕴义》，载《华夏考古》2006 年第 4 期。

郑杰祥：《南阳新出土的东汉张景造土牛碑》，载《文物》1963 年第 11 期。

中国科学院考古研究所编辑室：《武威磨咀子汉墓出土王杖十简释文》，载《考古》1960 年第 9 期。

中国社会科学院考古研究所汉长安城工作队：《西安相家巷遗址秦封泥的发掘》，载《考古学报》2001 年第 4 期。

周筠溪：《西汉财政制度之一斑》，载《食货》1936 年第 3 卷第 8 期。

周振鹤、周翔鹤：《西汉献费考》，载《中华文史论丛》第 20 辑。

周振鹤：《汉武帝十三刺史部属郡考》，载《复旦大学学报（哲学社会科学版）》1993 年第 5 期。

周振鹤：《从汉代“部”的概念释县乡亭里制度》，载《历史研究》1995 年第 5 期。

周振鹤：《〈二年律令·秩律〉的历史地理意义》，载《学术月刊》2003 年第 1 期。

朱德贵：《从〈二年律令〉看汉代的“户赋”和“以赀征赋”》，载《晋阳学刊》2007 年第 5 期。

朱江松：《罕见的松柏汉代木牍》，载荆州博物馆编《荆州重要考古发现》，文物出版社 2009 年版。

朱捷元、黑光：《陕西兴平县念流寨和临潼县武家屯出土的古代金饼》，载《文物》1964 年第 7 期。

朱绍侯：《对居延敦煌汉简中庸的性质浅议》，载《中国史研究》1990 年第 2 期。

朱绍侯：《〈尹湾汉墓简牍〉解决了汉代官制中几个疑难问题》，载《许昌师专学报》1999 年第 1 期。

邹水杰、岳庆平：《西汉县令长初探》，载《北京大学学报（哲学社会科学版)》2003 年第 7 期。

邹水杰:《简牍所见秦汉县属吏设置及演变》,载《中国史研究》2007 年第 3 期。

国外

[英]肯耐斯·戴维:《地方财政》,湖北人民出版社 1989 年版。

[英]崔瑞德、鲁惟一编,杨品泉等译:《剑桥中国秦汉史》,中国社会科学出版社 1992 年版。

[英]鲁惟一著,于振波、车今花译:《汉代行政记录》,广西师范大学出版社 2005 年版。

[美]Ronald C. Fisher(费雪)著、吴俊培总译校:《州和地方财政学》,中国人民大学出版社 2000 年版。

[美]陈启云:《汉代中国经济、社会和国家权力——评许倬云的〈汉代农业:早期中国农业经济的形成〉》,载《史学集刊》2005 年第 1 期。

[日]池田温著、龚泽铣译:《中国古代籍帐研究》,中华书局 1984 年版。

[日]西嶋定生著、冯哲佐等译:《中国经济史研究》,农业出版社 1984 年版。

[日]五井直弘著、姜镇庆等译:《中国古代史论稿》,北京大学出版社 2001 年版。

[日]加藤繁著、吴杰译:《关于算赋的小研究》,载《中国经济史考证》,商务印书馆 1959 年版。

[日]藤枝晃著、孙言诚译:《汉简职官表》,载中国社会科学院历史研究所战国秦汉研究室编《简牍研究译丛》第 1 辑,中国社会科学出版社 1983 年版。

[日]森鹿三著、姜镇庆译:《关于令史弘的文书》,载中国社会科学院历史研究所战国秦汉研究室编《简牍研究译丛》第 1 辑,中国社会科学出版社 1983 年版。

[日]尾行勇著、吕宗力译:《汉代屯田制的几个问题——以武帝、昭帝时期为中心》,载中国社会科学院历史研究所战国秦汉研究室编《简牍研究译丛》第 1 辑,中国社会科学出版社 1983 年版。

[日]米田贤次郎著、姜镇庆译:《汉代田租查定法管见》,载中国社会科学院历史研究所战国秦汉研究室编《简牍研究译丛》第2辑,中国社会科学出版社1987年版。

[日]佐藤武敏著、姜镇庆译:《汉代的户口调查》,载中国社会科学院历史研究所战国秦汉研究室编《简牍研究译丛》第2辑,中国社会科学出版社1987年版。

[日]若江贤三:《试论东汉官吏半钱半谷的俸禄制》,载《中国史研究》1989年第2期。

[日]加藤繁著、孔繁敏译:《汉代的国家财政和帝室财政区别及帝室财政一斑》,载刘俊文主编《日本学者研究中国史论著选译》第3卷,中华书局1993年版。

[日]濱口重國著、孔繁敏译:《践更和过更》,载刘俊文主编《日本学者研究中国史论著选译》第3卷,中华书局1993年版。

[日]工藤元男著、徐世虹译:《秦内史》,载刘俊文主编《日本中青年学者论中国史·上古秦汉卷》,上海古籍出版社1995年版。

[日]渡边信一郎著、徐世虹译:《汉代的财政运作和国家物流》,载刘俊文主编《日本中青年学者论中国史·上古秦汉卷》,上海古籍出版社1995年版。

[日]佐原康夫著、徐世虹译:《居延汉简月俸考》,载刘俊文主编《日本中青年学者论中国史·上古秦汉卷》,上海古籍出版社1995年版。

[日]纸屋正和著、徐世虹译:《前汉时期县长吏任用形态的变迁》,载刘俊文主编《日本中青年学者论中国史·上古秦汉卷》,上海古籍出版社1995年版。

[日]籾山明著、宫长为译:《刻齿简牍考略》,载中国社会科学院简帛研究中心编《简帛研究译丛》第1辑,湖南出版社1996年版。

[日]籾山明著、胡平生译:《刻齿简牍初探——汉简形态论》,载中国社会科学院简帛研究中心编《简帛研究译丛》第2辑,湖南人民出版社1998年版。

[日]冨谷至著、杨振红译:《从额济纳河流域的粮食配给论汉代谷仓制

度》,载中国社会科学院简帛研究中心编《简帛研究译丛》第 2 辑,湖南人民出版社 1998 年版。

[韩]李成珪:《前汉长安武库收藏目录之发现——关于尹湾简牍〈武库永始四年兵车器集簿〉之探讨》,载长沙文物考古研究所编《长沙三国吴简暨百年来简帛发现与研究国际学术研讨会论文集》,中华书局 2005 年版。

[韩]尹在硕:《秦汉妇女的继产承户》,载《史学月刊》2009 年第 12 期。

后　记

此部书稿是在我博士学位论文基础上完成的。2009年6月博士论文答辩结束伊始，恩师便嘱我抓紧修改、补充，及早成书。怎奈，当年9月宝贝女儿呱呱坠地，摄去了我潜心修学的魂魄；加之，毕业后，重新回归经济学教师岗位后，内心切知"教育"乃我国复兴之重器，怎敢有一丝懈怠！在拓展经济学研究视阈，营造生动、自由的课堂气氛上，又花费颇多心思，消耗甚大精力。故"萦绕"于奶瓶、尿布之际，穿梭于备课、上课之间，我匆匆将一年多来学界同仁所出新资料、新成果，加以消化、吸收，充入论文，再矫正原有观点，忝成此稿。

当此付梓之际，首当感谢恩师——马新先生。她是我走向历史道路之启蒙人、领路者。曾记否，1998年本科审计毕业，带着历史的"痴情"，当面拜访恩师，怯生生地问道："学审计的能不能改学历史？"彼情彼景，历历在目！后有幸投入恩师门下习读秦汉史，无论为人、做学，受益良多。先生对待学生，"严"、"慈"兼具；学问上，精细与大气并重。与先生交谈之中，我每每惊诧于先生之"先知先觉"、深邃高远。在屡屡体味先生的谆谆教诲后，为人、做学问上避开许多弯路，少经若干曲折。受益终身！时至今日，先生之于我殷切期望，乃是我追求学业精进、"以天下为己任"之莫大动力！

论文开题、答辩时，陈其泰先生、于化民先生、胡新生先生、曾振宇先生、刘玉峰先生、晁中辰先生、张金龙先生、王建峰先生等提出许多宝贵意见，大为受益，在此一并表示感谢！

《汉代地方财政研究》于2010年为教育部人文社科青年基金所资助，倍感荣幸！其奖掖后进之功效，亦是我草就此书之源泉。本人资质鲁钝，才疏学浅，书中舛误自然不少，盼诸博雅君子不吝赐教。

最后，吾此生能“醉心”于历史研究，已别无他求。唯祈望我的家人、亲人们平平安安，恬淡自若。

郭浩谨识于山财之蛰伏居
2011年1月

图书在版编目(CIP)数据

汉代地方财政研究/郭浩著.—济南:山东大学出版社,2011.11
(中国古代地方政治研究/马新主编)
ISBN 978-7-5607-4508-4

Ⅰ.①汉…
Ⅱ.①郭…
Ⅲ.①地方政财—研究—中国—汉代
Ⅳ.①F812.934

中国版本图书馆 CIP 数据核字(2011)第 220714 号

山东大学出版社出版发行
(山东省济南市山大南路 20 号　邮政编码:250100)
山东省新华书店经销
山东新华印刷厂印刷
720×1000 毫米　1/16　21.75 印张　322 千字
2011 年 11 月第 1 版　2011 年 11 月第 1 次印刷
定价:50.00 元